Sprachgebrauch in der Politik

Reihe
Germanistische
Linguistik

Herausgegeben von
Mechthild Habermann und Heiko Hausendorf

Wissenschaftlicher Beirat
Karin Donhauser (Berlin), Stephan Elspaß (Salzburg),
Helmuth Feilke (Gießen), Jürg Fleischer (Marburg),
Stephan Habscheid (Siegen), Rüdiger Harnisch (Passau)

319

Sprachgebrauch in der Politik

Grammatische, lexikalische, pragmatische,
kulturelle und dialektologische Perspektiven

Herausgegeben von
Annamária Fábián und Igor Trost

DE GRUYTER

Reihe Germanistische Linguistik
Begründet und fortgeführt von Helmut Henne, Horst Sitta und Herbert Ernst Wiegand

ISBN 978-3-11-073655-7
e-ISBN (PDF) 978-3-11-064073-1
e-ISBN (EPUB) 978-3-11-063773-1
ISSN 0344-6778

Library of Congress Control Number: 2019930859

Bibliografische Information der Deutschen Nationalbibliothek
Die Deutsche Nationalbibliothek verzeichnet diese Publikation in der Deutschen Nationalbibliografie; detaillierte bibliografische Daten sind im Internet über http://dnb.dnb.de abrufbar.

© 2020 Walter de Gruyter GmbH, Berlin/Boston
Dieser Band ist text- und seitenidentisch mit der 2018 erschienenen gebundenen Ausgabe.
Druck und Bindung: CPI books GmbH, Leck

www.degruyter.com

Vorwort

Äußerungen von Politikerinnen und Politikern sowie anderer Akteure im politischen Raum werden in der Öffentlichkeit meistens durch ihren salienten Charakter zu Diskursobjekten. Der Kreis der Adressatinnen und Adressaten ist infolge des Verbreitungsweges dieser Diskursobjekte durch die klassischen Medien und insbesondere durch die sozialen Medien kaum mehr überschaubar. Vielen Zuschauerinnen und Zuschauern politischer Fernsehformate, Leserinnen und Lesern von Presse- und Onlineartikeln sowie Nutzerinnen und Nutzern der sozialen Medien werden dabei politische Sachverhalte und politische Diskursobjekte häufig nicht mehr in der Originaläußerung übermittelt, sie nehmen nur noch eine durch mediale Zwänge, aber auch durch inhaltliche Positionierungen der vermittelnden Medien veränderte Form und damit eine sprachliche Interpretation des Originalwortlauts wahr.

Im politischen Sprachgebrauch steht seit langem die Lexik im politischen Diskurs- und Handlungskontext im Mittelpunkt des Untersuchungsinteresses. Dabei ist jedoch nicht von der Hand zu weisen, dass die Einflussnahme politischer Äußerungen und vor allem deren persuasive Wirkung sowie Modifikation durch den medialen Transport musterhaft nicht nur über die Lexik und die Pragmatik, sondern auch auf der Ebene der Phonetik, z.B. unter Einsatz von Regiolekten oder Soziolekten, der Morphologie, der Syntax, der Interaktion und der Grammatik abläuft. Die ertragreichen Untersuchungsebenen politischer Sprachgebrauchsforschung sind damit deutlich größer. Deshalb möchte dieser Band in Fortsetzung der von der Herausgeberin und dem Herausgeber veranstalteten *Internationalen Konferenz zur politischen Sprache am Schnittfeld von Pragmatik, Grammatik und Kultur* an der Universität Passau im Oktober 2015 einen Paradigmenwechsel in der politischen Sprachgebrauchsforschung einleiten. Neben in der Politolinguistik bereits etablierten Arbeitsgebieten wurden bisher kaum bis gar nicht berücksichtigte linguistische Teildisziplinen und Methoden in ein fächerübergreifendes Konzept integriert und damit eine interdisziplinäre Perspektive für die politische Sprachgebrauchsforschung eröffnet. Unter dem Eindruck der wissenschaftlichen Resonanz auf diese Tagung wurde 2016 der *Internationale Arbeitskreis für Sprache, Geschichte, Politik und Kommunikation* (SGPK) gegründet, um in dessen Rahmen bei der Erforschung politischer Kommunikation diesen neuen Ansatz weiter zu verfolgen.

Herrn Professor Dr. Rüdiger Harnisch (Lehrstuhlinhaber für Deutsche Sprachwissenschaft an der Universität Passau) möchten wir an dieser Stelle für seine uneingeschränkte Unterstützung der Tagung danken. Unser Dank gilt in gleicher Weise der Präsidentin der Universität Passau, Frau Professor Dr. Carola

Jungwirth, für die großzügige Förderung der Tagung. Herrn Michael Frase danken wir für seine wertvolle Unterstützung bei der Erstellung der Druckvorlage. Herrn Daniel Gietz vom Verlag Walter de Gruyter, der den Veröffentlichungsprozess mit sehr viel Elan vorangetrieben hat, sind wir ebenfalls zu Dank verpflichtet. Frau Professor Dr. Mechthild Habermann und Herrn Professor Dr. Heiko Hausendorf danken wir für die Aufnahme des vorliegenden Bandes in die Reihe Germanistische Linguistik. Unser ganz besonderer Dank gilt den engagierten Wissenschaftlerinnen und Wissenschaftlern, die mit ihren Beiträgen diesen Tagungsband erst ermöglicht haben.

Annamária Fábián
Igor Trost

Inhalt

Igor Trost & Annamária Fábián
Einleitung —— 1

Teil 1: Die Politizität von Sprache

Manfred Michael Glauninger
Zur Politizität von Sprache *als* Zeichen. Eine (meta-)semiotische
Perspektivierung —— 23

Teil 2: Die Funktion grammatischer Einheiten im politischen Sprachgebrauch

Ludwig M. Eichinger
Keine Grammatik der politischen Sprache —— 35

Igor Trost
Modalpassivische Konstruktionen und deren Funktion in
Regierungserklärungen der deutschen Bundesregierungen —— 55

Annamária Fábián
„Wir schaffen das!" —— 77

Annamária Fábián & Anja Enzersberger
Sprachliche Konstruktionen der Einheit durch Substantive in
Politikerreden —— 103

Richard Ingham
The syntax of foregrounding and backgrounding in English Civil War political
discourse: a text analysis —— 129

Stefanie Ullmann
Der „Arabische Frühling" in den Reden Internationaler Politiker —— 145

Teil 3: Die Funktion morphologischer, lexikalischer und stilistischer Einheiten im politischen Sprachgebrauch

Hans-Werner Eroms
Syllogismen und Belehrungen in der Sprache der Politik am Beispiel einer Haushaltsdebatte des Deutschen Bundestags —— 167

Thomas Niehr
Schlagwörter und ihre rhetorische Funktion —— 187

Ralf Thomas Göllner
Multikulturalität versus Multikulturalismus —— 201

Rüdiger Harnisch
Partizipien als meliorisierende Ersatzkonstruktionen für pejorisierte personenbezeichnende Derivata —— 217

Fabian Kreußler & Martin Wengeler
Von *Heimatvertriebenen*, *Armutsflüchtlingen* und *Refugees* —— 239

Jörg Kilian
Politische Semantik, interkulturelle „Hotwords" und didaktische Sprachkritik —— 261

Sandra Issel-Dombert & Marie Serwe
Quo vadis, Front National? —— 279

Teil 4: Die Funktion der Varietäten und Identitätskonstruktionen im politischen Sprachgebrauch

Csaba Földes
Politische Sprache und Interkulturalität – am Beispiel der Presse deutscher Minderheiten —— 299

Pascale Erhart
Sprachpolitik und Sprache in der Politik im elsässischen Fernsehen —— 319

Peter Ernst
Von „politischer Sprache" zu „politischer Aussprache" —— 339

Vjosa Hamiti & Blertë Ismajli
Politisch beeinflusster Benennungswandel: Vom Amselfeld bis zur Republik Kosovo —— 351

Autorenverzeichnis —— 363

Igor Trost & Annamária Fábián
Einleitung

Mit diesem Sammelband sollen neben den in der Politolinguistik frequentesten lexikalischen und pragmatischen Untersuchungsfeldern auch grammatische, kulturelle und dialektologische Perspektiven bei der Untersuchung des Sprachgebrauchs in der Politik erschlossen werden. Dieser Band soll damit nicht nur die Breite der politischen Sprachgebrauchsforschung in der Germanistischen Linguistik aufzeigen, sondern diese theoretisch und methodologisch bereichern. Die Beiträge gehen bis auf die Artikel von Erhart, Harnisch und Ingham auf Vorträge und deren Diskussion auf der *Internationalen Konferenz zur politischen Sprache im Schnittfeld von Pragmatik, Grammatik und Kultur* vom 22. bis zum 23. Oktober 2015 an der Universität Passau zurück.

1 Zum Stand der Forschung über den Sprachgebrauch in der Politik

In den letzten vier Jahrzehnten hat das Interesse in der Germanistischen Linguistik an der Sprachverwendung in der politischen Kommunikationsdomäne stark zugenommen. Dies spiegelt sich in einer Vielzahl von politolinguistischen Publikationen in den letzten zehn Jahren wider, wie z.B. in den **Grundlagen- und Einführungswerken** zum Sprachgebrauch in der Politik von Schröter & Carius (2009), Klein (2014), Niehr (2014) und Girnth (2015). Auch die beiden kürzlich erschienenen Handbücher von Niehr, Kilian & Wengeler (2017) sowie Roth, Wengeler & Ziem (2017) bieten einen umfangreichen Überblick über die Vielfalt der Forschungslandschaft zur Sprache in der Politik.

Verschafft man sich einen Überblick über die Forschungslandschaft in der Politolinguistik, fällt bereits bei einer ersten Betrachtung die Dominanz pragmatischer, diskursanalytischer, lexikalisch-distributioneller, semantischer und sprachkritischer Forschung auf.

Im Fokus der zeitgenössischen politischen Sprachgebrauchsforschung stehen neben lexikologischen Untersuchungen (vgl. unten) vor allem **pragmalinguistische Arbeiten**, die die sprachlich realisierten Handlungen und kommunikative Strategien im politischen Kontext situationsbezogen untersuchen. Hier seien exemplarisch nur einige wenige synchrone Publikationen genannt, wie Burkhardt (2003), Liedtke (2003), Girnth & Spieß (2006), Habscheid & Klemm (2007), Klein (2010), Fábián (2011), Spieß (2011), Niehr (2013), aber auch diachrone Abhandlungen wie von Holly (1998 und 2017), Burkhardt & Pape (2000), Gloning (2012) und Ernst (2018).

Dass aktuelle Studien, die an der in der angewandten Forschungspraxis nicht trennscharfen Grenze[1] zur Diskurs- und Pragmalinguistik entstehen, längst über die Theorie der Handlung durch Sprache (Austin 1972 sowie Searle 1971; vgl. auch Krämer 2001: 55–73) hinausführen und sprachliche Produkte politischer Kommunikation größeren Umfangs auf kommunikative Gebrauchsmuster hin analysieren, zeigen beispielsweise die angewandten germanistischen Arbeiten von Bubenhofer (2009) und Felder, Müller & Vogel (2011). Diese und methodologisch ähnlich konzipierte Studien nehmen mehrere thematisch zusammengehörende politische Reden und Schriften im Handlungs- und Diskurskontext in den Blick. Dabei adaptieren einige diskursanalytische linguistische Arbeiten wie z.B. Fricke (1999), Kerchner & Schneider (2006), Warnke (2007), Spitzmüller & Warnke (2011) und Kämper & Warnke (2015) die ursprünglich theoretisch ausgerichtete Diskursforschung in der Tradition des Philosophen Foucault (1970/2007, 1976/1997 und 1982-83/2010) an sprachwissenschaftliche Untersuchungsfelder[2] und betrachten dabei sowohl die gesellschaftlichen und politischen Systeme als auch den sprachlichen Ausdruck der Kommunikation in diesen Systemen als Ganzes. Diese Richtung der linguistischen Diskursforschung will mit Arbeiten, die in Anlehnung an Foucault entstehen, über eine rein theoretische Forschung hinaus- und an die Empirie heranführen, wie dies z.B. Roth & Spiegel (2013: 8ff.) postulieren.

In der empirisch orientierten politischen Diskursanalyse werden zeithistorisch relevante politische Diskurse in Politikerdebatten und in den Medien seit 1945 in den Blick genommen, wie in germanistisch-linguistischen Arbeiten z.B. von Wengeler (2003, 2005), Radziszewska & Riecke (2004), Kämper (2012) und Felder & Jacob (2014) sowie in der Anglistik und der Angewandten Linguistik wie bei Chilton (2000, 2002 und 2005), van Dijk & Wodak (2000), Chilton & Schäffner (2002), Fetzer & Lauerbach (2007), Fetzer/Weizman & Berlin (2015) und Rheindorf & Wodak (2018).

Allein dieser kurze Überblick veranschaulicht, wie umfangreich die pragmalinguistische und diskursanalytische Forschung zum politischen Sprachgebrauch

---

1 Da die Diskursanalyse kein zentraler Gegenstand des vorliegenden Sammelbandes ist, wird hier nicht auf die methodologischen und theoretischen Überschneidungen des in der Wissenschaftspraxis meist nicht trennscharf praktizierten diskursanalytischen und pragmatischen Arbeitens eingegangen.
2 Diese Untersuchungsfelder sind neben dem politischen Sprachgebrauch v.a. Fachsprachen im weiteren Sinn. Zur Verortung und Einordnung der unterschiedlichen Diskurstypen, vgl. Chilton/Schäffner (2002: 6) und die Internetseite des von Ekkehard Felder geleiteten Netzwerks Sprache und Wissen unter http://sprache-und-wissen.de/wissensdomaenen/ (Zugriff am 04.03.2018).

ist. Auch **lexikalisch-distributionellen und semantischen Fragestellungen** wird in der Germanistischen Politolinguistik – wenn auch nicht im gleichen Ausmaß – sehr viel Aufmerksamkeit gewidmet. Die Lexik in der Politik erforschen syn- oder diachron – mit zum Teil unterschiedlichen Methoden – z.B. Strauss (1985), Stötzel & Wengeler (1995), von Polenz (1998), Herrgen (2000), Holly (2001), Wengeler (2005 und 2017) und Klein (2013). Ins Analyse- und Methodeninventar politolinguistischer Forschung finden seit einigen Jahren auch neue Methoden Eingang wie die aus dem USA stammende Framesemantik (vgl. die Forschungen an der Schnittstelle zwischen Politolinguistik und Framesemantik von Holly 2001, Klein 2002 und 2015 sowie Ziem 2008 und 2014).

Darüber hinaus entstand an der **Schnittstelle zur Lexik, Pragmatik und Semantik** eine Reihe von Schriften, die Produkte politischen Sprechens und insbesondere Schreibens mit Methoden der linguistischen Sprachkritik in den Blick nehmen, wie z.B.: Dieckmann (1980, 2012), Roth (2004, 2005), Kilian, Niehr & Schiewe (2010) und Schiewe (2011). Im Unterschied zur Diskursanalyse, der Pragmalinguistik, der Semantik und der Sprachkritik gibt es bislang nur sehr wenige Studien zur politischen Kommunikation im Unterricht und zu ihrem Verständnis; zu nennen sind hier u.a. Felder (2013) und Kilian (2017).

Ernst stellt in seinem Beitrag in diesem Band (S. 339) zu Recht fest, dass sich die Germanistische Politolinguistik bislang hauptsächlich auf die Wort- und Textebene sowie auf den Diskurs konzentriert. Andere wesentliche linguistische Untersuchungsbereiche der politischen Kommunikation seien hingegen bislang trotz der beachtlichen Anzahl politolinguistischer Arbeiten in den Hintergrund geraten. Zu einer dieser in der bisherigen politolinguistischen Forschung vernachlässigten linguistischen Teildisziplinen gehören die **Grammatik und ihre funktionale Semantik**. Analysen grammatischer Muster, Konstruktionen und Schemata in der kommunikativen Praxis der Politik fanden – mit unterschiedlichen Methoden von der traditionellen über die funktionale und die Kognitive Grammatik bis zur Konstruktionsgrammatik – nur in einigen wenigen Studien wie von Felder (2006), Trost (2012), Hennig (2014), Lasch (2015), Ziem (2015) und Fábián (2017, 2018) Beachtung. Doch ist die geringe Beschäftigung der gegenwärtigen Germanistischen Politolinguistik mit der Grammatik umso überraschender, als zum einen Uhlig bereits 1972 eine überzeugende Studie zur Grammatik und Syntax des politischen Sprachgebrauchs verfasste, die anderen Forscherinnen und Forschern als methodologisches Vorbild hätte dienen können, und zum anderen aus den USA stammende aktuelle kognitions- und konstruktionsgrammatische Forschungsrichtungen mit ihren Theorien und Methoden derzeit in der Germanistischen Linguistik auf eine breite Rezeption stoßen, die jedoch den politischen Sprachgebrauch bislang nur gelegentlich zum Untersuchungsgegenstand haben.

Ebenso finden kaum phonetisch-phonologische, morphologische, varietäten- und kontaktlinguistische Überlegungen Eingang in die politische Sprachgebrauchsforschung.

2 Ziel und Aufbau dieses Bandes

Dieser Sammelband hat zum Ziel, sprachliche Muster und Schemata über alle linguistischen Teildisziplinen hinweg zu erschließen, die als Ergebnis politischer Kommunikationsstrategien in kommunikative und sprachliche Praktiken (Deppermann, Feilke & Linke 2016) eingebettet sind und damit den politischen Sprachgebrauch prägen. Diese sprachlichen Muster und Schemata entstehen aus in politischen Reden und Schriften rekurrent auftretenden und damit mehr oder weniger festen Merkmalen und Konstruktionen, die so im Laufe eines Textes, einer Textsorte oder eines Diskurses muster- und regelhaft werden. Gerade in diesen rekurrenten, aber zum Teil auch variablen Konstellationen, die prozessual sind, werden nach Eichinger (2016: IX) sprachliche Praktiken erst erkennbar.[3] In der politischen Kommunikation mit Praktiken verbundene sprachliche Muster- und Schemata können auf allen systemischen Ebenen der Sprache, also der Phonetik, der Morphologie, der Lexik und der Syntax, sowie in allen Varietäten – sei es in der Standardsprache oder aber auch in Dialekten oder in der Jugendsprache – auftreten und sollten auch auf allen Ebenen und in allen Varietäten untersucht werden.

Um die teildisziplinäre Breite der politolinguistischen Forschung zu erweitern, möchte dieser Sammelband auch den weiteren gewinnbringenden Forschungsfeldern außerhalb der linguistischen Teildisziplinen der Lexikologie und der Pragmatik durch vielfältige exemplarische Analysen Raum geben, ohne aber die beiden Säulen der politolinguistischen Forschung zu vernachlässigen. Deshalb werden hier pragmatisch, diskursanalytisch, lexikalisch-semantisch und sprachkritisch ausgerichtete longitudinale und korpusbasierte Beiträge germanistischer Linguisten (Kilian, Niehr, Wengeler), die die deutsche politolinguistische Forschung in den letzten beiden Jahrzehnten stark mitprägten, mit Beiträgen aus in der Germa-

---

[3] In diesem Sammelband lehnen wir uns an den Praktikbegriff nach Imo (2016: 159) an: „Praktiken (im vorliegenden Beitrag als Handlungen ‚etikettiert') zeichnen sich also *durch bestimmte formale Merkmale* von Äußerungen aus (damit können syntaktische Merkmale wie Frageformate oder Ellipsen gemeint sein, prosodische Merkmale wie Akzente oder Tonhöhenverlauf, lexikalisches Material etc.), die an bestimmten sequenziellen Positionen vorkommen." (Hervorhebung A.F./I.T.)

nistischen Politolinguistik noch kaum berücksichtigten linguistischen Teildisziplinen zusammengeführt. Dieses interteildisziplinäre Grundkonzept wird durch einen Blick über den Tellerrand der Germanistik in die Anglistische und Romanistische Politolinguistik sowie in die Politikwissenschaft abgerundet.

Nach den eröffnenden theoretisch fundierenden zeichensemiotischen Überlegungen zur politischen Kommunikation von Glauninger im ersten Teil *Zur Politizität von Sprache* wenden sich im zweiten Teil dieses Tagungsbands fünf Beiträge aus der Germanistischen und Anglistischen Linguistik (Eichinger, Fábián & Enzersberger, Fábián, Ingham, Trost, Ullmann) dem Forschungsdesiderat der *Funktion grammatischer Einheiten im politischen Sprachgebrauch* zu. Alle fünf Artikel widmen sich rekurrenten musterhaften grammatischen Einheiten und lassen sich an der Schnittstelle zwischen politischer Diskursanalyse bzw. politolinguistischer Pragmatik auf der einen Seite und Grammatik bzw. grammatischer Semantik auf der anderen Seite verorten.

Die Beiträge des dritten Teils *Funktion morphologischer, lexikalischer und stilistischer Einheiten im politischen Sprachgebrauch* befassen sich mit der Semantik von bedeutungskonstituierenden Einheiten und ihrer Musterhaftigkeit in konkreten politischen Diskursen, ob unter morphologischem Aspekt wie Harnisch, unter dem Gesichtspunkt der Lexik wie die germanistischen Beiträge von Niehr, Kreißler & Wengeler und Kilian und der romanistische Artikel von Issel-Dombert & Serwe oder unter Berücksichtigung der Funktionalstilistik wie Eroms. In diesem dritten Teil wird an konkreten Beispielen untersucht, in welchem wechselseitigen Verhältnis die öffentliche Wahrnehmung und die Semantik von Morphemen, Lexemen und Stilfiguren in Diskursen stehen und welchem Wandel diese durch die häufige Wiederholung und semantische Schemenbildung ausgesetzt sind. Um das Verhältnis von Sprachgebrauch und kommunikativer Praktik in der Politik zum einen und von politisch-kulturellen Phänomenen im gesellschaftlichen und politischen Kontext eines Landes aufzuzeigen, wird der dritte Teil auch um den politikwissenschaftlichen Beitrag von Göllner ergänzt.

Der vierte Teil dieses Bandes hat die *Funktion der Varietäten und Identitätskonstruktion im politischen Sprachgebrauch* zum Thema. Hier wird der Zusammenhang von Varietäten in der politischen Kommunikation in den Medien von Sprachminderheiten (Erhart und Földes) bzw. von Choronymen (Hamiti & Ismajli) und ihrer identitätskonstruierenden Kraft untersucht. Zum anderen beschäftigt sich der vierte Teil auch mit der Aussprache, Funktion und Stellung von Varietäten im auf eine kollektividentitäre Wirkung ausgerichteten Standard-Substandardkontinuum in der politischen Kommunikation des Dritten Reichs (Ernst). Damit spannt der letzte Teil dieses Sammelbandes den Bogen von der Identitätsstiftung einerseits über die

Phonetik und die Sprechwissenschaften hin zur Varietätenlinguistik und andererseits zur Onomastik.

3 Zusammenfassung der Beiträge
Teil 1: Die Politizität von Sprache

Manfred Michael Glauninger möchte in seinem einleitenden Beitrag *Zur Politizität von Sprache als Zeichen. Eine (meta-)semiotische Perspektivierung zur Perspektivierung* „der Deutung des Zusammenhanges zwischen Politik, Sprache und (Sprach-)Wissenschaft mit neuen, originären soziolinguistischen Ansätzen Impulse [...] verleihen" (S. 24). Da Sprache und ihre Medialität semiotisch gesehen als „Produkt sozialer Interaktion" auf Konvention beruhen und Konventionen erst durch *Macht* in der Sozialisation durchgesetzt werden, sieht Glauninger bei „sämtlichen Sprachkonzepten die Qualität der *Politizität*" als „inhärent" an (S. 27). So werde die Deutungshoheit über die Konventionen sprachlicher Interaktion „eindeutig hierarchisch prozessiert" (S. 29). Mit seiner Feststellung, dass „das Politische an/in der Sprache (...) die Voraussetzung der *Existenz* von Sprache" sei (S. 30), begründet Glauninger damit auch die – aus soziolinguistischer Sicht – notwendige teildisziplinäre Breite einer erweiterten politolinguistischen Forschung, die „pragma-, variations-, text- oder medienlinguistische[r], diskurs- bzw. gesprächsanalytische[r] sowie funktionalgrammatische[r] und -semantische[r] Perspektiven" (S. 24) umfassen sollte.

Teil 2: Die Funktion grammatischer Einheiten im politischen Sprachgebrauch

Ludwig M. Eichinger geht in seinem Beitrag der Grundfrage nach, ob es eine *Grammatik der politischen Sprache* gibt. Zu diesem Zweck untersucht er Form-Funktionspaare in parlamentarischen Reden, die rekurrent sind und spricht in diesem Zusammenhang von für parlamentarische Reden typischen Mustern und Schemata, die sich auch in der Grammatik niederschlagen und mit bestimmten pragmatischen Funktionen und Interaktionsmodi verbunden sind. Darüber hinaus beleuchtet er, welche kommunikativen Praktiken in der Sprachverwendung einer repräsentativen Demokratie vorhanden sind. Eichingers Postulat lautet, dass man zwar in klassischem Sinne nicht von einer textsortenspezifischen Grammatik der politischen Sprache sprechen könne, dass politische Sprache aber über „entsprechende grammatische Präferenzen" (S. 35) verfüge. Diese hängen nach Eichinger mit den für diese sehr heterogene Textsorte typischen kommunikativen Praktiken eng zusammen.

Igor Trost untersucht in seinem Beitrag *Modalpassivische Konstruktionen und deren Funktion in Regierungserklärungen der deutschen Bundesregierungen* mit funktionalgrammatischen und pragmatischen Methoden die funktionelle Komplexität, die bisweilen interpretationsbedürftige Außenwirkung sowie den politisch-strategischen Einsatz der beiden in der politischen Sprache häufig vorkommenden modalpassivischen Konstruktionen des *sein*-Modalpassivs (Bsp. *Das Problem ist zu lösen = Das Problem **kann/muss** gelöst werden*) und des Gerundivs (z.B. *das zu lösende Problem = das Problem, das gelöst werden **kann/muss***). Beide Konstruktionen weisen eine coverte, also verdeckte und nicht immer eindeutige Modalität auf und können das Agens in viel unauffälligerer Weise eliminieren als das nichtmodale *werden*-Passiv. Wie Trost an einem Korpus von Regierungserklärungen nachweist, kann mit der Verwendung der beiden modalpassivischen Konstruktionen ein Transparenzverlust verbunden sein (S. 74). Sofern ein sich dadurch ergebendes Informationsdefizit bewusst eingesetzt werde, liege darin der „Ansatz eines kommunikativen Missbrauchs der beiden Konstruktionen" (S. 74).

Annamária Fábián beschäftigt sich in ihrem Beitrag *Wir schaffen das!* mit der Untersuchung persuasiver Argumentation in der Sommerbundespressekonferenz von Bundeskanzlerin Angela Merkel am 31.08.2015. Hierzu analysiert Fábián die Mechanismen und Strategien von auf Überzeugung ausgerichteter Argumentation in einer der bekanntesten Bundespressekonferenzen auf dem Gipfel der Flüchtlingskrise 2015 mit einer breiten Methodenauswahl von der funktionalen Grammatik über die Kognitionslinguistik und die Pragmatik bis hin zur Diskursanalyse. Denn Fábián geht von der Annahme aus, dass „im mentalen Prozess der Kommunikation Argumente platziert [werden], die als Interaktion sowohl auf der lexikalischen Ebene als auch auf der grammatischen und der grammatisch-semantischen Ebene herausgestellt werden" (S. 78).

Annamária Fábián & Anja Enzersberger wenden in ihrem Beitrag *Sprachliche Konstruktionen der Einheit durch Substantive in Politikerreden* systemisch-funktionale, kognitions- und systemlinguistische Theorien und Methoden an, um am Beispiel der Neujahrsansprache 2015/2016 von Bundeskanzlerin Angela Merkel zu zeigen, wie kollektive Identität auf der einen Seite und Freund-Feind-Gegenüberstellungen auf der anderen Seite in Reden von Politikerinnen und Politikern versprachlicht werden. Im Fokus der Analyse steht hierbei die Verwendung von Substantiven – insbesondere Eigennamen – und Personalpronomen in ihrem systemisch-funktionalen und syntaktischen Zusammenhang sowie deren kognitive Wirkung durch die Konstituierung kognitiver Räume, die die Autorinnen in Anlehnung an die Raumbildungstheorie von Croft & Cruse (2004) und Langacker (2008) beschreiben.

Richard Ingham schildert in seinem anglistischen Beitrag *The syntax of foregrounding and backgrounding in English Civil War political discourse: a text analysis* den engen Zusammenhang zwischen persuasiver Argumentation, politischer Manipulation und Informationsserialisierung. Das symbiotische Verhältnis dieser Trias erörtert er eingangs am Beispiel aktueller politischer Debatten im Kontext des BREXIT. Anschließend überträgt er seine Überlegungen auf die Korrespondenz, die während des englischen Bürgerkriegs (1642–1648) zwischen König Charles I. und dem Parlament entstand und Ingham zufolge (S. 133) der Legitimation von Macht mit Mitteln persuasiver Argumentation diente, was für die historische Zeit des Bürgerkriegs und der Zeit davor atypisch war. Ingham konstatiert (vgl. S. 133) dass die Auswahl syntaktischer Konstruktionen und deren Serialisierung die politische Wahrnehmung der Ereignisse beeinflusst. Zum Schluss spannt er (S. 137f.) den Bogen von den syntaktisch markierten Argumentationsstrategien des Bürgerkriegs mit auffälliger Serialisierung bis hin zu den ebenfalls topologisch markierten Argumentationsstrategien im politischen Diskurs um den Austritt Großbritanniens aus der Europäischen Union und resümiert, dass sich diese argumentationsstrategische Herangehensweise unterschiedlicher Interessensparteien sowohl in den Briefen im Umfeld des englischen Bürgerkriegs als auch in der aktuellen Debatte um den BREXIT beobachten lässt.

In ihrem quantitativ ausgerichteten anglistischen Beitrag *Der „Arabische Frühling" in den Reden Internationaler Politiker – Eine Kritische Diskursanalyse grammatikalischer Strukturen* nimmt **Stefanie Ullmann** der Perspektivierung dienende grammatikalische Strukturen im Diskurs um den sog. Arabischen Frühling in den Blick. In ihrer Analyse reiht sie sich in die Tradition der kritischen Diskursanalyse nach Wodak & Meyer (2013) und Fairclough & Wodak (1997) sowie der Kognitiven Grammatik nach Langacker (2000, 2013) und Fauconnier (1999) ein und arbeitet an der Schnittstelle beider Disziplinen. In diesem Beitrag werden insbesondere Schemata genauer untersucht, die beim Leser stark kognitive, aber zum Teil subtile Effekte hervorrufen und die sich deshalb sehr gut als Strategie für politische Manipulation eignen, so z.B. die Verwendung von Substantiven und agenslosen Konstruktionen, aber auch eine veränderte Informationsserialisierung im Satz. Ullmann stellt abschließend fest (S. 148), dass „grammatikalische Strukturen so bedeutungsvoll sind wie lexikalische Einheiten und somit Grammatik nicht von Semantik zu separieren ist." Außerdem weist sie (vgl. S. 149) in Anlehnung an Hart (2014: 2) darauf hin, dass grammatikalische Strukturen den ideologischen Hintergrund der Sprecherin oder des Sprechers sichtbar machen können und damit einen starken diskursiven Wert haben.

Teil 3: Die Funktion morphologischer, lexikalischer und stilistischer Einheiten im politischen Sprachgebrauch

Hans-Werner Eroms widmet sich in seinem funktionalstilistischen Beitrag rhetorischen Stilfiguren wie *Syllogismen und Belehrungen in der Sprache der Politik* und überprüft diese mit einem Korpus von Reden in *einer Haushaltsdebatte des Deutschen Bundestags* auf ihren argumentativen Wert. Debattenreden sind nach Eroms (S. 185) „Manifestationen aktueller politischer Problemlagen und der Dispute um ihre Bewältigung und sie aktivieren und provozieren bei den Hörern [...] politische Anteilnahme". Syllogismen sind im Gegensatz zu Belehrungen, auf die eher Mitglieder der Opposition zurückgreifen, insbesondere für die in der Regierungsverantwortung stehenden Parteien typisch. Syllogismen dienen Eroms (S. 176f.) zufolge im argumentativen Kontext dazu, „das legislative und vor allem das exekutive Handeln zu legitimieren." Eroms (S. 182) konstatiert außerdem in Anlehnung an Harnisch (2010) im politischen Sprachgebrauch eine zunehmende Tendenz zur „ikonischen Verstärkung." Denn die Argumentation laufe gleichzeitig auf der verbalen Ebene und auf der Ebene des Ikonischen, meistens der Körpersprache, ab. Der Text-Bild-Bezug führe demnach zu einer argumentativen Verstärkung.

In seinem Beitrag behandelt **Thomas Niehr** die *Schlagwörter und ihre rhetorische Funktion* aus historischer Perspektive und tritt für eine differenzierte Betrachtung des Schlagwortbegriffs ein. Er spricht sich deshalb gegen eine Einschränkung dieses Terminus auf eine in Politikerreden rekurrente pejorative Verwendung aus. Um Schlagwörter detailliert untersuchen zu können, schlägt Niehr eine empirische Herangehensweise vor, die die Erstellung eines umfassenden Korpus voraussetzt. Auf der Grundlage eines aus 123 Bundestagsdebatten aus den Jahren 1964 und 2014 bestehenden Korpus weist er nach, dass der Terminus *Schlagwort* „auch im öffentlichen Diskurs als neutraler Ausdruck mit verschiedenen Funktionen verwendet werden kann" (S. 198). Niehr stellt im Rahmen seiner Korpusanalyse fest, dass Schlagwörter multifunktional verwendet werden: Erstens „als abwertender Ausdruck mit Bezug auf die Rede des politischen Gegners", zweitens „als neutraler Ausdruck mit Bezug auf die Rede des politischen Gegners oder des eigenen Lagers" und drittens „als neutraler Ausdruck mit Bezug auf positiv bewertete Fahnen- oder Hochwertwörter" (S. 192).

Ralf Thomas Göllner richtet sein Forschungsinteresse in seinem politikwissenschaftlichen Beitrag nicht auf die sprachliche Form der im aktuellen Zuwanderungsdiskurs frequenten Schlagwörter *Multikulturalität versus Multikulturalismus*, sondern auf deren politische Wirkung in west- und osteuropäischen Gesellschaften. Er konstatiert (S. 203) in seiner kontrastiven Untersuchung, dass der Begriff *Multikulturalismus* in der Bundesrepublik nicht mehr als Identifikationsangebot verstanden wird. Vielmehr sei dieser in den letzten Jahrzehnten einem durch den politischen Kontext bedingten negativen semantischen Transfer unterzogen worden und habe somit eine politische Degradierung erlebt. Dies stehe aber einem auf objektiver Grundlage geführten politischen Diskurs über Migration und Integration im Weg. Unter anderem deshalb postuliert Göllner (vgl. S. 206 f.) den Ersatz dieses politisch umkämpften Begriffs *Multikulturalismus* durch den Begriff der aus einer politisch-gesellschaftlichen Entwicklung heranwachsenden *Multikulturalität*, der wie ursprünglich der Begriff *Multikulturalismus* gesellschaftliche Heterogenität und Vielfalt bezeichne, aber einen Grundkonsens über die Einigung auf einen Wertekodex in der Gesellschaft voraussetze. Der Beitrag von Göllner bietet Sprach- und Kommunikationswissenschaftlern einen Anknüpfungspunkt, die Schlagwörter *Multikulturalität* und *Multikulturalismus* unter Berücksichtigung politikwissenschaftlicher Erkenntnisse zu untersuchen und ihren linguistischen Befund auf sachliche Objektivität hin zu überprüfen.

Rüdiger Harnisch widmet seinen Beitrag *Partizipien als meliorisierende Ersatzkonstruktionen für pejorisierte personenbezeichnende Derivata*. Er weist dabei semantische und pragmatische Remotivierungsprozesse bei der Ersetzung von Personengruppenbezeichnungen nach, die aufgrund ihres Suffixes entweder durch Sprachkritik oder Sprachverwendung als negativ empfunden werden (wie z.B. *Flücht-ling* und *Asyl-ant*). Dabei sieht er zuerst einen semantischen Remotivierungsprozess, der das entsprechende Suffixderivat als Stigmaform ausweist, indem nur negative Verwendungen mit dem Suffix verbunden werden, jedoch keine ebenso möglichen neutralen oder positiven (vgl. *-ling* in negativ *Schwäch-ling, Schön-ling* vs. neutral *Setz-ling* und positiv *Lieb-ling*). Diese negativen Suffix-Konnotationen würden so in einem politischen Diskurs auf eine an sich neutrale Suffixderivation wie z.B. 2015 beim Lexem *Flücht-ling* übertragen (S. 230). In einem zweiten Schritt werde dann eine entlastete Ersatzform in Form einer Partizipialkonstruktion gesucht, die von einem Teil der Verwender nicht mehr nur neutral, sondern sogar meliorisierend als Fahnenform verwendet werde (so *Geflücht-et-e*). Harnisch weist darauf hin, dass Partizipialformen zudem den Vorteil der Sexusneutralität im Plural haben, die generischen pluralischen Maskulina (*Flücht-ling-e*) mittlerweile abgesprochen werde (S. 232).

Fabian Kreußler und **Martin Wengeler** stellen in ihrem kontrastiven Beitrag *Von Heimatvertriebenen, Armutsflüchtlingen und Refugees* an der Schnittstelle zur politischen Diskursanalyse und der linguistischen Sprachkritik einen linguistischen Vergleich der Flüchtlings- und Zuwanderungsdiskurse der letzten 70 Jahre in der Bundesrepublik Deutschland dar. Sie beschreiben dabei den Einsatz leitender Begriffe wie z.B. *Flüchtlinge, Gastarbeiter* und *Asylanten* bzw. *Asylbewerber* und *Asylsuchende* und zeigen zugleich, welchem semantischen Wandel diese Begriffe in der jeweiligen Periode der unterschiedlichen politischen Diskurse zwischen 1950 bis 2016 in der deutschen Presse unterzogen waren. Kreußler und Wengeler gehen außerdem auch auf das Kriterium politischer Korrektheit ein und resümieren, dass die Wertung eines Wortes, das sich auf die „Bezeichnung der Zufluchtssuchenden" (S. 257) richtet, nicht oder kaum der Morphologie des Wortes oder seiner Herkunft entspringt, sondern vielmehr seiner „Verwendung in der kommunikativen Praxis und [seiner] sich dadurch konstituierende[n] Bedeutung innerhalb eines Diskurses." (S. 257)

Jörg Kilian geht in seinem Beitrag *Politische Semantik, interkulturelle „Hotwords" und didaktische Sprachkritik* davon aus, dass „grundsätzlich jedes Wort des lexikalischen Bestandes der deutschen Sprache zu einem politischen Wort werden und im Gebrauch eine politische Semantik erhalten [kann]" (S. 261). In seinem Artikel, der sich an der Schnittstelle der interkulturellen Semantik und der didaktischen Sprachkritik befindet, widmet sich Kilian einem nicht „politikeigenen" (S. 261; Dieckmann 2005: 16–21) Vokabular, das aber in der öffentlichen bzw. politischen Kommunikation mit unterschiedlichen Wahrscheinlichkeitsgraden politisches Konfliktpotenzial in sich tragen kann. Im Fokus seines Interesses stehen von ihm in Anlehnung an Heringer (2008) als „Hotwords" bezeichnete Begriffe, die mit der Kultur und der Sprache einer Nation zusammenhängen und so in der interkulturellen Kommunikation zwischen Ländern, in diesem Beitrag am Beispiel von Dänemark und Deutschland, pragmatisch indizierte Störungen verursachen können.

Sandra Issel-Dombert und **Marie Serwe** widmen sich in ihrem frankoromanistischen Beitrag *Quo vadis, Front National?* dem Sprachgebrauch im Parteiprogramm der französischen Partei Front National und überprüfen dieses diskurslinguistisch auf rekurrente Muster, die zur Selbstaufwertung der eigenen Partei und deren Abgrenzung vom bestehenden politischen System einerseits und zur Diffamierung politischer Gegner andererseits eingesetzt werden. Ähnlich dem Beitrag von Niehr in diesem Band analysieren Issel-Dombert und Serwe Schlagwörter im Zusammenhang mit argumentativen Strukturen, widmen sich aber zusätzlich auch der Erschließung salienter Topoi in Anlehnung an Wengeler & Ziem (2010), die der Diffamierung politischer Antagonisten dienen. Sie resümieren (S. 293), dass die Diffamierung politischer Gegner und die Aufwertung der eigenen Parteiwerte über „die Aufrechterhaltung klarer Freund-Feind-Oppositionen" generiert wird, „die sich diametral gegenüberstehen". Diese Strategie manifestiere sich einerseits in der Herausstellung von Schlagwörtern und Topoi auf der lexikalisch-semantischen Ebene und andererseits in der Erschließung festgefahrener grammatischer Muster auf der morphologischen und der syntaktischen Ebene.

Teil 4: Die Funktion der Varietäten und Identitätskonstruktionen im politischen Sprachgebrauch

Der Artikel *Politische Sprache und Interkulturalität* von **Csaba Földes** lässt sich dem Bereich der Interkulturellen Linguistik zuordnen. Földes untersucht die Sprache der Berichterstattung über Politik in zwischen 2005–2016 erschienenen Zeitungen der deutschen Minderheit in Ungarn. Földes stellt fest, dass Minderheitenzeitungen die eigene Identität häufig zum Gegenstand der Berichterstattung machen und diese auch im historisch-politischen Diskurs diskutieren. In den untersuchten Pressetexten konnten häufig kommunikative Strategien beobachtet werden, die auf kollektive Identitätsbildung ausgerichtet sind. Folglich war der Einsatz der 1. Person Plural des Possessivpronomens *unser* rekurrent, das in Konstruktionen mit Hochwertwörtern auftritt. Nach Földes (S. 315) gehen in den untersuchten Pressetexten die distanzsprachlichen Elemente fließend in nähesprachliche Elemente (nach Koch & Oesterreicher 1985: 21) mit dem Ziel über, Vertrauen bei den Leserinnen und Lesern zu stiften. Darüber hinaus sei „für die usuelle kommunikative Praktik der Pressetexte, besonders der politischen, [...] eine Dichte ideologiebezogener Bezeichnungsfelder und Wortnetze" charakteristisch (S. 314).

Pascale Erhart untersucht in ihrem Beitrag *Sprachpolitik und Sprache in der Politik im elsässischen Fernsehen* die Sprachverwendung Elsässisch sprechender Politiker im Regionalsender France 3 Alsace im Umfeld des Volksentscheids zur Zusammenlegung der beiden elsässischen Departments Hoch- und Niederrhein im Jahr 2013, die scheiterte. Mit dieser Zusammenlegung sollte die größere Fusion der drei Regionen Elsass, Lothringen und Champagne-Ardenne zur neuen Region *Grand Est* (‚Großer Osten') im Jahr 2016 verhindert werden, die im Elsass auf Widerstand stieß. Nachdem Erhart die Geschichte und die einschränkenden politischen Rahmenbedingungen elsässischsprachiger Fernsehsendungen dargelegt hat, beschreibt sie den Einsatz des Dialekts in drei Fernsehsendungen rund um den Volksentscheid durch Befürworter der Zusammenlegung der beiden elsässischen Departements. Zwar würden durch die Elsässisch sprechenden Politiker dieselben Strategien angewandt wie im politischen Sprachgebrauch des Standardfranzösischen üblich, was noch dadurch verstärkt werde, dass die Institutionensprache teilweise weiterhin Französisch sei und so häufig Code-Switching erfolge. Dennoch komme gerade dem Dialekt eine besondere identitätsstiftende Strategie zu, um „sich als Vertreter ‚der Elsässer' als einer geschlossenen Gruppe darzustellen (‚mir Elsässer', ‚unter Elsässer', ‚unser Elsàss')" (S. 336).

Peter Ernst (S. 339) wirft in seinem Beitrag *Von „politischer Sprache" zu „politischer Aussprache"* eingangs die Frage auf, ob es neben der „politischen Sprache" auch eine „politische Aussprache" gebe. In seinem vorwiegend varietätslinguistischen Beitrag geht *er am Beispiel des Nationalsozialismus* der Frage nach, ob sich die Sprachverwendung der NS-Führung an der Standardsprache orientierte bzw. welche Akzeptanz Varietäten im Nationalsozialismus hatten. Ernst konstatiert (S. 342), dass man während der NS-Zeit „von dem traditionellen Dreiersystem ‚Hochsprache – Umgangssprache – Dialekt' [...] zur Dichotomie ‚Hochsprache – Dialekt' " abkam. Unter der „Hochsprache des Reiches" verstand man allerdings eine „regional durchsetzte Hochlautung" (S. 345). Den Grund hierfür sieht Ernst (S. 343) darin, dass Adolf Hitler selbst als sprachliches Vorbild der normativen Erwartung des „reinen Hochdeutsch" nicht gerecht werden konnte und er trotz seiner auf die Aneignung der Standardsprache gerichteten Bemühungen mit starken bairisch-österreichischen Einsprengseln sprach. Diese Annahme einer regional durchsetzten Hochlautung in der damaligen Sprechwissenschaft deckt sich Ernst (S. 348) zufolge aber trotz aller ideologischen Einflüsse dennoch mit der gegenwartssprachlichen Beobachtung von Schmidt & Herrgen (2011: 266), dass „die Aussprache des Deutschen auch bei intendierter Standardsprache nicht selten von der kodifizierten Norm [...] abweicht".

Vjosa Hamiti und **Blertë Ismajli** zeigen in ihrer Untersuchung *Politisch beeinflusster Benennungswandel: Vom Amselfeld bis zur Republik Kosovo*, wie aus dem Toponym *Kosovo* ein Demonym für die Albaner im Kosovo in Abtrennung zu den Albanern in Albanien, eine öffentliche Identitätskonstruktion und schließlich ab 2008 ein Staatsname wurde sowie welche lexikalischen und grammatischen Folgen dies für die Bezeichnung dieses Volkes und ihrer Heimat in der deutschen Presse hatte. Die Autorinnen weisen in ihrem Korpus eine Vielfalt an Bezeichnung für das Kosovo im deutschen Mediendiskurs nach. Erst ab 2008 lasse sich die stabile Verwendung des Topo- und Demonyms *Kosovo* nachweisen, das aber immer noch nicht Genusstabilität und damit eine stabile Artikel-Verwendung bzw. Artikel-Nichtverwendung aufweise (S. 361).

4 Ausblick

Die Vielzahl von Publikationen zur politischen Sprachgebrauchsforschung, aber auch die Beiträge in diesem Tagungsband werden zeigen, dass die Politolinguistik ein sehr heterogenes Arbeitsgebiet ist. Diese Heterogenität ist durch die unterschiedlichsten Erscheinungsbilder politiksprachlicher Textsorten und Praktiken, die Fülle politischer Kommunikationsformate und die gerade durch die Neuen Medien immer vielfältigeren Verbreitungswege bedingt. Gerade im Hinblick auf die Verbreitungswege politischer Formate lässt sich die politische Sprachgebrauchsforschung deshalb oft auch nicht klar von der Medien- oder der Pressesprachforschung trennen.[4]

Nur wenn man die Sprache in der Politik aus möglichst vielen unterschiedlichen Blickwinkeln und damit auf semantische, lexikalische, morphologische, grammatische, pragmatische und diskursanalytische Muster- und Schematabildung und deren Verhältnis zu anderen kommunikativen Praktiken in der Politik hin korpusbasiert analysiert, wie dies in den Beiträgen der Teile 2 bis 4 dieses Sammelbandes geschieht, kann man dem Anspruch an eine differenzierte politische Sprachgebrauchsforschung gerecht werden.

In diesem Sammelband wird gezeigt, dass sprachliche und kommunikative Praktiken in der Politik nicht nur mit den in der Forschung häufig thematisierten lexikalisch-semantischen und pragmatischen Überlegungen verbunden sind, sondern auch mit phonetischen, morphologischen, grammatischen, sprachdidaktischen, interkulturellen sowie varietätenlinguistischen. Deshalb möchten die Herausgeber diesen Band als Plädoyer dafür verstanden wissen, bei der Erforschung des politischen Sprachgebrauchs alle Teildisziplinen der Germanistischen Linguistik zu berücksichtigen und bei der Analyse sprachen- und kulturspezifischer Unterschiede mit Linguistinnen und Linguisten der Fremdsprachphilologien zusammenzuarbeiten. Eine Herausforderung zukünftiger politolinguistischer Forschung wird es mit Sicherheit bleiben, aus den Ergebnissen zeithistorisch relevanter Einzelfallanalysen ebenso wie aus größere Zeiträume umfassenden Korpora nichtsituationsgebundene schematische Gebrauchsmuster – seien diese nun semantisch, lexikalisch, pragmatisch oder aber phonetisch, morphologisch, grammatisch bzw. varietätenlinguistisch – herauszuarbeiten, um so überzeitliche sprachliche und kommunikative Praktiken in der Politik benennen zu können.

Literatur

Austin, John L. (1972): *Zur Theorie der Sprechakte*. Stuttgart: Reclam.
Biermann (2014): *Über-Ziercke, Merkel-wir und Guttenberg-Passiv: eine politische Grammatik*. http://neusprech.org/ueber-ziercke-und-merkel-wir-eine-politische-grammatik/ (Zugriff am 15.10.2015).
Bubenhofer, Noah (2009): *Sprachgebrauchsmuster. Korpuslinguistik als Methode der Diskurs- und Kulturanalyse*. Berlin, New York: Walter de Gruyter.

---

4 Vgl. dazu zum Beispiel die Beiträge von Erhart und Földes.

Burkhardt, Armin & Kornelia Pape (Hrsg.) (2000): *Sprache des deutschen Parlamentarismus. Studien zu 150 Jahren parlamentarischer Kommunikation.* Wiesbaden: Westdeutscher Verlag.

Burkhardt, Armin (2003): *Das Parlament und seine Sprache. Studien zu Theorie und Geschichte parlamentarischer Kommunikation.* Tübingen: Max Niemeyer.

Chilton, Paul & Christina Schäffner (Hrsg.) (2002): *Politics as text and talk: analytic approaches to political discourse.* Amsterdam/Philadelphia: John Benjamins.

Chilton, Paul (2000): Participant roles and the analysis of leadership discourse: British and American leaders explain the Kosovo crisis. In Ingo Plag (Hrsg.), *Language use, language acquisition and language history: (Mostly) empirical studies in honour of Rudiger Zimmermann.* Trier: Wissenschaftlicher Verlag Trier

Chilton, Paul (2002): Do something! Conceptualising responses to the attacks of 11 September 2001. In *Identity Politics. Journal of Language and Politics* 1:1, 181–195.
http://www.research.lancs.ac.uk/portal/en/publications/-(7509f3aa-6a16-4220-a161-2405026e7413).html

Chilton, Paul (2004): *Analysing Political Discourse. Theory and Practice.* London/New York: Routledge.

Deppermann, Arnulf, Helmut Feilke & Angelika Linke (Hrsg.) (2016): *Sprachliche und kommunikative Praktiken.* Berlin, Boston: Walter de Gruyter.

Dieckmann, Walther (1980): Sprachlenkung/Sprachkritik. In Hans Peter Althaus [u.a.] (Hrsg.), *Lexikon der Germanistischen Linguistik*, Band 3, 508–515. Tübingen: Niemeyer.

Dieckmann, Walther (2005): Deutsch: politisch – politische Sprache im Gefüge des Deutschen. In Jörg Kilian (Hrsg.), *Sprache und Politik. Deutsch im demokratischen Staat*, 11–30. Mannheim: Dudenverlag.

Dieckmann, Walther (2012): *Wege und Abwege der Sprachkritik.* Bremen: Hempen.

Eichinger, Ludwig M. (2016): Praktiken: etwas Gewissheit im Geflecht der alltäglichen Welt. In Arnulf Deppermann, Helmuth Feilke & Angelika Linke (Hrsg.), *Sprachliche und kommunikative Praktiken* (Jahrbuch des Instituts für Deutsche Sprache 2015), VII–XIII. Berlin, Boston: de Gruyter.

Ernst, Peter (2018): Handlungsschemata im Wiener Niederlagsprivileg von 1281. In Luise Czajkowski, Sabrina Ulbrich-Bösch & Christina Waldvogel (Hrsg.), *Sprachwandel im Deutschen. Festschrift für Hans Ulrich Schmid zum 65. Geburtstag*, 338–348. Berlin, Boston: Walter de Gruyter.

Fábián, Annamária (2011): *Diskursanalyse des deutschen TV-Duells 2009 zwischen den Kanzlerkandidaten Steinmeier und Merkel.* München: GRIN.

Fábián, Annamária (2017): Diskursive, framesemantische und kognitionslinguistische Analyse der Wahrnehmung der Bundesrepublik Deutschland in der ungarischen Presse. In Zsolt Lengyel, Ralf Thomas Göllner & Wolfgang Aschauer (Hrsg.), *Ungarn, Deutschland, Europa – Einblicke in ein schwieriges Verhältnis*, 115–139. Regensburg: Pustet (= Studia Hungarica Bd. 53).

Fábián, Annamária (2018): Extralokation als Mittel persuasiver Argumentation im Wahlkampf – ein funktions- und diskursgrammatischer Ansatz. In Sandra Issel-Dombert & Aline Wieders-Lohéac (Hrsg.), *"Wahlkampf ist Wortkampf". Präsidentschaftswahlkampagnen aus sprachwissenschaftlicher Sicht*, 269–287. Berlin: Peter Lang.

Fairclough, Norman & Ruth Wodak (1997): Critical discourse analysis. In Teun A. van Dijk (Hrsg.), *Discourse as social interaction. Discourse studies: A multidisciplinary introduction*, Vol. 2, 258–284. London: Sage.

Fauconnier, Gilles (1999): Methods and Generalizations. In Theo Janssen & Gisela Redeker (Hrsg.), *Cognitive Linguistics: Foundations, scope and methodology*, 95–128. Berlin: Walter de Gruyter.

Felder, Ekkehard & Katharina Jacob (2014): Diskurslinguistik und Risikoforschung am Beispiel politischer Debatten zur Atomenergie. In *TATuP. Zeitschrift des ITAS zur Technikfolgenabschätzung – Theorie und Praxis*, 23. Jg., Heft 2, Juli 2014, 21–27.

Felder, Ekkehard (2006): Form-Funktions-Analyse von Modalitätsaspekten zur Beschreibung von Geltungsansprüchen in politischen Reden. In Maximilian Scherner & Arne Ziegler (Hrsg.), *Angewandte Textlinguistik. Perspektiven für den Deutsch- und Fremdsprachenunterricht*, 157–178 Tübingen: Gunter Narr.

Felder, Ekkehard, Angelika Schober-Penz & Kristina Seebacher (2013): *Kommunikation und Politik. Sprechen – verstehen – handeln*. Villingen-Schwenningen. http://www.gs.uni-heidelberg.de/md/neuphil/gs/sprache02/felder/politik-und-unterricht_heft1-2013_kommunikation_und_politik.pdf (Zugriff am 08.03.2018)

Felder, Ekkehard, Marcus Müller & Friedemann Vogel (Hrsg.) (2011): *Thematische Korpora als Basis diskurslinguistischer Analysen*. Berlin, New York: de Gruyter.

Fetzer, Anita, Elda Weizman & Lawrence N. Berlin (Hrsg.) (2015): *The Dynamics of Political Discourse: Forms and Functions of Follow-Ups*. Amsterdam: John Benjamins.

Fetzer, Anita, Gerda E. Lauerbach (Hrsg.) (2007): *Political Discourse in the Media. Cross-cultural perspectives*. Amsterdam/Niederlande: John Benjamins.

Foucault, Michel (1970/2007): *Die Ordnung des Diskurses. Inauguralvorlesung am College de France, 2. Dezember 1970*. Aus dem Französischen von Walter Seitter. Mit einem Essay von Ralf Konersmann. 10. Auflage. Frankfurt am Main: Fischer Taschenbuch Verlag [frz.: *L'ordre du discours. Leçon inaugurale au Collège de France prononcée le 2. décembre 1970*. Paris: Gallimard 1972]

Foucault, Michel (1976/1997): *Sexualität und Wahrheit, Bd. I: Der Wille zum Wissen*. Übers. von Ulrich Raulff und Walter Seitter. 9. Aufl. Frankfurt am Main: Suhrkamp [frz.: *Histoire de la sexualité, I: La volonté de savoir*. Paris 1976]

Foucault, Michel (1982–83/2010): *Die Regierung des Selbst und der anderen. Vorlesungen am Collège de France 1982/1983*. Frankfurt am Main: Suhrkamp [frz.: Le gouvernement de soi et des autres: Cours au Collège de France. Paris: Seuil 2008]

Fricke, Matthias (1999): *Empirische Diskursanalyse nach Foucault. Diskussion neuer Foucault-basierter Verfahren der Diskursanalyse anhand von empirischen Analysen von Printmedientexten*. Diss. Univ. Oldenburg. http://oops.uni-oldenburg.de/417/97/friemp99.pdf (Zugriff am 10.03.2018).

Girnth, Heiko & Constanze Spieß (Hrsg.) (2006): *Strategien politischer Kommunikation*. Berlin: Erich Schmidt.

Girnth, Heiko (2015): *Sprache und Sprachverwendung in der Politik. Eine Einführung in die linguistische Analyse öffentlich-politischer Kommunikation*. 2., überarbeitete und erweiterte Auflage. Berlin, Boston: de Gruyter.

Gloning, Thomas: Diskursive Praktiken, Textorganisation und Wortgebrauch im Umkreis der ersten Frauenbewegung um 1900. In Peter Ernst (Hrsg.), *Historische Pragmatik*, 127–147. Berlin, Boston: Walter de Gruyter.

Habscheid, Stephan & Michael Klemm (Hrsg.) (2007): *Sprachhandeln und Medienstrukturen in der politischen Kommunikation*. Tübingen: Niemeyer.

Harnisch, Rüdiger (2010): Zu einer Typologie sprachlicher Verstärkungsprozesse. In Rüdiger Harnisch (Hrsg.), *Prozesse sprachlicher Verstärkung. Typen formaler Resegmentierung und semantischer Remotivierung*. 3–23. Berlin, New York: de Gruyter.

Hart, Christopher (2014*): Discourse, Grammar and Ideology: Functional and Cognitive Perspectives*. London: Bloomsbury.

Hennig, Mathilde (2014): Die Bundespressekonferenz zwischen Nähe und Distanz. In Sven Staffeldt & Jürg Hagemann (Hrsg.), *Pragmatiktheorien. Analysen im Vergleich*, 247–279. Tübingen: Stauffenburg.

Heringer, Hans Jürgen (2008): *Hotwords* als Basis einer Unterrichtsmethode. In Renate A. Schulz & Erwin Tschirner (Hrsg.), *Communicating across borders. Developing Intercultural Competence in German as a Foreign Language*, 176–190. München: Iudicum.

Herrgen, Joachim (2000): *Die Sprache der Mainzer Republik (1792/93). Historisch-semantische Untersuchungen zur politischen Kommunikation*. Tübingen 2000.

Holly Werner (2017): Sprachhandlung und Sprachhandlungsmuster. In Kersten Sven Roth, Martin Wengeler & Alexander Ziem (Hrsg.), *Sprache in Politik und Gesellschaft*. Berlin, Boston: de Gruyter.

Holly, Werner (1998): Parlamentarische Geschäftsordnungen des 19. Jahrhunderts. Sprachgeschichtliche Impressionen zu einer politischen Textsorte in Deutschland. In Dieter Cherubim, Siegfrid Grosse &, Klaus J. Mattheier (Hrsg.), *Sprache und bürgerliche Nation*, 420–443. Berlin, New York: de Gruyter .

Holly, Werner (2001): ‚Frame' als Werkzeug historisch-semantischer Textanalyse. Eine Debattenrede des Chemnitzer Paulskirchen-Abgeordneten Eisenstuck. In Hajo Diekmannshenke & Iris Meißner (Hrsg.), *Politische Kommunikation im historischen Wandel*, 125–146. Tübingen: Stauffenburg.

Imo, Wolfgang (2015): Im Zweifel für den Zweifel: Praktiken des Zweifelns. In Arnulf Deppermann, Helmuth Feilke & Angelika Linke (Hrsg.), *Sprachliche und kommunikative Praktiken*, 153–176. Berlin, Boston: de Gruyter. (Jahrbuch des Instituts für Deutsche Sprache 2015).

Kämper, Heidrun & Ingo H. Warnke (Hrsg.) (2015): *Diskurs – interdisziplinär. Zugänge, Gegenstände, Perspektiven*. Berlin, Boston: Walter de Gruyter.

Kämper, Heidrun (2012): Der Faschismus-Diskurs 1967/68. Semantik und Funktion. In Heidrun Kämper, Joachim Scharloth & Martin Wengeler (Hrsg.), *1968. Eine sprachwissenschaftliche Zwischenbilanz*, 259–285. Berlin, New York: de Gruyter.

Kerchner, Brigitte & Silke Schneider (Hrsg.) (2006): *Foucault: Diskursanalyse der Politik. Eine Einführung*. Wiesbaden: Verlag für Sozialwissenschaften.

Kilian, Jörg (Hrsg.) (2017): *Politische Sprache und politischer Sprachgebrauch im Deutschunterricht. Linguistische und didaktische Bausteine für die Unterrichtspraxis. Erstellt von den Mitgliedern des Seminars Politische Sprache – linguistische und sprachdidaktische Zugriffe am Germanistischen Seminar der Christian-Albrechts-Universität zu Kiel im Sommersemester 2017*. https://www.germanistik.uni-kiel.de/de/lehrbereiche/didaktik-der-deutschen-sprache/studium-und-lehre/material/politische-sprache-und-politischer-sprachgebrauch-im-deutschunterricht-linguistische-und-didaktische-bausteine-fuer-die-unterrichtspraxis. (22.03.2018)

Kilian, Jörg, Thomas Niehr & Jürgen Schiewe (2010): *Sprachkritik. Ansätze und Methoden der kritischen Sprachbetrachtung*. Berlin, Boston: Walter de Gruyter.

Klein, Josef (2002): Topik und Frametheorie als argumentations- und begriffsgeschichtliche Instrumente, dargestellt am Kolonialdiskurs. In Dieter Cherubim, Karlheinz Jakob & Angelika Linke (Hrsg.), *Neue deutsche Sprachgeschichte: Mentalitätsgeschichtliche, kultur- und sozialgeschichtliche Zugänge*, 167–181. Berlin / New York: Walter de Gruyter.

Klein, Josef (2010): Politische Sprachstrategien – dargestellt an schweizerischen, deutschen und US-amerikanischen Beispielen. In Kersten Sven Roth & Christa Dürscheid (Hrsg.), *Wahl der Wörter – Wahl der Waffen? Sprache und Politik in der Schweiz*, 19–35. Bremen: Hempen.

Klein, Josef (2014): *Grundlagen der Politolinguistik. Ausgewählte Aufsätze.* Berlin: Frank & Timme.

Klein, Josef (2015): AUSWEICHEN und AUSWEICHEN KASCHIEREN. Multimodale Performanz, Framing-Kniffe und Publikumsresonanz. In Heiko Girnth & Sascha Michel (Hrsg.), *Polit-Talkshow. Interdisziplinäre Perspektiven auf ein multimodales Format*, 239–281. Stuttgart: ibidem.

Klein, Josef (Hrsg.) (1989): *Politische Semantik. Bedeutungsanalytische und Sprachkritische Beiträge zur politischen Sprachverwendung.* Opladen: Westdeutscher Verlag.

Koch, Peter & Wulf Oesterreicher (1985): Sprache der Nähe – Sprache der Distanz. Mündlichkeit und Schriftlichkeit im Spannungsfeld von Sprachtheorie und Sprachgeschichte. *Romanistisches Jahrbuch* 35, 15–34.

Krämer, Sybille (2001): *Sprache, Sprechakt, Kommunikation.* Frankfurt am Main: Suhrkamp.

Langacker, Ronald (2000): *Grammar and Conceptualization.* Berlin: de Gruyter.

Langacker, Ronald W. (2008): *Cognitive Grammar. A Basic Introduction.* Oxford: Oxford University Press.

Langacker, Ronald (2013): *Essentials of Cognitive Grammar.* Oxford: Oxford University Press.

Lasch, Alexander (2015): Konstruktionen im Dienst von Argumentationen. In Jörg Bücker, Susanne Günther & Wolfgang Imo (Hrsg.): *Konstruktionsgrammatik V. Konstruktionen im Spannungsfeld von sequenziellen Mustern, kommunikativen Gattungen und Textsorten*, 107–132. Tübingen: Stauffenburg.

Liedtke, Frank (2003): Entschuldigung – ein sprachliches Ritual für Skandalisierte. In Armin Burkhardt & Kornelia Pape (Hrsg.): *Politik, Sprache und Glaubwürdigkeit – Linguistik des politischen Skandals*, 69–86. Opladen: Westdeutscher Verlag.

Niehr, Thomas (2013): „Das ging nur mit uns." Sprachliche Strategien der FDP im Bundestagswahlkampf 2013. *Aptum* 3/2013, 248–260.

Niehr, Thomas (2014): *Einführung in die Politolinguistik.* Göttingen: Vandenhoeck & Ruprecht.

Niehr, Thomas, Jörg Kilian & Martin Wengeler (Hrsg.) (2017): *Handbuch Sprache und Politik.* 3 Bände. Bremen: Hempen.

Polenz, von Peter (1998): Zwischen ‚Staatsnation' und ‚Kulturnation'. Deutsche Begriffsbesetzungen um 1800. In Dieter Cherubim, Siegfried Grosse & Klaus J. Mattheier (Hrsg.), *Sprache und bürgerliche Nation*, 55–71. Berlin, New York: de Gruyter.

Radziszewska, Krystyna & Jörg Riecke (2004): Die Germanisierung von Lodz im Spiegel der nationalsozialistischen Presse (1939–1944) / Germanizacja Łodzi w nazistowskiej prasie z lat 1939–1943. Łodz: Literatura.

Roth, Kersten Sven & Carmen Spiegel (Hrsg.) (2013): *Angewandte Diskurslinguistik. Felder. Probleme, Perspektiven.* Berlin: Akademie Verlag.

Roth, Kersten Sven (2004): *Politische Sprachberatung als Symbiose von Linguistik und Sprachkritik. Zu Theorie und Praxis einer kooperativ-kritischen Sprachwissenschaft.* Tübingen.

Roth, Kersten Sven (2005): Zur demokratischen Legitimation politolinguistischer Sprachkritik. Am Beispiel des öffentlichen Diskurses um die Hohmann-Rede. In Jörg Kilian (Hrsg.), *Sprache und Politik. Deutsch im demokratischen Staat*, 329–339. Mannheim u.a.: Dudenverlag.

Roth, Kersten Sven, Martin Wengeler & Alexander Ziem (Hrsg.) (2017): *Handbuch Sprache in Politik und Gesellschaft* (= HSW, Band 19). Berlin, New York: de Gruyter.

Rüdiger, Jan Oliver (2017): Korpushermeneutische Analysen politischer Reden mittels Corpus-Explorer. *10plus1 | Living Linguistics 3*. http://10plus1journal.com/?page_id=811 (Zugriff am 10.05.2018).

Schiewe, Jürgen (Hrsg.) (2011): *Sprachkritik und Sprachkultur. Konzepte und Impulse für Wissenschaft und Öffentlichkeit*. Bremen: Hempen.

Schmidt, Jürgen Erich & Joachim Herrgen (2005): *Sprachdynamik. Eine Einführung in die moderne Regionalsprachenforschung*. Berlin: Erich Schmidt.

Schröter, Melani & Björn Carius (2009): *Vom politischen Gebrauch der Sprache. Wort, Text, Diskurs. Eine Einführung*. Frankfurt am Main: Lang.

Searle, John R. (1971): *Sprechakte*. Frankfurt am Main: Suhrkamp.

Spieß, Constanze (2011): *Diskurshandlungen: Theorie und Methode linguistischer Diskursanalyse am Beispiel der Bioethikdebatte*. Berlin, Boston: de Gruyter.

Spitzmüller, Jürgen & Ingo H. Warnke (2011): *Diskurslinguistik. Eine Einführung in Theorien und Methoden der transtextuellen Sprachanalyse*. Berlin, Boston: Walter de Gruyter.

Stötzel, Georg & Martin Wengeler (1995): *Kontroverse Begriffe. Geschichte des öffentlichen Sprachgebrauchs in der Bundesrepublik Deutschland*. Berlin, New York: Walter de Gruyter.

Strauss, Gerhard (1985): Schwere Wörter in der Politik. In Gerhard Strauß (1986): *Der politische Wortschatz. Zur Kommunikations- und Textsortenspezifik*, 149–280. Tübingen: Gunter Narr.

Uhlig, Eckhart (1972): *Studien zu Grammatik und Syntax der gesprochenen politischen Sprache des Deutschen Bundestages. Ein Beitrag zur deutschen Sprache der Gegenwart*. Marburg: N. G. Elwert Verlag.

Ulmann, Stefanie (im Erscheinen): Talking about the Arab Revolutions: A Critical Corpus-Assisted Enquiry into the (Ab)Use of Cognitive-linguistic Construal in Mass Media and Politics.

Van Dijk, Teun A. & Ruth Wodak (Hrsg.) (2000): *Racism at the Top. Parliamentary Discourses on Ethnic Issues in Six European States*. Klagenfurt: Drava.

Warnke, Ingo H. (2007): Diskurslinguistik nach Foucault – Dimensionen einer Sprachwissenschaft jenseits textueller Grenzen. In Ingo Warnke (Hrsg.) *Diskurslinguistik nach Foucault. Theorie und Gegenstände*, 3–24. Berlin, Boston: Walter de Gruyter.

Wengeler, Martin & Alexander Ziem (2010): Wirtschaftskrisen im Wandel der Zeit. Eine diskurslinguistische Pilotstudie zum Wandel von Argumentationsmustern und Metapherngebrauch. In Achim Landwehr (Hrsg.), *Diskursiver Wandel*, 335–354. Wiesbaden: Verlag für Sozialwissenschaften.

Wengeler, Martin (2003): *Topos und Diskurs. Begründung einer argumentationsanalytischen Methode und ihre Anwendung auf den Migrationsdiskurs (1960–1985)*. Berlin, Boston: Walter de Gruyter.

Wengeler, Martin (2005a): Assimilation, Ansturm der Armen und die Grenze der Aufnahmefähigkeit: Bausteine einer linguistisch „integrativen" Diskursgeschichtsschreibung. In

Claudia Fraas & Michael Klemm (Hrsg.), *Mediendiskurse. Bestandsaufnahme und Perspektiven*, 39–57. Frankfurt am Main: Peter Lang.

Wengeler, Martin (2005b): „Streit um Worte" und „Begriffe besetzen" als Indizien demokratischer Streitkultur. In Jörg Kilian (Hrsg.): *Sprache und Politik. Deutsch im demokratischen Staat*, 177–194. Mannheim u.a.: Dudenverlag.

Wengeler, Martin (2017): Wortschatz I: Schlagwörter, politische Leitvokabeln und der Streit um Worte. In Kersten Sven Roth, Martin Wengeler & Alexander Ziem (Hrsg.), *Handbuch Sprache in Politik und Gesellschaft*, 22–46. Berlin, Boston: Walter de Gruyter.

Wodak, Ruth & Michael Meyer (2013): *Methods of Critical Discourse Analysis*. 2. Auflage. London: Sage.

Rheindorf, Markus & Ruth Wodak (2018): Borders, Fences, and Limits – Protecting Austria From Refugees: Metadiscursive Negotiation of Meaning in the Current Refugee Crisis. In *Journal of Immigrant & Refugee Studies*, 16:1-2, 15-38.2

Ziem, Alexander (2014): Frames als Prädikations- und Medienrahmen: auf dem Weg zu einem integrativen Ansatz? In Claudia Fraas, Stefan Meier & Christian Pentzold (Hrsg.), *Online-Diskurse. Theorien und Methoden transmedialer Online-Diskursforschung*, 136–172. Köln: Herbert von Halem.

Ziem, Alexander (2015): Nullinstanziierungen im gesprochenen Deutsch: Kohärenz durch grammatische Konstruktionen. In Jörg Bücker, Susanne Günther & Wolfgang Imo (Hrsg.), *Konstruktionsgrammatik V. Konstruktionen im Spannungsfeld von sequenziellen Mustern, kommunikativen Gattungen und Textsorten*, 45–80. Tübingen: Stauffenburg.

Teil 1: **Die Politizität von Sprache**

Manfred Michael Glauninger
Zur Politizität von Sprache *als* Zeichen. Eine (meta-)semiotische Perspektivierung

Schlüsselwörter: Medialität, Politizität, Semantizität, Semiotizität, Zeichentheorie

1 Vorbemerkung

Die vorliegende Arbeit positioniert sich innerhalb jenes Theorierahmens, der mit Glauninger (2012) aufgespannt und in der Folge (vgl. Glauninger 2014, 2015a und 2017) kontinuierlich weiterentwickelt worden ist. Auf Basis einer radikal- bzw. gemäß Luhmann (vgl. insbesondere 1988) *operativ*-konstruktivistischen Epistemologie erfolgt dabei die konsequent *semiotische* Deutung(der Konzepte) von *Sprache*[1] sowie das Ausloten der dieser Zeichenhaftigkeit entsprechenden, umfassend ausgreifenden Semantizität[2] und Medialität[3]. Einen wesentlichen Aspekt bildet in diesem Zusammenhang die Annahme, dass inner- und außer(sprach)wissenschaftliche Sprachkonzepte *keinen* erkenntnistheoretisch relevanten Unterschied aufwiesen und sich wechselseitig bedingen sowie kontinuierlich beeinflussen, ja durchdringen. Dieser Standpunkt hat naturgemäß auch erhebliche Konsequenzen für die Analyse der Manifestation sowie Funktion des *Politischen* in/an der Sprache (und ihrem Gebrauch), denn daraus resultiert die grundlegende Anschlussfähigkeit des

---

[1] Hier weisen sämtliche einschlägigen linguistischen und sonstigen wissenschaftlichen sowie darüber hinaus alle nicht wissenschaftlichen Vorstellungen/Konstrukte Relevanz auf. Der Bogen spannt sich demzufolge von Modellierungen wie der *Langue* oder der *Kompetenz* über Ansätze wie *Varietäten*, *Sprechlagen* etc., diversen Laienkonzipierungen sprachlicher Erscheinungs-/Gebrauchsformen bis hin zu philosophischen Sprachauffassungen und unterschiedlichsten formalen Kalkülen (als Programmier-*Sprachen*).
[2] Besonders wirkmächtig ist dabei das *Kontextualisierungs*-Potenzial dieser Sprachkonzepte, d. h. die umfassende Funktionalität, die ihre *soziale Bedeutung* bei der kommunikativen Konstituierung von Kontexten entfaltet. Zur – in einigen Punkten, insbesondere hinsichtlich ihrer Fixiertheit auf sprechsprachliche Kommunikation, freilich zu eng (sozio-)linguistisch dimensionierten – Kontextualisierungstheorie vgl. Auer & Luzio (1992).
[3] Dies fußt wesentlich auf bzw. korrespondiert mit jenen Zuschreibungen an die Sprache als *Medium*, die im Rahmen der soziologischen Systemtheorie vorgenommen werden (vgl. Baraldi, Corsi & Esposito 1997: 180–184 und 189–195), zeichnet sich jedoch darüber hinaus durch eine maßgebliche sozialkonstruktivistische Komponente aus (vgl. Glauninger 2017).

hier vertretenen Ansatzes gegenüber der rezent praktizierten politolinguistischen Forschung. Als unmittelbar relevant erweisen soll sich diese stringent metatheoretische Qualität nun in Form einer kontextualisierenden Rahmung der Beiträge des vorliegenden Bandes.

2 Gegenstand, Problem, Ziel

Den Gegenstand dieser Untersuchung bildet die *Politizität* – im Sinne dessen, was Voraussetzung für (das Prozessieren von) Politik ist (vgl. Bußhoff 1993), zugleich aber (in komplementär systemischer Interpretation) auch jedem Ergebnis oder Produkt dieses Prozessierens eignet – als Komponente des Bedeutungsspektrums der Zeichenhaftigkeit, respektive des kommunikationsrelevanten Potenzials der Medialität von (Konzepten von) Sprache. Als Problemstellung gilt das Heranführen des Untersuchungsgegenstandes (in seiner Charakteristik als Schlüsselphänomen der Sphäre des *Politischen*) an den Prozess der oben angerissenen Theoriebildung. Dabei wird auch deren Konnex zur Peirce'schen *Semiose*-Modellierung, welche für den Bereich *sozialer* Phänomene als nahezu universell explikativ gelten darf (vgl. Glauninger 2017), adäquat zu berücksichtigen sein. Ziel ist es, der Deutung des Zusammenhanges zwischen Politik, Sprache und (Sprach-)Wissenschaft mit neuen, originären soziolinguistischen Ansätzen Impulse zu verleihen. Dies erscheint umso lohnender, als die Politolinguistik nicht nur ihr Spektrum an Fragestellungen erheblich erweitert, sondern sich im Zuge dessen vor allem auch paradigmatisch hinreichend konstituiert hat. Davon legt nicht zuletzt der vorliegende Band ein beredtes Zeugnis ab, in dessen Beiträgen jeweils spezifisch *politolinguistische* Kristallisationen pragma-, variations-, text- oder medienlinguistischer, diskurs- bzw. gesprächsanalytischer sowie funktionalgrammatischer und -semantischer Perspektiven manifest werden. Genau an dieser Stelle aber setzt nun die hier vorgelegte Arbeit an, indem sie in Wechselwirkung mit, respektive Komplementarität zu diesen Prozessen zusätzlich noch eine meta(polito)linguistische Dimension aufspannt.

3 Konzipierung, Semiotizität und Semantizität von Sprache

Im Licht grundlegender (radikal) konstruktivistischer Ansätze,[4] insbesondere der Annahme, dass unser *Erleben* von *Wirklichkeit* auf einer überwiegend sprachbasierten Konzipierung eines kontinuierlichen – präkonzeptionell unstrukturierten – Stromes an Sinneseindrücken beruht (vgl. Borensztajn 2006: 7) und diese Wirklichkeit somit zwar einer *Konvention* entspricht, aber nichts mit einer *intersubjektiv* zugänglichen, *objektiv* (beobachterunabhängig) existierenden Realität zu tun hat,[5] kommt den Konzepten von Sprache (in jedweder Form) aus mehreren Gründen unikale Qualität zu. So repräsentieren diese beispielsweise eine spezifische, in mehrfacher Hinsicht potenzierte Selbstreferentialität. Denn alles als *Sprache* (in welcher inner- und außer(sprach)wissenschaftlichen Ausprägung auch immer, s. oben) im Bewusstsein Stehende, Erlebte, Mögliche ist letzlich – wie alles, was wir (als *Wirklichkeit* oder *Welt*) erleben – *sprachlich* konzipiert (und wird zudem stets sprachlich kommuniziert).

Dabei konstituieren sich die (stets sprachbasierten) Konzepte von Sprache in einer per se semiotischen, präziser: *indexikalischen* Struktur – genau dies aber lässt Sprache *als* Zeichen Wirksamkeit entfalten. Die für diese Sicht unabdingbar vorauszusetzenden Annahmen sind in der Peirce'schen *Semiose*-Theorie grundgelegt und implizieren das Verwerfen einer Reihe von herkömmlich linguistischen Postulaten:

> Die Etablierung eines in logozentrischer Manier a priori dekontextualisierten Gegenstandsbereiches [der Linguistik] und die daraus resultierende Verengung der komplexen semiotischen Sphäre auf Sprachzeichen (die jenem Gegenstandsbereich entsprechen) hat dazu geführt, dass die Problematisierung von Sprache (in ihren unterschiedlichen Perspektivierungen/Konzeptualisierungen) als Zeichen ausblieb oder bestenfalls rudimentär angedacht wurde. Tatsächlich aber ist die Semiotizität (und somit Semantizität) von *Sprache* per se dieser ausnahmslos „eingeschrieben", d. h. folgt aus ihrem Status als Konstrukt der Wirklichkeitsperspektivierung, ihrer *konzeptionellen* Dimension. Denn eine bestimmte (Einzel-)*Sprache* – bzw. jedwede „Erscheinungsform" (als Teilbereich) einer solchen – repräsentiert stets ein histori-

---

[4] Es ist hier nicht der Ort, den einschlägigen Forschungsstand zu referieren. Maßstäbe gesetzt hat bei der Etablierung konstruktivistischer Ansichten Glasersfeld (2001).
[5] An dieser Stelle sei noch einmal mit Nachdruck hervorgehoben, was weiter oben bereits festgehalten wurde: Auch die Wissenschaft (in all ihren Disziplinen) bietet gemäß einer konsequent konstruktivistischen Sichtweise keine Möglichkeit auf *objektive* Erkenntnis, auf eine vom subjektiven Erleben losgelöste Realität, die *entdeckt* werden könnte. „[S]cience cannot transcend the domain of experience" (Glasersfeld 2001: 31). Vgl. dazu auch Baraldi, Corsi & Esposito (1997: 100–104).

sches und gegenwärtiges Gesamt an einschlägigen Konstruktionsprozessen, in deren Verlauf spezifische, aus dem Totalspektrum der „sprachlichen" Sinneseindrücke (respektive Bewusstseinsinhalte) selegierte Segmente in einer bestimmten Konfiguration korrelieren mit spezifischen, aus dem Totalspektrum der „nicht-", respektive „außersprachlichen" Sinneseindrücke/Bewusstseinsinhalte selegierten Segmenten. Diese Korrelation aber repräsentiert nichts anderes als eine zeichenhafte, im Besonderen indexikalische Struktur: Das „Sprachliche" indiziert/evoziert/steht für das „Außersprachliche" – als Zeichen. (Glauninger 2017: 117–118).

Vor diesem Hintergrund wird der Blick frei für die Semiotizität von Sprache, deren Status *als* Zeichen, resultierend

aus der *sozialen Perspektivierung* von Sprache(n), dem – extensiv dimensionierten – soziogruppal-interaktionalen Konzipieren von sprachlichen *Erscheinungsformen*. Dabei konstituiert sich auf Basis der Kookkurrenz bzw. des Korrelierens von „Sprachlichem" und „Außersprachlichem" eine indexikalische (*Signans-Signatum-*)Struktur, die sich als *infinite Semiose* prozessual entfaltet. (Glauninger 2017: 125).

Da nun aber die *Bedeutungs-*Ebene dieser Zeichen potenziell alles umfasst, wofür das – entsprechend konzipierte – *Sprachliche* im (kollektiven) Bewusstsein steht (vgl. Glauninger 2017), wird einsichtig, dass

sich mental-emotive Aggregationen dieser Komplexität nicht logozentrisch-diskret analysieren, respektive *in-* und *extensional* „vermessen" [lassen]. Den Kern dieses schillernden Spektrums an (*sozialen*) Bedeutungen bilden aber Attitüden/Stereotype unterschiedlichster Art, die [...] in nahtloser Verschränkung der inner- und außer(sprach)wissenschaftlichen Sphäre generiert, konventionalisiert und tradiert werden. (Glauninger 2017: 125–126).

Die auch hier nochmals betonte *grundsätzliche* Gleichwertigkeit (sprach-)wissenschaftlicher und nicht wissenschaftlicher Konzepte von *Sprache* hinsichtlich ihrer Zeichen- und Bedeutungsdimension ergibt sich epistemologisch aus der eingangs vorgenommenen operativ konstruktivistischen Positionierung vorliegender Arbeit und bedarf keiner weiteren Begründung. Was aber deutlicher veranschaulicht werden muss, ist jene durchaus gegebene Potenzierung an Semiotizität, Semantizität und Medialität, die sich als Folge der *wissenschaftlichen* Teilhabe am Prozess des fortwährenden (gesamt-)gesellschaftlichen[6] Generierens bzw. Konstruierens von Sprache ergibt. In diesem Zusammenhang ist aufschlussreich, wie unterschiedliche wissenschaftliche Disziplinen entweder auf ihre je spezifische Weise *Sprache* konzipieren oder aber (*vorhandene*) Sprachkonzepte entsprechend modifizieren/

---

[6] Selbstredend ist *Wissenschaft* eine kulturelle Praxis und als solche (mit all ihren Mitgliedern in Form der *scientific community*) nahtlos in die Gesellschaft eingebettet.

adaptieren.⁷ Dass im Zuge von Operationen dieser Art die Linguistik zugleich auch ihren *Gegenstand(sbereich)* konstruiert, stellt kein Spezifikum dar, ganz im Gegenteil: Wissenschaftliche Gegenstände sind ausnahmslos soziale Konstrukte – freilich mit je nach Einzeldisziplin mehr oder weniger deutlich erkennbarer gesellschaftlicher Bedingtheit (bzw. umgekehrt: Relevanz) der Kulturpraxis Wissenschaft.

4 Medialität und Politizität

Für die vorliegend problematisierte sprachliche *Politizität* haben nun aber über das hinsichtlich der Semantizität von Sprache *als solcher* (Stichwort: Kontextualisierung⁸) Dargelegte hinaus bestimmte Faktoren inner- und außer(sprach-)wissenschaftlicher Sprachkonzipierung besondere Relevanz, die mit wesentlichen Aspekten der *Medialität* von Sprache eng zusammenhängen. Auch diesen Überlegungen liegt ein fundamental semiotischer Ansatz zugrunde: Jede Zeichenhaftigkeit (sowie deren funktionale Ebene in Form von Bedeutsamkeit) beruht auf *Konvention*. Sprachkonzepte in ihrer Semiotizität und Semantizität sind als Produkte sozialer Interaktion (von teils maximal ausgreifender gesellschaftlicher Extension) unabdingbar konventionell. Ein wesentliches (Steuerungs-)Moment hinsichtlich der *Übernahme* von bzw. des *Sozialisiert-Werdens* in Bezug auf Konventionen aber ist – freilich in vielfältiger, facettenreicher Kodierung sowie durchaus differenziert (und oftmals subtil) Wirksamkeit entfaltend – *Macht*.

Somit wird offenkundig, dass sämtlichen Sprachkonzepten die Qualität der *Politizität* – im eingangs definierten Sinn (vgl. 1) – inhärent ist, und dies in bemerkenswerter, kaum zu überschätzender Ursächlichkeit, denn „Macht braucht ein politisches System" (Baraldi, Corsi & Esposito 1997: 135). Wenn deshalb an dieser Stelle vorliegender Untersuchung von der Politizität sprachlicher Medialität die Rede ist, geht es verständlicherweise dezidiert *nicht* um in usuell linguistischer Ma-

---

7 Dadurch wurde und wird das gesamtgesellschaftliche Konzipieren von Sprache unter anderem durch Aspekte (neuro-)physiologischer, handlungsspezifischer, kommunikationsbezogener, psycho-kognitiver (und noch einer Reihe weiterer) Perspektiven stimuliert, inspiriert, intensiviert und ausgebaut.

8 Die auf Basis der *sozialen Bedeutung* von Sprachkonzepten evozierten, respektive bewusst oder unbewusst (kommunikativ) erzeugten Kontexte (wie z. B. *Gruppenkohäsion* bzw. *soziale – regionale, nationale – In- und Exklusion, Nähe/Distanz, Kompetenz, Vertrauenswürdigkeit, Ironie* usw.) bilden besonders wirkmächtige Elemente dessen, was *politische Sprache* in herkömmlicher linguistischer Lesart kennzeichnet.

nier modellierte sprachliche (Teil-)Systeme[9] als Medien einer als *politisch* spezifizierten Sphäre der Kommunikation.[10] Von Interesse ist vielmehr, inwiefern sich einerseits (politische) Macht als Konstituens (der Konzipierung) von Sprache analytisch fassen und empirisch beschreiben lässt bzw. wie andererseits die – stets in Prozessen sozialer Interaktion ablaufende – Konzipierung von Sprachkonzepten *in eben dieser interaktionalen Form* als Medium der Macht (politisch) Wirksamkeit entfaltet.

Was die erste dieser beiden – klarerweise aufs Engste zusammenhängenden, respektive (obligatorisch) ineinander greifenden, hier lediglich aus operativen Gründen separierten – Fragestellungen anbelangt, erweisen sich die historisch in vielfacher Form und in unterschiedlichsten gesellschaftlichen Kontexten bereits abgelaufenen (sowie bis in die Gegenwart immer wieder aufs Neue beobachtbaren[11]) Prozesse der Konstruktion von *Nationalsprachen* oder, mutatis mutandis, *Nationalvarietäten* (von Standardsprachen)[12], aber natürlich auch diverser *Amts-* oder *Minderheitensprachen* etc. als nahezu idealtypische Beispiele. Eine deutlichere Manifestation politischer Macht im Kontext des entsprechenden (gesamt-)gesellschaftlichen Ineinanderfließens von, respektive der Wechselwirkung zwischen inner- und außer(sprach)wissenschaftlicher Sphäre ist schwer vorstellbar. Dies gilt – theoretisch – naturgemäß auch hinsichtlich der zweiten zuvor aufgeworfenen Problemstellung, allein: Hier bietet sich eine lohnende Alternative an, und zwar aufgrund einer ungleich günstigeren Lage, was die Untersuchungsbedingungen hinsichtlich der Überschaubarkeit und klarer (sozialer) Strukturen anbelangt. Die Rede ist von *linguistischen* Prozessen der Konzipierung von *Sprache* und somit von jenen Interaktionen, in deren Rahmen die Sprachwissenschaft ihre Untersuchungsobjekte und ihren Gegenstandsbereich generiert bzw. fortwährend modifiziert.

Unter Zugrundelegung dieser Prozesse lässt sich das weiter oben angedeutete, schillernde Problem der Konventionalität von Zeichen als Resultat von – oft vielfältig und subtil in Erscheinung tretender – Macht(entfaltung) nahezu paradigmatisch entschlüsseln: Die Etablierung, *Anerkennung* (Übernahme) und Perpetuierung/Tradierung von Konventionen (hinsichtlich der Konzepte von Sprache (als Gegenstand) in Forschung und Lehre) kann unter den Bedingungen von Interakti-

---

[9] Zur Problematik der aus systemtheoretischer Sicht defektiven linguistischen Modellierungen von Sprache als System vgl. Glauninger (2013, 2015a und 2017).
[10] Diese linguistische Vorstellung von Kommunikation erfolgt bekanntermaßen im Wesentlichen mittels *Sprachzeichen*, die Elemente des (vermeintlichen) Systems *Sprache* sind.
[11] In jüngster Vergangenheit etwa im Zuge bzw. infolge der kriegerischen Auseinandersetzungen im Zusammenhang mit dem Zerfall Jugoslawiens.
[12] Zur Kritik an der Konzipierung *nationaler Varietäten* (von als *plurizentrisch* modellierten Sprachen), insbesondere im Hinblick auf das Deutsche, vgl. Glauninger (2013, 2015b).

onen, die hinsichtlich ihrer entscheidenden Faktoren (insbesondere in Bezug auf die *Deutungshoheit*) eindeutig hierarchisch prozessiert werden, als im eigentlichen Sinn machtgesteuert gelten – wodurch zugleich die entsprechenden Interaktionen *vice versa* als machterzeugend bzw. machtstützend zu charakterisieren sind.[13] Dabei manifestiert eindrucksvoll das *realitätskonstituierende* – und dies meint immer auch: Macht generierende – Potenzial sozialer Konstrukte: Als solche bilde(te)n linguistische Sprachkonzepte das Fundament von (Forschungs-)Einrichtungen mit entsprechender personeller Ausstattung, die Begründung für die Durchführung von Projekten und darüber hinaus noch mehr an einschlägig Gewichtigem. Für die Linguistik, der – bis auf wenige Teilbereiche – im Gegensatz zu den meisten naturwissenschaftlichen Disziplinen ein *unmittelbar* gesellschaftlich relevantes Anwendungsfeld wie die Technik fehlt, ist der hier fokussierte, spezifische Modus einer sozialkonstruktivistischen *Autopoiesis* von entscheidender Bedeutung. Dieser Modus ist nicht zuletzt ein maßgeblicher Faktor im Zusammenhang mit der *Viabilität* linguistischer Sprachkonzepte, die somit als unmittelbarer Reflex eines spezifischen Machtpotenzials aufgefasst werden kann.[14] Vor diesem Hintergrund soll die vorliegende Diskussion ausgewählter Aspekte der Politizität von (Konzepten von) Sprache resümierend und mit einem Ausblick abgeschlossen werden.

5 Resümee und Ausblick

Was wir (inner- und außerwissenschaftlich) als *Wirklichkeit* oder *Welt* erleben, wird im Wesentlichen sprachlich konzipiert. Dabei ist Sprache selbst Teil dieser Wirklichkeit und somit ein *sprachbasiertes* Konzept. Diese radikal (bzw. *operativ*) konstruktivistische Grundannahme bildet den Schlüssel für das Verständnis einer Modellierung von Sprache *als* Zeichen, die im Zentrum jener originären (meta-)semiotischen Theoriebildung steht, in deren Rahmen sich vorliegende Untersuchung entfaltet hat. Dabei wurde gezeigt, dass die Abkehr von herkömmlichen linguistischen – ontischen, oftmals essentialistischen – Deutungen von *(Sprach-)*

---

[13] Diese Deutung lässt sich gut mit der Beobachtung in Einklang bringen, dass die kulturelle Praxis, in der jene Interaktionen eingebettet sind, gerontokratische Strukturen aufweist.
[14] Wie eingangs festgehalten, können nach Auffassung des radikalen Konstruktivismus wissenschaftliche Theorien, Methoden und Konzepte grundsätzlich nie (und somit auch nicht in unterschiedlichem Maß) zu *wahren* Erkenntnissen über eine beobachterunabhängige *Realität* führen. Sie weisen aber in der Regel verschiedene Grade der *Viabilität* (das meint in etwa *Nützlichkeit*) hinsichtlich bestimmter Zielsetzungen auf. Selbstredend lässt sich Viabilität nicht *objektivieren* und nur kontextabhängig definieren. Vgl. dazu Glasersfeld (2001).

Politik und *politischer Sprache* der Analyse des Zusammenhangs von Sprache und Politik neue Impulse geben kann.

In der spezifischen Selbstreferentialität von Sprachkonzepten liegt die *inhärente Politizität* von Sprache begründet – eine Qualität, die nicht zuletzt innerhalb der Linguistik ein entscheidendes (Macht-)Potenzial aufweist und sich dabei in einer sozialkonstruktivistischen Autopoiesis bewährt. Dies weist über *pragmatische* Aspekte einer in usueller Manier als *politisch* klassifizierten sprachlichen Kommunikation erheblich hinaus. „Jegliche Form der Wissensproduktion hat eine politische Dimension" (Roelcke 2010: 176). Gerade im Licht der vorliegenden Untersuchung bestätigt sich diese Feststellung, mehr noch: Sie erfährt eingedenk der schillernden Charakteristik und multiplen Funktionalität von Sprache im Kontext der Produktion von Wissen – insbesondere von Wissen *über* Sprache – eine Fundierung neuer Art.

Das *Politische* an/in der Sprache ist weder Akzidens noch funktionale Attribuierung, sondern zugleich Ausgangspunkt und Resultat sprachbasierter Konzipierung und somit Voraussetzung der *Existenz* von Sprache. Die sich aus dieser Sichtweise ergebenden Problemstellungen indizieren das Potenzial jener – im vertieften Sinn – genuin *politolinguistischen* Agenda, welche sich in Auseinandersetzung mit einem nunmehr umrissenen Forschungsdesiderat weiter profilieren kann. Der vorliegende Beitrag hat – in Korrespondenz mit den übrigen Arbeiten dieses Sammelbandes – den Ausgangspunkt dafür markiert.

Literatur

Auer, Peter & Aldo di Luzio (Hrsg.) (1992): *The Contextualization of Language.* Amsterdam, Philadelphia: Benjamins (Pragmatics and Beyond. New Series 22).

Baraldi, Claudio, Giancarlo Corsi & Elena Esposito (1997): *GLU. Glossar zu Niklas Luhmanns Theorie sozialer Systeme.* Frankfurt am Main: Suhrkamp (stw 1226).

Borensztajn, Gideon (2006): *Luc Steels, the Talking Heads Experiment and Cognitive Philosophy. Part I – Philosophical Background.* http://citeseerx.ist.psu.edu/viewdoc/download?doi=10.1.1.163.3615&rep=rep1&type=pdf (Stand: 3.9.2016).

Bußhoff, Heinrich (1993): *Der politische Prozeß. Ein steuerungstheoretischer Versuch.* Würzburg: Königshausen & Neumann (Acta politica 2).

Glasersfeld, Ernst von (2001): The Radical Constructivist View of Science. *Foundations of Science 6 / 1–3 (The Impact of Radical Constructivism on Science),* 31–43.

Glauninger, Manfred Michael (2012): Zur Metasoziosemiose des ‚Wienerischen'. Aspekte einer funktionalen Sprachvariationstheorie. *Zeitschrift für Literaturwissenschaft und Linguistik (LiLi)* 166, 110–118.

Glauninger, Manfred Michael (2013): Deutsch im 21. Jahrhundert: „pluri"-, „supra"- oder „postnational"? In Doris Sava & Hermann Scheuringer (Hrsg.), *Dienst am Wort. Festschrift für*

Ioan Lăzărescu zum 60. Geburtstag. Passau: Stutz (Forschungen zur deutschen Sprache in Mittel-, Ost- und Südosteuropa 3), 123–132.

Glauninger, Manfred Michael (2014): Salienz und System. *Linguistik online* 66, 21–29. https://bop.unibe.ch/index.php/linguistik-online/issue/view/388 (3.9.2016).

Glauninger, Manfred Michael (2015a): (Standard-)Deutsch in Österreich im Kontext des gesamtdeutschen Sprachraums. Perspektiven einer funktional dimensionierten Sprachvariationstheorie. In Alexandra N. Lenz & Manfred M. Glauninger (Hrsg.), *Standarddeutsch im 21. Jahrhundert. Theoretische und empirische Ansätze mit einem Fokus auf Österreich.* Göttingen: v & r unipress (Wiener Arbeiten zur Linguistik 1), 11–57.

Glauninger, Manfred Michael (2015b): Die *Nationalvarietät* „österreichisches Deutsch" als kakanisches Paradoxon. In Ewa Cwanek-Florek & Irmgard Nöbauer (Hrsg.), *Sprachliche Wechselbeziehungen in der Habsburgermonarchie*. Wien: PAW – Wissenschaftliches Zentrum in Wien (Symposien und Seminare am Wissenschaftlichen Zentrum der Polnischen Akademie der Wissenschaften in Wien 13), 11–18.

Glauninger, Manfred Michael (2017): Zur Transformation des Zeichens *Wienerisch* und zur *Medialität* der deutschen Sprache in Wien. In Alexandra N. Lenz et al. (Hrsg.), *Bayerisch-österreichische Varietäten zu Beginn des 21. Jahrhunderts – Dynamik, Struktur, Funktion. 12. Bayerisch-Österreichische Dialektologentagung*. Stuttgart: Steiner (ZDL-Beihefte 167), 113–132.

Luhmann, Niklas (1988): *Erkenntnis als Konstruktion*. Bern: Benteli (Um 9).

Roelcke, Volcker (2010): Auf der Suche nach der Politik in der Wissensproduktion: Plädoyer für eine historisch-politische Epistemologie. *Berichte zur Wissenschaftsgeschichte* 33, 176–192.

Teil 2: **Die Funktion grammatischer Einheiten im politischen Sprachgebrauch**

Ludwig M. Eichinger
Keine Grammatik der politischen Sprache

Schlüsselwörter: politische Sprache, parlamentarische Rede, kommunikative Praktik, Grammatik, Konstruktionen

1 Einleitung

Aus der etwas apophtegmatischen Formulierung des Titels lässt sich die Behauptung ableiten, eine Grammatik der politischen Sprache gebe es nicht. Das kann nun dreierlei heißen: Zum ersten könnte gemeint sein, es gebe keine politische Sprache – womit sich die Frage nach ihrer Grammatik a fortiori erübrigt. Weniger voraussetzungsreich und daher unmittelbar plausibler erscheint ein Verständnis, nach der es zwar eine politische Sprache gebe, diese aber keine eigene Grammatik habe.[1] Vielleicht ist auch die dritte Lesart nur eine spezifischere Interpretation dieser zweiten Lesart: Es sei gar nicht so wichtig, was der Terminus „politische Sprache" genau bedeute und was ihm in einer wahrscheinlichen Wirklichkeit entspreche. Auf jeden Fall sei sprachliches Interagieren im politischen Raum ein Spezialfall öffentlichen Agierens (unter spezifischen gesellschaftlichen/politischen Konstellationen) insgesamt und zeige daher entsprechende grammatische Präferenzen.[2] Wir wollen in diesem Beitrag Argumente für diese letzte Position versammeln.

2 Drei Versuche, zu sagen, was politische Sprache sein könnte

2.1 Politiker im politischen Kontext

Was wollen wir unter dieser Voraussetzung unter „politischer Sprache" verstehen? Das Konzept politische Sprache spielt als eine Art Stigmawort in der Kritik existierender politischer Praxis eine nicht unerhebliche Rolle. Gerne wird jedenfalls ihr

---

[1] Solch eine Lesart legt z. B. der Sachverhalt nahe, dass es im „Ebenen"-Kapitel in Niehr (2014: 83-160) Abschnitte zur Wortebene, zur Textebene und zur Diskursebene gibt, aber keinen zur Ebene der Grammatik.
[2] Vgl. hierzu auch die Beiträge Fábián und Trost in diesem Band, die sich mit rekurrenten grammatischen Mustern in Reden und Texten von Politikern beschäftigen.

Verfall beklagt, in Sonderheit sei sie durch die Äußerung ebenso inhaltsleerer wie vorgeformter Phrasen, fester Muster gekennzeichnet.³ Diese Kritik an der Erwartbarkeit politischer Formulierungen greift zu kurz. In den letzten Jahren ist immer klarer geworden, dass ein vernünftiges sprachliches Verhalten auch darin besteht, mehr oder minder festen Mustern des Sprechens zu folgen.⁴ Es führt nicht weiter, politische Sprache als eine in dieser Hinsicht beschränkte oder auch in ihrer Vorformuliertheit manipulative Sprachform anzusehen. Sofern wir alle diese Muster kennen, helfen sie auch den Hörern durch die sprachliche Welt. Wenn uns bei bestimmten Äußerungen von Politikern diese Formen nicht zu der besprochenen Sache zu passen scheinen, ist das ein anderer Fall.

Wir wollen in einer intensionalen Beschränkung unter politischer Sprache jene Sprachform verstehen, die von Politikern und Instanzen der Politik zur Kommunikation im öffentlichen Raum verwendet wird. Damit ist impliziert, dass sie den entsprechenden Sprachspielen genügt. Extensional gesprochen wird dann darunter die Sprachform verstanden, wie sie in typischen politischen Praktiken gefordert ist. Demokratie lässt sich so als ein Gefüge an Praktiken verstehen, die mit festen Interaktionsmustern verbunden sind. Politik in diesem Rahmen ist Sprechen in Situationen.⁵

Das stellt eine eher restriktive Begrenzung dar. Das betrifft zuerst die Frage, wen wir als Produzenten politischer Sprache betrachten wollen. Politische Sprache hat in dieser Bestimmung zumeist einen Typ von aktiven Gebrauchern oder Produzenten: die Akteure der Politik. Das betrifft dann zum anderen Orte und Praktiken, die wir in diesem Sinn für einschlägig halten. Es ist die offizielle und offiziöse Welt der Politik und deren theoretische Hintergründe, die als zentrale Instanzen politischer Sprache gelten.⁶ In unserem Typus der repräsentativen Demokratie haben wir es mit einem Bündel von Interaktionsmodi zu tun, die ganz spezifischen konstitutiven Praktiken entsprechen. Dass die zum dritten ihrerseits verschiedensten Bedingungen, – etwa medialen – unterliegen, ist unstrittig, ist aber eben die Eigenheit funktionaler Entitäten in modernen differenzierten Gesellschaften. Man

---

3 Ein gesamthaftes Resümee dazu findet sich bei Patzelt (1995: 47); s. auch Burkhardt (1995: 74–75).
4 Vgl. etwa die Beiträge in Steyer (2004) und Engelberg, Holler & Proost (2011).
5 Mit der notwendigen Verkürzung auf eingeübte, sozusagen indexikalische, Formen, die aber als im Zweifelsfall explizierbar und explizierungspflichtig gelten. Vgl. dazu etwa Brandom 2000: 362–364.
6 Gerade im Hinblick auf eine sprachliche, „grammatische" Kennzeichnung werden im weiteren Sinn „politische" Äußerungskontexte hier ausgegrenzt, dabei geht er etwa um das alltägliche Reden über Politisches von uns allen, aber auch entsprechende journalistische Äußerungen und letztlich die politisch ordnende Gesetzgebung.

sollte wegen der funktionalen Differenzierung im demokratischen System auch die Rechtssprache als ein Objekt sui generis betrachten[7] und aus der Betrachtung politischer Sprache heraushalten. Dass Rechtssprache enger mit parlamentarischem Reden und Schreiben zu tun hat, ist natürlich zu bedenken, macht aber nicht Ungleiches gleich. Gerade die Rechtssprache als echte Fachsprache kommt oft eher aus dem Glauben heraus mit in die Bestimmung der politischen Sprache, dass man den Eindruck hat, sie trage das Ihre zur Unverständlichkeit politischen Redens bei. Ohne die Nähe zu leugnen, handelt es sich doch um prinzipiell getrennte Domänen, für die z.B. Verständlichkeitsanforderungen einen gänzlich unterschiedlichen Status haben.[8]

Aber auch, wenn man von der Sprache im professionellen Diskursraum der Politik als politischer Sprache ausgeht, haben wir noch so viele und vielgestaltige Arten von sprachlichen Äußerungstypen vor uns, dass eine Suche nach salienten grammatischen Eigenheiten schwierig erscheint. Es spricht Einiges dafür, dass es nicht nur um die Begrenzung der möglichen Extension geht, vielmehr um ein andererseits erweitertes Verständnis von Grammatik. Vermutlich wird man nicht so sehr auf der Ebene grammatischer Regelhaftigkeit, ja nicht einmal bei Präferenzen in diesem Bereich fündig, man kann mit einiger Gewissheit annehmen, dass es eher Traditionen des Sprechens – und Schreibens – sind, die in gewissen Mustern fest werden. Man könnte also mit Hoffnung auf Erfolg nach dem Spiel mit Konstruktionstypen suchen.

2.2 Mediale Fragen und Antworten

Man kann dann auch noch in das sich hier bietenden Spektrum von Nähe- und Distanzdiskursen etwas Ordnung bringen und sehen, was prägende Praktiken sein könnten, in denen politische Sprache ihre jeweils eigene Form findet. Dabei ist zudem medial differenzieren, es gibt dialogisch angelegte Mündlichkeit, dann den adressierenden Typus der Rede und eine Reihe schriftlicher Texttypen. Auch für politische Sprache gelten die sonst üblichen Differenzierungen von Nähe und Distanz. Am Nähe-Ende spricht man im (intendierten) Dialog. Dabei ist der Dialog im Verhältnis zur alltäglichen face-to-face-Interaktion in mancherlei Weise gebrochen. Das ist schon bedingt durch die Nutzung der elektronischen Marktplätze: der Debattenbeitrag im Parlament mit seiner Mehrfachadressierung, die Interviews, der Auftritt in Talk-Shows und lockere Ansprachen aus verschiedenen Anlässen, bei

---

[7] Mit einer Vielfalt interner Differenzierung, vgl. z. B. Luth (2015: 56–57).
[8] S. dazu angemessen kritisch Lerch (2008: 73–75).

denen die Inszenierung des „human factor" einen nicht unerheblichen Part spielen. Eigentlich eine Art von Distanz-Mündlichkeit mit stark rhetorischer Präformierung haben wir in den offiziellen politischen Reden vor uns. Letztlich tritt uns die Politik schriftlich prototypisch in Wahlprogrammen und ähnlichen Texten entgegen. Wichtig ist, dass es sich um sprachliche Aktivitäten handelt, die in Praktiken eingebettet sind. Sie prägen die Erwartungen im Raum der öffentlichen Interaktion. Die Traditionen politischen Sprechens haben in der Entwicklung der deutschen Standardsprache einen starken Platz. Nicht umsonst ist die Durchsetzung eines deutschsprachigen allgemeinen Diskurses eng verbunden mit der Durchsetzung republikanischer Praktiken und der damit verbundenen medialen Möglichkeiten, von der Vereinsrede bis zum Zeitungsartikel. Folge dieser zweifellos nicht völlig geradlinigen Entwicklung ist jedenfalls, dass sich hier erkennbar verschiedene Stile entwickelt haben, an denen sich die jeweilige interaktive Praxis zu orientieren hat, will sie nicht zu exotisch erscheinen. Wir wollen dem anhand der Rede in der parlamentarischen Debatte etwas genauer nachgehen.[9]

3 Die parlamentarische Rede: Stützen einer Praktik

Der folgende satirische Text bestätigt uns in unseren Glauben, dass wir ganz sicher zu erkennen meinen, wie Politiker sprechen. Er spricht davon, dass und wie der politische Redner ans Pult bzw. vor das Publikum tritt und wir erkennen Grundzüge der aufgerufenen Praktik: es wird das Wort ergriffen, behalten und wieder losgelassen. Und wie das gemacht wird, dafür scheinen die Formulierungen des Textes eine durchaus nicht untypische Variante anzubieten.

(1) Wenn ich heute *das Wort ergreife*, so *halte ich es für meine Pflicht, einer Sache näherzutreten*, die Ihnen und uns und für alle Zukunft ein Problem *von schwerwiegender Bedeutung* zu sein scheint. Gewiss haben wir nicht die volle Gewissheit, was in Anbetracht einer Zerklauberei der ewig unmöglich erscheinenden Begleiterscheinungen in sich vereinigt, denn gerade hier bieten sich einschneidende Bedingungen, die von vornherein ein für allemal ausgemerzt werden müssen. Die Vergangenheit hat uns gezeigt, dass gerade in diesem

---

9 Vgl. „Das Politische Sprechen und Zeichenhandeln im Parlament prägt nachhaltig die politische Kultur einer Gesellschaft" (Dörner & Vogt 1995: 5); zur nach wie vor zentralen demokratietheoretischen Bedeutung des parlamentarischen Sprechens s. Sarcinelli (2011: 264).

Punkte gesündigt wurde, schon aus dem Grunde, weil ein Zusammenkommen jener wichtigen Erscheinungen stets verschwiegen wurde. Wir haben uns mehr denn je über diese Kleinigkeiten immuniert und haben in Sachen herumgewühlt, statt zu sagen: *„Freunde, geht ans Werk"*, *„Greift zu, und Ihr werdet es nicht bereuen"*. (Valentin 1978: 59)

Im Einzelnen kann einen der Text allerdings durchaus irritieren. Man wird ihn insgesamt sicherlich ein bisschen veraltet finden, trotzdem erscheint er insgesamt bis heute als typisch. Tatsächlich fällt eine Neigung zu – etwas weitläufigen – Formulierungen in erwartbaren Formen auf. Nun hat sich, wie oben schon angedeutet, in der linguistischen Forschung herausgestellt, dass die traditionell gepflegte Geringschätzung des Vorgeformten eine bemerkenswerte Fehleinschätzung seiner Bedeutung war. Gerade in der Untersuchung großer sprachlicher Datenmengen hat sich gezeigt, dass die Orientierung an Konstruktionen, also syntagmatisch-paradigmatischen Mustern, dem Sprecher wie dem Hörer das Leben leichter macht, und eine bewährte Strategie zur Strukturierung von Äußerungen darstellt.

Es gibt mindestens zweierlei Typen von Fügungen, mit denen man in unserem Kontext rechnen kann, zum einen eher auf die Parlamentsrede bezogene „technische" und zum anderen eher appellhaltige mit eines gewissen Emphase verbundene, die eher der funktionalen Inszenierung zuzuordnen sind. Dass im Sinne des Bühlerschen funktionalen Dreiecks eine changierende Mischung der drei von ihm angesetzten Funktionen zu bemerken ist, ist sicherlich ein Merkmal öffentlicher Rede vor fachlich diffusem Publikum generell, es wäre aber zu einfach, den von Bühler angesetzten Primat der Darstellungsfunktion für diesen Typ von Interaktion generell zu bestreiten.[10]

4 Wegweisung

4.1 Hinführung

Elemente dieser Art sind im obigen Text kursiv markiert. Das Verb *ergreifen*, das sich im Kontext des „Wort-Ergreifens" zeigt, ist ein typischer Kandidat für diesen

---

[10] Letztlich betrifft das doch auch alle situativ bestimmten Gattungen mit ihren stilistischen Präferenzen, wie sie z.B. Patzelt (1995: 18) klassifiziert, der zwischen Arbeitskommunikation, Darstellungskommunikation und Durchsetzungskommunikation unterscheidet – unschwer sieht man hier die relative Dominanz von Darstellung, Ausdruck und Appell (im Bühler'schen Sinn der Termini).

Kontext. Wenn im Deutschen etwas *ergriffen* wird, so sind es statistisch gesehen zuvorderst *Maßnahmen*, auch *Gegenmaßnahmen*, wenn jemand etwas ergreift, dann zunächst einmal die *Flucht*, auch *Initiativen*, aber dann gleich auch das *Wort*, eine *Chance*.[11] Kontexte des dynamischen Anhebens finden hier ihre Konstruktion – und so ist es kein Wunder, wenn das konkrete oder metaphorische „Hand-Anlegen" eher am Rande eine Rolle spielt.[12] Die häufigen Verwendungstypen repräsentieren ein Muster der „Initiativergreifung", das offenkundig sein sprachliches Leben nicht in der Welt des konkreten „Nehmens" hat.

So ist die stilistisch etwas überneutral-bedächtig wirkende Fügung vom Ergreifen des Worts so eng mit der Praktik des parlamentarischen Redebeginns verbunden, dass sich selbst ansonsten dem Traditionsbruch verpflichtete Politiker – wie etwa der in (2) zitierte Abgeordnete der Piraten-Partei – ihrer bedienen.

(2) Andreas hat in seiner Rede den programmatischen Aspekt der Regierungserklärung beleuchtet, und ich möchte an dieser Stelle *das Wort ergreifen*, um auf ein paar grundsätzliche Dinge hinzuweisen. Die Piratenfraktion ist seit September letzten Jahres Bestandteil dieses Hauses. (Abgeordnetenhaus Berlin am 12.01.2012)

Und das in ganz klassischer Weise: diese Einleitungsphrase ermöglicht einen infiniten Anschluss, mit dem der Agens in den Hintergrund tritt. Zudem stellt solch einer Fügung einen interaktionellen Anker im Ablauf der politischen Debatte dar, sofern sie anaphorisch in einer metonymischen Relation auf eine Bezugsäußerung (*seine Rede*) verweist, und kataphorisch in einer finalen Konstruktion dem eigenen Reden sein Ziel zuweist, und das „ergriffene Wort" als ein Mittel zu diesem Zweck positioniert.

(3) Damit wäre die Rolle des einen Arguments der Relation als ERWÜNSCHTES RESULTAT gekennzeichnet, das andere wäre dann als so etwas wie eine Handlung, die i. w. S. ein MITTEL zu diesem Zweck darstellt, zu charakterisieren. (Breindl, Volodina & Waßner 2014: 1011)

---

11 Nach Ausweis der Belege für 2014 und 2015 im Korpus W2 der geschriebenen Sprache in Cosmas 2: https://cosmas2.ids-mannheim.de/cosmas2-web/faces/investigation/archive.xhtml
12 Und selbst über die verbliebene Dynamik kann man geteilter Meinung sein, wenn man z.B. sieht, dass „ich erteile dem/der Abgeordneten ... das Wort" die rituelle der Erteilung des Rederechts im deutschen Bundestag ist.

Der intendierte Akt des „Hinweisens" hätte sich auch ohne diesen Ausdrucksumweg ankündigen lassen (*ich möchte auf ein paar grundsätzliche Dinge hinweisen*). Allerdings hat diese Art der Zerlegung eines Akts des „Hinweisens" zwei Funktionen. Zum ersten hat die Fügung den Effekt, das anaphorische Gegengewicht zu der als „Rede" qualifizierten Äußerung seines Kollegen im ersten Satz darzustellen. Zum anderen wird so das Ziel der Handlung an die rhematisch hervorgehobene Endstelle gebracht.

4.2 Einstieg in eine Praktik: das Wort

Es ist das zweifellos eine nützliche Eröffnungsstrategie, die in unserem satirischen Anfangsbeispiel allerdings in rhematische Leere geführt wird, was den erwünschten Effekt verbalen Leerlaufs erzeugt. Die Wendung vom ergriffenen Wort hat nicht nur für den Sprecher eine günstige Planungsfunktion – man muss beim Beginn der Rede, wenn man die Aufmerksamkeit der Zuhörer fokussieren will, noch nichts recht Neues sagen, was dabei verloren ginge und gewinnt so auch Planungszeit. Der indirekte Weg zum Handlungsziel macht den Eingang sanfter, was dann auch dem Hörer Zeit gibt, den inhaltlichen Punkt am Ende der Äußerung zu fokussieren, und dem Sprecher, sich noch einmal zu sortieren. Das Zitieren des „ das-Wort-Ergreifens" benennt den Eintritt in eine ritualisierte Praktik – mit den genannten textphorischen Optionen. So weist diese Formel häufig kataphorisch auf den Zweck und das Ziel dieser Aktion voraus, die dann in der Folge auch genannt werden (s. (4), (5)):

(4) [...] aber ich möchte jetzt einmal als Wirtschaftspolitiker in dieser Debatte das Wort ergreifen und an dieser Stelle an Ihren wirtschaftspolitischen Sachverstand appellieren. (Landtag Schleswig-Holstein am 14.12.2011)

(5) Ich möchte das Wort nicht ergreifen, sondern Frau Professor Dalbert nur sagen, dass wir die Frage vielleicht unter vier Augen klären; (Landtag von Sachsen-Anhalt am 13.07.2012)

Das geht auch etwas indirekter oder formaler:

(6) Die Bundesregierung, der Außenminister, die Bundeskanzlerin sprechen überall dort, wo sie das Wort ergreifen, immer wieder Menschenrechte mit der entsprechenden Sensibilität an (Deutscher Bundestag am 23.11.2011)

(7) Ich bitte Sie, den Saal leise zu verlassen, damit die Frau Kollegin jetzt in Ruhe das Wort ergreifen und ihre Rede an die verbliebenen Kolleginnen und Kollegen richten kann. (Landtag Nordrhein-Westfalen am 20.12.2007)

Die alternative Indizierung ist ein anaphorischer, häufig begründender Verweis.

(8) Die Ausführungen des Herrn Bildungsministers veranlassen mich dazu, noch einmal das Wort zu ergreifen (Landtag Schleswig-Holstein am 24.08.2011).

Wobei die Form-Funktions-Verhältnisse nicht immer ganz eindeutig sind, wie der folgende Beleg mit dem als abhängigem Hauptsatz realisierten *weil*-Satz zeigt; hier an zweiter Stelle in dem Kausalgefüge changieren kausale und finale Elemente:

(9) Ich möchte noch einmal sehr gerne das Wort ergreifen, weil mir ein paar Sachen schon wichtig sind zu sagen. (Landtag Rheinland-Pfalz am 26.03.2009)

So vielleicht auch, mit klarem anaphorischem Bezug, aber mit der Instruktion, zu warten, was da noch kommt:

(10) Jetzt muss ich schon wieder das Wort ergreifen. (Landtag von Baden-Württemberg am 26.05.2011).

Natürlich kommt auch noch dazu, dass es um eine ritualisierte Parlaments-Praktik geht, die mit den Formulierungen *das Wort erteilen*, *das Wort haben*, *das Wort ergreifen* einhergeht. Das sei nur mit dem folgenden Beleg andeutend dokumentiert:

(11) Jetzt hat die CDU-Fraktion das Wort, und Kollege Prof. Schneider wird es ergreifen. (Sächsischer Landtag am 15.09.2011)

4.3 Weiterführendes

In aktuellen politischen Reden findet sich eine ganze Reihe von Fügungen mit einer ähnlich strukturierender Funktion, also einer Art retardierter Ankündigung. Hier kommt es zum Teil zu Planungsabläufen von nicht unerheblicher Komplexität, hier um die Fügung *vorweg sagen*:

(12) Ich will, bevor ich zum eigentlichen Punkt und zu zwei, drei weiteren Punkten, auf die ich eingehen möchte, komme, gleich vorweg sagen, dass ich es nicht als sinnvoll ansehen würde, das Maßnahmenpaket, bevor es überhaupt eine Wirkung entfalten konnte, zu bewerten. (Landtag Brandenburg am 26.01.2012).

An diesem Fall zeigt sich auf jeden Fall, wie rhetorisch wichtig es scheint, vielleicht nicht zum Punkt, aber zu den geplanten Punkten zu kommen. Die textuelle oder stilistische Markiertheit entsprechender strukturierender Äußerungen ist unterschiedlich groß. Das beginnt bei vergleichsweise normalen Ankündigungen, die eben sprachlich gerne auf das Abarbeiten verschiedener Punkte rekurrieren. Häufig geht es um in der Diskussion aufkommende Punkte, aber auch um die Punkte einer eigenen Vortragsstrukturierung. Auf sie wird *eingegangen*, sie werden unter anderem auch *angesprochen*, *angeführt*, *genannt*, auf sie wird *hingewiesen*, man *kommt* auf sie. Und was immer sonst der Fall ist, dominant ist eine ‚Wollens'-Modalisierung:

(13) Aber ich will auf einen Punkt noch eingehen, den Sie hier angesprochen haben, das sind die ausgebrannten Lehrer. (Thüringer Landtag am 26.01.2012)
(14) Sie wollten zu Ihrem letzten Punkt kommen. (Deutscher Bundestag am 07.07.2011)
(15) Ich will auf einen letzten Punkt zu sprechen kommen. Das ist der Wald. (Landtag Nordrhein-Westfalen am 24.02.2011)
(16) Herr Abgeordneter! Achten Sie bitte auf die Redezeit! Ich achte drauf. – Ich möchte gern noch einen Punkt ansprechen, der zu kurz gekommen ist. (Abgeordnetenhaus Berlin am 23.03.2006)
(17) Ich will noch auf einen Punkt hinweisen, der mir besonders wichtig ist (Landtag des Saarlandes am 05.05.2004)
(18) Das erinnert mich an den zweiten Punkt, den ich anführen will (Hamburgische Bürgerschaft am 09.12.2009)
(19) Einen zweiten Punkt will ich auch gleich nennen, weil er angesprochen worden ist: Beamte/Angestellte Landtag Schleswig-Holstein am 02.09.1998

Neben dieser eher neutralen Bezugnahme auf eigene (oder andere) Beiträge stehen dann auch die Realisierungen von Äußerungseinführung, die von höherem persönlichem Engagement sprechen. Man *sagt* z.B. etwas selbst, und zwar häufig *klar und deutlich*.

(20) Ich sage ganz klar und deutlich, das ist gut angelegtes Geld. Thüringer Landtag am 28.01.2010
(21) Aber ich bin gegen die Freiwilligkeit in diesem Zusammenhang, ich sage das ganz klar und deutlich. (Landtag von Niederösterreich am 26.03.2009)
(22) Wir sehen deshalb in der [Partei] nicht die Anwälte der Natur, sondern – ich sage es einmal ganz drastisch – deren Totengräber (Hessischer Landtag am 23.11.2006)
(23) Ich frage Sie: Wie können Sie immer wieder behaupten, dort würde ergebnisoffen erkundet werden? (Landtag Niedersachsen am 07.01.2011)

Der prinzipiell kompetitiven Situation ist auch mancher indirekte Schlenker wie manche überraschende Direktheit – beide wohlangekündigt – geschuldet:

(24) Ich will bestimmte Ausführungen, die Sie getätigt haben, nicht einfach so stehen lassen. (Deutscher Bundestag am 17.03.2016)
(25) Und glauben Sie mir: Dort wird nicht nur geredet, sondern auch am Thema gearbeitet. (Deutscher Bundestag am 17.03.2016)

Man kann aus solchen Fällen Merkmale einer Grammatik dialogisch-argumentativer Auseinandersetzung zu destillieren versuchen, es würde dabei u.a. auf die Feststellung verschiedene Herausstellungsstrategien hinauslaufen, die als funktionsbedingte Präferenzen in einer Grammatik öffentlich gesprochener Sprache verstanden werden können. Das wäre insofern ein Beitrag zu einer Grammatik der politischen Rede, als sie einen paradigmatischen Fall einer solchen Art von öffentlicher Rede darstellt.

5 Stellungnahmen

5.1 Beispielhaft

Bisher ging es um die Rede, um Konstruktionstypen, die dazu dienen, Redeteile oder Argumentationsschritte einzuleiten oder genereller: zu verbinden. Aber auch auf dem Weg durch die Argumentation bzw. die einzelnen Argumentationsschritte finden sich charakteristische Konstruktionen. Sie haben andere Funktionen. Auch hierzu gibt es in unserem Anfangstext Beispiele. Es geht um Elemente, von denen Darstellung, Argumentation und Handlungsfolgerungen im Verlauf von im parlamentarischen Rahmen gesprochener Sprache strukturiert werden. Hier geht es nicht mehr nur um eine Art Reihenfolge- oder Bedeutungsorganisation. Vielmehr geht es zum Beispiel um so etwas wie „Redlichkeitsmarkierungen". „[S]o halte ich es für meine Pflicht" heißt es ebenfalls gleich zu Beginn des obigen Texts. Diese Formel als solche scheint heutzutage nicht besonders häufig zu sein. Man findet aber Belege mit einem deutlich selbstentlastenden – und leicht anklagenden – Ton:

(26) Es erschließen sich neuerdings in Nordrhein-Westfalen, aber auch bundesweit, zusätzliche Entsorgungswege im Salinar, also im Steinsalz. Das hat Auswirkungen auf Mengengerüste oberirdischer Ablagerungen. Das Umweltministerium hat es für seine Pflicht gehalten, auf diese Trends hinzuweisen und die Entscheidungsträger zu veranlassen, eine unstrittig sehr kostenintensive Neuplanung kritisch zu überdenken. (Landtag Nordrhein-Westfalen am 30.06. 1995).

Jedenfalls instruiert uns eine Verwendung dieses Typs unter anderem, dass wir uns erkennbar in einer sehr distanzsprachlichen Welt befinden. Die Fügung in (26) mit ihren komplexen Abhängigkeiten in parallelen und gestuften Infinitivkonstruktionen ist nicht der einzige Hinweis darauf. Man achte nur schon auch auf den völlig nominalen und in seiner Fachlichkeit durch nichts gebremsten Satz mit den *Mengengerüsten*. Allerdings sind die sehr infiniten, so nominal wie möglichen verbalen Konstruktionen mit dem Infinitiv mit *zu*, deutliche Indizien. Hier ist es nicht so, dass das Umweltministerium direkt zum Subjekt des „Hinweisens" oder des „Veranlassens" gemacht wird, sondern dass eine pflichtgemäße Handlung – in subjektlosen Konstruktionen – angelaufen ist, die offenbar auch kein direkt handelndes Objekt hat. Die Entscheidungsträger sind auch in der Form eines Rektionskompositums eher in ihrem Potential, Entscheidungen zu verantworten, benannt denn als Handelnde. So werden sie denn auch letztlich nur *veranlasst zu überdenken* – was zumindest wörtlich genommen recht wenig Handlung ist. Es ist das eine Rhetorik der distanzierten Nichteinmischung, die nur ganz in den Tiefen dieser syntaktischen Struktur als satzadverbiale Bestimmung auf der zweiten Abhängigkeitsebene (*unstrittig*) verlassen wird – in einer Mischung aus fachlichem Richtigkeitsbewusstsein und common-sense-Stützung der eigenen Einschätzung.

5.2 Modalität der Verpflichtung

Abgesehen von den möglicherweise spezifischen Verwendungsbedingungen im Einzelnen, was tun solche formalisierten Hinweise auf Handlungsmodalitäten? Sie dienen zumindest hier, wo es um die subjektverpflichtende Modalität des Müssens geht, um die handlungslogische Unterfütterung der Argumentation im Toulmin'schen Sinne: etwas muss oder soll zumindest getan werden, weil es zu den Aufgaben der Politik gehört („warrant"), die ihrerseits auf politisch-ethischen Grundsätzen („backing") basieren. Sprachlich typisch für diese offenbar ziemlich typische Argumentationsfigur ist, dass hier geradezu ein Modalitätsparadigma um den nominalen Kern *Pflicht/in der Pflicht* ausgebaut wird. Es gibt hier eine Reihe verbonominaler Konstruktionen, die einer Art rezessiven und kausativen Variante von *müssen* entsprechen. Einige Ausbuchstabierungen dieser Typen seien hier nur aufgeführt:

„einfache" Verpflichtung: *sein, haben; bleiben*

(27) [Da] 50 % der Schüler Gewalt erlebt oder ausgeübt haben, ist es unsere Pflicht, uns mit diesem Thema auseinander zu setzen. (Landtag Brandenburg am 16.03.2000)
(28) Das heißt, wir sind in der Pflicht, die Rohstoffbereitstellung für den wirtschaftlichen Bereich zu sichern. (Landtag Brandenburg am 12.04.2000)
(29) Aber zumindest in der Sache haben wir die Pflicht, einen Minister ab und zu daran zu erinnern, was er im Parlament so freudvoll verkündet und versprochen hat. (Landtag Die Bundesregierung bleibt in der Pflicht, die aktive Arbeitsmarktpolitik kontinuierlich zu sichern. (Landtag Brandenburg am 24.11.1999)

Verpflichtung mit Instanz: *auferlegen*

(30) Vor Eintritt in die Tagesordnung ist mir die Pflicht auferlegt, gemäß Geschäftsordnung des Landtages einige Mitteilungen zu machen, (Landtag Brandenburg am 24.11.1999)

Instanz + kausativ: *nehmen*

(31) Außerdem wollen wir die Landesregierung in die Pflicht nehmen, nicht nur unverbindliche Regierungserklärungen abzugeben (Landtag Brandenburg am 25.11.1999)

Perzeptive Beteiligtheit: *sehen, fühlen*

(32) Dabei sehen wir uns in der Pflicht, dem Gebot der Sozialverträglichkeit zu seinem Recht zu verhelfen. (Landtag Brandenburg am 24.11.1999)
(33) Fühlt sie [die Landesregierung/L.E.] sich in der Pflicht, für die Erhöhung der finanziellen Unterstützung [...] einzutreten? (Landtag Brandenburg am 16.12.1999)

Steigerung im Idiomatischen: *die verdammte Pflicht und Schuldigkeit*

(34) Es ist die verdammte Pflicht und Schuldigkeit der brandenburgischen Landesregierung, sich konstruktive Gedanken um die Zukunft dieses Landes und um unsere Region zu machen. (Landtag Brandenburg am 16.11.2000)

Es gibt durchaus auch weitere mehr oder minder feste Muster der Argumentation in diesem Selbstverpflichtungskontext, etwa Fügungen mit *nicht umhin können* oder *nicht anstehen*.

(35) Wenn wir die Belastung der öffentlichen Kassen [...] mindern [...] wollen, kommen wir nicht umhin, uns Gedanken darüber zu machen, wie private Gläubiger besser [...] eingebunden werden können. (Deutscher Bundestag am 16.06.1999)

Wir haben an zwei Fällen relativ ausführlich belegt, dass und warum die Praktik „Parlamentsdiskussion" auch in sprachlichen Mustern lebt, die mit dieser spezifischen Redekonstellation zu tun haben. So ist die explizite Turn-Zuweisung (*erteile das Wort*) ebenso typisch für diese Konstellation wie prägend für mögliche Einstiege, die den Status von Redebeiträgen sichern. Anderes sind eher Elemente von öffentlichen Diskussions-Reden insgesamt. Ganz offenkundig ist aber, dass die Orientierung an mehr oder minder festen Wendungen die Wahrnehmung in angemessener Weise steuern soll.

5.3 Fokussierung

Zwei weitere Punkte, die sich ebenfalls an die Formulierungen unseres Eingangstextes anschließen lassen, sollen im Folgenden noch in ihrer Funktion beleuchtet werden.[13] Einer Sache *nähertreten* ist an sich schon eine Formulierung, die nach einer sehr vorsichtigen Zielorientierung klingt. Und wenn man nachsieht, kommt sie in Kontexten vor, die diesen Effekt noch verstärken. Der Sachverhalt, um den es geht, wird in einer Weise gerahmt, dass klar ist: ob das im Sinne des Plans gut ausgeht, ist mehr als fraglich. Und man kann gut der Meinung sein, dass ein Sprecher, der das so formuliert, eigentlich nicht an die Realisierung des Zieles glaubt, es vielleicht auch nicht will, jedenfalls nicht besonders daran interessiert ist –

---

13 Ohne dass ihre Entsprechungen in der parlamentarischen Praxis zu umfangreich wie in den bisherigen Fällen dokumentiert würden.

ohne dass man ihn von der Formulierung her darauf festlegen könnte. Ein strategisch praktisches Mittel der Perspektivierung.

(36) Wenn man dem Gedanken der Aufnahme einiger weniger Häftlinge überhaupt näher treten will, ist ein Verfahren einzuhalten. Im Gesetz steht, dass die Innenminister der Länder entscheiden und sich mit dem Innenminister des Bundes abstimmen. (Deutscher Bundestag am 30.01.2009)

Inhaltlich geht es in diesem Textstück um die mögliche Aufnahme von den USA freigesetzter Guantanamo-Gefangener. Auch hier ist erkennbar, dass hier der Proposition ‚Häftlinge aufnehmen' soweit mehrfach modalisiert wird, dass es sich in der Gesamtaussage um eine Wahrscheinlichkeitsreduktion nach Art des Konjunktiv II handelt. Es geht um die ‚prinzipiell in Frage gestellte Setzung in die sprachliche Welt'. Um das Bild zu erläutern: der „Indikativ" *wir nehmen Häftlinge auf*, wird zum referierenden „Konjunktiv I" ‚an Aufnahme denken', der wiederum durch das konditional (*wenn*) angebundene ‚Nähertreten' als in der obwaltenden Welt nicht reale Alternative („Konjunktiv II") relativiert wird (man könnte noch „wollte" sagen, um die Unmöglichkeitsanmutung noch zu steigern). Die nicht Frege'sche Bedeutung von *dem Gedanken nähertreten* zeigt sich denn auch in dem relativ unvermittelten anschließenden Argumentationsbruch. Die modal kompromisslose und in ihrer Subjektlosigkeit Allgültigkeit beanspruchende Konstruktion mit dem modalen Infinitiv bricht in Stil und argumentativem Anschluss mit der aufgebauten Welt eines bedenklich nachdenkenden Abwägens.[14]

Damit zum letzten dieser Beispiele, Praktiken der Bekundung von Wichtigkeit, „Bedeutung" in ritualisierter, vielleicht auch juristisch abgestufter Form:

(37) Es gibt, wenn auch nicht schriftlich, die mündliche Anweisung, dass alle Vorgänge von außerordentlicher Bedeutung oder schwerwiegender Bedeutung auf dem Dienstweg an das Finanzministerium weiterzureichen sind. (Landtag Nordrhein-Westfalen am 31.08.2000)
(38) Die unzureichende Nutzbarkeit vorhandener Baumdaten bildet ein Problem von gesamtstädtischer Bedeutung. Es ist also nicht so, dass wir uns das ausgedacht haben, sondern so, dass das auch die Fachleute so sehen. Sehen Sie das genauso, oder halten Sie das für kein Problem? (Abgeordnetenhaus Berlin am 13.11.2008)

---

14 Eine weniger apodiktische Zurückweisung würde den räsonierenden Duktus aufrechterhalten, etwa so: *sollte man zunächst überprüfen, welche Verfahren dabei zu beachten sind*.

Juristisch differenzierend ist vermutlich die Verwendung der Adjektive in dem ersten der beiden zitierten Fälle[15]. Hier ist es wohl so, dass die Formulierung in einer qualitativen *von*-Phrase mit den zwei koordinierten nominalen Köpfen eindeutig als ein Merkmal von Fachlichkeit zu lesen ist. Die Unanfechtbarkeit der „Bedeutung" schlägt sich ikonisch in der Schwere dieser Attribution nieder. Ganz offenkundig handelt es sich bei diesem zweiten Fall um ein Phänomen von weniger klarer juristischer Fassung. Sie wird hier eigentlich nur zitiert, was sich deutlich in der eher Unsicherheit signalisierenden alltagssprachlichen Nachfrage zeigt. So wird hier der hohe Grad an nominaler Verdichtung in dem ersten Satz, der ein Zitat aus einem Rechnungshofs-Bericht darstellt und der ja inhaltlich nur belegt, dass es die ausgesprochene Meinung gibt, als Verlässlichkeitssignal genutzt.

5.4 Effekte im Verlauf

Die behandelten Beispiele aus der Welt des parlamentarischen Redens zeigen, dass es wahr ist, dass hier sprachliche Schemata eine Rolle spielen, die sich mehr oder minder zu Shibboleths politischen Redens oder vielleicht auch öffentlichen Redens überhaupt entwickelt haben. Es ist nicht überraschend, dass es sich in vielen Fällen um Muster des Aufmerksamkeits- und Modalitätenmanagements handelt. Die Muster sind eingeübt genug, um leicht wiedererkannt (und auch unter Druck produziert) zu werden und variabel genug, um auf verschiedene Konstellationen angewendet zu werden. Was angedeutet wurde, ist, dass man sie in ihrer konstruktionellen Festigkeit und eher formalen Bedeutung als eine Ergänzung grammatischer Instruktionsmöglichkeiten verstehen kann. Ich bin darauf etwas bei dem Modalisierungsbeispiel eingegangen.

6 Das emphatische Ende

Nun ist uns der kleine Karl-Valentin'sche Text eine Hilfe gewesen, um über Texteingänge und Textdurchführung zu reden. Er passt auch noch an einer dritten Stelle: bei vielen – vor allem etwas längeren – Redebeiträgen, finden sich am Ende Elemente einer mehr oder minder emphatischen Handlungsaufforderung. Sie sind von einem dynamischen Pathos, das in unserem sprachlich eher unterkühlten Alltag durchaus auffällt. Das in (41) dokumentierte Beispiel zeigt vielleicht die

---

[15] Wir wollen uns nicht dabei aufhalten, was mit einer mündlichen Anweisung passiert, wenn sie schriftlich vorliegt.

Gefahr, die in der möglichen Fallhöhe liegt. Und offenbar haben sich die Valentin'schen Wendungen bewährt, vielleicht auch, weil etwas im dunklen bleibt, wer nun eigentlich aufgefordert wird:

(39) Angesichts des Projektumfangs sowie der Vervielfachung der Flugbewegungen muss dies mit den Maßstäben eines Neubaus geschehen. [...] Wie der gestrigen Presse zu entnehmen war, liegen inzwischen auch die Flugrouten fest. Also nichts wie ans Werk! (Landtag Brandenburg am 09.09.2010)

(40) Daran liegt uns sehr. Es geht um die unterschiedlichen Grundansätze, um die Grundeinstellung zu Familie und Kindern und wirklicher Partnerschaft in der Debatte zu verdeutlichen. Gehen wir in diesem Sinne ans Werk! (Deutscher Bundestag am 13.04.2000)

(41) Dafür wollen wir jetzt bessere Rahmenbedingungen herstellen. Sie zu schildern, fehlt mir hier leider die Zeit. Gehen wir ans Werk; es ist ein großes Werk! (Deutscher Bundestag am 29.11.2006)

Es gibt ein derzeit viel diskutiertes Beispiel für diesen Typ (*Wir schaffen das!*)[16], das zweifellos an prominenter Stelle genutzt wurde, und das jedenfalls als auffällig wahrgenommen wurde. Auffällig ist auch vor dem Hintergrund der bisher behandelten Beispiele, dass es wenig Raum für Modalisierung lässt, – im Gegensatz etwa zu (42), das den modalen Charakter des Futurs nutzt[17]

(42) Wir werden die Erneuerung anpacken, wissend, dass wir mit dem Zusammenwachsen unseres Landes eine Sonderherausforderung langfristiger Natur zu stemmen haben. Das werden wir schaffen. (Deutscher Bundestag am 29.10.2002)

Aber offenkundig ist diese Wendung insgesamt durchaus gängig:

(43) Viele Wege führen zu einem Demokratieabbau. Ihr Weg ist ein Erfolg versprechender. Mein Appell ist: Probieren Sie es aus! Meine Damen und Herren, wir machen das, und wir schaffen das! – Vielen Dank (Landtag Niedersachsen am 07.12.2005)

(44) Leute, packt an, beißt die Zähne zusammen, wir schaffen das, wir halten den Damm! (Sächsischer Landtag am 06.04.2006)

---

16 Zur Analyse von *Wir schaffen das!*, vgl. Fábián in diesem Band.
17 Alternativ etwas wie: *Das schaffen wir schon*; dessen gebremste Dynamik aber sicher nicht an jeder Stelle geeignet ist; vgl. *Also, wir schaffen das schon* (Sächsischer Landtag am 09.02.2011)

(45) Aber wenn wir gemeinsam mit gutem Willen herangehen, kommen wir auch zu guten Ergebnissen. In diesem Sinne würde ich sagen: Schönen Dank, wir schaffen das! (Landtag Schleswig-Holstein am 22.02.2001)

(46) Ich sehe aber, dass es weiterhin möglich sein wird, gemeinsame Wege zu gehen. Man muss sich zusammenfinden. Das haben wir einmal geschafft. Ich bin ganz sicher, wir schaffen das auch ein zweites Mal (Landtag Nordrhein-Westfalen am 09.10.2002)

Wenn man die verschiedenen Belege ansieht, ist erkennbar, dass die von Frau Merkel im September 2015 verwendete Schlussformel, einschließlich des perfektivischen Rückblicks (s. (46)) eigentlich in den Traditionen parlamentarischen Sprechens liegt. Und auch ein anderes im selben Kontext viel diskutiertes Muster eines argumentativ den eigenen Standpunkt markierenden Endes findet sich dann und wann:

(47) Ich werde, solange ich politisch die Möglichkeit dazu habe, dagegen kämpfen, dass wir in diesem Land wie in einer staatlichen Besserungsanstalt leben, die von Tarek Al-Wazir geleitet wird. Das ist nicht mein Land. (Hessischer Landtag am 16.11.2011)

Diese Punkte sollen nicht weiter diskutiert werden, aber auch hier kann man sehen, wie sich das Funktionieren kommunikativer Praktiken in der Orientierung an sprachlichen Mustern zeigt, die einen funktional durch die Welt des parlamentarischen Diskurses führen. Aber die Diskussion der aktuellen Beispiele zeigt auch, dass unabhängig davon beurteilt werden kann, welche pragmatischen Folgen in den jeweiligen Kontexten damit verbunden sind. Kommunikative Verlässlichkeit ist jedenfalls an dieser Stelle, wo häufig Vorsicht angebracht ist, zweifellos die sprachlich oftmals beste Option, da sie sachliche Verlässlichkeit indiziert.

6.1 Weiterungen

Aber natürlich ist das nicht alles – man muss nicht nur an die bunte und nicht immer höfliche Welt der Zwischenrufe im Parlament denken[18] – auch ansonsten ist natürlich das Parlament auch der Ort für Polemik und Spott in der politischen Auseinandersetzung. Hier zeigt sich ein eher buntes Bild, wobei man sich über die Wahl der polemikgeeigneten Mittel durchaus Gedanken machen könnte. Im Kon-

---

18 S. Burkhardt (1995: v.a. 90–100).

text des VW-Skandals des Jahres 2015 ist die folgende sprachliche Herangehensweise für einen Redebeitrag im Parlament sicher auffällig; das ist zweifellos eine andere Art des Abschlusses einer parlamentarischen Rede:

(48) Das sogenannte Dieselgate ist wirklich so ein Hammer, dass die Story inzwischen filmreif ist. Der Hollywoodschauspieler Leonardo DiCaprio sicherte sich vor ein paar Tagen die Rechte. Das ist leider kein Witz. Leonardo DiCaprio mimt bekanntermaßen am liebsten den Schurken. Das sollte vor allen Dingen dem Minister etwas mehr Ansporn sein, sonst spielt DiCaprio am Ende nämlich nicht Martin Winterkorn, sondern Alexander Dobrindt (Deutscher Bundestag am 15.10.2015)

Auch hier wird zweifellos mit sprachlichen Mustern gespielt – allerdings mit Mustern, die sich absichtlich von den formalen Traditionen parlamentarischen Sprechens distanzieren. Das kann verschiedene Gründe haben. Abgesehen von individuellen stilistischen Präferenzen gibt es möglicherweise eine Differenz bezüglich der parlamentarischen Rolle, d.h. es scheint in oppositionellen Reden tendenziell „lockerer" zuzugehen. Vielleicht ist das aber auch ein Beispiel für die Mehrfachadressierung solcher Reden im Hinblick auf eine allgemeine Öffentlichkeit. Es ist nicht nur die Film-Geschichte, die in diesem Kontext überrascht. Es gibt eine Menge sprachlicher Züge in diesem Redeausschnitt, die auf die Akzentuierung eines unterneutralen stilistischen Profils[19] zielen bzw. auf einen stilistischen Bruch, der als Signal einer Art spielerischen Sprachgebrauchs gewertet werden kann. Es beginnt noch politiknah und medienaffin mit einer der {-gate}-Fügungen, die sich seit dem Ursprung im Watergate-Skandal reihenbildend fortentwickelt haben.[20] Es wird dann die Assoziation von jugendlicher Informalität erzeugt (*ist der Hammer*), Lockerheit zudem durch dem Filmkontext entlehnte feste Wendungen (*filmreif sein; den Schurken mimen*). Das Ganze ist übrigens auch das Ende eines Redebeitrags, und auf jeden Fall auch von daher stilistisch markiert.

---

19 S. dazu Sandig (2006: 291 und 300).
20 Vgl. die Bildung *Wurstgate*, die sich im Kontext von Gesundheitswarnungen vor Wurst auf Twitter findet; s. http://www.tagesspiegel.de/weltspiegel/wurstgate-auf-twitter-warnung-vor-passivwurstessen/12502606.html (zuletzt aufgerufen 01.04.2016).

7 Praktik und Sprache

Wir haben eine Reihe typischer grammatischer und konstruktioneller Erscheinungen zu identifizieren versucht, die indizieren, dass wir es mit der zentralen demokratischen Redekonstellation parlamentarische Rede zu tun haben.[21] Es ging darum, eine Granularität der Beschreibung zu finden, die eine relevante Praktik erfasst. In ihr lassen sich signifikante sprachliche Handlungszüge herauslösen, die wiederum an die Normen von Formulierungstraditionen anschließen.[22] Damit steht die Beschreibung im Geflecht mehrerer Beziehungen. Zum einen gibt es verwandte Praktiken. Sie sind zum Teil mit verwandten, zum Teil differierenden sprachlichen Anforderungen verbunden.[23] Diese Anforderungen stehen zum anderen unter den Bedingungen der medialen Realisierung, die ihrerseits prägenden Muster erkennen lässt. Zum dritten geht es um Modifikationen im Hinblick auf die Intentionalität, die von den handelnden in die jeweilige Praktik eingebracht wird.[24]

Literatur

Ágel, Vilmos (2015): Die Umparametrisierung der Grammatik durch Literalisierung. Online- und Offlinesyntax in Gegenwart und Geschichte. In Ludwig M. Eichinger (Hrsg.), *Sprachwissenschaft im Fokus. Positionsbestimmungen und Perspektiven*, 121–155. Berlin, Boston: De Gruyter. (= Jahrbuch des Instituts für Deutsche Sprache 2014).
Brandom, Robert (2000): *Expressive Vernunft: Begründung, Repräsentation und diskursive Festlegung*. Frankfurt am Main: Suhrkamp.
Bühler, Karl (1982): *Sprachtheorie: die Darstellungsfunktion der Sprache*. Stuttgart u.a.: Fischer. [Erstaufl. Jena 1934].
Burkhardt, Arnim (1995): Zwischen Diskussions- und Schaufensterparlamentarismus. Zur Diagnose und Kritik parlamentarischer Kommunikation – am Beispiel von Zwischenfragen und Kurzdialogen. In Dörner & Vogt (Hrsg.), 73–106.

---

21 Was im Hinblick auf die Institution Parlament, die so offenkundig durch Reden gekennzeichnet ist, keine besonders überraschende Deutung ist; vgl. aber grundsätzlicher Searle (2001: 159–160).
22 Etwas genereller dazu Eichinger (2016).
23 So wäre z.B. der Typus „Redebeitrag in Ausschusssitzungen" im Hinblick auf den Typus „öffentliche Rede" verwandt (aber nicht identisch), im Hinblick auf erwartete oder tolerierte Fachsprachlichkeit eher deutlich unterschiedlich, was wiederum auf der „medialen" Ebene zu einem anderen Verhältnis von Nähe- und Distanzstrategien (s. dazu z.B. Ágel 2015: 136–139) führt.
24 Ein Beispiel dafür wäre etwa die Rede einer Staatssekretärin in der Bundestagsdebatte vom 17.03.2016 (zum Thema leichte Sprache), die in „leichter Sprache" gehalten ist (und die kommunikativen Reaktionen darauf) (unter: http://dipbt.bundestag.de/dip21/btp/18/18161.pdf#P.15830).

Dörner, Andreas & Ludgera Vogt (Hrsg.) (1995): *Sprache des Parlaments und Semiotik der Demokratie: Studien zur politischen Kommunikation in der Moderne*. Berlin, New York: De Gruyter. (= Sprache, Politik, Öffentlichkeit 6).

Dörner, Andreas & Ludgera Vogt (1995): Einleitung: Sprache, Zeichen, Politische Kultur. In Dörner & Vogt (Hrsg.), 1–16.

Eichinger, Ludwig M. (2016): Praktiken: Etwas Gewissheit im Geflecht der alltäglichen Welt. In Arnulf Deppermann, Helmuth Feilke & Angelika Linke (Hrsg.): *Sprachliche und kommunikative Praktiken*, VI–XIII. Berlin, Boston: De Gruyter. (= Jahrbuch des Instituts für Deutsche Sprache 2015).

Engelberg, Stefan, Anke Holler & Kristel Proost (Hrsg.) (2011): *Sprachliches Wissen zwischen Lexikon und Grammatik*. Berlin, New York: De Gruyter. (= Jahrbuch des Instituts für Deutsche Sprache 2010).

Fábián, Annamária (2018): „Wir schaffen das!" – Eine funktionalgrammatische und diskursive Analyse persuasiver Argumentation in der Bundespressekonferenz vom 31.08.2015 mit Angela Merkel. In diesem Band, 77–101.

Lerch, Kent D. (2008): *Ultra posse nemo obligatur*. Von der Verständlichkeit und ihren Grenzen. In Karin M. Eichhoff-Cyrus & Gerd Antos (Hrsg.): *Verständlichkeit als Bürgerrecht?: Die Rechts- und Verwaltungssprache in der öffentlichen Diskussion*, 54–80. Mannheim u.a.: Duden. (= Thema Deutsch 9).

Luth, Janine (2015): *Semantische Kämpfe im Recht. Eine rechtslinguistische Analyse zu Konflikten zwischen dem EGMR und nationalen Gerichten*. Heidelberg: Winter. (= Schriften des Europäischen Zentrums für Sprachwissenschaften 1).

Niehr, Thomas (2014): *Einführung in die Politolinguistik: Gegenstände und Methoden*. Göttingen u.a.: Vandenhoeck & Ruprecht.

Patzelt, Werner J. (1995): Politiker und ihre Sprache. In Dörner & Vogt (Hrsg.), 17–53.

Sandig, Barbara (2006): *Textstilistik des Deutschen*. 2., völlig neu bearb. u. erw. Aufl. Berlin u.a.: De Gruyter.

Sarcinelli, Ulrich (2011): *Politische Kommunikation in Deutschland*. Wiesbaden: Springer.

Searle, John R. (2001): *Geist, Sprache und Gesellschaft*. Frankfurt am Main: Suhrkamp.

Steyer, Katrin (Hrsg.) (2004): *Wortverbindungen – mehr oder weniger fest*. Berlin, New York: De Gruyter. (= Jahrbuch des Instituts für Deutsche Sprache 2003).

Trost, Igor (2018): Modalpassivische Konstruktionen und deren Funktion in Regierungserklärungen der deutschen Bundesregierung. In diesem Band, 55–76.

Valentin, Karl (1978): Vereinsrede. In Michael Schulte (Hrsg.): *Alles von Karl Valentin*, 59–60. München, Zürich: Piper.

Igor Trost
Modalpassivische Konstruktionen und deren Funktion in Regierungserklärungen der deutschen Bundesregierungen

Schlüsselwörter: *sein*-Modalpassiv, Gerundiv, Regierungserklärung

1 Einleitung

In der Sprachverwendung der Politik, so auch in den Regierungserklärungen der deutschen Bundesregierungen, treten häufig der monoprädikative sog. modale *zu*-Infinitiv vom Typ *das Problem ist zu lösen* und das monoattributive Gerundiv vom Typ *das zu lösende Problem* auf. Es handelt sich hierbei um zwei passivische Verbformen „mit Zukunftsbezug" (Hentschel in Hentschel & Vogel 2009: 184). Beide Verbformen weisen eine morphologisch nicht unterscheidbare notwendigkeits- und/oder möglichkeitsmodale Bedeutung auf. Diese zwei grammatischen Konstruktionen vereinen damit in sich verschiedene modale Funktionen, die sonst mehrere Konstruktionen aus unterschiedlichen *lexikogrammatischen Modalverben + grammatischem Vorgangspassiv* (z.B. *das Problem kann/muss gelöst werden*) zum Ausdruck bringen. Durch die Vermeidung unterschiedlicher lexikogrammatischer Modalverben an der Textoberfläche bei dem sog. modalen *zu*-Infinitiv und dem Gerundiv werden die modalen Referenzen[1] ganz auf die grammatische Struktur verlagert und sind deshalb lexikalisch verdeckt, also covert, wie dies sowieso schon bei der sehr häufigen Eliminierung des Agens in passivischen Konstruktionen der Fall ist.

Bei der Verwendung der beiden modalpassivischen Konstruktionen vom Typ *das Problem ist zu lösen* und *das zu lösende Problem* spielen sowohl sprachliche, insbesondere sprachstilistische Motive, wie die Sprachökonomie und die stilistische Prägnanz, eine Rolle als auch außersprachliche Motive, wie die Vagheit und die Höflichkeit. Diese außersprachlichen Motive und zugleich konstruktionsimmanenten Funktionen nehmen in dem sprachlichen Reservoir der innenpolitischen wie der außenpolitischen Rhetorik einen ganz besonderen Stellenwert ein. Die außersprachlichen Funktionen werden vor allem mit Hilfe der verdeckten Realisie-

---

[1] Zu dem den lexikalischen und lexikogrammatischen Einheiten vergleichbaren Referenzwert grammatischer Relationen, vgl. Langacker (1999: 209ff).

rung der Modalität sowie durch die bei beiden Konstruktionen mögliche Agenseliminierung und die damit verbundene Ausblendung des/der politisch Verantwortlichen zur Geltung gebracht.

2 Terminologie

In der strittigen Diskussion zur morphologischen Klassifikation des sog. modalen *zu*-Infinitivs vom Typ *das Problem ist zu lösen* sowie seines attributiven Pendants, nämlich des Gerundivs vom Typ *das zu lösende Problem*, schloss ich mich in Trost (2012) und (2015) auf der Grundlage einer sprachgeschichtlichen Untersuchung[2] unter ausführlicher Berücksichtigung der bisherigen Diskussion in der Forschung[3] der klassifikatorischen und morphologischen Hypothese Hinderlings (1985: 159f.) an. Hinderling betrachtet sowohl den sog. *sein* + *zu*-Infinitiv als auch das Gerundiv als Formen ein und desselben Verbaladjektivs. Daraus erklärt sich die hier vollzogene Ersetzung der bisherigen Benennung „sog. modaler *sein* + *zu*-Infinitiv" durch *sein*-Modalpassiv.

3 Die Grammatik und Semantik des *sein*-Modalpassivs und des Gerundivs

In den folgenden Ausführungen sollen das *sein*-Modalpassiv und das Gerundiv zunächst anhand zweier politiksprachlicher Belege grammatisch und semantisch beschrieben werden. Diese Belege entstammen einem Korpus von acht Regierungserklärungen der ehemaligen sieben Bundeskanzler sowie der jetzigen Bundeskanzlerin, die nach einer Wahl oder nach einer Regierungsumbildung gehalten wurden. Es handelt sich dabei um jeweils eine Regierungserklärung von Konrad Adenauer 1949, von Ludwig Erhard 1965, von Kurt Georg Kiesinger 1966, von Willy Brandt

---

2 Die sprachgeschichtliche Untersuchung stützt sich auf eine umfangreiche Sekundärliteratur, u.a. auf Paul IV (1920/1968: 119), Behaghel (1923/1989: 339), Ebert in Ebert et al. (1993: 328), Demske-Neumann (1994, 149f.), Zifonun in Zifonun et al. (1997: 2206); Eroms (2006: 15ff. und 2013: 28); Holl (2010: 58); Abraham (2012: 432f).
3 Bei der Diskussion der Forschung wurden u.a. folgende Arbeiten herangezogen: Brinkmann (1971: 365), Helbig/Buscha (2005: 109, 115); Eisenberg (2006: 351); Fabricius-Hansen in Duden-Grammatik (2009: 427, 430, 549); Hentschel in Hentschel/Vogel (2009: 168); Holl (2010: 8f., 57, 59, 64).

1969, von Helmut Schmidt 1974, von Helmut Kohl 1982, von Gerhard Schröder 1998 sowie von Angela Merkel 2005. Die nach grammatischen Eigenschaften sortierten Belege werden jeweils mit einem Kürzel bezeichnet, das aus den Initialen des Vor- und Nachnamens des Kanzlers bzw. der Kanzlerin in Großbuchstaben bei *sein*-Modalpassiv-Belegen und in Kleinbuchstaben bei Gerundivbelegen sowie aus einer durchlaufenden Nummer besteht, also z.B. KA1 für den ersten *muss*-modalen Modalpassiv-Beleg in Konrad Adenauers Regierungserklärung von 1949 und wb1 für den ersten *muss*-modalen Gerundiv-Beleg in Willy Brandts Regierungserklärung von 1969.

Eine Regierungserklärung ist nach Klein (2014: 186, auch zum Folgenden) „ein mündlich vorgetragener Schrifttext von mittlerem bis großem Umfang". Emittent ist – wie in diesem Korpus – bei einer Regierungserklärung nach einer Regierungsbildung immer der/die Regierungschef/in, in sonstigen Fällen kann dies aber auch ein/e Minister/in sein. Das Thema einer Regierungserklärung nach der Regierungsbildung ist immer „das Spektrum der Vorhaben in der begonnenen oder laufenden Legislaturperiode", in den sonstigen Fällen kann aber auch ein als sehr wichtig empfundener politischer Sachverhalt Gegenstand der Erklärung sein. Regierungserklärungen weisen ein „hohes Maß an emittentenseitiger Selbstbindung auf" und verpflichten „die politisch-institutionellen Adressaten zur (zustimmenden oder ablehnenden) Reaktion". Sprachlich zeichnen sie sich durch einen „gehobenen standardsprachlichen Stil in Wortwahl und Umfang mit thematisierten Staaten, Gruppen und Personen" aus. Gerade diesem zurückhaltend bewertenden Stil der Regierungserklärung kommt die Agensdefokussierung bzw. -eliminierung und die modale Ambiguität der beiden hier untersuchten modalpassivischen Konstruktionen entgegen.

Regierungserklärungen sind bekanntlich das Werk vieler Autoren aus den einzelnen Ressorts und abschließend bzw. endredaktionell verschiedener Zuarbeiter im Bundeskanzleramt. Deshalb werden die einzelnen Bundeskanzler und die Bundeskanzlerin im Folgenden grundsätzlich nicht als Autoren benannt, auch wenn sie die Richtlinien der Politik vorgeben, entscheidenden Einfluss auf den Inhalt der Regierungserklärungen haben und letzte Hand an die jeweils abschließende Formulierung anlegen können, aber nicht müssen.

Alle diesem Beitrag zugrundeliegenden Regierungserklärungen enthalten insgesamt 61 *sein*-Modalpassiva, das sind 77,2% aller modalpassivischen Verbaladjektive im Korpus der Regierungserklärungen, und 18 Gerundive, das sind 22,8% aller modalpassivischen Verbaladjektive im Korpus der Regierungserklärungen. Bei 90% dieser *sein*-Modalpassiv-Belege und bei 89% der Gerundive unterbleibt die Agensnennung komplett, also auch im Obersatz:

Tab. 1: Agensnennungen

Agensnennung	sein-Modalpassiv		Gerundiv	
	Belege	Prozent	Belege	Prozent
Agensnennung	4	6,6%	2	11,1%
Agensnennung im Obersatz oder doppeldeutig (durch-Phrase)	2	3,3%	0	0,0%
keine Agensnennung	55	90,2%	16	88,9%
Gesamtanzahl aller Belege	**61**	**100,0%**	**18**	**100,0%**

Am Beispiel des **sein-Modalpassivs** *ist … anzuerkennen* im ersten Beleg aus der ersten Regierungserklärung Konrad Adenauers nach seiner Wahl 1949,

1. KA6 Ich hoffe, ja ich sage: ich glaube, daß das Saargebiet nicht zu einem Hindernis auf diesem Weg werden wird. Am Saargebiet hat Frankreich – das **ist** ohne weiteres **anzuerkennen** – wirtschaftliche Interessen. Deutschland hat dort wirtschaftliche und nationale Interessen. Schließlich aber haben die Saarbewohner selbst den begründeten Wunsch, daß ihre eigenen wirtschaftlichen und nationalen Interessen berücksichtigt werden. (Adenauer 1949, S. 23)

lässt sich zeigen, dass im Gegensatz zur offenen Modalität von Verbalkomplexen mit Modalverben das *sein*-Modalpassiv seine Modalität verdeckt ausdrückt, d.h. dass die zutreffende Modalitätsart erst durch die Verbsemantik, den grammatischen und semantischen Kontext sowie die Verwendungssituation dekodiert wird. So stellt Hentschel (in Hentschel & Vogel 2009: 184) auch fest, dass die den beiden modalpassivischen Konstruktionen inhärente „modale Komponente ‚müssen' oder ‚können' " formal nicht zu unterscheiden ist.

Wenn man den modalpassivischen Beleg 1

1. Am Saargebiet hat Frankreich – das **ist** ohne weiteres **anzuerkennen** – wirtschaftliche Interessen.

in ein *werden*-Passiv umwandelt, nämlich in 1a

1a Am Saargebiet hat Frankreich – das **muss/kann** ohne weiteres **anerkannt werden** – wirtschaftliche Interessen.

wird klar, dass in diesem Beleg die coverte Modalität des *sein*-Modalpassivs durch die *werden*-Passivparaphrase und ein einziges Modalverb nicht eindeutig rekonstruierbar ist. Man kann bei diesem außen- wie innenpolitisch relevanten Beispiel aus Rezipientensicht sowohl eine notwendigkeitsmodale *Muss*-Modalität als auch eine möglichkeitsmodale *Kann*-Modalität annehmen. Der Kontext gibt hier keine Interpretationshilfe. Führt man nun eine Aktivretransformation von Beleg 1 in Beispiel 1b durch, lässt sich das Agens nur mit dem indefiniten Personalpronomen *man* rekonstruieren, wenn die Sprecherintention bei der Wahl des *sein*-Modalpassivs, nämlich weder *ich* noch *wir* zu setzen, nicht verfälscht werden soll:

1b Am Saargebiet hat Frankreich – das **muss/kann man** ohne weiteres anerkennen – wirtschaftliche Interessen.

Das doppelte Rezeptionsangebot dieses Belegs mag in der damaligen historischen Situation in der *Muss*-Modalität die außenpolitische Erwartungshaltung befriedigt und in beiden Modalitäten je nach politischer Ausrichtung die innenpolitischen Rezipienten erreicht haben. Der nachfolgende Kontext verstärkt aber die Intention der Regierungserklärung, im Interesse der Saarländer außenpolitisch wie innenpolitisch der *Kann*-Modalität den Vorzug zu geben.

Das für eine eindeutige modale Interpretation hinderliche Schwanken zwischen zwei Modalitäten tritt bei ca. 20% der modalpassivischen Belege (12 von 61) und bei ca. 11% der Gerundivbelege (2 von 18) im Korpus der acht Regierungserklärungen auf. Diese modale Restambiguität bei den beiden modalpassivischen Konstruktionen in dem Korpus der acht Regierungserklärungen ist im Vergleich zu anderen Textsorten wie beispielsweise Gesetzestexten statistisch auffällig. So ist beispielsweise in der Straßenverkehrsordnung nur eines und damit nur 1,2% von 88 *sein*-Modalpassiva ambig.

Wie die bisherigen Ausführungen bereits gezeigt haben, weist das **monoattributive Gerundiv** die gleichen modalpassivischen Eigenschaften auf wie das monoprädikative *sein*-Modalpassiv, also eine coverte und in einigen Fällen auch ambige Modalität sowie die Agenseliminierung, so zum Beispiel in Beleg 2 (ka6), der ebenfalls der ersten Regierungserklärung Konrad Adenauers entstammt:

2. ka6 Die letzte Änderung der Liste der **zu demontierenden** Werke war zwar, rein äußerlich betrachtet, ein großes Entgegenkommen gegenüber den deutschen Wünschen; sachlich, der Produktionskapazität und dem Werte nach gesehen sind aber die deutschen Wünsche nur zu etwa 10% erfüllt worden. (Adenauer 1949, S. 9)

In diesem Beleg 2 sind ebenso wie bei Beleg 1 zwei modale Lesarten möglich, nämlich die *Muss*-Modalität in der Passivparaphrase 2a

2a   Die letzte Änderung der Liste der Werke, die **demontiert werden** *müssen*, war zwar, rein äußerlich betrachtet, ein großes Entgegenkommen gegenüber den deutschen Wünschen;

und die *Soll*-Modalität in der Passivparaphrase 2b

2b   Die letzte Änderung der Liste der Werke, die **demontiert werden** *sollen*, war zwar, rein äußerlich betrachtet, ein großes Entgegenkommen gegenüber den deutschen Wünschen.

Beide Lesarten des Belegs 2 drücken zwar eine Notwendigkeit aus, die allerdings in der Passivparaphrase 2a mit dem die unbedingte Notwendigkeit ausdrückenden Modalverb *müssen* und in der Passivparaphrase 2b mit dem die Abschwächung der unbedingten Notwendigkeit ausdrückenden Modalverb *sollen* umschrieben wird. Auch dieser Passus in Beleg 2 der Regierungserklärung Adenauers war von außen- und innenpolitischer Tragweite. Das doppelte Rezeptionsangebot hat auch hier die gleiche Zielsetzung wie im Modalpassiv in Beleg 1. Allerdings vermeidet es der Kontext dieses Belegs 2, irgendeine Bevorzugung der einen oder anderen Modalität anzubieten.

Das *sein*-Modalpassiv kann nach Raynaud (1977: 389) „allen alethischen und deontischen modalitäten mit ausnahme des subjektiven wollens entsprechen". Dasselbe gilt auch für das Gerundiv. Deshalb werden in diesem Beitrag beide modalpassivischen Konstruktionen als u.U. gewollt ambige Alternative zu den notwendigkeits- und möglichkeitsmodalen Modalverben in ihrer ganzen Breite aufgefasst. Damit lassen sich mit dem *sein*-Modalpassiv und dem Gerundiv fünf Modalitäten mit ihren sechs Negationen bei nicht-epistemischen Redehintergründen covert versprachlichen, die erst durch Passivparaphrasen oder durch Aktivretransformationen overt gemacht werden (Trost 2012: 88), nämlich

– die notwendigkeitsmodale *Muss*-Modalität als *Modalität der unbedingten Notwendigkeit*,
– die ebenfalls notwendigkeitsmodale *Soll*-Modalität als *eine an die Einsicht in die unter gewissen Umständen in der Zukunft relativierbare und damit abgeschwächte (unbedingte) Notwendigkeit appellierende Modalität*

sowie die drei möglichkeitsmodalen Modalitäten, nämlich
– die *Kann*-Modalität als *Modalität der Möglichkeit*

- die *Darf*-Modalität als *eine Modalität der (maximalen) Zulässigkeit*
- die *Sich-lassen*-Modalität als *Modalität der möglichen Folgen der qualitativen Beschaffenheit und deren Bewertung.*

Neben der *Kann*- und der *Darf*-Modalität ist eine dritte möglichkeitsmodale Modalität der modalpassivischen Konstruktionen zu beachten, nämlich die *Sich-lassen*-Modalität; diese geht auf die Reflexivkonverse *sich lassen* zurück. Auch wenn die *Sich-lassen*-Modalität häufig mit der *Kann*-Modalität als der *Modalität der Möglichkeit* zusammenfällt und nach Zifonun (in Zifonun et al. 1997: 1855) „"sich X-en lassen"" „als ,kann ge-X-t werden'" interpretiert werden kann, lassen sich modalpassivische Belege finden, in denen eine *kann*-modale Lesart und damit eine *kann*-modale Passivparaphrase semantisch und/oder stilistisch fraglich ist:

3. KA8   Man glaubt im deutschen Volke, daß damit die auch von ausländischen Staatsmännern wiederholt abgegebene Erklärung schwer **zu vereinbaren ist**, daß Deutschland zum Wiederaufbau Europas notwendig ist.
(Adenauer 1949, S. 9f.)

Sich-lassen-Modalität:
Man glaubt im deutschen Volke, daß **sich** damit die auch von ausländischen Staatsmännern wiederholt abgegebene Erklärung schwer **vereinbaren lässt**, daß Deutschland zum Wiederaufbau Europas notwendig ist.

Kann-Modalität:
?Man glaubt im deutschen Volke, daß damit die auch von ausländischen Staatsmännern wiederholt abgegebene Erklärung schwer **vereinbart werden kann**, daß Deutschland zum Wiederaufbau Europas notwendig ist.

Die fünf Modalitäten des *sein*-Modalpassivs und des Gerundivs, also die *Muss*-, *Soll*-, *Kann*-, *Darf*- und *Sich-lassen*-Modalität treten auch negiert auf (s. auch Zorn 1970: 123, der die *Sich-lassen*-Modalität allerdings nicht berücksichtigt). Die Forschung vor Zorn (zuletzt 1977: 145) bestreitet dies jedoch für die negierte Notwendigkeitsrelation.

Damit ergibt sich folgendes Gesamtbild der modalen Relationen bei den beiden modalpassivischen Konstruktionen:

Tab. 2: Modale Relationen

modale Relation		
notwendigkeitsmodal	*Muss*-Modalität	
	Die Aufgabe *ist* <u>dringend</u> *zu erledigen*. (kontextabhängig)	
	Soll-Modalität	
	Die Aufgabe *ist* <u>dringend</u> *zu erledigen*. (kontextabhängig)	
möglichkeitsmodal	*Kann*-Modalität	
	Sie *ist* morgens <u>am besten</u> *anzutreffen*.	
	Sich-lassen-Modalität	
	Der Mantel *ist* <u>angenehm</u> *zu tragen*.	
	Darf-Modalität	
	Er *ist* <u>nur im Notfall</u> *anzurufen*.	

Die Beispielsätze in der Tabelle sind jeweils durch den Einsatz von adverbialen Bestimmungen modal disambiguiert. Allein eine Unterscheidung zwischen der *Muss*- und der *Soll*-Modalität ist – wenn überhaupt – nur durch den weiteren Kontext möglich. Ein isolierter Beispielsatz kann diesen Unterschied nicht veranschaulichen.

Wenn auch eine Ambiguität des *sein*-Modalpassivs bzw. des Gerundivs zwischen den modalen Relationen der Notwendigkeit und der Möglichkeit wie im ersten Beleg des *sein*-Modalpassivs KA6 in der Sprache der Politik im Interesse der Transparenz durch den Kontext ausgeschlossen werden sollte, so macht sich die Sprache der Politik doch die Ambiguität innerhalb der modalen Relation der Notwendigkeit zwischen der *Muss*- und der *Soll*-Modalität besonders bei außenpolitischer Relevanz pragmatisch zunutze. Sie bietet dadurch jedem Adressaten bzw. Rezipienten eine ihm genehme oder erträgliche Interpretation an, wie der zweite Korpusbeleg des Gerundivs in ka6 zeigt. Insofern sind das sein-Modalpassiv und das Gerundiv auch sprachliche Werkzeuge der diplomatischen Sprache. Die in den modal coverten Konstruktionen auch verborgenen Risiken bedürfen allerdings sorgfältiger politischer Abwägung

Aus seiner prospektiven sprachhistorischen Genese heraus weist das *sein*-Modalpassiv ebenso wie das Gerundiv in Verbindung mit den notwendigkeitsbezogenen Modalitäten der *Muss*- und der *Soll*-Modalität meist eine Nachzeitigkeitsrelation auf. Beide modalpassivische Konstruktionen eignen sich also hervorragend dazu, politische Pläne über Zukünftiges in einer Regierungserklärung viel knapper als durch offen modalisierte *werden*-Passiv-Konstruktionen oder unter Nennung des Agens durch Aktivsätze zu versprachlichen. Auf diese Weise kann zudem die Verwendung von möglicherweise negativ konnotierten Modalverben wie *müssen* und *sollen* oder die Negativsetzung von positiv empfundenen Modalverben, also *nicht können* und *nicht dürfen* vermieden werden. Modal coverte Konstruktionen helfen also, die Ausbildung negativer kognitiver Assoziationen zu unterdrücken.

Die Korpusauswertung der acht Regierungserklärungen zeigt eine seitenverkehrte Häufigkeitsverteilung zum *sein*-Modalpassiv-Korpus von Brinker (1969: 26). In den untersuchten Regierungserklärungen sind 60,7% aller *sein*-Modalpassiva *muss*-modal (inkl. Schwankungen zu *sollen*), in Brinkers Korpus aus der Dichtung, der Trivialliteratur, der wissenschaftlichen und der populärwissenschaftlichen Literatur sowie aus Zeitungstexten dagegen nur 20,8%. Die (positive) *Kann*-Modalität dominiert bei Brinker mit 71,2%, im Korpus der Regierungserklärungen sind aber nur 16,4% der modalpassivischen Konstruktionen positiv *kann*-modal. Zählt man alle Notwendigkeitsrelationen und alle negierten Möglichkeitsrelationen zusammen, drücken 80,3% der *sein*-Modalpassiva und sogar 88,9% der Gerundive in den Regierungserklärungen eine Notwendigkeit oder eine fehlende Möglichkeit aus. Die beiden modalpassivischen Konstruktionen werden folglich in den Regierungserklärungen im Vergleich zu anderen Textsorten überproportional häufig verwendet, um – trotz einer gewonnenen Wahl, die ja neue politische Handlungsoptionen eröffnet – (weiterhin) bestehende Notwendigkeiten und fehlende Möglichkeiten sprachlich covert auszudrücken. Damit zeigt sich, dass die modale Relation und die Frequenz der beiden modalpassivischen Konstruktionen textsortenabhängig sind.

4 Ergebnisse der Korpusanalyse

Im Folgenden werden die Ergebnisse der Auswertung der sprachlichen und außersprachlichen Motivationen zur Verwendung von *sein*-Modalpassiv und Gerundiv und deren Funktion als Teile politischer Diskurse im Korpus der genannten acht Regierungserklärungen aus dem Zeitraum von 1949 bis 2005 vorgestellt.

Das *sein*-Modalpassiv und das Gerundiv dienen bei allen Belegen sprachökonomischen Zwecken und damit auch der stilistischen Geschlossenheit und Kompaktheit. Im Rahmen der sprachökonomischen Eigenschaften von *sein*-Modalpassiv und Gerundiv fällt insbesondere die Fähigkeit dieser beiden Konstruktionen auf, das Agens in viel unauffälligerer Weise zu eliminieren als das *werden*-Passiv. Der Adressat bzw. Rezipient empfindet beim *sein*-Modalpassiv und beim Gerundiv aufgrund der kompakten Geschlossenheit der beiden Konstruktionen die Leerstelle für das Agens weit weniger als bei der modalen vorgangspassivischen Passivperiphrase. Diese unauffällige Möglichkeit, auf die Agensnennung zu verzichten, kann von den Sprachanwendern in vielfältiger Weise genutzt werden. Da ist zunächst der routinemäßige Verzicht auf die Agensnennung zu vermerken, nämlich dann, wenn die Nennung redundant ist, wie z.B. in dem Beleg 4 (LE2)

4. LE2   Lassen Sie uns prüfen, was **zu tun ist**;
(Erhard 1965, S. 42)

aus Ludwig Erhards Regierungserklärung. Hier verstieße die Agensnennung gegen die von beiden Konstruktionen angebotene stilistische Geschlossenheit, Kompaktheit und Prägnanz und erweckte eher den Eindruck einer kognitiven Unterforderung der Adressaten bzw. Rezipienten sowie einer unangemessenen Geschwätzigkeit. In anderen Belegen wie Beleg 5 (HS2) und 6 (AM3) wirkte eine Agensnennung besonders störend, weil es zu einer Rekurrenz in zwei direkt aufeinanderfolgenden Sätzen bzw. in einem Satzgefüge käme:

5. HS2   Binnen zweieinhalb Jahren wird sich das sozialliberale Bündnis der Entscheidung der Bürger stellen. Bis dahin **ist** vieles **zu tun**.
(Schmidt 1974, S. 29)
6. AM3   Der Staat darf nicht glauben, er wisse selber, was da am besten **zu tun sei**, sondern wir müssen die Begutachtung durch die Wissenschaftsorganisationen in den Vordergrund rücken.
(Merkel 2005, S. 10)

Doch nicht nur aus Gründen der Redundanz und der stilistischen Prägnanz wird in den Regierungserklärungen als Paradigmen der politischen Sprache auf die Agensnennung verzichtet. Die in den Regierungserklärungen aufzuspürenden Motive für die Nichtthematisierung des Agens sind sehr vielfältiger Natur:
    Zu nennen sind

staatsrechtliche Motive wie in Beleg 7 (KA2)

7. KA2   Das Gesetz über ihre Unterbringung **ist** den jetzigen Verhältnissen entsprechend **abzuändern**.
(Adenauer 1949, S. 14),

parteipolitische Motive wie in dem Doppelbeleg 8 (KA3 und KA4)

8. KA3/4   In stärkerem Maße, als es bisher möglich war, **wird** die landwirtschaftliche Produktion **zu verbessern** und **zu veredeln sein**.
(Adenauer 1949, S. 10),

die Vermeidung einer belehrenden Distanzschaffung, z.B. in dem Beleg 9 (KA7) als Beleg der *Kann*-Modalität:

9. KA7 Ich bin der Auffassung, daß die Opposition eine Staatsnotwendigkeit ist, daß sie eine staatspolitische Aufgabe zu erfüllen hat, daß nur dadurch, daß Regierungsmehrheit und Opposition einander gegenüberstehen, ein wirklicher Fortschritt und eine Gewöhnung an demokratisches Denken **zu erzielen ist**.
(Adenauer 1949, S. 3),

das Belassen bestimmter Punkte in einer bewusst angestrebten Vagheit wie neben zwei weiteren Belegen auch in Beleg 10 (LE5)

10. LE5 Soweit erwerbsfähige Personen aus einer hauptberuflichen landwirtschaftlichen Tätigkeit ausscheiden, **ist** ihnen die Umstellung **zu erleichtern**.
(Erhard 1965, S. 25),

die Rücknahme der Selbstdarstellung der Bundesregierung zugunsten einer Versachlichung der Diskussion in fünf Belegen, z.B. wie in Beleg 11 (HK1)

11. HK1 In diesen Zusammenhang gehört auch der Hinweis, daß für uns die Fortentwicklung der deutschen Luft- und Raumfahrtindustrie sowohl aus gesamtwirtschaftlichen wie auch aus verteidigungspolitischen Gründen **sicherzustellen ist**.
(Kohl 1982, S. 11),

innenpolitische Motive für die Agenseliminierung sind ausschlaggebend bei acht Belegen, z.B. bei Beleg 12 (WB5)

12. WB5 Besonders **hervorzuheben ist** das Zusammenwirken im Finanzplanungsrat.
(Brandt 1969, S. 7),

außenpolitische Gründe für die Agenseliminierung sind leitend bei vier Belegen, z.B. in Beleg 13 (AM1)

13. AM1   Aber dieser Prozess (=Beitrittsverhandlungen mit der Türkei, I.T.) wird
          mit besonderer Aufmerksamkeit **zu beobachten sein**
          (Merkel 2005, S. 14),

europapolitische Gründe in einem Beleg 14 (HS1)

14. HS1   Dabei **sind** für die deutsche Landwirtschaft faire Wettbewerbsver-
          hältnisse **zu schaffen**.
          (Schmidt 1974, S. 25),

gesellschaftspolitische Gründe in zwei Belegen, z.B. in Beleg 15 (GS1)

15. GS1   Interessierte Kreise haben ja so getan, als wollten wir mit unserer
          Steuerreform den Unternehmern buchstäblich die Butter vom Brot
          nehmen. Dazu **ist zu sagen**, daß in den vergangenen Jahren nur
          einige wenige von Steuerentlastungen profitiert haben.
          (Schröder 1998, S. 6),

sowie der Selbstschutz der Bundesregierung in zwei Belegen, so z.B. in Beleg 16 (HK3)

16. HK3   Der Sachverständigenrat hat zu Recht auf den Unterschied zwischen
          strukturellem und konjunkturbedingtem Defizit hingewiesen, das im
          voraus kaum **abzuschätzen ist**.
          (Kohl 1982, S. 12).

In vielen Fällen unterbleibt die Agensnennung, um den juristisch nicht informierten Rezipienten nicht unnötig mit Details der politischen Entscheidungsfindungen in einem Bundesstaat zu belasten, zumal diese für den informierten politischen Beobachter kein Verständnisproblem aufwerfen. So werden die Länder in bestimmten Situationen nicht explizit als Agens benannt, um einerseits die Entscheidungsautonomie der Länder verbal nicht einzuschränken und andererseits die durch die etwaige Zustimmungspflichtigkeit durch den Bundesrat oder die Kulturhoheit der Länder eingeschränkte Entscheidungsbefugnis der Bundesregierung und der sie tragenden Bundestagsmehrheit nicht zu thematisieren, wie z.B. in dem Beleg 17 (WB7, neben WB6):

17. WB7   Verwaltungsreform und Reform des öffentlichen Dienstes **sind** miteinander **zu verbinden.**
(Brandt 1969, S. 8).

Je nach Bundesratsmehrheiten und Verfassungslage wird damit die Abänderung oder das mögliche oder sogar sichere Scheitern von Regierungsplänen zumindest gegenüber den politisch und juristisch weniger informierten Zuhörern nicht offengelegt, so z.B. auf dem Gebiet der Bildungs- und Wissenschaftspolitik, für die der Bund aufgrund der Kulturhoheit der Länder in nur sehr beschränktem Umfang Verantwortung trägt.

Die Nichtbenennung des Agens kann in dem einschlägigen Beleg 18 (WB8)

18. WB8   Vordringlich **werden** auch die modernen Unterrichts-Technologien und das Fernstudium **anzuwenden sein.**
(Brandt 1969, S. 11)

bei dem politisch weniger informierten Teil der Öffentlichkeit zu dem Missverständnis führen, dass die Bildungs- und Wissenschaftspolitik vor allem eine Angelegenheit des Bundes sei. Neben der Agenseliminierung werden in Beleg 18 (WB8) die verdeckt-argumentatorischen Möglichkeiten eines zwischen der verbindlichen indikativischen *Muss-* und der unverbindlicheren konjunktivischen *Soll-*Modalität schwankenden und damit doppelten Modalitätsangebots genutzt. Damit lässt sich nämlich beim politisch gut informierten Teil der Zuhörerschaft innenpolitisch-diplomatisch der Eindruck einer unzulässigen Einmischung des Bundes in die Angelegenheiten der Länder von vornherein zerstreuen.

Die Höflichkeits- und Vagheitsfunktion der beiden Konstruktionen kommt aber nicht nur gegenüber den an der Gesetzgebung beteiligten Institutionen zum Tragen. So lassen sich auch Handlungsaufforderungen an die Bevölkerung, z.B. zur Erzielung einer Gewöhnung an demokratisches Denken im *sein-*Modalpassiv-Beleg 19 (KA7)

19. KA7   Ich bin der Auffassung, daß die Opposition eine Staatsnotwendigkeit ist, daß sie eine staatspolitische Aufgabe zu erfüllen hat, daß nur dadurch, daß Regierungsmehrheit und Opposition einander gegenüberstehen, ein wirklicher Fortschritt und eine Gewöhnung an demokratisches Denken **zu erzielen ist**.
(Adenauer 1949, S. 3),

oder an einzelne Bevölkerungsgruppen, z.B. an die Landwirte in dem *sein*-Modalpassiv-Doppelbeleg 20 (KA3/KA4)

20. KA3/4 In stärkerem Maße, als es bisher möglich war, **wird** die landwirtschaftliche Produktion **zu verbessern** und **zu veredeln sein**.
(Adenauer 1949, S. 10),

durch eine Agenseliminierung und damit Nichtnennung der Bevölkerung bzw. der Bevölkerungsgruppen als Agens entschärfen.

Diese entschärfende Funktion der Agenseliminierung und der verdeckten Modalität gilt auch für die Verwendung im außenpolitischen, also diplomatischen Kontext, wenn z.B. *muss*-modale Forderungen während des Kalten Kriegs bei Willy Brandt in Beleg 21 (WB13)

21. WB13 Dabei geben wir uns keinen trügerischen Hoffnungen hin: Interessen, Machtverhältnisse und gesellschaftliche Unterschiede **sind** weder dialektisch **aufzulösen** noch dürfen sie vernebelt werden.
(Brandt 1969, S. 19)

an zwei Agens gerichtet werden, nämlich die Bundesrepublik Deutschland und die Sowjetunion, aber beide nicht genannt werden. Diplomatisch, aber auch innenpolitisch-großkoalitionär entschärfend wirkt das *sein*-Modalpassiv bei Angela Merkel in Beleg 22 (AM1)

22. AM1 Aber dieser Prozess (=Beitrittsverhandlungen mit der Türkei, I.T.) **wird** mit besonderer Aufmerksamkeit **zu beobachten sein**.
(Merkel 2005, S. 14)

zu der Frage eines EU-Beitritts der Türkei. Ebenfalls aus diplomatischen, aber auch besatzungsrechtlichen bzw. bündnispolitischen sowie innenpolitischen Gründen ist die entschärfende Funktion der Agenseliminierung und der verdeckten Modalität in den zwei modal ambigen Belegen 1 und 2 bei Konrad Adenauer (KA6 und ka6), die oben in Kapitel 2 bereits besprochen wurden, kommunikativ von Vorteil.

Politische Differenzen in einer Regierungskoalition können durch eine Agenseliminierung verdeckt oder – wenn sie offensichtlich sind – sprachlich mit Rücksicht auf das Koalitionsklima sehr viel zurückhaltender thematisiert werden, so in drei *sein*-Modalpassiv-Belegen (AM1, AM6 und AM7) in Angela Merkels erster Regierungserklärung zu Beginn der Großen Koalition 2005 nach einem heftigen Wahlkampf, als Beispiel hier Beleg 23 (AM7)

23. AM7   Jenseits aller parteipolitischen Differenzen - diese **waren** in den vergangenen Jahren **nicht zu übersehen** - möchte ich deshalb an dieser Stelle ausdrücklich eines tun: Ich möchte Bundeskanzler Schröder ganz persönlich dafür danken, dass er mit seiner Agenda 2010 mutig und entschlossen eine Tür aufgestoßen hat, eine Tür zu Reformen, und dass er die Agenda gegen Widerstände durchgesetzt hat.
(Merkel 2005, S. 3)

Die Nichtnennung des Agens bei *sein*-Modalpassiv und Gerundiv erlaubt dem Redner aber auch die Distanzierung von der eigenen Politik, wenn er Versäumnisse einer Regierung, an der er selbst beteiligt war, aufgrund einer neuen Koalitionssituation kritisiert, so bei Willy Brandt 1969 in dem Gerundiv-Beleg (24) wb1

24. wb1   Dies dürfte nach den Unterlagen, die der Landwirtschaftsminister vorgefunden hat, keineswegs ausreichen. *Die in Zukunft getrennt auszuweisenden Ausgaben* für die EWG-Marktordnungen werden im Jahre 1970 um 1,4 Milliarden DM höher sein als bisher veranschlagt.
(Brandt 1969, S. 6f.)

Ähnliches gilt, wenn der Kanzler sich durch von ihm nicht zu vertretende Umstände, z.B. durch die Hinterlassenschaften einer Vorgängerregierung, zu Entscheidungen gezwungen sieht, welche er aus grundsätzlichen Erwägungen für falsch hält, wie bei Helmut Kohl nach Ende der sozialliberalen Koalition in dem *sein*-Modalpassiv-Beleg 25 (HK4):

25. HK4   Für 1983 würde die Nettokreditaufnahme des Bundes nach jetzt geltendem Recht sogar auf weit über 50 Milliarden DM anschwellen. Dies **ist nicht zu verantworten.**
(Kohl 1982, S. 12)

Die beiden modalpassivischen Konstruktionen eignen sich durch die Möglichkeit zur Agenseliminierung und zur verdeckten Modalitätsmarkierung auch zur Vorbereitung eines unauffälligen Agenswechsels wie im *sein*-Modalpassiv-Beleg 26 (HS1)

26. HS1   Wegen der Bedeutung, die die gemeinsame Agrarpolitik für die europäische Entwicklung hat, aber auch wegen ihrer Bedeutung für die deutsche Landwirtschaft, werden *wir* uns bemühen, die Funktionstüchtigkeit des gemeinsamen Agrarmarktes wiederherzustellen. Dabei **sind** für die deutsche Landwirtschaft faire Wettbewerbsverhältnisse **zu schaffen**. Die Bundesregierung erwartet deshalb von *Kommission und Ministerrat* der Europäischen Gemeinschaft schnelle Beschlüsse im Interesse sowohl der bäuerlichen Erzeuger und ihrer Absatzmärkte als auch der Verbraucher.
(Schmidt 1974, S. 25)

oder zur Verdeckung eines Wechsels der Modalitätsart, so z.b. bei Willy Brandt in Beleg 27 (WB2), in dem durch die verdeckte *Muss*-Modalität des *sein*-Modalpassivs ein abrupter Wechsel von einer offenen *Soll*-Modalität des vorausgehenden Halbsatzes in eine ausformulierte, leicht als autoritär zu empfindende offene *Muss*-Modalität vermieden wird:

27. WB2   Im Fernsehen sollen neue technische Möglichkeiten zum besten Nutzen der Gesellschaft, vor allem auch für Bildungsaufgaben, verwendet werden; in jedem Falle **sind** dabei die Interessen der Öffentlichkeit vorrangig **zu sichern**.
(Brandt 1969, S. 5).

Die verdeckte Modalität ermöglicht es z.B. in einem Gerundiv-Beleg 28 (hs2) bei Helmut Schmidt einen Schwebezustand zwischen der absolut imperativen *Muss*- und der abgemildert imperativen *Soll*-Modalität herzustellen:

28. hs2   Es ist ganz klar, daß der Bund die Finanzierung *einer **auszuweitenden** Energiepolitik* nicht allein leisten kann.
(Schmidt 1974, S. 24).

Ein solcher Schwebezustand kommt auch der politischen Korrektheit entgegen.
   Sein-Modalpassiv und Gerundiv mildern durch ihre verdeckte Modalität die *Muss*-Modalität kommunikativ ab, so z.B. im Gerundiv-Beleg 29 (ka5) bei einer für die Öffentlichkeit beunruhigenden Ankündigung

29. ka5 Die allenthalben angestellten Mutmaßungen über die möglichen Auswirkungen der bevorstehenden geldpolitischen Maßnahmen gehen weit über das sachlich berechtigte Maß hinaus. Es besteht keinerlei Grund zur Beunruhigung, da *die zu erwartenden Veränderungen* auf dem Gebiete von Preisen und Löhnen im ganzen nur zu relativ geringfügigen Verschiebungen führen werden.
(Adenauer 1949, S. 9).

oder bei einer faktisch unausweichlichen politischen Entscheidung wie im Gerundiv-Beleg 30 (ka4):

30. ka4 Wir werden bemüht sein, den endgültigen Lastenausgleich baldigst zu verabschieden, um die Ungewißheit zu beseitigen, die seit so langer Zeit sowohl auf den Geschädigten wie *auf der zu belastenden Wirtschaft* liegt.
(Adenauer 1949, S. 12).

Politisch kann es durchaus von Vorteil sein, mit Hilfe des Gerundivs wie in Beleg ka7 (31) eine offene *Soll*-Modalität wegen des möglichen Eindrucks der Unbestimmtheit zu vermeiden:

31. ka7 Wir werden alle diese Fragen, deren Wichtigkeit ich unterstreichen möchte, durch *ein einer Frau anzuvertrauendes Referat* im Ministerium des Innern einer möglichst guten Lösung zuzuführen versuchen.
(Adenauer 1949, S. 15).

Eine offene Modalität könnte bei vielen Gelegenheiten darüber hinaus in der Öffentlichkeit dem politischen Gegner Angriffspunkte bieten. Durch eine offene Markierung der Modalität würden außenpolitische und in der Anfangsgeschichte der Bundesrepublik auch besatzungsrechtliche Zwänge und Abhängigkeiten, denen die Bundesregierung unterliegt, sowie volkswirtschaftliche und europapolitische Unabwägbarkeiten unnötig stark thematisiert, so dass das Vertrauen der Bevölkerung in die Handlungsfähigkeit der Regierung geschmälert werden könnte.

Damit hat die verdeckte Modalität von *sein*-Modalpassiv und Gerundiv in Kombination mit einer möglichen Agenseliminierung aufgrund ihrer Indirektheit und teilweise auch ihrer Vagheit nicht nur einen Beruhigungs- und Überdeckungseffekt, sondern auch eine Schutz- und Abwehrfunktion.

Sein-Modalpassiv und Gerundiv kommen aber auch dem sprachökonomischen Bedürfnis nach möglichst geringer syntaktisch-konstruktiver Komplexität entgegen. Mit ihrer Hilfe können längere Passivkonstruktionen vermieden werden, so z.B. in dem ohnehin schon komplexen Satzgefüge in Beleg LE1 (32) aus Ludwig Erhards Regierungserklärung

32. LE1   Der Wechsel des Arbeitsplatzes von strukturell schrumpfenden Bereichen zu produktiveren Tätigkeiten gehört daher zu den Anpassungsvorgängen, die **von der Bundesregierung** zu fördern sind, wenn diese zugleich alles tut, um soziale Härten zu vermeiden, und den Betroffenen sogar zu besserer und sicherer Berufsausübung verhilft.
(Erhard 1965, S. 11).

Dieser konstruktionelle sprachökonomische Vorteil der beiden modalpassivischen Konstruktionen ist bei den Gerundiven durch ihre Monoattributivität noch größer als bei den monoprädikativen *sein*-Modalpassiva. Die stilistisch elegantere Gerundivkonstruktion macht eine rhetorisch umständliche und raumfordernde vorgangspassivische Relativsatzkonstruktionen überflüssig, wie z.B. in dem Beleg 33 (wb3)

33. wb3   *Dieser dem Bundestag und den Länderparlamenten* **vorzulegende** *Plan* soll gleichzeitig erklären, wie er verwirklicht werden kann. Gleichzeitig muß ein nationales Bildungsbudget für einen Zeitraum von 5 bis 15 Jahren aufgestellt werden.
(Brandt 1969, S. 10).

Das Gerundiv ermöglicht im Gegensatz zu einer Relativsatzkonstruktion auch eine Reihung mit anderen Adjektiven im pränominalen Bereich, in Beleg 34 (am1) sogar als litotische Parenthese *ein hohes – ich sage: ein kaum zu überschätzendes – Gut*

34. am1   Die neue Bundesregierung wird sich mit aller Kraft für ein enges, ehrliches, offenes und vertrauensvolles Verhältnis in der **transatlantischen Partnerschaft** (Fettdruck nach der Vorlage, I.T.) einsetzen. Diese Partnerschaft der Wertegemeinschaft der westlichen Welt ist *ein hohes – ich sage: ein kaum* **zu überschätzendes** *– Gut*.
(Merkel 2005, S. 14),

oder die Reihung mehrerer attribuierter Nominalphrasen ohne eine diese Reihung störende postnominale Relativsatzkonstruktion, wie im Gerundiv-Beleg 35 (hs1):

35. hs1   Die Verträge von Moskau und Warschau und *der demnächst **vom Deutschen Bundestag** zu **ratifizierende** Vertrag* von Prag sind Ergebnisse unserer internationalen Entspannungsbemühungen.
(Schmidt 1974, S. 11).

Neben den rein sprachökonomisch-stilistischen Ergebnissen für den Einsatz von *sein*-Modalpassiv und Gerundiv dienen beide Konstruktionen auch der Textstrukturierung. So werden Argumentationsstränge gebündelt und mit dem Ziel der Verallgemeinerung zusammengefasst, wie z.B. in dem *sein*-Modalpassiv-Beleg 36 (HS5)

36. HS5   Dabei stehen wir einer Opposition im Bundestag und im Bundesrat gegenüber, die gleichzeitig Forderungen nach Steuersenkungen und nach Haushaltsmehrausgaben erhebt. Mit solchen Forderungen wird den Interessengruppen suggeriert, sie könnten Ansprüche stellen, von denen doch die Opposition weiß, daß sie nicht erfüllt werden können. Dadurch wird die Leistungsfähigkeit des Staates überhaupt in Frage gestellt, und dies **ist *nicht* zu verantworten**.
(Schmidt 1974, S. 19).

Für allgemeingültig erachtete Feststellungen bedürfen zu ihrer Beglaubigung keines Agens, vielmehr ist hier sogar die Nichtbenennung des Agens sinnvoll, um die intendierte indirekte Deklaration der Allgemeingültigkeit nicht zu gefährden. Die aus der angenommenen Allgemeingültigkeit vom Redner abgeleitete allgemeine Übereinstimmung mit dem politischen Beobachter erübrigt eine Agensnennung, so im *sein*-Modalpassiv-Beleg 37 (KA1)

37. KA1   (...) so ist sie (=die Bundesregierung) andererseits doch unbedingt entschlossen, aus der Vergangenheit die nötigen Lehren gegenüber allen denjenigen zu ziehen, die an der Existenz unseres Staates rütteln, **mögen** sie nun zum Rechtsradikalismus oder zum Linksradikalismus **zu rechnen sein**.
(Adenauer 1949, S. 16).

5 Fazit

Durch die Anonymisierung des Agens und die Verdeckung der Modalität, die Distanz zu allen potentiellen Problemen, Schwierigkeiten, Hindernissen und Hürden, die konstruktionelle Kürze und Kompaktheit konzentrieren sich das *sein*-Modalpassiv und das Gerundiv in dem Korpus der Regierungserklärungen zusammen mit den im Korpus mit 78,5% dominierenden Handlungsverben auf das, was herbeigeführt werden muss, soll oder kann. Damit gewinnen das *sein*-Modalpassiv und das Gerundiv trotz der modalpassivischen Verkleidung bei allen Handlungsverben an Nähe zum Handlungsziel und Handlungserfolg.

Die *sein*-Modalpassiva und Gerundive ermöglichen durch ihre Distanzhaltung zum Agens und dessen Handlungswillen in ihrer politisch-taktischen Auswirkung eine real größere Nähe zum Handlungsziel und zum Handlungserfolg als die persönlich-modalpassivische oder gar die modalaktivische Ausformulierung mit ihrem hohen Selbstdarstellungspotential, welches immer auch Widerstand auslöst. Und dieser Widerstand kann u.U. das Handlungsziel und den Handlungserfolg bedrohen. Denn das persönliche Modalpassiv legt dem Adressaten bzw. Rezipienten auch ohne Agensnennung die Assoziation der offenkundigen syntaktischen Leerstelle mit dem Agens nahe. Bei dem persönlichen Modalaktiv ist die Agensnennung dagegen sogar obligatorisch.

Dass mit der Verwendung von *sein*-Modalpassiv und Gerundiv in der Sprachverwendung der Politik auch ein Transparenzverlust verbunden sein kann, haben die obigen Darlegungen aufgezeigt. In dem bewussten Einsatz eines solchen Informationsdefizits liegt der Ansatz eines kommunikativen Missbrauchs der beiden Konstruktionen.

Mit diesem Artikel sollte auch ein Beitrag zur weiteren Erforschung der Modalität in der Sprache der Politik erbracht werden. Denn obwohl durch die Modalität die Wirklichkeitswahrnehmung der Rezipienten gerade in der politischen Kommunikation kognitiv stark beeinflusst werden kann, wurde diese in der Politolinguistik mit wenigen Ausnahmen – Felder (2006), Trost (2012) und Fábián (2018; in diesem Band) – kaum berücksichtigt.

Quellen in chronologischer Reihenfolge

Adenauer, Konrad: Regierungserklärung des Bundeskanzlers am 20. September 1949 vor dem Deutschen Bundestag in Bonn. In Behn, Hans Ulrich (1971): *Die Regierungserklärungen der Bundesrepublik Deutschland*, 11–33. München: Olzog.

Erhard, Ludwig: Regierungserklärung des Bundeskanzlers am 10. November 1965 vor dem Deutschen Bundestag in Bonn. In Behn, Hans Ulrich (1971): *Die Regierungserklärungen der Bundesrepublik Deutschland*, 149–183. München: Olzog.

Kiesinger, Kurt Georg: Regierungserklärung des Bundeskanzlers am 13. Dezember 1966 vor dem Deutschen Bundestag in Bonn. In Behn, Hans Ulrich (1971): *Die Regierungserklärungen der Bundesrepublik Deutschland*, 185–204. München: Olzog.

Brandt, Willy: Regierungserklärung von Willy Brandt am 28. Oktober 1969 vor dem Deutschen Bundestag in Bonn. In Deutscher Bundestag 6. WP/5. / 28.10.1969 / 20A-34 C. Bonn 1969, 342–362.
Schmidt, Helmut: Regierungserklärung des Bundeskanzlers am 17. Mai 1974 vor dem Deutschen Bundestag in Bonn. In Bulletin, Nr. 60, Bonn, 18. Mai 1974, 593–604.
Kohl, Helmut: Regierungserklärung des Bundeskanzlers am 13. Oktober 1982 vor dem Deutschen Bundestag in Bonn: „Koalition der Mitte: Für eine Politik der Erneuerung." In Bulletin, Nr. 93, Bonn, 14. Oktober 1982, 853–868.
Schröder, Gerhard: Regierungserklärung des Bundeskanzlers am 10. November 1998 vor dem Deutschen Bundestag in Bonn: „Weil wir Deutschlands Kraft vertrauen …". In bpa-bulletin, Datum: 11.11.1998, Doknr: 98074.
Merkel, Angela: Regierungserklärung von Bundeskanzlerin Angela Merkel am 30. November 2005 vor dem Deutschen Bundestag in Berlin.

Literatur

Abraham, Werner (2012): Covert Modality in Typology. In Werner Abraham & Elisabeth Leiss (Hrsg.): *Covert Patterns of Modality*, 386–439. Newcastle upon Tyne: Cambridge University Press.
Behaghel, Otto (1923/1989): Deutsche Syntax. Eine geschichtliche Darstellung. Band II: Die Wortklassen und Wortformen. B. Adverbium, C. Verbum. 2. unveränderte Auflage. Heidelberg: Winter.
Brinker, Klaus (1969): Zur Funktion der Fügung sein + zu + Infinitiv in der deutschen Gegenwartssprache. In Ulrich Engel/Paul Grebe (Hrsg.): *Neue Beiträge zur deutschen Grammatik. Hugo Moser zum 60. Geburtstag gewidmet*, 23-34. Mannheim: Dudenverlag [= Duden-Beiträge 37].
Brinkmann, Hennig (1971): *Die deutsche Sprache. Gestalt und Leistung*. Düsseldorf: Schwann.
Demske-Neumann, Ulrike (1994): Modales Passiv und Tough Movement. Zur strukturellen Kausalität eines syntaktischen Wandels im Deutschen und Englischen. Tübingen: Niemeyer.
Duden – Die Grammatik (2009): 8., überarb. Auflage. Hg. v. der Dudenredaktion. Duden Band 4. Mannheim: Dudenverlag.
Ebert, Robert P., Oskar Reichmann, Hans-Joachim Solms & Klaus-Peter Wegera (1993): *Frühneuhochdeutsche Grammatik*. Tübingen: Niemeyer.
Eisenberg, Peter (2006): *Grundriss der deutschen Grammatik.* Band 2: *Der Satz*. 3., durchgesehene Auflage. Stuttgart: Metzler.
Eroms, Hans-Werner (2006): Das modale Passiv im Deutschen. In Roland Harweg, Franz Hundsnurscher & Eijiro Iwasaki (Hrsg.): *„getriwe ân allez wenken". Festschrift für Shoko Kishitani zum 75. Geburtstag*, 8–29. Göppingen: Kümmerle.
Eroms, Hans-Werner (2013): Frühformen des modalen Passivs im Deutschen. In Franciszek Grucza und Jianhua Zhu (Hrsg.): *Akten des XII. Internationalen Germanistenkongresses Warschau 2010. Vielheit und Einheit der Germanistik weltweit*. Band 17: *Diachronische, diatopische und typologische Aspekte des Sprachwandels*. Betreut und bearb. v. Martin Durrell, Hans-Werner Eroms & Michail L. Kotin, 27–32. Frankfurt am Main: Peter Lang.

Fábián, Annamária (2018): „Wir schaffen das!" – Eine funktionalgrammatische und diskursive Analyse persuasiver Argumentation in der Bundespressekonferenz vom 31.08.2015 mit Angela Merkel. In diesem Band, 77–101.

Fabricius-Hansen, Cathrine (2009): Das Verb. In Dudenredaktion (Hrsg.): *Duden – Die Grammatik*, 8., überarb. Auflage, Duden Band 4, 389–566. Mannheim: Dudenverlag.

Felder, Ekkehard (2006): Form-Funktions-Analyse von Modalitätsaspekten zur Beschreibung von Geltungsansprüchen in politischen Reden. In Maximilian Scherner & Arne Ziegler (Hrsg.): *Angewandte Textlinguistik. Perspektiven für den Deutsch- und Fremdsprachenunterricht*, 157–178. Tübingen: Gunter Narr.

Helbig, Gerhard und Joachim Buscha (2005): *Deutsche Grammatik. Ein Handbuch für den Ausländerunterricht.* Berlin: Langenscheidt.

Hentschel, Elke (2009): Infinite Verbformen. In Elke Hentschel & Petra M. Vogel (Hrsg.): *Deutsche Morphologie. De Gruyter Lexikon*, 171–187. Berlin: de Gruyter.

Hentschel, Elke und Petra M. Vogel (Hrsg.) (2009): *Deutsche Morphologie. De Gruyter Lexikon.* Berlin: de Gruyter.

Hinderling, Robert (1985): Der sog. modale Infinitiv im Lichte der historischen Wortbildungslehre. In Georg Stötzel (Hrsg.): *Germanistik – Forschungsstand und Perspektiven. Vorträge des Deutschen Germanistentages 1984. 1. Teil: Germanistische Sprachwissenschaft, Didaktik der Deutschen Sprache und Literatur*, 154–172. Berlin: Walter de Gruyter.

Holl, Daniel (2010): *Modale Infinitive und dispositionelle Modalität im Deutschen.* Berlin: Akademie Verlag.

Klein, Josef (2014): Textsorten im Bereich politischer Institutionen. In Josef Klein: *Grundlagen der Politolinguistik. Ausgewählte Aufsätze*, 151–196. Berlin: Frank & Timme.

Langacker, Ronald W. (1999): *Grammar and Conceptualization.* Berlin: Mouton de Gruyter.

Paul, Hermann (1920/1968): *Deutsche Grammatik. Band IV. Teil IV: Syntax (Zweite Hälfte).* Unveränd. Nachdruck der 1. Auflage. 1920. Tübingen: Niemeyer.

Raynaud, Franziska (1977): Der „modale Infinitiv". Bedeutung und Leistung. In *Wirkendes Wort* 27/VI, 386–393.

Trost, Igor (2012): Nähe, Distanz und Anonymität. Untersuchungen zum sein-Modalpassiv und Gerundiv am Beispiel der Presse-, Politik- und Rechtssprache. Noch nicht veröffentlichte Habilitationsschrift Univ. Passau.

Trost, Igor (2015): Zur syntaktischen Rolle von sein im deutschen sein-Modalpassiv. In Michail L. Kotin (Hrsg.): *To be or not to be? The verbum substantivum and its functions from synchronic, diachronic, and typological perspective*, 231–253. Cambridge: Cambridge Scholars.

Zifonun, Gisela (1997): F3 Das Passiv (und die Familie der Reflexivkonversen). G3 Infinitiv- und Partizipialkonstruktionen. In Gisela Zifonun, Ludger Hoffmann, Bruno Strecker u.a.: *Grammatik der deutschen Sprache*, 1788–1859 (F3), 2157–2230 (G3). Berlin: Walter de Gruyter.

Zifonun, Gisela, Ludger Hoffmann, Bruno Strecker u.a. (1997): *Grammatik der deutschen Sprache.* Berlin: Walter de Gruyter.

Zorn, Klaus (1970): *Untersuchungen zur Grammatik, Semantik und Verwendung der Fügungen haben + zu + Infinitiv und sein + zu + Infinitiv in der deutschen Sprache der Gegenwart.* Diss. masch. Univ. Leipzig.

Zorn, Klaus (1977): Semantisch-syntaktische Beobachtungen an den Fügungen „haben + zu + Infinitiv" und „sein + zu + Infinitiv". *Deutsch als Fremdsprache* 14: 142–147.

Annamária Fábián
„Wir schaffen das!"

Eine funktionalgrammatische und diskursive Analyse persuasiver Argumentation in der Bundespressekonferenz vom 31.08.2015 mit Bundeskanzlerin Angela Merkel

Schlüsselwörter: Bundespressekonferenz, Modalverben, historische Verweise, Metaphern, Stereotype, funktionale Grammatik, kognitive Grammatik, Diskursanalyse

1 Einleitung

Der mittlerweile vielzitierte Satz von Bundeskanzlerin Angela Merkel in der Bundespressekonferenz vom 31.08.2015 zu den Herausforderungen der Flüchtlingskrise *Wir schaffen das!* hat in der deutschen Gesellschaft, in den sozialen Medien und in der medialen Öffentlichkeit der Bundesrepublik, aber auch anderer europäischer Staaten zahlreiche Kontroversen ausgelöst. Die kontroverse Wahrnehmung dieser Bundespressekonferenz und ihre bis heute anhaltende nationale, europäische und internationale tagespolitische Relevanz nehme ich zum Anlass, diese als politischen Diskurs im Sinne von Wodak 2011 und van Dijk 1997 mit Methoden der linguistischen Diskursanalyse[1] nach Chilton (2004), Spitzmüller & Warnke (2011) und Niehr (2014) sowie der Grammatik zu untersuchen.

Diese Untersuchung möchte sich an van Dijks (1997:14) Forderung orientieren „that the study of political discourse should not be limited to the structural properties of text or talk itself, but also include a systematic account of the context and its relations to discursive structures". Nach van Dijk (Vgl. 1997: 16ff.) sollen bei einer Analyse von Inhalten der Politik neben textuellen und strukturellen Aspekten eines politischen Diskurses auch die Teilnehmer, Handlungen und die sogenannten *Settings* wie Zeit, Ort, Umstände, Anlass, Intention, Funktion, Zweck und *Legal* oder politische Implikate eines Diskurses usw. berücksichtigt werden. Denn ein

---
[1] Vgl. hierzu Niehr (2014: 135). Aufgabe der linguistischen Diskursanalyse ist nach Niehr „Diskurse zu beschreiben, nicht die dort vertretenen Positionen zu kritisieren und Partei zu ergreifen […] Vielmehr können sie [deskriptive Linguisten] durch ihre Analysen auf heterogenen Sprachgebrauch aufmerksam machen und ein Bewusstsein dafür schaffen, dass über Sprache Wirklichkeit konstituiert wird."

politischer Diskurs ist immer Resultat von sprachlichem Handeln im Sinne von Koschmieder (1944/1945), Austin (1979) und Searle (1982).

Ziel dieses Beitrags ist es, das argumentative und persuasive Zusammenspiel der verschiedenen sprachlichen Ebenen exemplarisch anhand ausgewählter Textpassagen mit qualitativen und quantitativen Forschungsmethoden zu untersuchen. In Anlehnung an die Anglisten Piotr (2002), Chilton (2004) und Hart (2013) möchte dieser Beitrag Diskurs, Grammatik und Persuasion in ihrem gemeinsamen Wirkzusammenhang analysieren.[2] Chilton (2004: 51) fasst politischen Diskurs aus kognitionslinguistischer Sicht als Ergebnis von individuellen und kollektiven mentalen Prozessen auf. Im mentalen Prozess der Kommunikation werden Argumente platziert, die als Interaktion sowohl auf der lexikalischen Ebene als auch auf der grammatischen und grammatisch-semantischen Ebene herausgestellt werden. Hart (vgl. 2013: 2) weist darauf hin, dass im politischen Diskurs auch grammatische Mittel und Strukturen den ideologischen Hintergrund des Sprechers kenntlich machen und damit den Adressaten eine diskursive Orientierung geben. Bei der diskursiven Orientierung kommt Modalverben eine besondere Bedeutung zu. Deshalb rücken in den Mittelpunkt der grammatischen Analyse dieses Beitrags die Modalverben und ihre Semantik, insbesondere die grammatische und die diskursive Funktion des Modalverbs *müssen*.

Funktionalgrammatische Analysen der Modalität in politischen Formaten finden bislang in korpusbasierten Abhandlungen der germanistischen Sprachwissenschaft kaum Berücksichtigung. Zu den wenigen Ausnahmen, welche die Form und Funktion von Modalität ausdrückenden grammatischen Konstruktionen in politischen Reden untersuchen, gehören Studien von Felder (2006) und Trost (2012/ 2018).

Die folgende Untersuchung der 11.375 Lexeme umfassenden Bundespressekonferenz vom 31.08.2015 kann hier nur exemplarisch an einigen wenigen Beispielen zeigen, auf welche Mechanismen und Strategien Politikerinnen und Politiker bei der Praktik der kollektiven Identitätsbildung[3] in politisch turbulenten Zeiten zurückgreifen, an die sich eine allgemein formulierte Handlungsaufforderung anknüpft. Diese Untersuchung will zeigen, wie die kollektive Identitätsbildung durch Sprache in der Politik neben der in der Politolinguistik bereits häufig untersuchten Lexik und kulturell gebundenem kollektivem Wissen auch durch grammatisch-strukturelle Merkmale erfolgt. Folglich geht dieser Beitrag methodologisch davon

---

2 Vgl. auch den ebenfalls Diskurs, Grammatik und Persuasion untersuchenden Beitrag der Anglistin Ullmann in diesem Band.
3 Vgl. Deppermann, Feilke & Linke (2016).

aus, dass durch eine grammatische Analyse eine diskursanalytische und pragmatische Untersuchung unterstützt werden kann.

Zunächst im Vorfeld einige Bemerkungen zu den Diskursfunktionen der analysierten Bundespressekonferenz.

2 Die Diskursfunktionen

Nach Dieckmann (2005: 12) ist für die Sprachverwendung in der Politik „die Realisierung informativer und persuasiver Sprachmittel in unterschiedlichen Mischungsverhältnissen" charakteristisch. Zu diesen beiden Funktionen der Sprachrealisierung in der Politik kommt die nicht zu vernachlässigende Funktion der Appellative hinzu, die sich sowohl auf der Ebene der Lexik als auch auf der Ebene der Grammatik auswirkt.

In den diesem Artikel vorangegangenen Analysen von Bundespressekonferenzen zeigte sich, dass die informative Funktion nach Brinker (2005: 111) im Vordergrund des politischen Diskurses vieler Bundespressekonferenzen steht. Die Bundespressekonferenz vom 31.08.2015 lässt sich jedoch nicht in diese Reihe von Bundespressekonferenzen einordnen, da die Appellfunktion gegenüber der informativen Funktion überwiegt. Denn es soll ein gesellschaftlicher, politischer und bundesstaatlicher Konsens über die Aufnahme von Flüchtlingen ebenso wie über die Änderung von zahlreichen Gesetzen hergestellt werden, seien es die Erleichterungen im Verwaltungsrecht oder Verschärfungen im Asylrecht. Die Aufforderung der Kanzlerin zum kollektiven Handeln der Gesellschaft basiert auf der Praktik der kollektiven Identitätsbildung und rückt deshalb in den Vordergrund dieser Untersuchung.

3 Die politisch Handelnden Bund, Länder und Kommunen und ihre grammatische und semantische Einbettung in den Diskurs

Die Aufforderung zum kollektiven Handeln bei der Lösung der Flüchtlingskrise erfolgt im politischen Diskurs dieser Bundespressekonferenz auf unterschiedlichen Handlungsebenen:
- Makroebene: Globale Handlungsebene (eher peripher in der Rede von Angela Merkel)

- Mesoebene: Ebene der Europäischen Union
- Mikroebene: Subebenen der Bundesrepublik Deutschland:
  - Ebene des Bundes
  - Ebene der Länder
  - Ebene der Kommunen

Die drei Subebenen der Mikroebene der Bundesrepublik Deutschland, also der *Bund*, die einzelnen *Länder* und die *Kommunen* werden von Merkel in ihrer Argumentation oft sogar in direkter Reihung als Entität, also als staatliche Autoritäten aufgeführt, die einheitlich handeln sollen, so in Beleg 1:

1. Ich denke im Augenblick überhaupt nicht an Wahlkampf, sondern nur an die Frage, wie wir die Probleme, die ich benannt habe, vernünftig lösen und dem, was unser Bild von uns selbst ist, gerecht werden **können**, und zwar *Bund, Länder und Kommunen* zusammen. (Z. 320–323)

In der Rede wird immer wieder auf ein kognitiv sehr einprägsames **Teil-Ganzes-Verhältnis** durch den Einsatz der Lexeme *Bund* als Hyperonym, *Länder* als Hyponym im Verhältnis zu *Bund* und gleichzeitig Hyperonym im Verhältnis zu *Kommunen* sowie *Kommunen* als Hyponym im Verhältnis zu *Bund* und *Länder* verwiesen. Ähnliche Paarbildungen zur Herausbildung von Teil-Ganzes-Verhältnissen zeigen sich auch auf der Mesoebene, also auf der Handlungsebene der Europäischen Union.[4] Schon Goldberg (1995: 87) hat festgestellt, dass zwischen Teil-Ganzes-Verhältnissen „inheritance links", also Vererbungsbeziehungen vorliegen. Diese treten in Reden von Politikern in festen Formen rekurrent auf und beeinflussen damit die kognitive Wahrnehmung der Vererbungsbeziehungen und der sich daraus ergebenden Frames unauffällig. Das enge Verhältnis zwischen Form und Bedeutung und das rekurrente und damit saliente Auftreten von Teil-Ganzes-Verhältnissen in Form von festen Konstruktionen dienen dazu, die Beziehung zwischen den Instanzen des Teil-Ganzes-Verhältnisses den Adressaten als gegeben und somit als selbstverständlich zu präsentieren. Teil-Ganzes-Verhältnisse in festen Konstruktionen werden in der Politik also funktional häufig mit dem Ziel eingesetzt, dass die Adressaten die Einheit und die Kooperation zwischen deren Instanzen – Hyponym und Hyperonymen – akzeptieren, ohne diese zu hinterfragen.[5]

---

[4] Auf die Mesoebene der EU kann aus Gründen der Umfangsbegrenzung des Beitrags nicht näher eingegangen werden.
[5] Siehe dazu Fábián (2017).

Die Kanzlerin stellt in ihrem Einleitungsreferat rhetorische Fragen, um die zu erwartenden Fragen der Presse über die Zusammenarbeit auf der Mikroebene vorwegzunehmen, wie noch mehr Flüchtlinge auf einem den üblichen deutschen Standards entsprechenden Niveau versorgt werden können, vgl. Beleg 2:

2. Aber **wir müssen** natürlich auch *schauen*: Wie können **wir** noch mehr *Erstaufnahmeeinrichtungen schaffen*? Wie können Bund und Länder *hier zusammenarbeiten*? (Z. 125–126)

Das doppelte kataphorische Personalpronomen der 1. Person Plural *wir* vor und nach dem Doppelpunkt sowie dessen semantische Auflösung durch die beiden Substantive *Bund* und *Länder* sollen im Sinne Dieckmanns (1975: 32) der Identitätsstiftung durch Sprache zwischen Bund und Ländern dienen. Hier zeigt sich wieder, dass Pronominalisierung – wie Vater (2005: 99) feststellt – hauptsächlich „semantisch-konzeptuell" und nicht syntaktisch gesteuert ist.

Der Versuch, die gemeinsame politische Identität und die Zusammenarbeit auf den drei Subebenen *Bund*, *Länder* und *Kommunen* der Mikroebene Bundesrepublik Deutschland zu stärken, schlägt sich im Untersuchungsmaterial auch an anderen Stellen nieder, so in Beleg 3:

3. Der Bund wird alles in seiner Macht Stehende tun, *zusammen* mit den Ländern, *zusammen* mit den Kommunen, genau das durchzusetzen." (Z. 157–158)

Auffällig ist, dass Merkel in beiden Belegen 2 und 3 durative mit nichtdurativen Verben verbindet[6]: Die aktionsartlich durativen Verben *zusammenarbeiten* und *tun* verdeutlichen durch den Verbalinhalt das grundsätzliche und zeitlich nicht begrenzte Handeln der Institutionen *Bund*, *Länder* und *Kommunen*. Durch eine Kollokation des Durativums *zusammenarbeiten* mit dem perdurativen Verb *schaffen* mit der Bedeutung *bewirken, dass etw. entsteht, zustande kommt* (Duden Universalwörterbuch, 4.), dessen Verbalinhalt nur eine zeitlich begrenzte Dauer aussagt, sowie des Durativums *tun* mit dem ebenfalls aktionsartlich perdurativen Verb *durchsetzen* mit der Bedeutung *etw. Angestrebtes, Erwünschtes o. Ä. unter Überwindung von Hindernissen verwirklichen* (Duden Universalwörterbuch 1.a) soll dem kritischen Rezipienten verdeutlicht werden, dass die angekündigten Maßnahmen nach kurzer Frist abgeschlossen sein und damit Erfolg haben sollen.

---

6 Zur Klassifikation der Aktionsarten in die Obergruppe der durativen, perdurativen und nichtdurativen Verben vgl. Riecke (2000: 32).

Im Beleg 2 wird das Handlungsziel, also die Errichtung von *Erstaufnahmeeinrichtungen*, gleich im ersten Satz erwähnt. Im zweiten Satz werden die Handelnden, nämlich *Bund und Länder* im Verhältnis zueinander genannt. Durch das deiktische Adverb *hier* wird zwischen dem Handlungsziel aus dem ersten Satz und den Handelnden ein Bezug hergestellt. Die Notwendigkeit der Handlung wird außerdem durch das Modalverb *müssen* zum Ausdruck gebracht.

Im Beleg 3 wird die Notwendigkeit der Zusammenarbeit zwischen *Bund*, *Ländern* und *Kommunen* nicht mehr wie im Beleg 2 durch das Modalverb *müssen* betont, sondern durch die anaphorische Rekurrenz des Adverbs *zusammen*: „*zusammen* mit den Ländern, *zusammen* mit den Kommunen". Die lexikalisch-semantische Funktion des Adverbs *zusammen* wird auf der grammatikalischen Ebene durch die Herausstellung der ganzen durch *zusammen* eingeleiteten Adverbialphrase verstärkt. Die Herausstellung dient hier nämlich als textgrammatisches Mittel der kommunikativen Strategie der *Hervorhebung* nach Fábián (2011: 15), um die kollektive Handlungsaufforderung in den Vordergrund zu stellen[7], und ist somit pragmatisch determiniert.

In den Belegen 1 bis 3 entsteht damit – um es mit Langackers Terminologie (2008: 82f) auszudrücken – im Prozess des *mentalen Scannens* eine *Referenzpunktbeziehung*. Diese etabliert zwischen den Instanzen *Bund*, *Länder* und *Kommunen* eine kognitive Brücke, die über eine archetypisch-suggestive Kraft verfügt.

Ein Großteil der sprachlichen und kommunikativen Strategien von Merkel ist darauf gerichtet, innerstaatlichen Konsens über die Aufnahme und insbesondere über deren Organisation zu erreichen. Durch das Betonen des Konsenses zwischen den staatlichen Ebenen in Deutschland und der Identitätsstiftung zwischen diesen bereitet Merkel argumentativ ihre Appelle an die Mitgliedsländer der Europäischen Union, an die Nachbarländer Syriens sowie an die Großmächte zu kollektivem Handeln sowie ihre Bitte um Verständnis in der deutschen Gesellschaft vor. Die aus kognitionslinguistischer Sicht effektive simultane Nennung von *Bund*, *Ländern* und *Kommunen* ist auch in anderen Reden der Bundeskanzlerin rekurrent. Sie zielt darauf ab, das mentale Konzept der Einheit der in einem Bundesstaat oft disparat handelnden staatlichen Ebenen hervorzuheben. Pragmatisch betrachtet, wird dieses Konzept als Mittel zur Stärkung des Zusammenhalts in der deutschen Gesellschaft sowie in der Europäischen Union eingesetzt. Es dient damit der Praktik der kollektiven Identitätsstiftung, die durch das Teil-Ganzes-Verhältnis im mentalen Prozess der Sprachproduktion des Senders und schließlich der Sprachverarbeitung der Adressaten entsteht.

---

7 Zu den verschiedenen Formen der Herausstellung als Mittel persuasiver Argumentation vgl. Fábián (2018) in Issel-Dombert & Wieders-Lohéac.

4 Die Modalverben und das Personalpronomen wir als Mittel der Handlungsaufforderung im politischen Diskurs

Im letzten Kapitel habe ich beschrieben, wie durch Teil-Ganzes-Verhältnisse die Agenten auf allen Ebenen der Bundesrepublik zur Entwicklung einer kollektiven Identität motiviert werden. Dieses Kapitel wird zeigen, wie aufbauend auf der Praktik der kollektiven Identitätsbildung von der Rednerin eine kollektive Handlungsaufforderung auf der strukturellen Ebene durch die Verwendung von Modalverben und des kollektiven Personalpronomens *wir* formuliert wird. Zuerst soll der handlungsauffordernde Charakter der Modalverben *dürfen, können, mögen, müssen, sollen* und *wollen* in der Rede untersucht werden, wobei von diesen Modalverben dem Modalverb *müssen* durch seine stark direktive Kraft die größte pragmatische Wirkung zugesprochen werden kann.[8]

Die Modalverben *dürfen, können, mögen, müssen, sollen* und *wollen*, die Merkel insgesamt 258-mal in der Bundespressekonferenz verwendet, wurden mit Hilfe des korpuslinguistischen Programms AntConc statistisch erfasst. Belegbeispiele des häufigsten Modalverbs *müssen*, das von Merkel 118-mal (45,7%) gebraucht wird, werden exemplarisch analysiert.

Die Häufigkeit der Modalverben und ihre Verwendung zeigt die folgende Tabelle:

---

8 Zur neueren Modalverbforschung und auch zum handlungsauffordernden Charakter von Modalverben vgl. Zifonun (in IDS-Grammatik 1997), Diewald (z.B.: 1999 und 2004), Radden (1999), Müller & Reis (2001), Imo (2007) und Abraham & Leiss (2013).

Tab. 1: Vorkommen von Modalverben

Modalverben insg. 258	Person	Präsens	Präteritum	Futur I	Konjunktiv II	Gesamt
dürfen 12 = 4,7 %	1. Pers. Singular	3				03 = 25,0 %
	3. Pers. Singular (ohne *man*)	4[9]				04 = 33,3 %
	man	1				01 = 08,3 %
	1. Pers. Plural	3			1	04 = 33,3 %
können 78 = 30,2 %	1. Pers. Singular	8	2		1	11 = 14,1 %
	3. Pers. Singular (ohne *man*)	15[10]			2	17 = 21,8 %
	man	12	1			13 = 16,7 %
	1. Pers. Plural	25				25 = 32,1 %
	3. Pers. Plural (ohne Siezform)	6			2	08 = 10,3 %
	Siezform	1				01 = 01,3 %
	Infinitiv	3				03 = 03,8 %
mögen 13 = 5,0 %	1. Pers. Singular				10	10 = 77,0 %
	3. Pers. Singular				2	02 = 15,4 %
	1. Pers. Plural				1	01 = 07,7 %
müssen 118 = 45,7 %	1. Pers. Singular	2				02 = 01,7 %
	3. Pers. Singular (ohne *man*)	23[11]		1	2	26 = 22,0 %
	man	19		3	1	23 = 19,5 %
	1. Pers. Plural	38	3	9		50 = 42,4 %
	2. Pers. Plural	1				01 = 00,8 %
	3. Pers. Plural (ohne Siezform)	16[12]				16 = 13,6 %

---

9 Davon ein Beleg mit Scheinsubjekt *es*.
10 Davon drei Belege mit expletivem *es*, vier Belege mit Scheinsubjekt *es* und ein Beleg im Passiv.
11 Davon neun Belege im Passiv.
12 Davon fünf Belege im Passiv.

Modal- verben insg. 258	Person	Prä- sens	Präteritum	Futur I	Konjunktiv II	Gesamt
sollen 12 = 4,7 %	3. Pers. Singular (ohne *man*)				3	03 = 25,0 %
	man	1				01 = 08,3 %
	1. Pers. Plural				5	05 = 41,7 %
	3. Pers. Plural (ohne Siezform)	3				03 = 25,0 %
wollen 25 = 9,7 %	1. Pers. Singular	11	1			12 = 48,0 %
	1. Pers. Plural	9				09 = 36,0 %
	3. Pers. Plural (ohne Siezform)	2				02 = 08,0 %
	Siezform	2				02 = 08,0 %

Wie die hohe Zahl von Modalverben, insbesondere des Modalverbs *müssen*, schon vermuten lässt, treten diese oft gehäuft hintereinander auf, so in Beleg 4:

4. (1.) Und dann geht **es** natürlich um die langfristigen Wohnungs- und Arbeitsperspektiven. (2.) In jedem [sic] jeder Erstaufnahmeeinrichtungen, so wäre es idealerweise sinnvoll, **müsste** gleich <u>die Bundesagentur für Arbeit</u> auch sitzen. (3.) <u>Man</u> **müsste** die Qualifikationen aufnehmen, und auf diese Dinge *arbeiten wir hin*. (4.) Und <u>ich</u> sage ganz einfach: (5.) <u>Deutschland</u> ist ein starkes Land, und die [sic] das Motiv, mit dem <u>wir</u> an diese Dinge herangehen, **muss** sein: (6.) <u>Wir</u> haben so vieles geschafft! (7.) <u>Wir</u> schaffen das! (8.) <u>Wir</u> schaffen das, und wo uns etwas im Wege steht, **muss** es überwunden *werden*, **muss** [äh] daran *gearbeitet werden*. (9.) Und der <u>Bund</u> wird alles in seiner Macht Stehende *tun* zusammen mit den <u>Ländern</u>, zusammen mit den <u>Kommunen</u>, genau das *durchzusetzen*. (Z. 150–158)

In den ersten beiden Sätzen des Belegs 4 setzt Angela Merkel das Thema ihrer weiteren Äußerungen durch die Herausbildung und Kombination der beiden Konzepte **Wohnen** und **Arbeit**. Das Konzept **Wohnen** basiert auf den Lexemen *Wohnungsperspektive* und *Erstaufnahmeeinrichtungen*. Das Konzept **Arbeit** baut in der Rede auf den Lexemen *Arbeitsperspektiven*, *Bundesagentur für Arbeit* und *Qualifikationen* auf. Die Lexeme *Wohnungs-* und *Arbeitsperspektiven* sowie *Qualifikationen* sind hier als Hochwertwörter[13] einzustufen, also als etwas Erstrebenswertes.

Salient ist, dass die beiden topiksetzenden Konzepte **Wohnen** und **Arbeit** in den Sätzen 2 und 3 des Belegs 4 mit dem Konjunktiv II des Modalverbs *müssen* verbunden wird:

4.1 (2.) ... **müsste** gleich die Bundesagentur für Arbeit auch sitzen.
(3.) Man **müsste** die Qualifikationen aufnehmen.

Die zweimalige Verwendung des extrasubjektiven *müsste* in Kollokation mit dem ebenfalls konjunktivischen Kopulaverb *wäre* in der Phrase *wäre es idealerweise sinnvoll* stellt ein Eingestehen von eigenen Defiziten bei als normativ notwendig Anerkanntem dar. Dies ist in Bundespressekonferenzen oder auch in anderen Formaten der politischen Kommunikation kaum der Fall. Denn der Konjunktiv II bringt nach Diewald (2013: 92) „Nichtfaktizität zum Ausdruck." Diewald (2013: 92) zufolge ist „diese nichterfüllte Bedingung als Grund für die Nichtfaktizität des dargestellten Sachverhalts [ist] der Ausgangspunkt einer gerichteten Relation, die der gesamten Proposition das Merkmal [+nichtfaktisch] zuweist". Das Adverb *idealerweise* verstärkt hier noch die Nichtfaktizität der Notwendigkeit. Die Nichtfaktizität ist in Satz 2 mit einer anonymen Institution, nämlich der *Bundesagentur für Arbeit* und in Satz 3 mit dem Indefinitpronomen *man* verbunden.

Ab Satz 4 des Belegs 4 wechselt Angela Merkel dann zum singularischen Personalpronomen *ich* als Subjektaktant, gefolgt von dem Toponym *Deutschland* in Satz 5 und dem pluralischen Subjektpersonalpronomen *wir*, das bis Satz 8 insgesamt viermal auftritt. In der Einleitung des vierten Satzes *Und ich sage ganz einfach...* macht Merkel mit dem Wechsel zum singularischen Subjektpersonalpronomen *ich* deutlich, dass sie sich in den darauffolgenden Satzgliedern und Sätzen die Proposition der Äußerung zu eigen macht, auch wenn Sie zu dem Hyperonym *Deutschland* und zur mehrfachen Rekurrenz des pluralischen, hier alle staatlichen, gesellschaftlichen Ebenen und die ganze Bevölkerung einschließenden Subjektpersonalpronomens *wir* ab Satz 5 wechselt.

Dieser Wechsel der Bundeskanzlerin zu greifbaren bzw. personalen Subjektaktanten geht einher mit einem Modus-Wechsel vom Konjunktiv II in den faktischen Indikativ und dem Verweis auf gegenwärtige Tatsachen wie *Deutschland ist ein starkes Land* und ebenfalls faktisches Vergangenes in *Wir haben so vieles geschafft!*. Damit werden die folgenden indikativischen Aussagen, wie z.B. in Satz 7

---

13 Hochwertwörter sind nach Girnth (2002: 52), „positiv konnotiert", werden „aber nicht zum Ideologievokabular" gezählt. Siehe dazu auch Wengeler (2006: 8).

und 8 *Wir schaffen das! Wir schaffen das, und wo uns etwas im Wege steht,* **muss** *es überwunden werden,* **muss** *[äh] daran gearbeitet werden.*, die zum Zeitpunkt der Äußerung erst noch unter Beweis zu stellen sind, durch den Kontrast zu den konjunktivischen Vorsätzen 2 und 3 geradezu als für die Zukunft als faktisch gesichert vorweggenommen.

Das Modalverb *müssen* wird laut Duden-Grammatik (2005: 563) unter Berücksichtigung der „Quelle des Redehintergrundes" meist „extrasubjektiv" verwendet und steht somit außerhalb des Kompetenz- und Entscheidungsbereichs des Satzsubjekts oder des Sprechers. Das Modalverb *muss* in dem Vorsatz zu den Sätzen (6.) *Wir haben so vieles geschafft!* und (7.) *Wir schaffen das* der Kanzlerin, nämlich (5.) *[...] das Motiv, mit dem wir an diese Dinge herangehen,* <u>muss</u> *sein* ist nicht nur normativ-extrasubjektiv im Sinne einer Verpflichtung durch Dritte. Das Modalverb *muss* in Satz (5.) geht vielmehr über die *Selbstverpflichtung* im Sinne „einer Identität von Sprecher und Verpflichtetem" hinaus, es wird hier *intrasubjektiv-volitiv* gebraucht: Die „eigenen Wünsche" werden – wie Zifonun es in der IDS-Grammatik (1997: 1890f.) für die *intrasubjektiv-volitive* Verwendung formuliert – „als Erfordernis der Umstände oder als generell Gefordertes, Wünschenswertes" ausgegeben.

Es folgt in dieser Rede auf das *Wir schaffen das*, dass etwaige Hindernisse für dessen Sichbewahrheiten *überwunden werden müssen* oder an ihnen *gearbeitet werden muss*. Die beiden Modalverben *muss* in Satz 8

4.2 (8.) ... und wo uns etwas im Wege steht, **muss** es überwunden werden, **muss** [äh] daran gearbeitet werden

bilden eine Anapher. Wie schon beim Adverb *zusammen* in Beleg 3 und bei der dreifachen Setzung des kollektivierenden pluralischen Personalpronomens *wir* in den Sätzen 6 bis 8 *Wir haben so vieles geschafft! Wir schaffen das! Wir schaffen das,* (...) im hier untersuchten Beleg 4 setzt Merkel beim zweifachen *muss* in Satz 8 ebenfalls die Anaphorik mit archetypisch anmutender Suggestionskraft ein. Medial war diese Suggestionskraft der Anaphorik durchaus erfolgreich, denn sie führte dazu, dass die Phrase *Wir schaffen das!* mittlerweile zum geflügelten Wort wurde.[14] Salient ist auch, dass die zwei *muss*-Belege in Satz 8

4.3 (8.) ... und wo uns etwas im Wege steht, **muss** es <u>überwunden werden</u>, **muss** [äh] daran *gearbeitet* <u>werden</u>

---

14 Die unterschiedlichen Interpretationen und Auslegungen der Phrase *Wir schaffen das!* in den Medien und in politischen Reden sind nicht Gegenstand dieses Beitrags.

mit einem Vorgangspassiv verbunden werden und kein Agens benannt wird. Modalverben werden laut Fandrych & Thurmair (vgl. 2011: 204f.) in Aussagesätzen eingesetzt, um präskriptive und restriktive Handlungsverpflichtungen in verallgemeinernder Weise auszudrücken. Diese Funktion wird jedoch durch die in der Verbindung mit einem Vorgangspassiv ausgelöste Deagentivierung, die auch in anderen politischen Formaten häufig festzustellen ist, semantisch abgeschwächt.[15] Für die notwendigen Voraussetzungen der Aussage *Wir schaffen das!* wird folglich kein politisch Verantwortlicher genannt. Erst im Satz 9 des Belegs 4 werden die kollektiv politisch Handelnden, nämlich die Institution *Bund* als Agens zusammen mit den *Ländern* und *Kommunen* aufgedeckt, aber nicht in Kombination mit dem notwendigkeitsmodalen Modalverb *muss*, sondern mit dem futurischen Auxiliarverb *wird*:

4.4 (9.) Und der <u>Bund</u> **wird** alles in seiner Macht Stehende *tun* zusammen mit den <u>Ländern</u>, zusammen mit den <u>Kommunen</u>, genau das *durchzusetzen*.

Der Satz 9 kann nach der Sprechakttheorie als Versprechen dem kommissiven Sprechakt zugeordnet werden. Die Kanzlerin verspricht nämlich indirekt eine Änderung der Gesetzeslage und eine Bewältigung der organisatorischen Herausforderungen.

Ein kommissiver Sprechakt unterliegt im politischen Diskurs im Vorfeld anderen Bedingungen als ein kommissiver Sprechakt in der Alltagssprache. In der politischen Kommunikation einer parlamentarischen und föderalen Demokratie kann ein kommissiver Sprechakt nur insoweit in eine Zusage einmünden, als die Machtbefugnisse des Sprechers reichen. So kann die Kanzlerin als Regierungschefin einer parlamentarisch-föderalen Republik wie der Bundesrepublik Deutschland nur für die Bundesregierung nach vorheriger Abklärung des Einvernehmens mit den Koalitionspartnern oder zumindest mit einem eine parlamentarische Mehrheit absichernden Koalitionspartner Versprechungen mit Realisierungssicherheit abgeben. Da die Zustimmung auch des Teils der Opposition erreicht war, der in den Ländern in einem ausschlaggebenden Umfang mitregiert, konnten diese Versprechungen auch für die *Länder* und über diese auch für die *Kommunen* formuliert werden.

Eine Kombination aus einem nicht-institutionellen personalen Subjekt *ich* oder *wir* mit dem Modalverb *müssen* wird in Satz 9 ganz vermieden. Wenn man alle Redebeiträge der Kanzlerin auf der Bundespressekonferenz nach der Verwendung

---

15 Zur Deagentivierung in politischen Reden siehe die Beiträge von Fábián & Enzersberger sowie von Trost in diesem Band sowie Trost (2012) und Hennig (2015).

von *müssen* untersucht, fällt auf, dass sie nur in 1,7% der 118 *müssen*-Belege *ich muss* verwendet, sich also selbst allein – sei es nun extra- oder intrasubjektiv – unter Zwang oder verpflichtet sieht. Als Mitglied eines Kollektivs sieht sie sich allerdings recht häufig verpflichtet, nämlich in 42,4% der *müssen*-Belege, wenngleich in der ganzen Rede immer die Verpflichtung Dritter oder die ethisch normative Verpflichtung durch das Indefinitpronomen *man* in 55,1% der *müssen-Belege* dominiert. Ähnlich verhält sich das im Korpus mit nur zwölf Belegen sehr seltene, ebenso notwendigkeitsmodale Modalverb *sollen*, das in 58,3% der Fälle in der 3. Person (Singular inkl. *man* und Plural) und in 41,7% der Fälle in der inkludierenden 1. Person Plural, aber nie in der 1. Person Singular auftritt.

Ein anderes statistisches Bild zeigt sich bei dem mit 78 Belegen zweithäufigsten Modalverb *können*, das im Gegensatz zu *müssen* nicht für im Sinne des freien Politikerhandelns kommunikativ negative Handlungsnotwendigkeiten steht, sondern für positive Handlungsmöglichkeiten: Hier findet sich *ich kann* bei 14,1% der *können*-Belege neben 32,1% *wir-können*-Belegen. Die Möglichkeiten Dritter (3. Person Singular und Plural) oder die grundsätzliche Möglichkeit (*man*) betreffen nur noch 48,8% der *können*-Belege, also weniger als die 55,1% bei den *müssen*- und als die 58,3% bei den *sollen*-Belegen. Die Lösungsalternativen der Probleme werden meist mithilfe des Modalverbs *können* in Kombination mit dem indefiniten Personalpronomen *man* oder im Vorgangspassiv aufgezeigt; das Agens bleibt jedoch im Diskurs zumeist vage. Nach dem mehrfachen Gebrauch des Modalverbs *können* in der Bundespressekonferenz erfolgt zum Schluss die Handlungsaufforderung erneut durch den Einsatz von *müssen* in der 1. Person Plural. Dies zeigt, dass sich die Handlungsaufforderung neben einer Selbstverpflichtung der Sprecherin explizit auch an die Gesellschaft, den Bund, die Länder und die Kommunen richtet. Diese Kombination der Modalverben *können* und *müssen* ist eine in der politischen Kommunikation übliche Sprachstrategie, um zuerst positive Handlungsmöglichkeiten zu kommunizieren und anschließend die Handlungsnotwendigkeit zu bekräftigen.

Den höchsten Anteil einer *ich*-personalen Modalverbverwendung zeigen erwartungsgemäß zwei Modalverben, die für den im politischen Kontext ebenfalls positiv konnotierten Handlungswillen stehen, nämlich *ich will* mit 48,0% aller 25 *wollen*-Belege und das konjunktivische *ich möchte* mit 77,0% aller 13 *mögen*-Belege. Eine konjunktivische Verwendung des Modalverbs *mögen* als *möchte-* ist für die politische Kommunikation jedoch nicht kennzeichnend, denn weder seine volitive noch seine verbindliche Kraft ist stark genug, um die Intention des Sprechers überzeugend darzustellen.

Für die Funktion des Modalverbs *müssen* lässt sich feststellen, dass Angela Merkel die in einer parlamentarischen Demokratie nur mit allen zuständigen Institutionen gemeinsam zu bewältigenden Handlungsnotwendigkeiten modal v.a. im Kollektiv ausdrückt und ihrer Rede somit einen kollektiv handlungsauffordernden Charakter verleiht, während sie ihre eigenen Handlungsmöglichkeiten als Regierungschefin und v.a. ihren Handlungswillen häufig auch modal mit der eigenen Person in Verbindung bringt. Die drei *ich*-personalen *dürfen*-Belege Merkels widersprechen dieser Deutung nicht, da diese von der Kanzlerin einmal in einer rhetorischen Frage und zweimal pragmatisch bedingt aus Höflichkeit in der Kommunikation mit Journalisten eingesetzt werden. Diese drei *dürfen*-Belege drücken also nicht eine Einschränkung der Handlungsmöglichkeiten Merkels aus, die sie etwa durch „die Erlaubnis eines Anderen" erhält, die sie „angestrebt hat und die zuvor verschlossen war" (Hoffmann 2013: 296).

Auch lässt sich in der Rede von Angela Merkel die Kombination der eine Handlungsnotwendigkeit ausdrückenden Modalverben *müssen* und *sollen* ohne Nennung des Agens, meistens mit *man*-Konstruktion oder Vorgangspassiv zum Ausdruck gebracht, feststellen wie zum Beispiel im Satz 3 und 8 des Belegs 4. Ein gleichzeitiger Einsatz der notwendigkeitsmodalen Modalverben *müssen* und *sollen* in Kombination mit den Subjektpronomen der 1. Person Singular und Plural ist in der politischen Kommunikation nicht so verbreitet wie der Gebrauch dieser beiden Modalverben in Sätzen mit Agenseliminierung, wie ich nach der Analyse einer Vielzahl politischer Reden feststellen konnte.

Es ist daher folgerichtig, dass die Kanzlerin das Verb *schaffen* nicht mit dem vom Rezipienten womöglich negativ konnotierten Modalverb *müssen* verbindet, obwohl sie durch dessen dreifache Reihung in *Wir haben so vieles geschafft! Wir schaffen das! Wir schaffen das, (...)* sowie durch Setzung des Modalverbs *müssen* im Vor- und Nachsatz auf die unbedingte Handlungsnotwendigkeit hindeutet:

4.5 (5.)(...) das Motiv, mit dem wir an diese Dinge herangehen, **muss** sein: (6.) Wir haben so vieles geschafft! (7.) Wir schaffen das! (8.) Wir schaffen das, und wo uns etwas im Wege steht, *muss es überwunden* werden, **muss** [äh] daran *gearbeitet* werden.

Doch ein expliziter Ausdruck der womöglich vom Rezipienten im Dissens mit Merkel rein extrasubjektiv interpretierten Handlungsnotwendigkeit durch die Umstände und nicht durch innere Überzeugung stünde dem politischen Ziel der ganzen Bundespressekonferenz, in der Flüchtlingspolitik eine kollektive Verantwortung zu vermitteln, u.U. im Wege. Deshalb verzichtet Merkel in diesem Fall auf die Verbalisierung des *Müssens*.

Insgesamt zeigt sich, dass in dieser zentralen Textpassage der Bundespressekonferenz aus neun Sätzen das mit fünf Belegen vertretene Modalverb *müssen* nie mit dem einmal auftretenden Subjektpersonalpronomen *ich* und ebenfalls nie mit dem viermal auftretenden Subjektpersonalpronomen *wir* kombiniert wird. Das notwendigkeitsmodale Modalverb *müssen* und das Personalpronomen *wir* der kollektiven Handlungsaufforderung schließen sich also an dieser Stelle gegenseitig in einer Proposition aus. Das Verhältnis von *müssen* zu *ich* und *wir* ist hier also eher pragmatisch als semantisch oder gar syntaktisch determiniert. Der Wechsel zwischen den Personalpronomina *ich* und *wir* und den anderen Subjektaktanten, sofern diese nicht im Passiv eliminiert werden, ist ebenfalls vor allem pragmatisch motiviert und nicht durch die deiktische oder syntaktische Verweisfunktion bedingt.

Am Gebrauch des Modalverbs *müssen* in der Sommerbundespressekonferenz lässt sich also beobachten, dass sich die Kanzlerin der direktiven Kraft dieses Modalverbs bediente, um zur kollektiven Handlung in der Gesellschaft und der Politik aufzufordern. Die kollektive Aufforderung der Agenten – Bund, Länder und Kommunen – erfolgte auch dann mit *müssen*, wenn das Modalverb aus Gründen demokratischer Sprachverwendung ohne Agens zum Einsatz kam. Ähnlich wie bei Langackers (1999: 308) englischen Modalverbbelegen richtet sich die „modale Kraft" des Modalverbs *müssen*, aber auch anderer Modalverben in der Sommerbundespressekonferenz häufig nicht auf eine konkrete Person, sondern auf die Realisierung des Zielereignisses, die Identität der Akteure bleibt dabei in der politischen Kommunikation häufig unbestimmt. Durch eine solche Agenseliminierung wird jedoch die modale Stärke und damit der Verbindlichkeitsgrad des Modalverbs *müssen* geschmälert.

5 Wir schaffen das! als kollektive Handlungsaufforderung

Nachdem in Kapitel 3 dieses Beitrags die Benennung der tatsächlich oder potentiell Handelnden in der Bundespressekonferenz beleuchtet und in Kapitel 4 die Handlungsaufforderung auf der grammatisch strukturellen Ebene der Modalverben und der Personalpronomen im pragmatischen Handlungszusammenhang erschlossen wurden, möchte ich die Handlungsaufforderungen auch auf der Metaebene untersuchen. Aus diskursanalytischer Sicht ist nämlich salient, dass die Handlungsaufforderungen von Angela Merkel in der Bundespressekonferenz systematisch durch den Einsatz von emotionalen Appellen an die Gesellschaft auf der Metaebene argumentativ unterstützt werden.

Der Satz *Wir schaffen das!* hat weltweit im Rahmen des Flüchtlings- und Migrationsdiskurses eine kontroverse „Karriere" gemacht und ist so zu einem salienten Satz geworden. Wie im Kapitel 4 bereits gezeigt, entsteht die archetypisch-suggestive Kraft des Satzes *Wir schaffen das!* in Angela Merkels Rede vor allem durch seine redundante Wiederholung und den rekurrenten Einsatz des Modalverbs *müssen* im Vor- und Nachsatz.

Auffällig ist aber, dass das in den Medien vielzitierte Verb *schaffen* in der gesamten Rede insgesamt relativ selten, also 10-mal eingesetzt wird, und zwar am häufigsten in Kombination mit dem Subjektpronomen *wir* der 1. Person Plural, so viermal im Präsens Aktiv (*wir schaffen*), davon einmal in Kombination mit dem Modalverb können (*wir können schaffen*). Nur zweimal bezieht sich das Verb *schaffen* nicht auf die Flüchtlingskrise und steht hier im Zusammenhang mit der Griechenland- und der Ukrainekrise. Wenn man die mediale Resonanz der Verwendung des Satzes *Wir schaffen das!* betrachtet und mit den ursprünglichen Äußerungen der Kanzlerin in der hier untersuchten Bundespressekonferenz vergleicht, fällt auf, dass das Verb *schaffen* in sieben seiner acht Bezüge auf die Flüchtlingsthematik und in dem einen Beleg der von *schaffen* abgeleiteten substantivischen Suffigierung *Schaffung* das Ziel der Vereinfachung der Gesetzeslage für den Bau neuer Flüchtlingsheime im Land verbalisiert. In nur einem weiteren *schaffen*-Beleg wird zwar neben der Lösung der Unterbringungsproblematik noch das Ziel der Erfassung der Flüchtlingszahlen und ihrer Daten durch die Bundesagentur für Arbeit, also indirekt die Arbeitsmarktintegration und damit der Verbleib der Flüchtlinge in Deutschland zumindest für eine längere Zeit thematisiert, in einem anderen *schaffen*-Beleg wird dagegen sogar das schnelle Asylverfahren in der Schweiz als Vorbild für Deutschland und damit indirekt auch eine schnelle Abschiebung eines Teils der Flüchtlinge angesprochen. Der Satz *Wir schaffen das!* wird aber in den Medien in einem besonderen Ausmaß über die Äußerungen Merkels in dieser Bundespressekonferenz und deren textinternen Kontext hinaus rekontextualisiert. Eine solche Rekontextualisierung des Satzes *Wir schaffen das!* erlebte Angela Merkel beispielsweise in dem Polit-Talk von Anne Will am 07.10.2015 einige Wochen nach der Bundespressekonferenz vom 31.08.2015, aber auch in namhaften Tageszeitungen und Magazinen. Die Kanzlerin widerspricht jedoch der von den Medien durchgeführten Rekontextualisierung des Satzes *Wir schaffen das!* aus der Bundespressekonferenz lange nicht. Sie akzeptiert damit auch die semantische Aufladung dieses Satzes mit politischen Inhalten, die nicht nur die Versorgung und Integration der bereits in Deutschland befindlichen Flüchtlinge, sondern auch die Aufnahme weiterer Flüchtlinge thematisieren. Außerdem blieb Merkel in der Flüchtlingsfrage auch auf Parteiveranstaltungen weiterhin optimistisch und bekräftigte den Satz – nun aber futurisch *Wir werden das schaffen*, wie kurz nach dem Interview bei Anne Will auf dem Kreisparteitag der CDU in ihrem Wahlkreis in Grimmen bei Stralsund (Mecklenburg-Vorpommern) am 17.10.2015 bis hin zur nächsten Sommerbundespressekonferenz ein Jahr später am 28.07.2016. Merkel widersprach also nicht der medialen Remotivierung ihres Satzes, sondern sie adaptierte sogar die remotivierte Lesart.

Auch und insbesondere durch seinen Bekanntheitsgrad hat dieser Satz an diskursiver und pragmatischer Salienz gewonnen. Die direktive Kraft des Satzes *Wir schaffen das!* zur kollektiven Handlungsaufforderung entstammt zwar teilweise seiner Ontologie aus dieser Bundespressekonferenz, aber größtenteils kann sein archetypisch-suggestiver Charakter auf seine Remotivierung im Diskurskontext zurückgeführt werden. Denn dieser Satz wurde als Ergebnis eines komplexen medialen De- und anschließend Rekontextualisierungsprozesses in dem tagespolitisch aktuellen Diskurs folglich einer semantischen Remotivierung unterzogen[16] und ist damit neben der diskursiven und der pragmatischen Salienz auch semantisch salient. Der semantische Wandel dieser Konstruktion im Rekontextualisierungsprozess führte dazu, dass der Satz *Wir schaffen das!* und sein ursprünglicher Gebrauch in der Rede kaum noch mit seiner medialen Interpretation zu tun hat.[17] Im Nachhinein wird medial auch kaum berücksichtigt, dass der Satz *Wir schaffen das!* von der Bundeskanzlerin in einem vom verbreiteten ganz abweichenden Gebrauchskontext und mit einer stark divergierenden Semantik verwendet wurde. Die direktive Kraft von *Wir schaffen das!* entstammt also einerseits seiner affirmativ-rekurrenten Verwendung in der Rede, andererseits aber auch seiner kognitiven Verankerung in der deutschen Gesellschaft auf der Metaebene als Ergebnis seiner semantischen Remotivierung durch und in den Medien.

6 Herstellung eines historischen Bezugs und Stereotypisierung als persuasives Mittel im politischen Diskurs

Angela Merkel begründet ihre kollektive Handlungsforderung auf der Metaebene zusätzlich durch historische Bezugnahmen und Stereotypisierung.

---

16 Der Terminus *Remotivierung* lehnt sich an Harnisch (2010) und Trost (2018a) an.
17 Die unterschiedlichen Interpretationen und Auslegungen der Phrase *Wir schaffen das!* in den Medien, der Presse und in nationalen und internationalen politischen Reden bilden keinen Gegenstand dieses Beitrags.

Nach Kövecses (2005: 51) werden „mit einem konventionellen konzeptuellen System [...] und mittels kognitiver Operationen die Aspekte der Welt konzeptualisiert."[18] Bei der Konzeptualisierung der Welt bieten Metaphern[19], Stereotype[20] oder historische Bezüge, die sich in kognitive konzeptuelle Systeme einfügen, eine starke Orientierung. Denn Bedeutungs- und Eigenschaftszuschreibungen zum beschreibenden oder beschriebenen Objekt sind unter Mitgliedern eines zusammengehörenden Kulturkreises so fest im allgemeinen Wissen verankert, dass der Gehalt eines Stereotyps oder einer Metapher von Adressaten kaum kritisch hinterfragt wird und damit kognitiv auf diese in sehr subtiler, aber umso intensiverer Weise wirkt. Die Metapher *Land der Hoffnung und der Chancen* und der indirekte historische Bezug auf die NS-Zeit in Beleg 5 sind kognitiv sehr wirksam:

5. Die Welt sieht Deutschland als ein Land der *Hoffnung* und der *Chancen*, und das war nun wirklich nicht immer so. (Z. 73–74)

Die erste Hälfte des Satzes in Beleg 0 übt durch die Hochwertwörter *Hoffnung* und *Chancen* und die Metapher *Deutschland als ein Land der Hoffnung und Chancen* eine stark normative Wirkung aus. Die zweite Hälfte des Satzes stellt gleichzeitig einen historischen Bezug zum Dritten Reich und zum Jahrzehnte dauernden Prozess der Wiederherstellung des deutschen Ansehens in der Nachkriegszeit her und verstärkt so die Argumentation von Angela Merkel. Denn sie setzt die demokratischen Fortschritte in Deutschland in den letzten 60 Jahren als Teil ihrer Argumentation ein und ruft auf dieser ethisch-moralischen Grundlage dazu auf, die von ihr befürworteten politischen Handlungen zu unterstützen und ohne zeitliche Verzögerung einzuleiten.

In Beleg 6 wird erneut ein historischer Bezug, hier auf die deutsche Einheit, als Mittel der Persuasion und der Handlungsaufforderung verwendet:

---

18 Möglichst wortlautnahe Übersetzung aus dem englischsprachigen Original.
19 Zur kognitionslinguistischen Analyse von Metaphern vgl. Lakoff & Johnson (1980), Kövecses (2005), Spieß & Köpcke (2015) sowie Ullmann in diesem Tagungsband.
20 Vgl. Kilian in diesem Tagungsband sowie Konerding (2001): Nach Konerding (2001: 169) bestehen Stereotype „aus sprachlichen formelhaften Ausdrucksformen und zugehörigen konsensuellen Wissensbeständen", „wobei Letztere in Form sogenannter Schemata kognitiv verfügbar sind und in der Regel stark präsupponiert werden."

6. Wir haben eine große *Verantwortung*. Wir sind die *größte Volkswirtschaft* innerhalb der Europäischen Union. Was 25 Jahre nach der *deutschen Einheit* sicherlich richtig ist: Die Tatsache, dass wir mit der *deutschen Einheit* die volle *Souveränität* erlangt haben, hat ihre Folgerungen im Guten, aber auch in der Frage *der Verantwortungsübernahme* – aber nicht mehr und nicht weniger –, und ohne Verbündete werden wir gar nichts ausrichten. (Z. 849–855)

Mithilfe des Hochwertwortes *Verantwortung* und des superlativischen Adjektivs *größte* in der Phrase *größte Volkswirtschaft innerhalb der Europäischen Union* wird zwischen der *deutschen Einheit* und der daraus folgenden neuen Rolle Deutschlands sowie der damit einhergehenden notwendigen Verantwortungsübernahme vor dem Hintergrund der Geschichte und der Wirtschaft ein Zusammenhang hergestellt.

Auch in Beleg 7 wird der historische Bezug auf die deutsche Einheit als Mittel der Persuasion aufgegriffen:

7. Und wenn ich vielleicht an ein sehr schönes Beispiel erinnern **darf im fünfundzwanzigsten Jahr der deutschen Einheit**: Die *deutsche Einheit* haben wir auch nicht mit normal [sic] *Arbeit* gelöst, sondern wir sind viele *neue Wege* gegangen, ob das die Verkehrswegebeschleunigungsgesetze waren, die Abordnung von vielen *ehrenamtlichen Helfern* in die neuen Bundesländer. (Z. 91–95)

Den Bezug zum historischen Diskurs der Grenzöffnung vor 25 Jahren als Mittel der Überzeugung benutzt die Kanzlerin, um mit den Phrasen *nicht mit normaler Arbeit*, *neue Wege* sowie *ehrenamtliche Helfer* die außergewöhnliche Situation der Grenzöffnung mit der der Flüchtlingswelle zu vergleichen. Merkel möchte damit zur kollektiven Handlung aufrufen, indem sie Innovation mit Tradition verbindet. Dabei greift sie auch auf Autostereotype als Mittel der Persuasion und der Handlungsaufforderung zum gesellschaftlichen Wandel zurück, wenn sie sich wie in Beleg 0 gegen *deutsche Gründlichkeit* zugunsten *deutscher Flexibilität* ausspricht:

8. *Deutsche Gründlichkeit* ist super, aber es wird jetzt *deutsche Flexibilität* gebraucht. (Z. 81–82)

In den Belegen 6 bis 8 werden durch Nominalphrasen mit dem Adjektiv *deutsch* z.B. in *deutsche Einheit* oder *deutsche Gründlichkeit* auf historischer und gesellschaftlicher oder kultureller Kompetenz basierende Wissensbestände im Gehirn der Adressaten aktiviert. In der satztopologischen Nähe dieser Nominalphrasen mit *deutsch* erfolgt schematisch eine „Etikettierung", also eine Eigenschaftszuschreibung, die auf der Wahrnehmung der Sprecherin basiert und ihre eigene Interpretation der Realität darstellt.

Der kollektiven Handlungsaufforderung durch die Verwendung von Auto- und Heterostereotypen sowie Metaphern oder durch historische Bezugnahmen Nachdruck zu verleihen und die Argumentation ethisch-moralisch zu fundieren, ist in der politischen Kommunikation geläufig. Dies alles ist nämlich eng mit verstetigten mentalen Konzepten verbunden (vgl. oben die Ausführungen zu Kövecses 2005). Die mentalen Konzepte entstehen als Resultat einer aktiven kognitiven Leistung im Laufe gesellschaftlicher und kultureller Sozialisation und basieren auf kulturellen Wissensbeständen. Stereotype sowie Metaphern werden im Konsens einer Gesellschaft ausgehandelt. Deren Bestandteile sind im Gedächtnis der Adressaten fest verankert und wirken deshalb sehr subtil. Sie rufen bei der Hörerschaft nach deren Aneignung in frühen Lebensjahren mehr oder weniger starke Emotionen hervor, hinterfragt werden sie aber selten. Deshalb gehören schematische Eigenschaftszuschreibungen und kollektive Wahrnehmungen zur „eigenen" oder zur „fremden" Nation durch Metaphern, Auto- und Heterostereotypie oder durch historische Bezüge fest zur Argumentation in der Politik und bilden häufig das argumentative Gerüst einer kollektiven Handlungsaufforderung. Emotionalisierende Bezugsherstellungen – ob durch Einsatz von Auto- und Heterostereotypie, Metaphern oder historischen Verweisen – lassen sich folglich in vielen Reden von Angela Merkel, aber auch von anderen Politikern beobachten, so z.B. auch in den Reden von Willy Brandt zu den Ostverträgen oder von Helmut Kohl kurz vor und nach der Wiedervereinigung Deutschlands. Angela Merkel erklärt nämlich in vielen Pressekonferenzen, so auch in der Pressekonferenz mit dem ungarischen Ministerpräsidenten Viktor Orbán vom 2. Februar 2015 in Budapest, die ethisch-moralische Handlungsverpflichtung der Bundesrepublik, den Krisenländern der Europäischen Union finanzielle Hilfsleistung in Aussicht zu stellen, mit der Wirtschaftskraft und der Geschichte Deutschlands seit der Wiedervereinigung (vgl. Fábián & Trost 2016).

Anhand der Analysen der Belege 5 bis 8 konnte in diesem Kapitel gezeigt werden, dass die kollektive Handlungsaufforderung und die Emotionalisierung durch Merkels Ausführungen nicht nur primär auf der grammatisch-semantischen und damit auf der strukturellen Ebene wie in den in Kapitel 3 und 4 untersuchten Belegen 1 bis 4 erfolgt. Die Argumentation verläuft neben der strukturellen Ebene auch komplementär auf der Metaebene im Diskurskontext durch einen Bezug auf die Geschichte, das internationale Ansehen und die wirtschaftliche Stärke Deutschlands ebenso wie durch den Einsatz von Autostereotypen und Metaphern.

7 Fazit der Analyse der Bundespressekonferenz vom 31.08.2015

Die Kombination der Modalverben, insbesondere der Modalverben *müssen* und *sollen* mit Auto- und Heterostereotypen sowie mit historischen Verweisen auf die Geschichte Deutschlands in der NS-Zeit und auf die deutsche Wiedervereinigung wie auch mit dem Hinweis auf die Stellung der deutschen Wirtschaft in Europa ist besonders kennzeichnend für die Argumentation der Bundeskanzlerin in dieser Bundespressekonferenz. Durch die argumentativ-emotionale Kombination von historischen, europa- und wirtschaftspolitischen Bezügen wird die grundsätzliche politische Botschaft zwar als erstrebenswert und moralisch verpflichtend an die Adressaten vermittelt, der Charakter einer Direktive, die sich vor allem auf Detailregelungen und nicht das Grundsätzliche beziehen, wird aber erst durch den Modalverbeinsatz von *müssen* und *sollen* gewährleistet. So werden Handlungsaufforderungen in vielen Antworten der Kanzlerin auf Fragen der Presse durch den Einsatz von Futur I und des Modalverbs *müssen* in der 1. Person Plural vollzogen. Anschließend nimmt sie in der 1. Person Singular kurz Stellung zu dem Erstrebenswerten und verstärkt die Handlungsaufforderung kognitiv unauffällig auf der emotionalen Ebene.

Zusammenfassend lässt sich feststellen, dass in der Rede von Angela Merkel neben dem archetypisch-suggestiven und mittlerweile durch seine mediale Rekontextualisierung zum Phrasem gewordenen Satz *Wir schaffen das!* quantitativ gesehen vor allem der kognitiv sehr wirksame, diskursiv und pragmatisch saliente Modalverb- und Pronominalgebrauch die Handlungsaufforderung an die deutsche Gesellschaft konstituiert. Der auf der Metaebene subtil wirkende Einsatz von Stereotypie und historischen Verweisen unterstützt zusätzlich den direktiven Charakter der Rede von Angela Merkel, indem er die argumentative moralische Basis für die Aufforderung zur kollektiven Handlung an die durch Teil-Ganzes-Konstruktionen benannten Akteure gibt.

8 Zum Schluss: Ein methodologischer Ausblick

Die kollektive Handlungsaufforderung von Angela Merkel lässt sich in der Bundespressekonferenz vom 31.08.2015 und insbesondere in den daraus zitierten Belegen nur durch die interteildisziplinäre Verknüpfung von Forschungsmethoden aus der Semantik, der Grammatik, der politischen Diskursanalyse und der Pragmatik beschreiben und analysieren.

Denn die Herstellung von historischen Bezügen oder der Einsatz von Stereotypen im Diskurs sind für die Sicherstellung des Erfolgs der Handlungsaufforderung Angela Merkels nicht weniger relevant als der rekurrente und an wichtigen Stellen archetypisch-suggestive Einsatz von Modalverben und Personalpronomina. All diese auf den unterschiedlichsten Ebenen der Sprache erscheinenden Einheiten tragen zur Herausstellung der Argumentation der Sprecherin bei. Ein solches Zusammenspiel grammatisch-semantischer und grammatisch-struktureller Phänomene mit Phänomenen argumentativer und pragmatischer Natur auf der Metaebene ist in der politischen Kommunikation geläufig, um kollektive Handlungsaufforderung zu praktizieren. In Untersuchungen politischer Reden aus England, den USA oder Ungarn waren ähnliche kommunikative Praktiken und kognitiv signifikante Schemata zu beobachten. Demnach kann man meines Erachtens hier von einer universellen Praktik politischer Kommunikation sprechen, wenn die Argumentation und die Handlungsaufforderung zusammen sowohl auf der strukturellen Ebene als auch auf der Metaebene im Diskurskontext durch Rückgriff auf die Eigen- und Fremdwahrnehmung eines bestimmten Landes, durch Metaphern und durch historische Verweise verstärkt werden. Um politische Diskurse in all ihren Facetten erforschen zu können, ist folglich eine Zusammenarbeit der verschiedenen germanistisch-linguistischen Teildisziplinen von Vorteil. Dieser Beitrag ist deshalb ein Plädoyer dafür, neben den in der Forschung bereits länger berücksichtigten diskursanalytischen und pragmatischen Phänomenen auch grammatische Phänomene und derer Funktionen und Semantik in die Analyse mit einzubeziehen. Neben den häufig angewandten diskursanalytischen und pragmatischen Methoden eignen sich für eine komplementäre Berücksichtigung insbesondere auch Methoden der funktionalen Grammatik, der Kognitions- und der Konstruktionsgrammatik.

Quellen

Schriftliche Quelle

http://www.bundesregierung.de/Content/DE/Mitschrift/Pressekonferenzen/2015/08/2015-08-31-pk-merkel.html (Zugriff am 03.09.2015)

Video-Quelle

https://www.youtube.com/watch?v=5eXc5Sc_rnY (Zugriff am 03.09.2015)

Literatur

Abraham, Werner & Elisabeth Leiss (Hrsg.) (2013): *Funktionen von Modalität*. Berlin: Walter de Gruyter.
Austin, John L. (1979): *Zur Theorie der Sprechakte*. Stuttgart: Reclam.
Brinker, Klaus (2005): *Linguistische Textanalyse*. 6. Auflage. Berlin: Erich Schmidt.
Chilton, Paul (2004): *Analysing Political Discourse. Theory and Practice*. London/New York: Routledge.
Deppermann, Arnulf, Helmut Feilke & Angelika Linke (Hrsg.) (2016): *Sprachliche und kommunikative Praktiken*. Berlin, Boston: Walter de Gruyter.
Dieckmann, Walther (1975): *Sprache in der Politik*. Heidelberg: Winter Universitätsverlag
Dieckmann, Walther (2005): Demokratische Sprache im Spiegel ideologischer Sprach(gebrauchs)konzepte. In Jörg Kilian (Hrsg.), *Sprache und Politik. Deutsch im demokratischen Staat*, 11–30. Ulm: Ebner&Spiegel.
Diewald, Gabriele (1999): *Die Modalverben im Deutschen. Grammatikalisierung und Polyfunktionalität*. Tübingen: Niemeyer.
Diewald, Gabriele (2004): Faktizität und Evidentialität: Semantische Differenzierungen bei den Modal- und Modalitätsverben im Deutschen. In Oddleif Leirbukt (Hrsg.), *Tempus/Temporalität und Modus/Modalität im Sprachenvergleich*, 231–258. Tübingen: Stauffenburg.
Diewald, Gabriele (2013): Modus und Modalverben – Kategorisierungsoptionen im grammatischen Kernbereich der Modalität. In Werner Abraham & Elisabeth Leiss (Hrsg.), *Funktionen von Modalität*, 77 – 112. Berlin: Walter de Gruyter.
Duden – Die Grammatik (2009). 8., überarb. Auflage. Hrsg. v. der Dudenredaktion. Duden Band 4. Mannheim: Dudenverlag.
Fábián, Annamária & Anja Enzersberger (2018): Sprachliche Konstruktionen der Einheit durch Substantive in Politikerreden. In diesem Band, 103–127.
Fábián, Annamária & Igor Trost (2016): Politolinguistische Analyse der Budapester Pressekonferenz von Bundeskanzlerin Angela Merkel und Ministerpräsident Viktor Orbán vom 2. Februar 2015. Ungarn-Jahrbuch. *Zeitschrift für interdisziplinäre Hungarologie* 32 (2014/2015), 243–258.
Fábián, Annamária (2011): *Diskursanalyse des deutschen TV-Duells 2009 zwischen den Kanzlerkandidaten Steinmeier und Merkel*. München: Grin.
Fábián, Annamária (2017): Diskursive, framesemantische und kognitionslinguistische Analyse der Wahrnehmung der Bundesrepublik Deutschland in der ungarischen Presse. In Zsolt Lengyel, Ralf Thomas Göllner & Wolfgang Aschauer (Hrsg.), *Ungarn, Deutschland, Europa – Einblicke in ein schwieriges Verhältnis*, 115–139. Regensburg: Pustet. (= Studia Hungarica Bd. 53)
Fábián, Annamária (2018): Extralokation als Mittel persuasiver Argumentation im Wahlkampf – ein diskursgrammatischer Ansatz. In Sandra Issel-Dombert & Aline Wieders-Lohéac (im Druck): *Wahlkampf ist Wortkampf – Präsidentschaftswahlkampagnen aus sprachwissenschaftlicher Sicht*, 269–287. Berlin u.a.: Peter Lang.
Fandrych, Christian & Maria Thurmair (2011): *Textsorten im Deutschen. Linguistische Analysen aus sprachdidaktischer Sicht*. Tübingen: Stauffenburg Linguistik.
Felder, Ekkehard (2006): Form-Funktions-Analyse von Modalitätsaspekten zur Beschreibung von Geltungsansprüchen in politischen Reden. In Maximilian Scherner & Arne Ziegler

(Hrsg.), *Angewandte Textlinguistik. Perspektiven für den Deutsch- und Fremdsprachenunterricht*, 157–178. Tübingen: Gunter Narr.

Girnth, Heiko (2002): *Sprache und Sprachverwendung in der Politik*. Tübingen: Niemeyer.

Goldberg, Adele E. (1995): *Constructions: A Construction Grammar Approach to Argument Structure*. Chicago.

Harnisch, Rüdiger (2010): Zu einer Typologie sprachlicher Verstärkungsprozesse. In Rüdiger Harnisch (Hrsg.), *Prozesse sprachlicher Verstärkung. Typen formaler Resegmentierung und semantischer Remotivierung*, 3–23. Berlin / New York: De Gruyter.

Hart, Christopher (2013): *Discourse, Grammar and Ideology: Functional and Cognitive Perspectives*. London: Bloomsbury.

Hennig, Mathilde (2015): Die Bundespressekonferenz zwischen Nähe und Distanz. In Sven Staffeldt & Jürg Hagemann (Hrsg.), *Pragmatiktheorien. Analysen im Vergleich*, 247–279.Tübingen: Stauffenburg.

Imo, Wolfgang (2007): *Construction Grammar und Gesprochene-Sprache-Forschung. Konstruktionen mit zehn matrixsatzfähigen Verben im gesprochenen Deutsch*. Tübingen: Max Niemeyer.

Kilian, Jörg (2018): Politische Semantik, interkulturelle „Hotwords" und didaktische Sprachkritik. In diesem Band, 261–277.

Konerding, Peter-Klaus (2001): Sprache im Alltag und kognitive Linguistik: Stereotype und schematisiertes Wissen. In Andrea Lehr & Matthias Kammerer, Klaus-Peter Konerding, Angelika Storrer, Caja Thimm & Werner Wolski (Hrsg.), *Sprache im Alltag. Beiträge zu neuen Perspektiven in der Linguistik*, 151–172. Berlin, New York: Walter de Gruyter.

Koschmieder, Erwin (1944/1945): Zur Bestimmung der Funktionen grammatischer Kategorien. Vorgetragen am 08.07.1944. *Abhandlungen der Bayerischen Akademie der Wissenschaften. Philosophisch-historische Abteilung, Neue Folge*, 25.

Kövecses, Zoltán (2005): *Metaphor in Culture*. Cambridge: Cambridge University Press.

Lakoff, George & Mark Johnson (1980): *Metaphors We Live by*. Chicago: Chicago University Press.

Langacker, Ronald W. (1999): *Grammar and Conceptualization*. Berlin, New York: Walter de Gruyter.

Langacker, Ronald W. (2008): *Cognitive Grammar – A Basic Introduction*. New York: Oxford.

Metzler Lexikon Sprache (2010). 4., akt. u. überarb. Auflage. Hrsg. v. Helmut Glück. Stuttgart: Metzler.

Müller, Reimar & Marga Reis (2001): *Modalität und Modalverben im Deutschen*. Hamburg: Helmut Buske. [Linguistische Berichte. Sonderheft 9]

Niehr, Thomas (2014b): *Einführung in die Politolinguistik*. Göttingen: Vandenhoeck & Rupprecht.

Piotr, Cap (2002): *Explorations in Political Discourse. Methodological and Critical Perspective*. Frankfurt am Main: Peter Lang.

Radden, Günter (1999): Modalverben in der Kognitiven Linguistik. In Angelika Redder & Jochen Rehbein (Hrsg.), *Grammatik und mentale Prozesse*, 261–294. Tübingen: Stauffenburg.

Riecke, Jörg (2000): Über die Darstellung der Aktionsarten in den Grammatiken des Deutschen. Sborník prací Filozofické fakulty brněnské univerzity. *Studia minora facultatis philosophicae Universitatis brunensis* R 5, 19–36.

Searle, John R. (1982): *Ausdruck und Bedeutung. Untersuchungen zur Sprechakttheorie*. Frankfurt am Main: Suhrkamp.

Spieß, Constanze & Klaus-Michael Köpcke (Hrsg.) (2015): *Metapher und Metonymie. Theoretische, methodische und empirische Zugänge.* Berlin, Boston: Walter de Gruyter.

Spitzmüller, Jürgen & Ingo H. Warnke (2011): *Diskurslinguistik. Eine Einführung in Theorien und Methoden der transtextuellen Sprachanalyse.* Berlin, Boston: Walter de Gruyter.

Trost, Igor (2012): *Nähe, Distanz und Anonymität. Untersuchungen zum sein-Modalpassiv und Gerundiv am Beispiel der Presse-, Politik- und Rechtssprache.* Habilitationsschrift Universität Passau.

Trost, Igor (2018a): Remotivierung – Von der Morphologie bis zur Pragmatik. Einleitungsreferat zur gleichnamigen DFG-Projekttagung am 15. Juni 2018 an der Universität Passau.

Trost, Igor (2018b): Modalpassivische Konstruktionen und deren Funktion in Regierungserklärungen der deutschen Bundesregierung. In diesem Band, 55–76.

Ullmann, Stefanie (2018): Der „Arabische Frühling" in den Reden Internationaler Politiker. Eine Kritische Diskursanalyse grammatikalischer Strukturen. In diesem Band, 145–163.

van Dijk, Teun A. (1997): What is political discourse analysis? In Jan Blommaert & Chris Bulcaen (Hrsg.), *Political linguistics*, 11–52. Amsterdam: John Benjamins.

Vater, Heinz (2005): *Referenzlinguistik.* München: Wilhelm Fink.

Wengeler, Martin (2006): „Wir hatten deshalb keine andere Wahl". Deutsche Kriegsbotschaften des 20. Jahrhunderts als eine wieder aktuell gewordene Textsorte. In Heiko Girnth & Constanze Spieß (Hrsg.), *Strategien politischer Kommunikation*, 79–96. Berlin: Erich Schmidt.

Wodak, Ruth (2011): *The Discourse of Politics in Action. Politics as Usual.* New York: Palgrave Macmillan.

Wöllstein, Angelika (2010): *Topologisches Satzmodell.* Heidelberg: Winter.

Zifonun, Gisela, Ludger Hoffmann & Bruno Strecker (1997): *Grammatik der deutschen Sprache.* Berlin: Walter de Gruyter.

Annamária Fábián & Anja Enzersberger
Sprachliche Konstruktionen der Einheit durch Substantive in Politikerreden

Eine systemisch-funktionale und kognitionslinguistische Analyse

Schlüsselwörter: Kognitionslinguistik, systemisch-funktionale Linguistik, traditionelle Grammatik, kollektive Identität, Substantiv, Eigennamen, Personalpronomen

1 Einleitung

Dieser Beitrag befasst sich mit der Semantik und Funktion von Substantiven in Reden von Politikerinnen und Politikern und untersucht am Beispiel der Neujahrsansprache der Bundeskanzlerin Angela Merkel zum Jahreswechsel 2015/16 die unterschiedlichen Substantivtypen kognitionslinguistisch. Er befindet sich damit an der Schnittstelle zwischen traditioneller Grammatik, systemisch-funktionaler Linguistik und Kognitionslinguistik.

Neujahrsansprachen sind nach Klein (2014: 191) „mündlich vorgetragen[e] Text[e] mittleren Umfangs auf der Grundlage eines vom Teleprompter abgelesenen Manuskripts." Klein führt weiter aus, dass das Thema von Fernsehansprachen zu einem bestimmten Feiertag „mit der Tradition des Feiertages typischerweise verknüpfte Sachverhalte, Einstellungen und – aus dieser Perspektive – in konsensuellem Habitus eingebrachte Bezüge auf politische Sachverhalte und Problemlagen" darstellt. Im Fokus von Neujahrsansprachen stehen die aus Sicht eines Landes prioritären gesellschaftlichen Themen aus dem Vorjahr im Überblick. Sie erfüllen jedoch nicht nur eine retrospektiv-narrative Funktion, sondern dienen zugleich der Vermittlung von Gemeinschaftswerten, die auf der Praktik der kollektiven Identitätsbildung[1] basieren.

Die Neujahrsansprache der Kanzlerin vom Jahreswechsel 2015/2016 nahm eine relevante Rolle in der politischen Kommunikation der Bundesrepublik Deutschland ein. Der seit 2015 anhaltende Diskurs über die Aufnahme von Bürgerkriegsflüchtlingen sowie von Wirtschaftsmigrantinnen und Wirtschaftsmigranten aus

---
[1] Näheres dazu im Beitrag von Fábián und von Issel-Dombert & Serwe in diesem Band.

afrikanischen Ländern als Ergebnis mangelnder Trennschärfe in der Flüchtlingspolitik und der Einwanderungspolitik im politischen und öffentlichen Diskurs der Bundesrepublik Deutschland spaltet die politische Parteienlandschaft seit Ende August 2015. Auf der politischen Agenda der Bundesrepublik stehen die Flüchtlings- und die Einwanderungspolitik an prioritärer Stelle und führen zu kontroversen öffentlichen Debatten zwischen den etablierten Parteien und der AfD. Auf kollektive Identitätsbildung, aber auch auf Einheits- und Frontenbildung ausgerichtete sprachliche und kommunikative Praktiken (vgl. Deppermann & Feilke & Linke 2016) dominieren seitdem die politische Kommunikation stärker als je zuvor. Die Neujahrsansprache von Angela Merkel fügt sich als Prototyp in eine Reihe von Politikerreden ein, in denen schematische sprachliche und kommunikative Mechanismen darauf ausgerichtet sind, in Zeiten einer schwerwiegenden politischen Krise gesellschaftliche und politische Einheit und damit eine starke kollektive Identität zu demonstrieren.

Im Allgemeinen erfüllen Neujahrsansprachen die formale Funktion der alljährlichen Begrüßung der Bürgerinnen und Bürger durch die Kanzlerin bzw. den Kanzler, lassen das vergangene Jahr politisch Revue passieren und stimmen die Bürgerinnen und Bürger auf die politischen Themen des kommenden Jahres positiv ein. Die primäre persuasive Funktion dieser Rede Merkels ist es, politische Entscheidungen des Jahres 2015 im Zusammenhang mit der Flüchtlingshilfe zu verteidigen und zugleich auch zu einem möglichst positiven Ausgang der kommenden Landtagswahlen für die CDU beizutragen. So geht Angela Merkel aktiv auf die Diskussionen im Zusammenhang mit der Flüchtlingshilfe ein und fordert die Bürgerinnen und Bürger zu gesellschaftlichem Zusammenhalt auf. In Anbetracht der in 2016 anstehenden Landtagswahlen in den drei Bundesländern Baden-Württemberg, Rheinland-Pfalz und Sachsen-Anhalt kommt in ihrer Neujahrsansprache der Praktik der kollektiven Identitätsbildung eine starke argumentative Funktion zu. Das sprachliche Herausstellen von Einheit ist folglich in diesem Format von zentraler Bedeutung und bildet den Kern persuasiver Argumentation. Mit einer funktionsbasierten Typologie der Semantik von Substantiven soll in diesem Beitrag grundsätzlich gezeigt werden, wie kollektive Identitätsbildung, aber auch Frontenbildung in Zeiten politischer Krisen mithilfe von Substantiven und – deren Wirkung unterstützenden – Personalpronomen in Politikerreden praktiziert werden.

2 Die Klasse der Substantive und ihre pragmatische Funktion

Die germanistische Forschung zum Substantiv konzentrierte sich in den letzten Jahren neben sprachtheoretischen Überlegungen vor allem auf die Morphologie, Wortbildung und Semantik (so z.B. Meineke 1996). In der Namenkunde spielt das Substantiv naturgemäß die Hauptrolle, wenn es z.B. darum geht, Toponyme zu untersuchen. In der Namenkunde stehen jedoch sehr häufig etymologisch-semantische Fragen im Vordergrund. Typologisch wurden Substantive am häufigsten in der traditionellen Grammatik erforscht.

Die Klasse der *Substantive*[2] – in vielen Grammatiken auch gleichbedeutend als *Nomen* bezeichnet (vgl. Duden Grammatik 2009: 145, Engel 1988: 500) – ist bekanntlich die „zahlenmäßig stärkste Wortart des Dt., die über die Hälfte seines Wortschatzes ausmacht" (Glück in Glück 2010: 683). Eine kurze semantische wie grammatische Substantivbeschreibung gibt Wellmann (2008: 71):

> Mit Substantiven bezeichnet man Personen, Dinge oder ‚Gegenstände' des Denkens und Fühlens, die man so benennen und isolieren kann, dass man sich (durch demonstrative Pronomen) auf sie beziehen, sie meistens auch zählen und in den Plural setzen kann.

Nach Wellmann (2008: 73) liegt die primäre Funktion der Substantive im Satz darin, Aktanten einer Prädikation zu benennen. Wellmann (2008: 74) stellt fest, dass die als Subjekt fungierenden Substantive „das Thema der Prädikation, den Agens einer Handlung, den Ausgangspunkt oder -bereich [...] eines Vorgangs oder den Träger einer Eigenschaft" nennen.

Nach semantischen Gesichtspunkten werden die Substantive generell in *Abstrakta* und *Konkreta* unterteilt (vgl. Pittner in Glück 2010: 683 sowie Löbel 2008: 288). Nach Engel (1988: 504) gibt es jedoch „keine allgemein verbindlichen semantischen Merkmale für die [weitere] Gliederung" der Substantive. Dennoch lassen sich insbesondere für die Konkreta übliche Subklassen angeben, nämlich Gattungsbezeichnungen (*Appellativa* oder *Individuativa*), Stoffbezeichnungen, Eigennamen und Sammelbezeichnungen (*Kollektiva*) (vgl. u.a. Pittner in Glück 2010: 683).

Neben der Etymologie und der Semantik finden in der Namenkunde – mit Ausnahme der Produktnamen – diskursanalytische, pragmatische und textlinguis-

---

[2] Der Terminus *Nomen* wird in dem vorliegenden Aufsatz vermieden. Stattdessen wird der Terminus *Substantiv* verwendet.

tische³ Überlegungen wenig Berücksichtigung. Als einer von wenigen Forschern stellt Leys (1979) die pragmatische Dimension von Eigennamen in den Vordergrund. Zwar schließt er sich dem Postulat an, dass „es die alleinige Funktion des Eigennamens ist, zu referieren und dass er dazu kein einziges semantisches Merkmal braucht" (Leys 1979: 72). Doch gleichzeitig gibt Leys (1979: 72) auch zu bedenken, dass Eigennamen „in paralleler Weise aus Referenz und Konnotation" bestehen. Damit weist er ähnlich wie andere Forscher Namen eine Bedeutung zu, nimmt aber hier eine Mittelposition zwischen den Extremen ein, die keine Bedeutung (Mill) oder maximale Bedeutung (Jespersen) annehmen.⁴ Nach Leys (1979: 70) ist außerdem ein Eigenname „ein sprachliches Mittel, um auf eine unmittelbare (situationsunabhängige) und also feste Weise zu referieren."

Die semantischen Charakteristika des Systems der Substantive werden in der traditionellen Grammatik umfassend beschrieben. Für eine empirische Analyse müssen aber komplementär zu diesen Theorien auch die Funktionen einzelner Substantivklassen und ihre kognitive Wirkung berücksichtigt werden. Einzelne Substantivklassen – so auch die Eigennamen – stehen immer wieder auch im Fokus moderner linguistischer Untersuchungen, so z.B. zentral in der Kognitionslinguistik bei Langacker (z.B. 1999 und 2008), bei Croft & Cruse (2004) und bei Wildgen (2008).

Auch Vertreterinnen und Vertreter der systemisch-funktionalen Linguistik wie Halliday (2014) untersuchen Substantive an zentraler Stelle. Halliday (2014: 222) zergliedert den Satz in „process", „participans" und „circumstances" als zentrale Elemente eines Satzes. Diese Rollen werden anschließend mit Formen und Funktionen verbunden. Die Partizipantinnen und Partizipanten werden nach Halliday (2014: o.g.) von Mitgliedern der nominalen Gruppe, also von Substantiven, Eigennamen oder Pronomen beschrieben. Eigennamen repräsentieren Halliday zufolge (2014: 384) konkrete Einzelpersonen oder Personen in Gruppen, Institutionen und Ortschaften haben mit Pronomen gemeinsam, dass „die Referenz [der beiden Typen] typischerweise einzigartig ist".⁵ Eine Gemeinsamkeit der Kognitionslinguistik nach Langacker mit der systemisch-funktionalen Linguistik nach Halliday ist es, Instanzen der nominalen Gruppe als „participants" zu definieren, die nach Langacker (1999: 83f.) in einer „Szene" leicht zu verorten sind und in einem konkreten

---

3 Die textlinguistische und semantische Beschreibung der Klasse der *Nomen* nach Hoffmann, unter denen auch *Substantive* verstanden werden, dienen als Grundlage für weitere funktionssemantische Überlegungen, vgl. Hoffmann (2013: 125–136).
4 Zur Forschungsdiskussion um die Bedeutung von Namen, vgl. Hansack (2004: 52ff).
5 Wortlautnahe Übersetzung von Fábián aus dem englischsprachigen Original nach Halliday (2014: 384).

Ereignis als „Referenzpunkte" fungieren. Die durch Substantive und Pronomen repräsentierten Partizipantinnen und Partizipanten eines Diskurses können bei der Erfassung der „dimensions of deixis" nach Chilton (2004: 58) als Referenzpunkte aufgefasst werden, über die sich die Entfernung im Diskurs darstellen lässt:

> On the space axis s we have spatial deictic expressions, e.g., pronouns. The speaker [...] is at here. The entities indexed by second-person and third-person pronouns are 'situated' along s, some nearer to, some more remote from self. It is not that we can actually measure the 'distances' from Self; rather, the idea is that people tend to place people and things along a scale of remoteness from the self, using background assumptions and indexical cues. And this scale is only loosely related to geography: to English people Australia might seem 'closer' than Albania. At the remote end of s is Other. Participants that have roles in the discourse world as agents, patients, locations, etc., are located closer to or more remote from Self, whether or not the discourse indicates the location explicitly by way of some expressions.

In diesem Beitrag sollen die konkreten Substantivsubklassen der *Eigennamen* und der *Appellativa* sowie deren Verhältnis zu Pronomen im Sprachgebrauch der Politik am Beispiel der Neujahrsansprache der Bundeskanzlerin näher beleuchtet werden. Bei der Analyse der Eigennamen werden nicht *Politikernamen* oder *Eigennamen im Institutionenvokabular* einer Demokratie fokussiert, sondern die Verwendung von *Organisationsnamen*, von *Toponymen* sowie von *Jahreszahlen*[6] *und -tagen*. Auf der Ebene der Theoriebildung implementiert dieser Beitrag Ansätze aus der funktionalen Linguistik,[7] der Kognitionslinguistik und der traditionellen Grammatik und führt an manchen Stellen über diese hinaus. Ein solcher Ansatz hat den Vorteil, Form und Funktion von Substantiven und ihre kognitive Leistung im Kontext des anhaltenden Flüchtlingsdiskurses an einer ausgewählten Rede empirisch für moderne Politikerreden prototypisch und im Verhältnis zueinander zu untersuchen.

3 Eigennamen im Fokus von kognitiven Räumen

In einem *aktuellen Diskursraum* („current discourse space" nach Langacker 2008: 281) hält Angela Merkel anlässlich eines im Zusammenhang mit der Neujahrsansprache stehenden *Gebrauchsereignisses* („usage of event") ihre Neujahrsrede. Vor

---
6 Zu den „als temporale Eigennamen reinterpretierten Jahreszahlen" vgl. Harweg (2014: 116).
7 Die semantische Beschreibung der Klasse der *Nomen* nach Hoffmann, unter denen auch *Substantive* verstanden werden, dienen als Grundlage für weitere funktionallinguistische Überlegungen, vgl. Hoffmann (2013: 125–136).

allem Substantive, aber auch Personalpronomen erfüllen in Politikerreden eine stark kognitiv assoziative Funktion, die Langacker (1999: 22) wie folgt beschreibt:

> Nouns [...] are universal and fundamental to grammar because they represent the pairing of essential cognitive abilities with highly salient conceptual archetypes.

Als Ergebnis des kognitionslinguistisch strategischen Einsatzes von Substantiven, aber insbesondere von Eigennamen werden in Politikerreden generell – so auch in der Neujahrsansprache der Kanzlerin – einander gegenüberstehende mentale Konzepte präsentiert. Diese ambigen Konzepte fungieren in ihrem grammatikalischen, semantischen und diskursiven Netzwerk als kognitiv hochwirksame mentale Karten („mental maps" nach Stefanowitsch, 2006: 6), an denen Zuhörerinnen und Zuhörer sich bei der Identifizierung der ideologischen Einstellung der jeweiligen Rednerinnen und Redner orientieren können. Das Persuasivum basiert auf der Bildung einer kollektiven Identität sowie einer Frontenbildung in Form eines „Freund-Feind-Gefüges" (Piotr, 2002; Bartels, 2015). Diese Praktiken laufen schematisch über Substantive und insbesondere Eigennamen in unterschiedlichen kognitiven Räumen ab.

Im Folgenden werden die drei Eigennamensubtypen *Organisationsnamen, Toponyme* und *Jahreszahlen und -tage* als Mittel kognitiv wirksamer kommunikativer Strategien angesehen, die im „lokalen" und „temporalen Raum" sowie im identifikativen Raum positioniert sind. Der identifikative Raum wird hier als neuer kognitionslinguistischer Raum analog der kognitiven Raumbildungstheorie nach Croft & Cruse (2004: 35) und nach Langacker (2008: 144f.) konstituiert. Die Organisationsnamen, Toponyme und Jahreszahlen und -tage können also insgesamt drei kognitiven Räumen zugeordnet werden. Der Einsatz dieser drei Typen von Eigennamen läuft konnotativ musterhaft in zwei Bereichen ab, die wir im Folgenden mit den Buchstaben A und B kennzeichnen. Diese Eigennamen erscheinen schematisch entweder

A   als negativ besetzte oder mit politischen Problemen behaftete Eigennamen, die in einer semantisch negativen Umgebung unter Verzicht auf Referenzen auf das deutsche Kollektiv auftreten,

oder

B   als Eigennamen, die in einer positiven semantischen Umgebung stehen und damit positiv besetzt werden, mit denen häufig kollektivbildend auf Deutschland oder Europa referiert wird.

Der topologische Rahmen dieser „Umgebung" A oder B ist dabei zunächst immer der Satz, in dem der analysierte Eigenname vorkommt. Anschließend wird zudem die Position des Satzes im thematischen Komplex berücksichtigt.

Nach einem komplexen kognitiven Verarbeitungsprozess seitens der Adressatinnen und Adressaten als Ergebnis des Referenzenbündels von Eigennamen entstehen semantisch und zugleich kommunikationsstrategisch bedingte konzeptuelle Archetypen, die als kognitive Anhaltspunkte fungieren und so die Wahrnehmung der Neujahrsansprache steuern. Diese archetypisch-suggestive Wirkung der Eigennamen wird auf der satztopologischen Ebene noch gesteigert, denn nach Hoffmann (2013: 126) beziehen Eigennamen „in der Äußerung ihre Bedeutung immer auch aus dem, was in ihrem Umfeld noch gesagt ist, und aus dem, was an Möglichkeiten in der Sprache gerade nicht gewählt wurde oder anders hätte gewählt werden können."

Im Folgenden werden die beiden nach ihrer semantischen Aufladung aufgestellten Kategorien der Eigennamen A und B und ihre kognitive, semantische und syntaktische Vernetzung in der Neujahrsansprache exemplarisch dargestellt.

3.1 Bereich (A): Negativ besetzte Eigennamen in semantisch kollektiv-negativer Umgebung

Die sechs negativ besetzten, semantisch als Niedrigwertwörter fungierenden Eigennamen machen 31,5% aller 19 Eigennamen in der Neujahrsansprache aus. Der Gebrauch negativ besetzter Eigennamen ist aus informationsstruktureller Sicht salient, denn fünf von sechs negativ besetzten Eigennamen treten primär im ersten Teil der Rede der Kanzlerin auf. Um bei den Zuhörerinnen und Zuhörern eine Persistenz negativer mentaler Konzepte zu verhindern, überwiegen in Politikerreden – so auch in der Neujahrsansprache – die nicht-negativ besetzten Eigennamen im Vergleich zu den negativ besetzten deutlich. Denn negative mentale Konzepte könnten auf die Bewertung der Rednerin durch die Rezipientinnen und Rezipienten überspringen. Im zweiten Teil der Rede verzichtet folglich die Sprecherin auf den Gebrauch negativ besetzter Eigennamen fast vollständig und vermeidet damit die Aktivierung negativer mentaler Konzepte.

3.1.1 Der Organisationsname *IS* im identifikativen Raum

Der in der Rede zweifach verwendete, ein Kollektiv darstellende Organisationsname *IS* (=*Islamischer Staat*) wird semantisch mit einem negativ besetzten Referenzobjekt verbunden und in den Belegen 1 und 2 semantisch weiter konkretisiert.

1. Auch im *Kampf gegen den Terror des IS* leistet Deutschland einen wichtigen Beitrag.
2. Dazu gehören der Krieg in Syrien und das bestialische Morden der Terrororganisation IS.

Im Beleg 1 wird der eine Terrororganisation bezeichnende Eigenname *IS* im Präpositionalgefüge *im Kampf gegen den Terror des IS* unter anderem durch das semantisch als Niedrigwertwort einzustufende Substantiv *Terror* weiter pejorativ aufgeladen. Im Beleg 2 steht das Vorgangssubstantiv *Morden* in der Phrase *das bestialische Morden der Terrororganisation IS* in direktem syntaktischem Zusammenhang mit den als Gruppenkollektiva fungierenden Substantiven *Terrororganisation* und *IS*.

In beiden Belegen wird außerdem die enge semantisch-konzeptionelle Zugehörigkeit des Eigennamens *IS* sowohl lexikalisch als auch grammatisch durch die grammatische Dependenz als *genitivus subiectivus* wie *Terror **des IS*** (Beleg 1) und das *bestialische Morden **der Terrororganisation IS*** (Beleg 2) ausgedrückt. Die Referenz auf den kollektiv ausdrückenden Eigennamen IS erfolgt in beiden Belegen funktional. Eine negative Handlungszuweisung wird dem Organisationsnamen in der festen grammatischen Konstruktion des genitivus subiectivus vollgezogen.

Der von vorneherein negativ besetzte Eigenname *IS* wird zusätzlich durch die Kollokation mit *Terror-* in beiden Belegen noch stärker und damit konkreter negativ herausgestellt. Dies entspricht der Feststellung von Leys (1979: 77), dass die „kommunikative Eindeutigkeit [eines Eigennamens] keineswegs nur durch ihre direkte und feste Verbindung mit einem individualisierten Objekt [garantiert ist]." Zudem wird das negative Konzept des Eigennamen *IS* im Beleg 2 zusätzlich durch das negativ besetzte Vorgangssubstantiv *Morden* und das negativ attribuierende Qualitätsadjektiv *bestialisch* erweitert.

Das in der ganzen Neujahrsansprache semantisch negativ besetzte Konzept *IS* wird folglich in den Belegen 1 und 2 durch die syntaktische Verbindung mit dem Adjektiv *bestialisches* und den als Niedrigwertwörter fungierenden Substantiven *Terror*, *Morden* und *Terrororganisation* insgesamt semantisch weiter negativ aufgeladen. Durch die grammatische und satztopologische Verstärkung des Negativen in beiden Belegen wird eine hohe negative „kommunikative Eindeutigkeit" des Eigennamens *IS* im Sinne von Leys (1979: 77) sichergestellt. Der durch den Eigennamen *IS* ausgedrückte Referenzbezug und die Handlungszuweisung in einer festen grammatischen Konstruktion dienen dazu, den Zuhörerinnen und Zuhörern eine mentale Orientierung zu präsentieren. Diese Präsentation soll gewährleisten, dass der IS von den Rezipientinnen und Rezipienten auch wirklich als barbarisches, feindliches Kollektiv wahrgenommen wird, der dem semantisch-konzeptionellen demokratischen Kollektiv der Deutschen bzw. auch anderer westlicher Gesellschaften gegenübersteht. Die Nennung des Organisationsnamens erfüllt also eine referentielle Funktion im identifikativen Raum. Im ebenso kognitiven qualitativen Raum erfolgt eine negative Handlungszuweisung durch negativ besetzte Vorgangssubstantive wie *Morden* und *Terror* zum Teil mit ebenso negativ besetzten Qualitätsadjektiven. Ähnliche Schemata von strategisch-semantischen zusätzlich negativen Aufladungen bereits negativ konnotierter Eigennamen durch die Integration dieser als *genitivus-subiectivus*-Attribute in mit anderen Niedrigwertwörtern gefüllten Nominalphrasen lassen sich nicht nur in dieser Neujahrsansprache, sondern auch in weiteren Formaten politischer Kommunikation finden. Semantisch negativ besetzte Eigennamen, hier der Organisationsname *IS*, sind in der Politik mit der Funktion verbunden, Feindbilder zu etablieren und diese durch negative Handlungs- und Eigenschaftszuweisungen im – kognitionslinguistisch ausgedrückt – mentalen qualitativen Raum, in dem die Instanziierung erfolgt, über den aktuellen Diskursraum hinweg zu verstetigen.

3.1.2 Die Toponyme Syrien und Afrika im lokalen Raum

In der Neujahrsansprache kann ein zweites semantisch-konzeptionell negatives Besetzungsverfahren beobachtet werden, das in Politikerreden generell rekurrent auftritt. Länder und Kontinente bezeichnende Eigennamen wie *Syrien* und *Afrika*, werden mit als Niedrigwertwörtern einzustufenden Substantiven wie *Krieg*, *Tod* und *Terror* verbunden, so in Beleg 2:

2. Dazu gehören der Krieg in Syrien und das bestialische Morden der Terrororganisation IS.

Der Eigenname *Syrien* wird in Beleg 2 mit dem auf Vorgänge referierenden Substantiv *Krieg*, nach Leisi (1975: 27) ein „Vorgangsnomen/ Vorgangskollektiv", sowie mit *Morden* verknüpft. Auf diese Weise entsteht eine kognitive Assoziation des Landes *Syrien* mit dem negativen mentalen Konzept, zu dem auch *Krieg* und *Morden* gehören.

Ein kognitiv ähnliches Assoziationsverfahren lässt sich auch im Beleg 3 beobachten:

3. Manches wie die *Ebola-Katastrophe* in *Afrika* ist inzwischen aus den Schlagzeilen verschwunden.

Der einen Kontinent bezeichnende Eigenname *Afrika* steht hier als Präpositionalattribut in direkter syntaktischer Verbindung mit *Ebola-Katastrophe*. Auf der kognitiven Ebene wird dies ebenso wie im Beleg 2 mit dem abstrakten „Zustandsnomen" Tod[8] verknüpft.

Beleg 2 und Beleg 3 haben gemeinsam, dass die als nominalen Kerne von Präpositionalphrasen fungierenden Toponyme *Syrien* und *Afrika* stets im Zusammenhang mit negativ besetzten abstrakten Zustands- oder Vorgangssubstantiven auftreten, ohne dass konkrete Appellativa oder Genuskollektiva verwendet werden. Diese semantisch-konzeptionelle und zugleich konstruktionelle Verbindung von an sich neutral zu wertenden Länder und Kontinente bezeichnenden Eigennamen wie *Syrien* in Beleg 2 und *Afrika* in Beleg 3 mit negativ besetzten Vorgangs- und Zustandssubstantiven bewirkt auf der kognitiven Ebene eine semantisch negative Aufladung dieser Toponyme, die unter den jeweiligen zeitlichen und zeithistorischen Bedingungen zu betrachten sind und beim Publikum Mitleid oder auch Schaudern erregen.

3.2 Bereich (B): Positiv besetzte Eigennamen in semantisch kollektiv-positiver Umgebung

Den negativ besetzten Eigennamen stehen in der Neujahrsansprache die semantisch positiv besetzten Eigennamen wie die Toponyme *Europa*, *Deutschland* und *Frankreich* im lokalen oder die mit der Bundesrepublik Deutschland verbundenen *Jahreszahlen-* und *Tage*[9] im temporalen Raum gegenüber. Den positiv besetzten Toponymen auf der einen Seite und den Jahreszahlen- und Tagen auf der anderen Seite ist eigen, dass sie mit der 1. Person Plural des Personalpronomens *wir* und dessen Flexionsformen, beispielsweise *uns*, sowie weiteren kollektivbildenden und identitätsstiftenden sprachlichen Mitteln verbunden werden. Im Folgenden werden diese beiden Typen von positiv besetzten Eigennamen exemplarisch untersucht.

---

8 Zuordnung des Substantivs *Tod* nach Leisi (1975: 27).
9 Klassifikation nach Harweg (2014: 116).

3.2.1 Das Toponym *Deutschland* im lokalen Raum

Das in der Rede der Bundeskanzlerin Angela Merkel dreimal verwendete Toponym *Deutschland* tritt mit einer einzigen Ausnahme in einem semantisch positiv aufgeladenen Umfeld auf, so in Beleg 4:

4. Wir haben die niedrigste Arbeitslosigkeit und die höchste Erwerbstätigkeit des geeinten Deutschlands.

Der in seiner Grundbedeutung neutrale geografische Eigenname *Deutschland* wird durch die das Genitivattribut *Deutschlands* regierenden Nominalphrasen *die niedrigste Arbeitslosigkeit* und *die höchste Erwerbstätigkeit* positiv herausgestellt und kognitiv mit dem Konzept der *Arbeit* verbunden. Das Partizipialattribut *geeint* in der Genitivkonstruktion steigert die semantisch positive Aufladung des Toponyms *Deutschland* auf der kognitiven Ebene. Denn in Politikerreden wird auf die Wiedervereinigung der Bundesrepublik Deutschland fast ausschließlich positiv referiert. Auch die syntaktische Dependenz des Ländernamens *Deutschland* von politisch damit verbundenen Inhalten – als Genitivattribut *des geeinten Deutschlands* – trägt zur semantischen Verstärkung der Proposition in der Äußerung bei.

Im Beleg 4 ist zudem der Einsatz der 1. Person Plural des Personalpronomens *wir* im Zusammenhang mit dem positiv konnotierten Toponym *Deutschland* salient.

Eine positive Referenz auf den Eigennamen *Deutschland* zeigt auch Beleg 5:

5. Aber es stimmt auch: Wir schaffen das, denn *Deutschland* ist ein starkes Land.

Im Beleg 5 erfolgt im durch die Konjunktion *denn* eingeleiteten Teilsatz eine Gleichsetzung des Toponyms *Deutschland* mit der aus einem Substantiv und einem Qualitätsadjektiv[10] bestehenden Nominalphrase, nämlich *ein starkes Land*. Die zu der Bundespressekonferenz vom 31.08.2015 intertextuelle Bezüge aufweisende Konstruktion *wir schaffen das*,[11] wird einerseits durch den Teilsatz *denn Deutschland ist ein starkes Land* begründet. Andererseits ist die Aussage *wir schaffen das* wiederum eine Bestätigung dafür, dass *Deutschland ein starkes Land ist*. Zudem verstärkt der unpersönliche Einleitungssatz vor dem Doppelpunkt *Aber es stimmt auch* die Propositionen des folgenden Satzgefüges, da die Sprecherin die Richtigkeit ihrer Aussage für allgemeingültig erklärt.

---

10 Terminus nach Trost (2006: 12–15)
11 Vgl. hierzu auch den Beitrag „Wir schaffen das!" von Fábián in diesem Tagungsband.

In den Belegen 4 und 5 tritt der Eigenname *Deutschland* im Gegensatz zu den im letzten Abschnitt dargestellten negativ konnotierten Toponymen nicht mit semantisch negativ aufgeladenen Nominalphrasen auf. Auf eine negative Referenz auf das Kollektiv der deutschen Bürger wird ebenso verzichtet. Sogar der Einsatz von kollektivierenden Proformen der 1. Person Plural mit negativ besetzten Substantiven wird in dieser Neujahrsansprache vermieden. Auf diese Weise wird der Abstand zwischen semantisch negativ besetzten und zugleich kognitiv-assoziativ problembehafteten mentalen Konzepten auf der einen Seite sowie *Deutschland* und dem Kollektiv der deutschen Bürger auf der anderen Seite gewahrt. Salient ist außerdem, dass die Kanzlerin trotz des häufigen Gebrauchs des Toponyms *Deutschland* ganz auf die Verwendung des Demonyms *Deutsche* verzichtet und stattdessen von *Mitbürgerinnen und Mitbürgern* oder von *Alteingesessenen* spricht, um schon länger in Deutschland lebende Mitbürgerinnen und Mitbürger ohne deutschen Pass nicht auszuschließen. Die im Vorjahr angekommenen Flüchtlinge wiederum bezeichnet die Kanzlerin als *Neubürger*.

Im kognitiven lokalen Raum wird das an sich wertneutrale Toponym *Deutschland* aktiviert und positiv instanziiert. Analog zu den in der ersten Hälfte dieses Kapitels behandelten negativ konnotierten Toponymen und Organisationsnamen erfolgt eine Handlungs-, Zustands- oder Eigenschaftszuweisung auch zu den positiv konnotierten Toponymen – so z.B.: zu *Deutschland* in den beiden Belegen 4 und 5 – anschließend im kognitiven qualitativen Raum über positiv aufgeladene Lexeme, die in konstruktionellen Mustern auftreten. Derselbe Mechanismus hat also einander gegenüberstehende kognitive Wirkungen zur Folge. Der Einsatz von positiv konnotierten Toponymen und dessen anschließende semantische Aufladung tragen zu einer positiven Eigenwahrnehmung bei, die der Praktik der Bildung einer kollektiven Identität dient. Im Gegensatz dazu löst der Gebrauch negativ konnotierter Toponyme und Organisationsnamen und deren negative semantische Auflladung eine negative kognitive Wirkung subtil aus, die auf einer „Freund-Feind-Gegenüberstellung" basiert.

3.2.2 Jahreszahlen und -tage im temporalen Raum

Vergleichbare Muster wie bei dem Gebrauch positiv konnotierter Toponyme im lokalen Raum lassen sich auch bei der Verwendung von Jahreszahlen- und tage im temporalen Raum beobachten. Zur Gruppe der Eigennamen gehören laut Harweg (2014: 116) auch die „als Eigennamen reinterpretierten Jahreszahlen", in der Neujahrsansprache also *2014*, *2015* und *2016*. Diese werden von Angela Merkel eingesetzt, um den Geschehnissen der vergangenen Jahre und Plänen Aktualität zu verleihen sowie den politischen Handlungsbedarf zu unterstreichen. Ein effektives kognitiv-assoziatives Verfahren soll subtil auslösen, dass Jahreszahlen- und Tage durch positive Handlungs-, Zustands- oder Eigenschaftszuschreibungen in festen grammatischen Konstruktionen oder über syntaktische Dependenz positiv wahrgenommen werden, so auch im Beleg 6:

6. Ich danke den unzähligen freiwilligen Helfern für ihre Herzenswärme und ihre Einsatzbereitschaft, die immer mit diesem Jahr 2015 verbunden sein werden.

Ein positives mentales Konzept entsteht mit dem Einsatz jener Jahreszahlen und -tage, die auf die Wiedervereinigung Deutschlands verweisen wie beispielsweise der *3. Oktober* im Beleg 7:

7. Am *3. Oktober* haben wir den *25. Jahrestag der Wiedervereinigung Deutschlands* gefeiert. Ist es nicht großartig, wo wir heute, *25 Jahre später*, stehen?

Der auf den Jahrestag der Wiedervereinigung Deutschlands referierende Eigenname *3. Oktober* wird durch die Verknüpfung mit der Nominalphrase *25. Jahrestag der Wiedervereinigung Deutschlands* und das Hochwertverb *feiern* positiv herausgestellt. Im darauffolgenden Satz wird diese positive Konnotation durch das ebenfalls hochwertende Qualitätsadjektiv *großartig* weiter verstärkt. Das Personalpronomen der 1. Person Plural *wir* stellt einen direkten Bezug zum Kollektiv der Deutschen her. Durch die wiederholte Referenz dieses Personalpronomens wird der Bezug semantisch sogar verstärkt. Der historisch-referentielle Hinweis auf den *3. Oktober* und *den 25. Jahrestag* ist mit einer kollektivfördernden Funktion verknüpft.

Der grammatischen, syntaktischen und kognitiven Verknüpfung von durch Jahreszahlen und -tage versprachlichten positiven mentalen Konzepten kommt also eine diskursive Funktion zu. Diese wirkt nämlich gruppenbildend und trägt durch die Referenz auf gemeinsame Werte zur Förderung einer kollektiven Identität der Deutschen bei. Ebenso wird damit aber auch die ethisch-moralische Verpflichtung argumentativ begründet, den Flüchtlingen zu helfen; der Erzeugung des Kollektivgefühls in der deutschen Gesellschaft wird dabei eine wichtige Rolle eingeräumt. Denn in einer Untersuchung von Bundespressekonferenzen und Reden der Bundeskanzlerin Angela Merkel zur Flüchtlingskrise konnte von Koautorin Fábián[12] nachgewiesen werden, dass bei der Begründung eigener politischer Handlungen und von Handlungsaufforderungen an Dritte in der Flüchtlingskrise von

---

12 Vgl. dazu auch Fábián in diesem Band.

der Kanzlerin immer wieder die argumentative Strategie einer ethisch-moralischen Verpflichtung eingesetzt wurde, die mit der ethisch-moralischen Verpflichtung und den Anstrengungen aus der Zeit der Wiedervereinigung Deutschlands in einen Zusammenhang gesetzt wird.

Zusammenfassend lässt sich feststellen, dass die Jahreszahlen und -tage im kognitiven temporalen Raum aktiviert und positiv instanziiert werden. Im kognitiv qualitativen Raum erfolgt anschließend schematisch die Handlungs- oder Zustandszuweisung, bei der festen grammatischen Konstruktionen und syntaktischer Dependenz eine funktionale Rolle zukommt.

Den bisher untersuchten Substantivklassen ist inhärent, dass sie ihre Wirkung im kognitiven identifikativen, lokalen oder temporalen Raum entfalten. In diesem Kapitel wurde der kognitiv assoziative Gebrauch von Toponymen, Organisationsnamen und Jahreszahlen und -daten, die semantisch-konzeptionell in Kollokationen mit entweder positiv oder negativ besetzten Lexemen auftreten und sich in ein Gefüge mentaler Konzepte einordnen, untersucht. Die Organisation des Wissens in den zur kognitiven Orientierung dienenden mentalen Karten fördert die Etablierung kollektiver Identität, löst aber auch eine starke Frontenbildung aus, die sich zum einen auf der Ebene der lexikalischen Semantik, zum anderen auf der Ebene lexikogrammatischer Relationen niederschlägt.

4 Kollektiv gebrauchte Appellativa im identifikativen Raum

Pluralisch verwendete kollektiv gebrauchte Appellativa repräsentieren in der Neujahrsansprache von Angela Merkel Berufs- und Handlungsgemeinschaften sowie gesellschaftliche Kollektive. Zu diesen kollektiv gebrauchte Appellativa zählen Substantive wie *Flüchtlinge, Helfer, Soldatinnen und Soldaten, Mitarbeiter, Ehrenamtliche, Alteingesessene und Neubürger* sowie *Athleten* oder als staatlich organisierte „Gruppe von Individuen" im Sinne von Leisi (1975: 31), wie *Behörden, Länder, Kommunen* und *Bund*, die ebenfalls im Plural erscheinen, sofern eine Pluralbildung grammatisch möglich ist. Beim Gebrauch von Substantiven, die in einem besonders positiven Kontext Berufs- und gesellschaftliche Kollektive sowie Handlungsgemeinschaften bezeichnen, wie z.B. *Soldatinnen* und *Soldaten* achtet die Sprecherin meist sogar auf die gendergerechte Verwendung des jeweiligen Lexems, um vermutlich eine geschlechtergebundene starke Identifikation sicherzustellen. Eine durchgängige Verwendung der gendergerechten Form bei Kollektive bezeichnenden Substantiven lässt sich jedoch nicht beobachten.

Diese Kollektive bezeichnenden Substantive werden funktional eingesetzt, um *Rollen*[13] – zu beschreiben, die im qualitativen Raum automatisch mit positiven „Werten" verbunden werden. Die Assoziation von Appellativa mit bestimmten Werten ist so stark in der kollektiven mentalen Repräsentation einer Gemeinschaft oder Gesellschaft verankert, dass diese von einer Gemeinschaft oder einer Gesellschaft angehörigen Personen evaluativ kaum überprüft wird. So ist möglich, dass Appellativa im identifikativen Raum der Adressatinnen und Adressaten ihre Wirkung kognitiv subtil ausüben.

4.1 Appellativa des Hyponyms *der für etwas „kämpfenden" deutschen Bürger*

Das als Hyperonym fungierende Konzept *deutsche Bürger* lässt sich in verschiedene Hyponyme unterteilen. Einer dieser Unterbereiche besteht aus dem Konzept der *für etwas „kämpfenden" deutschen Bürger*. Die diesem Hyponym zuzuordnenden Appellativa beinhalten einerseits Sportlerinnen und Sportler unterschiedlicher Sportarten, die zum guten Ruf der Bundesrepublik Deutschland beitragen. Andererseits gehören zu diesem Kollektiv auch Vertreterinnen und Vertreter von Berufsgruppen, die die Sicherheit und den Schutz der Bürgerinnen und Bürger gewährleisten. Den diesem Konzept angehörenden Lexemen wie *Athleten, Fußballweltmeister, Europameister, Soldatinnen* und *Soldaten* ist es inhärent, dass sie durch Zielstrebigkeit und besonderes Engagement sich auszeichnende Personengruppen beschreiben. Diese kollektiv gebrauchten Appellativa werden von der Sprecherin in der Neujahrsansprache von 2016 idealisiert und erscheinen deshalb in Kollokation mit dem Possessivpronomen *unser*. Diese referentielle Verbindung von Hyponymen *der für etwas „kämpfenden" deutsche Bürger* mit auf das eigene Kollektiv referierenden Pronomen erfüllen die Funktion, die eigene Gemeinschaft durch besondere Leistungen einzelner ihrer Teilglieder aufzuwerten. Dies zeigt sich auch im Beleg 8:

8. *Unsere* Soldatinnen und Soldaten stehen mit Leib und Leben für *unsere* Werte, *unsere* Sicherheit und *unsere* Freiheit ein.

Eine Assoziation des Konzepts *deutsche Bürger* – in diesem Fall sogar *die für etwas „kämpfenden" deutsche Bürger* – mit dem Konzept der *(heutigen) deutschen Werten* („*unsere Werte*"), zu denen auch *Sicherheit* und *Freiheit* gehören, erfolgt als Ergeb-

---

13 Der Terminus *Rolle* wird hier nach Croft & Cruse (2004: 39) gebraucht.

nis des rekurrenten Einsatzes des Possessivpronomens *unser*. Dieser semantische und zugleich syntaktische Anker zwischen dem Konzept *der für etwas kämpfenden, zielstrebigen Bürgerinnen und Bürger* und dem Konzept der *zu erstrebenden Werte* löst eine kognitive Verbindung von Rollen mit Werten aus. Die Zuordnung der Werte zu dem Kollektiv läuft damit im kognitiven identifikativen Raum ab.

4.2 Appellativa des Hyponyms *der auf dem Gebiet der Flüchtlingshilfe arbeitenden deutschen Bürger*

Das Konzept *der auf dem Gebiet der Flüchtlingshilfe arbeitenden deutschen Bürger* ist ebenso wie das Konzept *der für etwas kämpfenden deutschen Bürger* ein Hyponym des Konzepts *der deutschen Bürger*. Das Hyponym der *auf dem Gebiet der Flüchtlingshilfe arbeitenden deutschen Bürger* besteht hauptsächlich aus den Einträgen *Helfer, Polizisten, Soldaten, Ehrenamtliche, Hauptamtliche* und *Mitarbeiter*, die mit den Kollektiva *Behörden, Bund, Ländern* und *Kommunen* verbunden sind. Manche Mitglieder dieses Unterbereichs wie *Polizisten* und *Soldaten* überschneiden sich zum Teil mit Mitgliedern des Konzepts der im letzten Abschnitt behandelten *für etwas kämpfenden deutsche[n] Bürger*.

Die *auf dem Gebiet der Flüchtlingshilfe arbeitenden deutschen Bürger* werden mit der *Flüchtlingshilfe* kaum auf der lexikalisch-semantischen Ebene in Verbindung gebracht. Vielmehr erfolgt der Konnex durch subtil wirkende kognitive Assoziationen wie im Beleg 9:

9. Ich danke allen *hauptamtlichen Helfern*, ich danke allen *Polizisten* und *Soldaten* für ihren Dienst, ich danke den *Mitarbeitern* der *Behörden* im *Bund*, in den *Ländern*, in den *Kommunen*. Sie alle tun weit, weit mehr als das, was ihre Pflicht ist. Sie alle, *Ehrenamtliche* wie *Hauptamtliche*, haben miteinander Herausragendes geleistet – und sie leisten es weiter, auch genau zu dieser Stunde.

Diese in Beleg 9 oder auch an anderen Stellen auftretenden Substantive, die auf *die auf dem Gebiet der Flüchtlingshilfe arbeitenden deutschen Bürger* referieren, treten weder mit dem Personalpronomen *wir* noch mit dem Possessivpronomen *unser* in Kollokation, dafür aber mit dem Personalpronomen *ich* und dem Indefinitpronomen *allen* auf. Dabei wird die 1. Person Singular des Personalpronomens *ich* dreimal hintereinander in Verbindung mit dem Konzept der *Flüchtlingshilfe* unter Ausschluss des „kollektiven" *wir* benutzt. Die Kanzlerin trennt hier deutlich zwischen der Politik und den Bürgerinnen und Bürgern im und außerhalb des Staatsdienstes. Eine Zusammenführung des Konzepts *die auf dem Gebiet der Flüchtlingshilfe arbeitenden deutschen Bürger* mit dem Konzept *Flucht* erfolgt auf der textinternen

Ebene insbesondere durch die Semantik des rekurrent auftretenden Verbs *danken* und der 1. Person des Personalpronomens *ich*.

Im Abschlusssatz wird das Konzept der *Flucht* durch das Kompositum *Flüchtlingshilfe* erneut zum Ausdruck gebracht. Dieses Konzept wird in der Rede von Angela Merkel kognitiv subtil etabliert und erfüllt die Funktion, kollektive Solidarität zu bewirken. Dies wird auf der sprachlichen Ebene von der Sprecherin durch das zweifache Benennen von *Sie alle* und *miteinander* in Form von direkter Ansprache der Angehörigen der helfenden Kollektive realisiert. Das Welt- und Kontextwissen der Adressatinnen und Adressaten sind bei der erfolgreichen kognitiven Verknüpfung beider Konzepte miteinander – der Helfenden und der Zufluchtssuchenden –, wie bei in der politischen Sphäre entstehenden Reden üblich, auch in der Neujahrsansprache 2016 unabdingbar.

4.3 Trennung des Konzepts der Flucht vom Konzept der deutschen Bürger

In diesem Abschnitt wird der Aufbau des Konzeptes der *Flucht* in seinem Verhältnis zu dem Konzept *deutsche Bürger* analysiert. Außerdem wird untersucht, auf welche Weise Substantive, die diesen beiden Konzepten angehören, syntaktisch und kognitionslinguistisch mit Personalpronomen verbunden werden.

Einträge des Fluchtkonzepts werden innerhalb eines Satzes mit auf das Konzept *deutsche Bürger* referierenden sprachlichen Einheiten in der Neujahrsansprache insgesamt dreimal verbunden, wie prototypisch im Beleg 10:

10. Es ist selbstverständlich, dass **wir** ihnen helfen und *Menschen* aufnehmen, *die* bei **uns** Zuflucht suchen.

Die 1. Person Plural des Personalpronomens *wir* steht in der Rede der Bundeskanzlerin stellvertretend für das Kollektiv der *deutschen Bürger* und wird als Proform durch den semantischen Referenzbezug kollektivbildend eingesetzt. Auf das Kollektiv *deutsche Bürger* wird außerdem in der 1. Person Dativ Plural des Personalpronomens in der Präpositionalphrase *bei uns* referiert. Dem Kollektiv der *deutschen Bürger* wird kognitiv über wechselnde Agenszuweisungen die Gruppe der *Zufluchtssuchenden* gegenübergestellt. Die sprachliche Realisierung der Gegenüberstellung erfolgt durch den Einsatz der 3. Person Dativ Plural des Personalpronomens *ihnen*, des in der Pluralform verwendeten Appellativums *Menschen* und des im Nominativ Plural verwendeten Relativpronomens *die*.

Die Elemente der beiden Konzepte treten syntaktisch in beiden Nebensätzen auf, doch nur in je einem Teilsatz als handelnde Subjekte in Form eines Pronomens, so zuerst die *Deutschen* als *wir* im *dass*-Nebensatz und dann die *Zufluchtsuchenden* im folgenden Relativsatz als Relativpronomen *die*. Die Verben *helfen* und *aufnehmen* im ersten Nebensatz sowie das Vorgangssubstantiv[14] *Zuflucht* in der Phrase *Zuflucht suchen* im zweiten Nebensatz aktivieren im Gehirn durch ihre gegensätzliche Zuweisung von Agens (*wir* = Deutsche) und Benefizienz (*ihnen, Menschen* = Flüchtlinge) bzw. Agens (*die* = Flüchtlinge) und Patiens (*bei uns* = Deutsche) an die beiden Kollektive die kognitive Ausbildung von zwei ambigen semantischen Netzen. Als Ergebnis des Einsatzes zweier unterschiedlicher syntaktischer Schemata entstehen folglich zwei einander gegenübergestellte Konzepte, die von den Adressatinnen und Adressaten erst nach der Einordnung von semantisch bedingten Referenzbündeln und syntaktisch-grammatischen Relationen in einem komplexen kognitiven Verarbeitungsprozess identifiziert werden. Bei der kognitiven Assoziation beider Konzepte miteinander erleichtert der Rückgriff auf das Diskurswissen die Orientierung, bei der aber Substantive und Personalpronomen und derer erfolgreiche Identifikation unabdingbar sind.

Erwartungsgemäß werden an anderen Stellen der Rede der Kanzlerin die Substantive *Flüchtling* (im Singular und in Plural), *Integration, Einwanderung, illegale Migration, Fluchtursachen* und *Neubürger* kein einziges Mal mit der 1. Person Plural des Personalpronomens *wir* und der Flexionsform *uns* oder Einträgen des Kollektivums *deutsche Bürger* in direkten syntaktischen Zusammenhang gebracht.[15] Substantive und Pronomen, die dem Konzept der *Flucht* zugeordnet werden können, treten also kaum in Kollokation mit Substantiven und Pronomen auf, die für das Kollektivum der deutschen Bürger stehen. Der Grund hierfür ist die mögliche Vermeidung einer negativen Assoziation durch die Emittentin oder den Emittenten. Werden die beiden Konzepte miteinander verbunden, dient dies funktional nur den kommunikativen Zwecken des Direktivums und des Appellativums an die Bürgerinnen und Bürger, die als potentielle Hilfeleistende angesprochen würden.

Auf der einen Seite fördert der Gebrauch von Gruppenkollektiva zwar die Herausbildung einer kollektiven Identität, steigert jedoch auf der anderen Seite zugleich den Anspruch der Neujahrsansprache auf Allgemeingültigkeit durch Deagentivierung, also die für die Hörerschaft nicht immer dekodierbare Benennung der Verantwortlichen und Verpflichteten, die bereits bei der Passivbildung

---

14 Vgl. Leisi (1975: 27).
15 Die einzige Ausnahme bildet hierbei die Verknüpfung von *nicht* in *Alteingesessene und Neubürger* im Zusammenhang mit der Aussage *Es kommt darauf an, dass wir uns nicht spalten lassen*. Dieser Gruppe der *Alteingesessenen* können semantisch allerdings alle Menschen zugeordnet werden, die seit längerer Zeit in Deutschland leben. Dies schließt sowohl Bürgerinnen und Bürger mit deutscher Staatsbürgerschaft als auch Bürgerinnen und Bürger mit Migrationshintergrund, die keine *deutsche Staatsbürger* sind, mit ein.

von der Forschung beschrieben wurde (vgl. Trost 2012/2018 und Hennig 2015). Wie in vielen anderen Politikerreden bleibt es folglich auch in dieser Rede teilweise unklar, wer genau aus dem Kollektiv die Handlungsrolle bereits übernimmt oder wer zu einer Handlung animiert werden soll. Ebenso bleiben politisch Verantwortliche unerwähnt. Durch die Vermeidung von Konkretisierungen im kognitiven identifikativen Raum werden Zuständigkeits- und Verantwortungsbereiche größeren Gruppen zugeordnet und bestimmte Themenkomplexe nur im Zusammenhang mit dem größtmöglichen Kollektiv beschrieben, so dass kein möglicher individueller Adressat der Ansprache explizit ein- oder ausgeschlossen wird.

4.4 Die mit dem Konzept der *Flucht* in Verbindung stehenden Substantive und ihr Bezug zu Personalpronomen

Im Folgenden wird untersucht, wie die fünf in der Neujahrsansprache verwendeten, im Zusammenhang mit dem Konzept der *Flucht* stehenden Substantive gebraucht und mit Pronomen verbunden werden.

Das im Plural ein Kollektiv bezeichnende Substantiv *Flüchtlinge* wird in der gesamten Neujahrsansprache insgesamt zweimal und ausschließlich in der Pluralform verwendet wie im Beleg 11:

11. Eine Folge dieser Kriege und Krisen ist, dass es weltweit so viele *Flüchtlinge* gibt wie noch nie seit dem Zweiten Weltkrieg.

Im Beleg 11 wird das Substantiv in der Pluralform *Flüchtlinge* mit dem Pronomen *es* als Scheinsubjekt sowie dem Indefinitpronomen *viele* verbunden. So entsteht nach Leisi (1975) grammatisch ein Kollektiv eines Appellativums, hier also *Flüchtling* im Zusammenhang mit dem semantischen Konzept *Zweiter Weltkrieg*, dessen Kopf - *krieg* nach Leisi (1975: 27) ein „Vorgangskollektiv" darstellt.

Das Demonstrativpronomen *dieser* „determiniert"[16] nach Vater (1996: 194) die darauffolgenden Vorgangsnomen *Kriege und Krisen*, die nach Leisi (1975: 26) semantisch einen „selbstständigen, abgelösten Gegenstand" erzeugen. Diese Formulierung, nämlich *eine Folge dieser Kriege und Krisen*, wird unter Verzicht auf Sub-

---

16 Nach Vater (1996: 194) gehört das Demonstrativpronomen *dieser*, ebenso wie *der* und *jener* zu den „Determinantien". Vater zufolge (1996: 196) ist diese „Determination" „Markierung von Definitheit". An einer anderen Stelle verfolgt Vater (1996: 196) folgende Gedanken weiter: „Eine NP als definit markieren heißt nach der ‚Lokalisationstheorie' von Hawkins 1978, ihren Referenten in einer Sprecher und Adressat gemeinsamen Menge zu lokalisieren. Diese ‚Referenzmenge' ist im Gedächtnis von Sprecher und Adressat gespeichert."

stantiv- und Proform-Referenzen auf das Kollektiv der *deutschen Bürger* angewandt. Dieser Verzicht führt zusätzlich zu einem hohen argumentatorischen Abstraktionsgrad und damit zum verdeckten Postulat einer Allgemeingültigkeit der Aussage. Durch die Deagentivierung, die durch die Verwendung von *es gibt* erzeugt wird, wird der Anspruch auf Allgemeingültigkeit der Aussage semantisch besonders hervorgehoben. Je konkreter die Wortsemantik im Zusammenhang mit dem Konzept *Flucht* wird, umso mehr grammatische Mittel zur Untermauerung des Anspruchs auf Allgemeingültigkeit werden eingesetzt. Im Gegensatz zum konkreten Appellativum *Flüchtling* wird das wenig hypostasierende, auf ein Kollektiv referierende Substantiv *Mensch,* dessen „Bedingungskomplex" nach Leisi (1975: 25) „schwieriger" „aufzulösen" „ist", mit Pronomen, die konkret auf das Kollektiv der *deutschen Bürger* verweisen, und mit einer klaren Agensverwendung verknüpft.

Auf diese Weise wird erreicht, dass das Kollektiv der *deutschen Bürger* nicht erneut in direkten syntaktischen Zusammenhang mit dem Konzept der *Flucht* gestellt werden muss. Der mangelnde Bezug zwischen dem Kollektiv der *deutschen Bürger* und dem Konzept der *Flucht* lässt sich nicht nur an dem Einsatz von Referenzen durch Substantive und Proformen feststellen. Eine direkte, syntaktische Verbindung des Kollektivs der *deutschen Bürger* mit den *Flüchtlingen* oder eine konkrete Zuordnung einer Identität kann ebenso wenig beobachtet werden. Durch die Verwendung des „Ereignis-Konzepte[s]" nach Vater (1996: 192) *Zweiter Weltkrieg* statt der Referenz auf ein „Ding-Konzept" in Beleg 11, in dem *Kriege und Krisen* als Fluchtursachen definiert werden, wird das Kollektiv der *deutschen Bürger* allerdings dennoch indirekt in die Aussage mit einbezogen. Denn dieses Kollektiv wird kognitiv mit den Akteuren im Vorgangskollektiv eben dieses Krieges verbunden.[17] Folglich entsteht an dieser Stelle der Rede doch noch eine negative Konzeptualisierung auf der kognitiven Ebene, die jedoch auf eine weit entfernte Zeit verweist und damit aus Sicht der Sprecherin zu den aktuellen politischen Ereignissen genügend zeitlichen Abstand bewahrt.

Auch in Beleg 12, in der das Konzept der *Flucht* ähnlich zu Beleg 11 aufgebaut wird, wird außer an einer Stelle auf die Verwendung von kollektiverzeugenden Possessiv-, Personal- oder Indefinitpronomen verzichtet:

---

17 Siehe dazu Vater (1996): S. 192 „Im folgenden will ich auf Bierwischs Anschauung aufbauen, daß semantische und kognitive Struktur zu unterscheiden sind. In einem andern Punkt stimme ich mit Jackendoff 1983 überein, nämlich, daß Referenz der Bezug (mit Hilfe der sprachlichen Ausdrücke) auf Objekte nicht in der sog. „realen" (materiell gegebenen) Welt, sondern in einer „projizierten Welt" in unserem Bewußtsein ist. Dabei setzt sich immer mehr die Annahme durch, daß der Sprecher mit Hilfe sprachlicher Mittel nicht nur auf Ding-Konzepte referiert (wie noch Thrane 1980 annahm), sondern auch auf Ereignis-, Orts- und Zeit-Konzepte."

12. National, in Europa und international arbeiten *wir* daran, den Schutz der europäischen Außengrenzen zu verbessern, aus *illegaler Migration legale* zu machen, die *Fluchtursachen* zu bekämpfen und so die Zahl der *Flüchtlinge* nachhaltig und dauerhaft spürbar zu verringern.

In Beleg 12 wird das Konzept *Flucht* mit semantisch ähnlichen Lexemen verbunden, die sich in komplexen Netzen organisieren und auf eine kognitiv vergleichbare Wirkung wie in Beleg 11 ausgerichtet sind. Diese Netze bestehen aus den Lexemen *Fluchtursachen, Flüchtlinge* sowie *illegale* und *legale Migration*. In diesem Zusammenhang tritt ein einziges Pronomen auf, nämlich *wir*, jedoch in Kombination mit einer syntaktischen Trennung, also im Hauptsatz und nicht in den untergeordneten Nebensätzen, in denen das Konzept *Flucht* semantisch aufgebaut wird. Zudem wird das Subjektpronomen *wir* nicht prominent in das Vorfeld des Hauptsatzes gestellt, sondern steht gleichsam unauffällig im Mittelfeld.[18] Damit wird sichergestellt, dass Pronomina, die auf die eigene, positiv darzustellende Gruppe referieren, weder semantisch noch kognitiv mit negativen Inhalten in Verbindung gebracht werden. Eine Verknüpfung negativer Inhalte mit auf das eigene Kollektiv verweisenden Substantiven und Pronomen erfolgt im Zusammenhang mit dem Konzept der *Flucht* deshalb nur an einigen wenigen Stellen der Rede. Dort wird der Abruf negativer Konzepte aber gezielt eingesetzt und hat die Funktion, gesellschaftliche Solidarität zu bewirken und die Notwendigkeit eigener politischer Handlung zu begründen.

5 Fazit

Im Fokus unserer Untersuchung standen der Einsatz von mehr oder weniger im Sinne von Leisi hypostasierenden Substantivklassen sowie ihre Kombination mit Personalpronomen.

Das aus kommunikationsstrategischen Gründen vermiedene Zusammentreffen von Einträgen der Konzepte *Flucht* und *Migration* mit Einträgen des Konzepts *deutsche Bürger* zeigt in der gesamten Neujahrsansprache musterhafte Züge und trägt zugleich zur Entstehung von einander gegenübergestellten mentalen Konzepten bei. Auf diese Weise werden eine in politischen Reden zu vermeidende negative Rhetorik und eine auf semantisch-konzeptioneller Gegenüberstellung von Sub-

---

18 Zur pragmatischen Funktion von Stellungsvarianten in politischen Reden vgl. Fábián (2018) in Issel-Dombert & Wieders-Lohéac.

stantiven und Pronomen basierende Distanz der primären Adressatinnen und Adressaten der Rede, der *Alteingesessenen*, zu der in den Herkunftsländern der Flüchtlinge bestehenden politischen Instabilität geschaffen.

Eine exemplarische Analyse und die Gegenüberstellung der Untersuchungsresultate von negativ und positiv konnotierten Eigennamen und Kollektive bezeichnenden Appellativa, die in der Rede sowohl semantisch als auch syntaktisch voneinander getrennt auftreten, deutet sogar auf eine klare Unterscheidung beim Einsatz von Possessiv- und Personalpronomen hin, die nur im Kontext zum Kollektiv *deutsche Bürger* erscheinen. Die Adressatinnen und Adressaten der Neujahrsansprache sollen auf diese Weise als Angehörige des Kollektivs *der deutschen Bürger* vom semantisch negativen Kontext, der mit Substantiven wie *Flucht*, *Terror*, *legaler* und *illegaler Migration* konstituiert wird, ferngehalten werden. Die Distanz zwischen den positiven und negativen semantischen Bereichen und folglich auch zwischen den verschiedenen mentalen Konzepten wurde nicht nur durch die Auswahl der Lexik, sondern auch durch den Einsatz deagentivierender grammatischer Konstruktionen wie beispielsweise *es gibt* gewährleistet. Zwischen den aktiv zur Handlung motivierten *deutschen Bürgern* und den *Menschen auf der Flucht* wird lediglich primär aufgrund des Diskurswissens der Adressatinnen und Adressaten und sekundär durch die Semantik der auf Unterstützung abzielenden Verben wie *helfen* eine Verbindung aufgebaut. In der Rede dominiert trotz dieser semantisch-konzeptionellen Spaltung beider Konzepte die Etablierung des Kollektivs der *deutschen Bürger*, die sich als geschlossene Einheit dafür einsetzen sollen, *Menschen auf der Flucht* zu unterstützen. Die Etablierung der beiden Konzepte *wir* und *die anderen* basiert auf der syntaktischen und semantisch-referentiellen Interdependenz: Die als Hochwertwörter fungierenden, auf das Kollektiv der *deutschen Bürger* referierenden Substantive werden in Kombination mit dem Personalpronomen *wir* und dem Possessivpronomen *unser* identitätsstiftend eingesetzt und den Gräueltaten des Islamischen Staates und der Verheerung auf dem afrikanischen Kontinent gegenübergestellt.

Eigennamen, Appellativa und Personalpronomen werden systemisch-funktional und kognitiv hocheffektiv eingesetzt, um die Nähe bzw. Distanz der Sprecherin und der eigenen Wertegemeinschaft zum gegenübergestellten Kollektiv auf einer diskursdeiktischen Skala darzustellen. Unabhängig von geografischen Entfernungen werden Gemeinschaften Werte aus der eigenen Sicht nach eigenen evaluativen Kriterien zugeordnet. Ein skalares zweidmensionales Modell der Neujahrsrede von Angela Merkel sähe dann so aus: Auf der x-Achse kann durch die Angabe von Referenzwerten eine Diskursnähe von sich selbst ausgehend zu der eigenen Wertegemeinschaft – also der Gruppe der Helferinnen und Helfer und Verteidigerinnen und Verteidiger der eigenen Werte – beobachtet werden. Der Index befindet sich in diesem Fall auf dieser Achse bei null. Auf der y-Achse befindet sich der Index dagegen am anderen Ende, denn dort wird die Gemeinschaft des IS als zu bekämpfende Entität dargestellt. Der Abstand der eigenen Wertegemeinschaft zum Kollektiv des Feindes wächst folglich bis zum maximal Möglichen.

In diesem Aufsatz wurde die kognitionslinguistische Raumtheorie von Langacker und Croft & Cruse um eine weitere kognitive Raumkategorie – den identifikativen Raum – erweitert. Über diese kognitiven Räume entfalten Eigennamen und Appellativa mit ihrem semantischen und grammatischen Netz ihre Wirkung. Die kognitiven Räume unterstützen zudem Zuhörerinnen und Zuhörer dabei, die in Form von Substantiven und Pronomen auftretenden Konzepte zu evaluieren und Diskursentfernungen zu erkennen. Hierfür haben kollektive- und identifikative Orientierung bietende Substantive und Pronomen, die in unterschiedlichen kognitiven Räumen instanziiert werden, eine entscheidende Bedeutung. Denn diese Substantive und Pronomen werden unterschiedlichen mentalen Konzepten zugeordnet, die als mentale Karten fungieren.

Quelle

Neujahrsansprache 2016 von Bundeskanzlerin Dr. Angela Merkel am 31. Dezember 2015 über Hörfunk und Fernsehen (https://www.bundesregierung.de/Content/DE/Bulletin/2016/01/01-1-bk-neujahr.html)

Literatur

Bartels, Marike (2015): *Kampagnen. Zur sprachlichen Konstruktion von Gesellschaftsbilder.* Berlin: Walter de Gruyter.
Chilton, Paul (2004): *Analysing Political Discourse. Theory and Practice.* London/New York: Routledge.
Croft, William & Alan D. Cruse (2004): *Cognitive Linguistics.* Cambridge: Cambridge University Press.
Deppermann, Arnulf, Helmut Feilke & Linke, Angelika (Hrsg.) (2016): *Sprachliche und kommunikative Praktiken.* Berlin, Boston: Walter de Gruyter.
Duden – Die Grammatik (2009): 8., überarb. Auflage. Hg. v. der Dudenredaktion. Duden Band 4. Mannheim: Dudenverlag.
Engel, Ulrich (1988): *Deutsche Grammatik.* Heidelberg: Groos.
Fábián, Annamária (2018): „Wir schaffen das!" Eine funktionalgrammatische und diskursive Analyse persuasiver Argumentation in der Bundespressekonferenz vom 31.08.2015 mit Bundeskanzlerin Angela Merkel. In diesem Band, 77–101.

Fábián, Annamária (2018): Extralokation als Mittel persuasiver Argumentation im Wahlkampf – ein diskursgrammatischer Ansatz. In Sandra Issel-Dombert & Aline Wieders-Lohéac: *Wahlkampf ist Wortkampf. Präsidentschaftswahlkampagnen aus sprachwissenschaftlicher Sicht*, 269–287. Berlin: Peter Lang.

Glück, Helmut (Hrsg.) (2010): *Metzler Lexikon Sprache*. Stuttgart: Metzler. 4. Auflage

Halliday, Michael A.K. (2014): *Introduction to Functional Grammar*. 4. Ausgabe. Überarbeitet von Christian M.I.M. Matthiessen. Abingdon, New York: Routledge.

Hansack, Ernst (2004): Das Wesen des Namens. In Andrea Brendler & Silvio Brendler (Hrsg.), *Namenarten und ihre Erforschung. Ein Lehrbuch für das Studium der Onomastik*, 51–65, Hamburg: Baar.

Harweg, Roland (2014): *Studium zum Verbum und seinem Umfeld*. Berlin: LIT.

Hawkins, John A. (1978): *Definiteness and Indefiniteness. A Study in Reference and Grammaticality Prediction*. London: Croom Helm.

Hennig, Mathilde (2015): Die Bundespressekonferenz zwischen Nähe und Distanz. In Sven Staffeldt & Jörg Hagemann (Hrsg.), *Pragmatiktheorien. Analysen im Vergleich*, 247–279.Tübingen: Stauffenburg.

Hoffmann, Ludger (2013): *Deutsche Grammatik*. Berlin: Erich Schmidt Verlag.

Issel-Dombert, Sandra & Marie Serwe (2018): Quo vadis, Front National? Zum Parteiprogramm „Notre Projet: Programme Politique du Front National". In diesem Band, 279–295.

Jackendoff, Ray (1983): *Semantics and Cognition*. Cambridge/Mass.: MIT Press.

Klein, Josef (2014): *Grundlagen der Politolinguistik. Ausgewählte Aufsätze*. Berlin: Frank&Timme.

Langacker, Ronald W. (1999): *Grammar and Conceptualization*. Berlin: Mouton de Gruyter.

Langacker, Ronald W. (2008): *Cognitive Grammar. A Basic Introduction*. Oxford: Oxford University Press.

Leisi, Ernst (1975): *Der Wortinhalt. Seine Struktur im Deutschen und Englischen*. Heidelberg: Quelle & Meyer.

Leys, Odo (1979): Was ist ein Eigenname? Ein pragmatisch orientierter Standpunkt. *Leuvense Bijdragen* 68, 61–86.

Löbel, Elisabeth (2008): The word class ‚Noun'. In Alan D. Cruse, Franz Hundsnurcher, Michael Job & Peter Lutzeier (Hrsg.), *Handbücher zur Sprach- und Kommunikationswissenschaft. Lexikologie*, Band 21/2, 588–596. Berlin: Walter de Gruyter.

Meineke, Eckhard (1996): *Das Substantiv in der deutschen Gegenwartssprache*. Heidelberg: Winter.

Piotr, Cap (2002): *Explorations in Political Discourse. Methodological and Critical Perspective*. Frankfurt am Main: Peter Lang.

Pittner, Karin (2010): Substantiv. In Helmut Glück (Hrsg.), *Metzler Lexikon Sprache*. Stuttgart: Metzler. 4. Auflage, 683.

Stefanowitsch, Anatol (2006): Introduction. In Anatol Stefanowitsch & Stefan Th. Gries (Hrsg.), *Corpus-Based Approaches to Metaphor and Metonymy*. Berlin, New York: Mouton de Gruyter.

Thrane, Torben (1980): Referential-semantic analysis. Aspects of a theory of linguistic reference. Cambridge: Cambridge University Press.

Trost, Igor (2006): *Das deutsche Adjektiv. Untersuchungen zur Semantik, Komparation, Wortbildung und Syntax*. Hamburg: Buske.

Trost, Igor (2012): *Nähe, Distanz und Anonymität. Untersuchungen zum sein-Modalpassiv und Gerundiv am Beispiel der Presse-, Politik- und Rechtssprache.* Habilitationsschrift Universität Passau.

Trost, Igor (2018): Modalpassivische Konstruktionen und deren Funktion in Regierungserklärungen der deutschen Bundesregierung. In diesem Band, 55–76.

Vater, Heinz (1996): Determinantien, Pronomina, Quantoren. In Marie-Hélène Pérennec (Hrsg.), *Pro-Formen des Deutschen*, 191–209. Tübingen: Stauffenberg.

Wellmann, Hans (2008): *Deutsche Grammatik. Laut. Wort. Satz. Text.* Heidelberg: Winter Verlag.

Wildgen, Wolfgang (2008): *Kognitive Grammatik. Klassische Paradigmen und neue Perspektiven.* Berlin, New York: Walter de Gruyter.

Richard Ingham
The syntax of foregrounding and backgrounding in English Civil War political discourse: a text analysis

Keywords: legitimacy, information backgrounding, subordinate clauses, commissives

1 Introduction: constructing legitimacy in political discourse

In his analysis of socio-political discourse, van Dijk (1993) considered persuasion by argumentation to be "the hallmark of a democratic society". In such societies, where the public are participants in the political process, reproducing and challenging dominance, in his terms, is carried out not by force, but by influencing belief systems in the minds of the public. 'Dominant text and talk' takes place within the sphere of social cognition, where evaluative beliefs become organised into ideological constructs. These may be mobilised in support of, or in opposition to, the aims and programmes of those striving for political power. Political communicative events are crucial, within a democratic society, for their ability to secure the cooperation of citizens in the legitimation or delegitimation of competing political actors. Thus argumentation in political discourse has to do, fundamentally, with the construction of legitimacy. 'Discourse-based attitude formation' (van Dijk 1993: 263) relies on manipulation by means of language, serving to convince by positive self-presentation and to marginalise alternatives by negative Other-presentation.

Research into the linguistic aspects of political discourse have tended to emphasise semantic aspects such as metaphorical framing (Lakoff 2004) and modality and factivity (Chilton 2004). Similarly, Van Dijk's (1993) analysis of political discourse features the use of items whose lexical semantics creates presuppositions corresponding to the ideological bias of the speaker or writer. Sbisà (1999) argued that presuppositions are useful for conveying ideological content because they often go unchallenged. However, linguistic means of manipulation can go beyond lexical choices: critical discourse analysis has also identified ways in which syntax may be exploited with persuasive effect (Fábián 2018), all the more effectively because ordinary members of the target audience, while perhaps attuned to potential bias in word choices, lack specialist knowledge of language structure, and thus remain unconscious of the biasing effects that constructional choices may achieve. The political manipulation of syntactic style, such as the use of pronouns (c.f. Fábián & Enzersberger in this book), variations in word order, nominalisation (c.f. Fábián & Enzersberger in this book), the use of active and passive constructions (c.f. Ullmann in this book), are all areas of syntax that have been studied for their relevance to political discourse (Fowler 1991, Fairclough 2005). According to Fábián (2018), a particularly important resource available for syntactic manipulation is the relationship between sentence structure and information structure, in other words how syntax presents foregrounded versus backgrounded information. For Hopper and Thompson (1980: 281) foregrounded clauses, normally main clauses, 'comprise the backbone or skeleton of the text', while subordination is a means of marking information as backgrounded (Reinhardt 1984: 796). A type of subordinate clause that well illustrates this point is the relative clause: it is generally assumed to provide information that does not assert something new, or important, about the referent of the head noun modified by the relative clause, whether restrictive or non-restrictive, e.g. respectively:

(1a) The woman you mentioned who poisoned her neighbour was in the news recently.
(1b) The woman you mentioned, who poisoned her neighbour, was in the news recently.

In both cases, the woman's having 'poisoned her neighbour' is interpreted as known to the reader/hearer. Circumstantial adjunct clauses also background information, whether or not that information is new, as with the four circumstantial adjunct clause alternatives in:

(2) After she put the cat out/remembering Sam's warning/concerned about burglars/although there seemed no risk of burglars... Kim carefully locked the door.

As discussed by Simon-Vandenberg, White & Aijmer (2007: 56), political discourse uses the tendency to take information backgrounded by subordination as presupposed, so that 'value judgements are sneaked in as shared knowledge'. This may also be the case in complement subordinate clauses, as in the following, where the existence of various possibilities for serious accidents (in the nuclear industry) is conveyed as presupposed by the choice of the factive predicate *know*:

(3) Per Unkel knows of course that there are more possibilities for serious accidents than those we have discussed.
(Simon-Vandenberg, White and Aijmer 2007: 54)

For present purposes, since this depends on the lexical choice of predicate – as is clear if in (3) the verb knows is replaced by *says, argues, believes* etc. – complement clause syntax in itself will not be taken as a backgrounding device, whereas adjunct subordination will be. The politically useful ability of adjunct subordinate clause syntax to convey information as presupposed, without discussion or supporting evidence, can be illustrated in a current context by the following quotation from a debate in the British Parliament by Baroness Smith, a Labour peer:

(4) Universities and businesses are losing staff that are EU citizens because it is much safer for them to go and work elsewhere.
Government facing Brexit defeat in Lords over EU nationals
(bbc.co.uk, accessed 1st March 2017)

Here, information on staff losses is presented as new and important, by virtue of its inclusion in the main clause complex. On the other hand, the notion that EU citizens will enjoy greater job security elsewhere than in the UK, is expressed in the circumstantial adjunct clause introduced by *because*, favouring an interpretation as given information. The speaker in this case evidently wished her audience to accept as beyond dispute her assertion that a threat to their job security hangs over EU citizens already in the UK. In context, it should be noted that the UK government was providing assurances that their rights would be protected by the forthcoming Brexit legislation: the point was hence contentious, not one that should be treated purely as a neutral matter of fact. Syntactic subordination used to background the proposition can here be seen to serve a persuasive purpose.

Such an example is in no way unusual, but merely part of the common currency of modern-day political discourse. In this pilot study we seek to investigate on a small scale how far the discoursal effect of syntactic choices as regards the positioning of information in main or adjunct subordinate clauses can be found in the language used in earlier socio-political conflicts. Whether the manipulation of syntax for persuasive purposes is a recent discovery to our knowledge not a question that has been pursued before, so the investigation presented here is necessarily exploratory in nature. The focus will be in the first place on how information conveyed in political discourse is foregrounded or backgrounded, and then on what sort of discourse moves are made in main clauses versus adjunct subordinate clauses. (Complement subordinate clauses will not be taken into account, other than in relation to factive predicates.) By placing assertions in main clauses, polemical writers foreground their claims, but at the same time lose the ability to smuggle in value judgments posing as shared knowledge thanks to their placement in a subordinate clause (of the types discussed above). There are also speech acts such as promising, accusing, rejecting accusations, and the like for which the presupposition of information is not useful: these are most effectively conveyed in main clauses.

How recently these various discourse syntax preferences in English may have developed is unknown. Previous research on political discourse in the late medieval and early modern period, e.g. Phillipson & Skinner eds. (1993), Nuttall (2007), focuses almost exclusively on content analysis, generally taking a socio-political perspective within a broad history of ideas framework.

The history of political discourse, in linguistic terms, is a largely unexplored terrain. Political propaganda as such is sometimes thought to owe much to the techniques of mass advertising, but these do not go back much beyond the early 20th century: Chomsky and Herman (1988) point to the role of the publicist Edward Bernays in this connection. So it is a question of some interest to know whether in the political discourse of earlier times, preceding the 20th c., an awareness can be identified of the ability of syntactic structure to contribute to polemical argumentation. In this contribution, we pursue this issue in relation to polemical publications of the Early Modern era, some 250 years before early 20th c. mass media propaganda of the kind seen notoriously in the Boer War and World War I, seeking to identify whether they can be seen to make use of the syntactic devices mentioned above for persuasive effect.

2 A case study: the syntax of political discourse in official Civil War publications

A particularly rewarding period in which to observe the character of early political discourse is that of the English Civil War (1642–1648), which opposed adherents of King Charles I and of Parliament. In addition to fierce military conflict, it gave rise to an intensely fought-over 'social-cognitive' space, in van Dijk's terms, in which competing ideologies were verbally formulated, argued for, and challenged. The constitutional issue in the Civil War, on which partisans of the two sides divided, was whether in broad sweep the King's actions, or Parliament's, were legitimate. Earlier in English history, as mentioned above, the legitimacy of royal figures had been disputed in periods of dynastic conflict, such as that between the Yorkist and

Lancastrian contenders in the Wars of the Roses. The divisions of the Civil War, however, did not oppose rival claimants to the throne, but rather the legitimacy of one form of government, autocratic monarchy, the king's personal rule, as opposed to another, the primacy of parliament in the political life of the country133. 'The most obvious way to engage with the public was by means of official statements, declarations and manifestos', to quote Peacey (2004: 42). Thanks to the burgeoning newspaper journalism of the Civil War, as has often been remarked, 'English politics was for the first time conducted in the public arena' (Brownlees 2004: 19). Legitimacy was asserted by each side via reasoned argument over the principles on which a polity should be governed, rather than by the crude imposition of hegemony.

The social-cognitive sphere of political discourse was not confined to input from newspapers and tracts. Both sides issued numerous documents seeking to present their respective points of view as legitimate, while discrediting their adversary's claims. By the outbreak of armed hostilities in the second half of 1642, political polemic had already been raging for a couple of years, in what was called the 'paper war' (Peacey 2004). Tracts and proclamations abounded, particularly on the Parliamentary side and became even more prolific once the fighting was under way, aided by the spread of printing and literacy since the late medieval period. Unlike previous conflicts, propaganda played a very significant role in the Civil War, and the wealth of surviving material allows us to observe the techniques deployed by its users. 'Print was used in the mid-17th century ... to alter people's perceptions about prominent individuals and significant events by submitting them to either negative or positive "spin",' according to Peacey (2004: 237).

In this article the focus is on how legitimacy was constructed discoursally in written exchanges between the King and Parliament just before the outbreak of civil war. We draw on texts documenting Parliament's interaction with King Charles, seeking to uncover evidence of an awareness among their writers of the potential of syntactic constructional choice to manipulate political perceptions. First, we summarise in the next section the key events of the time relevant to the exchange of communication, as standardly acknowledged by historians.

3 The historical background

The trigger for the civil war between King Charles I and the English Parliament was cocked in the spring of 1642 when the parliamentarian governor of Hull refused the King entry to the city. This followed a two-year crisis in which leading Parliamentarians had mounted a succession of challenges to royal prerogatives, culminating in the appointment of the Hull governor in defiance of the King's traditional right to make such appointments. Hull mattered for the military arsenal it contained, which was Crown property. By refusing the King access to it, Parliament's appointee effectively made himself a traitor and turned the Parliamentary faction that had installed him into rebels. Parliament's case, however, was that Charles was essentially acting as a tyrant, seeking to make war upon the people's representatives, and for the safety of the country should not be allowed access to the arms stored in the Hull arsenal. These conflicting claims, supported by ideologically very different views on kingship and political authority, were clearly irreconcilable, and war could scarcely now be avoided. Even before the incident at Hull, Parliament had arrogated to itself another privilege of the King, the right to summon the militia, which was perceived as the first step towards raising a Parliamentary army. In addition, Parliament had secured the use of the Navy, by obtaining the consent of Lord Northumberland, who Charles had appointed as Admiral of the Fleet, but then removed from office, for the Earl of Warwick, a determined and long-standing opponent of the King, to take his place. Charles himself had felt obliged to leave royal palaces near London because of what he considered the threat to his person of London mobs sympathising with, and in his view orchestrated by, Parliament. Parliament on the other hand objected that the king had deliberately removed himself from London and constituted a royal court in the provinces, ignoring the role of parliament in the governance of the Kingdom. He had furthermore raised a military force of guards with intent to prepare for war; Charles for his part argued that they were for his own personal defence in circumstances where he had been personally threatened.

There was for some time no actual fighting. On 18th July, Parliament issued a petition to the King professing a desire for peace, yet asking for his acceptance of the outcome it had obtained in Hull. Charles sent a reply responding at length to the points in the petition, which was followed two days later by Parliament's reply to his response to their petition. These documents, produced by intractable opponents already gathering arms and money in preparation for war, were certainly not intended as negotiating moves aimed at modifying the other side's stance, but rather as propaganda opportunities designed to garner support for their respective positions: the audience was the country at large, the message the rightness of the protagonist's cause. These documents will be analysed in this study as examples of the ideological discourse of the Civil War.

4 Methodology of the study

The aim here is to carry out a pilot study to assess how far contemporary syntactic choices made by contemporary political discourse practitioners were exploited in texts of this period, seeking to understand how far official proclamations used syntactic means to achieve their persuasive purposes. An analysis of main clause versus adjunct clause placement of argumentational material will be conducted, using the above-mentioned documents issued just before the outbreak of the Civil War. They were written respectively by Charles I's advisors, and a group of draughtsmen appointed by the Parliamentary Committee of Public Safety (a kind of improvised cabinet government). They comprise:
- § Parliament's petition to King Charles of 15th July 1642
- § The King's answer (part), of 26th July[1]
- § Parliament's reply, dated, 28th July, to the King's answer

The King's answer is a lengthy text, whereas the two Parliamentary documents are much shorter. For present purposes a pilot analysis was carried out of the two complete Parliamentary texts, and a section of the King's answer approximately equivalent in overall word length to them. The texts were taken from an electronic version of Cobbett's Parliamentary History, which reproduced the original 1642 documents in modernised spelling.

The analysis focused on the positioning in main versus adjunct subordinate clauses of politically relevant propositions. The following examples illustrate these two possibilities with regard to legitimacy claims by the King and by Parliament, respectively:

(5a) All men may know all that is done is but in his own defence. (Cobbett 1422)
(5b) ... their faithful advice and humble petition, which shall only tend to the defence and advancement of religion your own Royal honour and safety. (Cobbett 1420)

'Main clause' is here taken to mean an independent clause complex containing a finite verb and its complements, whether phrasal or clausal.

---

[1] This is thought to have been written, not by the King personally, but by one or more of his advisors.

Argumentative claims such as (5)a–(5)b, and reference to past events as in (6)a–(6)b below, were noted separately.

(6a) His majesty's ships were taken from him and committed to the custody of the Earl of Warwick.
(Cobbett, 1423)

(6b) ... what regard hath been to his honour and safety when he hath been driven from some of his own houses.
(Cobbett 1422)

Examples (5)a-(5)b are evidently self-justificatory and partisan. Less obviously, the seemingly factual references to recent events mentioned in examples (6)a– (6)b were also contentious. In (6)a, the Earl of Warwick, a leading opponent of the King (Adamson 2007), is accused by the King of taking command of the Royal fleet illegitimately, whereas Parliament argued he had been nominated to that post by the previous fleet commander, appointed by Charles, and thus was acting legitimately in the King's name. In (6)b, reference is made to Charles's departure earlier in the year from palaces in or near London, where he had felt at risk from mob violence allegedly fomented by Parliament. From a Parliamentarian perspective, however, Charles ran no risk to his person as long as he refrained from attempting to have Members of Parliament arrested, as he had in fact done in the preceding January. The respective claims are made in a main clause in (7)a and an adjunct clause of time in (7)b.

The use of clause types for speech acts other than statements was also noted, such as for commissives and expressions of goodwill, e.g.:

(7a) They shall then be ready to withdraw the garrison out of Hull.
(Cobbett 1428)

(7b) Lords and Commons in Parliament do beseech his majesty to accept their humble and just excuse.
(Cobbett 1428)

Performing such speech acts in main clauses conveys at least the appearance of a conciliatory stance, which it will be useful to compare with the use of subordinate clauses to put across politically contentious statements.

5 Results

We begin with factive predicates. Three cases were observed, all produced by the King:

(8a) All men may know all that is done is but in his own defence.
(Cobbett 1422)
(8b) It is enough that the world knows what he has granted and what he hath refused.
(Cobbett 1422)
(8c) Let the Petitioners remember that (which all the world knows) his majesty was driven from his palace of Whitehall.
(Cobbett 1422)

All three make use of the verb *know*, though in (8c) the main clause factive verb is *remember*. In any case, the use of factivity as an appeal to shared knowledge clearly formed part of the King's rhetorical case, whereas it is not to be found either in Parliament's Petition or in its reply to the King's answer.

Turning to the use of syntactic clause types, the two Parliamentarian documents contained 31 relevant clauses, that is, main clause complexes and adjunct subordinate clauses. The passage of the King's answer equivalent in length to them contained 30. The breakdown by content type as against syntactic clause type in these text samples is shown in Table 1.

Although only limited numbers are involved in this small-scale study, the distribution of clausetypes suggests that somewhat different strategies of argumentation were being employed by the two protagonists. The 20 propositional statements by Parliament overwhelmingly favoured adjunct subordinate clause placement, while the 24 produced by the King were much more evenly distributed. Nevertheless, both tended to place references to recent events in adjunct subordinate clauses, in such a way as to convey their interpretation of these events as legitimate, e.g.:

(9a) ... and all this, whilst his Majesty had no other attendance than his own menial servants
(Cobbett 1422)
(9b) (We shall most willingly leave town of Hull in the state it was...), delivering your Majesty's magazine into the Tower of London.
(Cobbett 1420)

Tab. 1: political discourse and clause type in Royal and Parliamentary documents, July 1642

	King, Main clause	King, Adjunct clause	Parliament, Main clause	Parliament, Adjunct clause
statements				
claims/arguments	10	2	3	10
reference to past events	3	9	0	7
total	13	11	3	17
other speech acts				
commissives	4	1	7	2
expressions of deference	0	0	2	0
other	1	0	0	0
total	5	1	9	2
overall total	18	12	12	19

The events mentioned here were both given an alternative interpretation by the other side, but their subordinate clause placement induces the reader to take their content as established fact, as with the contemporary cases discussed above.

Other speech acts than statements, i.e. commissives, jussives and expressions of deference, naturally occurred mostly in main clauses, whose illocutionary force best suited their expression, e.g.:

(10a)   We have been and shall ever be careful to prevent and punish all tumults and seditious actions.
(Cobbett 1420)
(10b)   Let the petitioners remember that his majesty was driven from the Palace.
(Cobbett 1422)

Looking again at Table 1, it can be seen that the Parliamentary texts made considerable use of main clauses to perform commissive speech acts, such as:

(11a) We shall lay down all those preparations which we have been forced to make for our defence.
(Cobbett 1420)
(11b) We shall most willingly leave the town of Hull in the state it was.
(Cobbett 1420)

Over half of the main clauses in the Parliamentarian texts are used to express such acts of self-commitment, conveying a sense of Parliament's willingness to adopt a conciliatory stance. They are found in the main clauses, which from the point of view of Hopper and Thompson's (1980) analysis form the backbone of the text. Consequently, the rhetorical effect would surely have been to foster acceptance of Parliament's good intentions, and of the circumstances provided as justifying its actions provided in adjunct clauses.

If we now compare the discourse choices made by the King's advisors and by the Parliamentary draughtsmen, the latter seem to have been very careful to place in adjunct clauses their references to legitimacy claims, and to events lending support to those claims. This syntactic backgrounding served the purpose of imparting the arguments more persuasively, as we have maintained here, but it also left main clauses free to convey other discursive acts such as expressions of goodwill and respect; these were no doubt intended to win over a neutral audience. Charles, on the other hand, was generally freer in his approach to discourse syntax, showing no aversion to placing his chief arguments in main clauses, or as noted, in factive constructions.

6 Discussion

Even within the small text sample we have examined above, some interesting differences of approach have come to light between the two protagonists. Both tended to put reference to recent events which they saw as strengthening their case in adjunct clauses, but they diverged as to where they chose to position their other claims and arguments. Parliament again generally opted for adjunct clause placement for these, while the King's preference was for main clauses (in which he also used some factive verbs). Parliament over and over again used main clauses for commissives, thus conveying an impression of dutiful and submissive respect, no doubt with a view to disarming critics who would otherwise have found Parliament's stance too confrontational. Yet at the same time as not wishing to be taken for traitors, Parliamentarians also wanted to maintain the political advantages they had acquired; by mentioning their claims in backgrounded clauses which would facilitate a presupposed interpretation, and thus be likely to gain a favourable reception by the intended audience, their draughtsmen who drew up the texts thus combined two strategies very effectively.

The discursive strategies employed in these documents more generally reveal similarities to those followed in contemporary political discourse. Each side disputed the legitimacy of certain actions taken by the other side. For Parliament, the king had, in removing himself from London, and in surrounding himself with evil counsellors, as well as in attempting to secure for himself the Hull arsenal, shown his willingness to go to war. As in more recent times, it was a vital part of propaganda to portray the adversary as responsible for starting the conflict, while one's own intentions were wholly peaceable. The royalist documents denounced Parliament's actions in raising the militia, and seizing the Royal Arsenal in Hull as clear evidence of determination to make war. Parliament took the same approach, referring to the steps it took as measures 'which we have been forced to make in our own defence', and implying in the reduced relative clause in (12) below by you raised that the King had been the first to gather troops:

(12) beseeching your majesty that you will dismiss the troops and extraordinary Guards, by you raised.
(Cobbett 1419)

As in contemporary contexts, it was deemed essential by each protagonist to 'control the narrative' as much as possible, in other words to dominate how the public perceived events so as to ensure a favourable reception. Placing references to controversial events such as these mainly in adjunct subordinate clauses seems to have played a key part in the discourse construction of political legitimacy.

In other ways, similarities with present-day political discourse can be observed. To attract sympathy, victimhood status is claimed on both sides. Parliamentarians portrayed themselves as innocent representatives of the people threatened with arbitrary violence:

(13) ... the safety... of the kingdom and parliament, (...) which they did see in evident and imminent danger.
(Cobbett 1428)

The King claimed to have been driven from his palace in London, and then to have gone with a few unarmed retainers to Hull, where the military fortress was peremptorily shut in his face by Parliament's appointee:

(14a) (Let all remember that) his majesty was driven from his palace of Whitehall.
(Cobbett 1422)
(14b) Sir John Hotham, who shut the gates against his Majesty.
(Cobbett 1422)

Again, the use of adjunct subordinate clauses was preferred as a means of framing the expression of the threat to the originator of the text, especially in the Parliamentarian documents.

These observations raise the question of who the intended audience of the texts really was. Although formally they constituted a dialogue that the King and Parliament addressed to each other, few would have believed by this time that they wrote what they did in the hope of inducing a change of heart on the part of their adversary. The real audience was undoubtedly the country at large. Although there was not yet a voting public in the modern-day sense, the period studied here was noteworthy in that for the first time political discourse emanating from the ruling authorities in England served a purpose that was no longer coercive, as in the proclamations of medieval times, but persuasive. The documents analysed here arose in a context where legitimacy now needed to be won via argument, not merely established by force of arms. For Peacey (2004: 317), 'the mid-17th century witnessed the emergence of something approaching a "public sphere".' He evokes 'the explosion of print and the mass media in 1642' (loc. cit.). As part of this development, royal and parliamentarian printers typically made hundreds and even thousands of copies of documents such as those analysed here. Parliament ordered the three texts to be 'published in all churches and chapels'. The audience addressed in these documents must have been a literate one: the highly complex syntactic style of formal writing they use, featuring sentence structures extended by multiple subordinate clauses, belongs to written discourse, to be appreciated via careful individual reading, rather than to oral proclamations delivered by a town crier, as was often the case with medieval proclamations, such as at that announcing the overthrow of Richard II in 1399 (Nuttall 2007). Although Parliament, as mentioned, took steps to ensure a wide dissemination of the material, it is unlikely that the documents under study here were aimed at a popular audience, not only for the stylistic reason mentioned, but also because in this period of preparation for imminent war, the over-riding concern on both sides was to secure the loyalty of elite class members whose allegiance would usually determine whether a particular locality declared for the King or for Parliament (Wedgwood 1958): Justices of the Peace and Lords Lieutenant would have formed a very important part of the main target audience.

The documents analysed can be seen as a form of political propaganda, though not in the sense of outright diatribes aimed at demonising the other side. The tone was always measured and reasonable-sounding, intended to convince by rational argument rather than by brazen accusations. Such an approach was no doubt all the more effective for that, constituting a form of political discourse that has much in keeping with the subtler forms of political persuasion of the present day. Reluctance to be branded as the aggressor was already, as we have seen, a key factor in determining the kind of messages to be conveyed. Subtlety in the construction of these texts should also be seen in the use of syntactic types known to function as supports for persuasive political discourse in contemporary contexts, principally, as we have seen, placing potentially contentious points in backgrounded clauses. This very strong preference emerges in particular from an analysis of the Parliamentarian material. In this connection, it should be mentioned that historians usually find that in the months leading up to war Parliament was far better prepared than the King for the coming hostilities, and more resolute in prosecuting its aims (see Adamson (2007: 505–511) for a very cogent presentation of this assessment). In this context, it is not surprising to find that the evidence of a consistent and presumably effective modern political discourse strategy was stronger in the Parliamentarian texts.

7 Conclusion

This small-scale study is intended as no more than a preliminary investigation of the possibility of fruitfully analysing the constructional forms of early modern political discourse on lines corresponding to those pursued for the contemporary period. To this limited extent, it has been found here that texts aimed at creating and maintaining political legitimacy already in the 17th century deployed linguistic techniques utilised by hegemonic actors in more recent times. Obviously, Fábián's (2018) hypothesis regarding a strong link between strategies of persuasive argumentation and syntactic structures in political discourse has been proved. In particular, hegemonic actors made use of syntactic backgrounding in such a way as to enhance the acceptance by an audience of potentially contentious propositions, by favouring a discourse interpretation in which these propositions are presupposed as true. It has also been found that, on the part of one of the protagonists, this strategy went together with the placement in foregrounded position of material expressing speech acts conveying an impression of conciliatoriness and goodwill, undoubtedly a skilful persuasive strategy in context. The argumentational strategy pursued by the other protagonist, however, involved less discrete use of clause types, and more reliance on presenting main claims in main clauses. The choice of approach can be seen as related to the stance taken by the protagonists in view of their respective status (King versus subjects), but also to the differing degree of political adroitness displayed by the two at the time.

These interestingly differentiated findings suggest that further insights may be gained into the nature of persuasive argumentation in the political sphere, and the varying options available to its participants, with the objective of uncovering how much continuity and how much change there has been in the evolution of this genre over 300 or so years. The history of political discourse, treated linguistically, would appear to be a field of enquiry in which many worthwhile discoveries remain to be made.

Primary Source

Cobbett, William (1807): *Cobbett's Parliamentary history of England from the earliest period to the year 1803*, Vol 2. London: Longman, Hurst etc.

References

Adamson, John (2007): *The Noble Revolt. The Overthrow of Charles I*. London: Weidenfeld and Nicholson.
Brownlees, Nicholas (2006): *News Discourse in Early Modern Britain. Selected papers of CHINED 2004*. Bern, New York: P. Lang.
Chilton, Paul (2004): *Analysing Political Discourse: Theory and Practice*. London: Routledge.
Fábián, Annamária (2018a): Extralokation als Mittel persuasiver Argumentation im Wahlkampf – ein diskursgrammatischer Ansatz. In Sandra Issel-Dombert & Aline Wieders-Lohéac (eds.): *Wahlkampf ist Wortkampf – Präsidentschaftswahlkampagnen aus sprachwissenschaftlicher Sicht,* 269–287. Berlin etc.: P. Lang.
Fábián, Annamária (2018b): „Wir schaffen das!" – Eine funktionalgrammatische und diskursive Analyse persuasiver Argumentation in der Bundespressekonferenz vom 31.08.2015 mit Angela Merkel. In this book, 77–101.
Fairclough, Norman (2005): Critical discourse analysis. *Marges Linguistiques* 9, 76–94.
Fowler, Roger (1991): *Language in the News*. London: Routledge.
Heffernan, Troy (2015): Propaganda in the English civil wars: designing emotions to divide a nation. In Susann Broomhall & Sarah Finn (eds.), *Violence and emotions in early modern Europe. Routledge Research in Early Modern History*, 173–184. New York: Taylor & Francis.
Herman, Edward S. & Noam Chomsky (1988): *Manufacturing Consent. The Political Economy of the Mass Media*. New York: Pantheon Books.
Hopper, Paul J. & Sandra A. Thompson (1980): Transitivity in grammar and discourse. *Language* 56, 251–299.

Lakoff, George (2004): *Don't think of an elephant: Know your values and frame the debate*. White River Junction, VT: Chelsea Green Publishing.
Nuttall, Jenni (2007): *The Creation of Lancastrian Kingship: Literature, Language and Politics in Late Medieval England*. Cambridge: Cambridge University Press.
Peacey, Jason (2004): *Propaganda during the English Civil Wars and Interregnum*. Aldershot: Ashgate.
Phillipson, Nicholas & Quentin Skinner (eds.) (1993): *Political Discourse in Early Modern Britain*. Cambridge: Cambridge University Press.
Reinhardt, Tanya (1984): Principles of gestalt perception in the temporal organization of narrative texts. *Linguistics 22*, 779–809.
Sbisà, Marina (1999): Ideology and the persuasive use of presupposition. In Jeff Verschueren (ed.), *Language and Ideology: Selected Papers from the 6th International Pragmatics Conference*, 492–509. Antwerp: International Pragmatics Association.
Simon-Vandenberghen, Anne-Marie, Peter R. R. White & Karin Aijmer (2007): Presupposition and taking-for-granted in mass communicated political argument: An illustration from British, Flemish And Swedish political colloquy. In Anita Fetzer & Gerda E. Lauerbach (eds.), *Political Discourse in the Media: Cross-cultural Perspectives*, 31–74. Amsterdam: Benjamins.
Ullmann, Stefanie (2018): Der „Arabische Frühling" in den Reden Internationaler Politiker. Eine Kritische Diskursanalyse grammatikalischer Strukturen. In this book, 145–163.
Van Dijk, T. A. (1993): Principles of critical discourse analysis. *Discourse and Society* 4, 249–283.
Wedgwood, C. (1958): *The King's War 1641–1647: The great rebellion*. London: Fontana.

Stefanie Ullmann
Der „Arabische Frühling" in den Reden Internationaler Politiker

Eine Kritische Diskursanalyse grammatikalischer Strukturen

Schlüsselwörter: Kritische Diskursanalyse, Kognitive Grammatik, Korpuslinguistik, Arabischer Frühling

1 Einleitung

Die vorliegende Studie befasst sich mit der Frage, wie die Geschehnisse des „Arabischen Frühlings" in den Reden internationaler Politiker diskursiviert wurden. Besonderer Fokus liegt hierbei auf dem Gebrauch verschiedener grammatikalischer Strukturen und deren Einfluss auf die allgemeine Perzeption sowie die Einbettung der Ereignisse in den breiteren gesellschaftspolitischen Diskurs. Es wird angenommen, dass ebendiese verschiedenen kognitiv-linguistischen Konstruktionen unterschiedliche oder gar gegensätzliche Konzeptualisierungen der Ereignisse zur Folge haben. Ob eine Handlung beispielsweise als transaktiv dargestellt wird, welche Akteure besonders profiliert werden oder welche Aspekte des Geschehen durch Metaphorisierungen fokussiert werden. Diese und andere Strategien sowie deren ideologisches Potenzial werden genauer beleuchtet. Als Grundlage der Analyse dient ein englischsprachiges Korpus, welches mehr als eine halbe Million Token sowie die Reden von Politikern aus sechs, sich geopolitisch unterscheidenden, Ländern umfasst. Die Studie ist somit nicht nur interdisziplinär bzw. interteildisziplinär, da sie Ansätze der Kognitiven Linguistik mit der Analyse von politischer Sprache verbindet, sie bietet darüber hinaus einen interkulturellen Einblick in den Umgang mit den Ereignissen in verschiedenen Regionen der Welt. Methodisch wurden für die Untersuchung qualitative Analyseansätze mit quantitativen korpuslinguistischen Forschungsstrategien kombiniert. Eine solche Verbindung von Methoden bringt auch für eine interdisziplinäre Politolinguistik im Hinblick auf Repräsentativität, Objektivität und die quantitative Untermauerung von Ergebnissen deutliche Vorteile mit sich.

2 Diskurskontext und Korpus

Die Ereignisse des „Arabischen Frühlings", die große Teile der arabischen Welt in den letzten sieben Jahren prägten, könnten weltpolitisch aktuell dringlicher und dramatischer kaum sein. Bereits Anfang 2011, als die *Jasmin-Revolution* die Grenzen Tunesiens überschritt und nach und nach zunächst Ägypten, dann Libyen, Bahrain, Syrien und letztlich beinahe die gesamte Region Nahost und Nordafrika ergriff, war die absolute Dringlichkeit und Intensität dieser Bewegung zu spüren. Spätestens heute, sieben Jahre nach Beginn der Revolutionen, sehen wir uns alle, in Europa und der ganzen Welt, mit den Folgen dieser tragischen Ereignisse konfrontiert.[1] Was als lange zu erwartender Protest gegen autoritäre und repressive Staatsoberhäupter begann, entwickelte sich schnell in ein kaum zu vergleichendes gesellschaftspolitisches Chaos, blutige Bürgerkriege sowie Regimewechsel, die tatsächlich wenig Änderung oder gar demokratische Entwicklungen mit sich brachten (vgl. z.B. Dabashi 2012; Israeli 2013). Länder wie Libyen scheinen völlig im Chaos versunken, während Syriens Präsident Bashar al-Assad weiterhin an seiner Macht festhält. Betrachtet man diese komplexe Situation, bleibt am Ende nicht zuletzt auch der Blick auf die internationale Politik sowie die Frage: Welche Rolle spielt eventuell bereits der sprachliche Umgang sowie die Darstellung der Ereignisse in den zahlreichen politischen Reden und Stellungnahmen im Scheitern dieser Revolutionen?

Der Arabische Frühling wurde in den internationalen Medien und der Politik viel diskutiert.[2] Es gibt sicherlich kaum einen Politiker, der sich nicht zu den Ereignissen äußerte. Und hierbei ist es mitunter nicht irrelevant, wie ebendiese Äußerungen ausfallen. Sprache und Politik sind untrennbar (vgl. z.B. Chilton & Schäffner 2002). Politik und das Ausüben von Macht funktionieren nicht ohne den Gebrauch von (eindrücklicher) Sprache. Gleichsam ist Sprache selten neutral und nicht zumindest in irgendeiner Weise politisch. In Bezug auf Ereignisse wie die des Arabischen Frühlings ist Sprache aber auch deshalb so bedeutsam, weil sie definiert wie diejenigen, die nicht selbst vor Ort sein können, das Geschehene wahrnehmen und verstehen.

Die für die vorliegende Studie analysierten Daten entstammen eines 514.235 Token umfassenden Korpus bestehend aus öffentlichen Reden und politischen

---

[1] Vgl. z.B. die Untersuchungen von Enzersberger & Fábián, Fábián, Harnisch und Kreußler & Wengeler in diesem Tagungsband zum aktuellen Flüchtlingsdiskurs, welcher ferner auch mit den Folgen der arabischen Revolutionen in Verbindung steht.
[2] Siehe auch Ullmann 2015, 2017 für Analysen des sozial- sowie massenmedialen Diskurses rund um den Arabischen Frühling.

Interviews sowohl westlicher Politiker als auch verschiedener aktueller wie auch früherer politischer Vertreter der betroffenen nahöstlichen und nordafrikanischen Länder (siehe Tabelle 1 für eine Übersicht aller Sprecher). Die Texte stammen aus einem Zeitraum von knapp drei Jahren, beginnend im Dezember 2010 mit dem Selbstmord Mohamed Bouazizis in Tunesien und dem damit einhergehenden Beginn der tunesischen Revolution. Das Korpus endet im September 2013 mit dem Abklingen der dritten Revolution Ägyptens. Alle Texte befassen sich speziell mit den Ereignissen des Arabischen Frühlings.

Tab. 1: Übersicht der politischen Sprecher und Anzahl der Texte

Vereinigte Staaten von Amerika	Großbritannien	Nahost und Nordafrika
Barack Obama (17)	David Cameron (14)	Bashar al-Assad, Syrien (21)
John Kerry (17)	William Hague (33)	Zine El Abidine Ben Ali, Tunesien (3)
Hillary Clinton (28)	Nick Clegg (4)	Moncef Marzouki, Tunesien (3)
Joe Biden (1)	Douglas Alexander (1)	Hosni Mubarak, Ägypten (3)
		Mohammed Morsi, Ägypten (4)
		Muammar Gaddafi, Libyen (4)

Die Einteilung in die Länder und Bereiche Vereinigte Staaten von Amerika, Großbritannien sowie Nahost und Nordafrika wurde vorgenommen, um möglichst ein Korpus zu erstellen, welches unterschiedliche geographische sowie politische Perspektiven widerspiegelt.[3] Während Amerika in erster Linie den Westen repräsentiert, steht Großbritannien in diesem Kontext im Zentrum Europas, da es sich wie keine andere europäische Nation an dem politischen Diskurs rund um die arabischen Revolutionen wie auch an militärischen Interventionen, zum Beispiel in Libyen, aktiv beteiligt hat. Die Region Nahost und Nordafrika als Teil des Korpus ist deshalb unerlässlich, weil sie wichtige Stimmen aus den unmittelbar betroffenen Ländern wiedergibt. Hier sind die vier, am stärksten von den Ereignissen betroffenen, arabischen Länder Tunesien, Ägypten, Libyen und Syrien enthalten. Es ist anzumerken, dass es sich bei 68% der Texte aus Nahost und Nordafrika um Übersetzungen aus dem Arabischen ins Englische handelt. Jedoch sind es letztlich

---

[3] Der Oberbegriff ‚Nahost und Nordafrika' dient an dieser Stelle ausschließlich dem Zweck der Kategorisierung. Damit soll in keiner Weise suggeriert werden, dass die hier zusammengefassten Länder als politisch oder kulturell homogen zu betrachten sind.

ebendiese Übersetzungen, die den Rest der Welt außerhalb dieser Region und die internationale Politik erreichten.[4]

3 Kognitiv-Linguistische Kritische Diskursanalyse

Die Kognitive Grammatik besagt, dass linguistische Kodierung niemals neutral ist, sondern je nach grammatikalischer Konstruktion dem Gesagten unterschiedliche Deutungsrahmen auferlegt (vgl. Langacker 2013: 43). Diese Behauptung geht mit der zentralen Annahme einher, dass grammatikalische Strukturen so bedeutungsvoll sind wie lexikalische Einheiten und somit Grammatik nicht von Semantik zu separieren ist. Mit anderen Worten, „grammar can contribute meaning of its own" (Bergen 2012: 118–119). Die verschiedenen linguistischen Strukturen und Konstruktionen werden als Formen des *Construal* oder *Construal Operations* bezeichnet. Ein Sprecher konstruiert folglich eine Situation und den entsprechenden konzeptuellen Inhalt (vgl. Langacker 2013: 43; Goldberg 2013: 15). So macht es also einen bedeutenden Unterschied, ob wir für das Beschreiben einer Aktion eine Aktiv-, Passiv- oder gar agenslose Passivkonstruktion[5] verwenden. Es werden stets andere Elemente in den Vordergrund gehoben oder bleiben gänzlich im Verborgenen. Diese Unterschiede liegen einzig und alleine in der grammatikalischen Konstruktion oder syntaktischen Anordnung begründet und haben bedeutende Konsequenzen für die Wahrnehmung der jeweiligen Situation.

Sprache ist darüber hinaus keine autonome kognitive Kompetenz, sondern mit anderen kognitiven Prozessen wie beispielsweise der Wahrnehmung, dem Gedächtnis, dem logischen Denken oder auch motorischen Fähigkeiten verbunden (vgl. z.B. Wildgen 2008). Somit ist Sprache ein wesentlicher Bestandteil menschlicher Kognition und Wahrnehmung. Sie gewährt uns wichtige Einblicke in unseren Geist und unser Denken (vgl. Langacker 1987: 12; Fauconnier 1999: 96). Dass Sprache sehr wahrscheinlich durch körperliche Wahrnehmung und Bewegung motiviert ist, zeigt sich beispielsweise im Konzept der Balance, welches wir durch körperliche Erfahrungen erlernen und nicht etwa durch das Lernen von Regeln (vgl. Johnson 1987: 74; Gibbs & Colston 2006: 241). Körperliche Erfahrungen werden in abstrakte konzeptuelle Strukturen, sogenannte *Image Schemas* oder *Frames*, um-

---

4 Alle Übersetzungen wurden von glaubhaften bzw. teils offiziellen Regierungsseiten wie beispielsweise der *Syrian Arab News Agency, Al-bab* oder *Voltaire Network* bezogen.
5 Siehe Trost zu Modalpassivkonstruktionen im diesem Band.

gewandelt (vgl. Mandler & Pagán Cánovas 2014; Fillmore 1976). Bergen (2012) sowie Bergen, Chang und Narayan (2004) haben in neurolinguistischen Versuchen getestet, ob und welche Effekte solch unterschiedliche Formulierungen auf unsere Wahrnehmung haben. Sie fanden heraus, dass die Wahl einer Aktiv- oder Passivkonstruktion bedeutenden Einfluss darauf hat, wessen Perspektive Leser oder Zuhörer annehmen. Wenn nun also im thematischen Kontext des politischen Protests von Protestierenden gesprochen wird, die von Polizisten angegriffen werden, oder von Polizisten, die Protestierende angreifen, beeinflusst dies, aus wessen Perspektive die Situation wahrgenommen wird.

Die zentralen Thesen lassen sich somit ideal mit denen der Kritischen Diskursanalyse oder *Critical Discourse Analysis* (CDA), wie sie in der anglophonen Tradition genannt wird[6], verbinden, welche primär untersucht, inwiefern Sprachgebrauch soziale Ungerechtigkeit und Ungleichheit beeinflusst (vgl. z.B. Fairclough & Wodak 1997). Die CDA kritisiert unter anderem, dass die Bedeutung von Sprache im Kontext von Machtverhältnissen und Kontrolle noch immer stark unterschätzt wird. Sprache wird als ideologisch betrachtet, als ein Instrument sozialer und politischer Kontrolle (vgl. z.B. Kress & Hodge 1979; van Dijk 1993; Wodak & Meyer 2013). Sie führt zu (De-)Legitimierung von Handlungen oder auch aktiver In- bzw. Exklusion von Menschen und Gruppen. Folglich hat es sich die CDA als Ziel gesetzt, diesen Missbrauch von Sprache offenzulegen, zum Beispiel zu Kontexten und Themen wie Immigration, Flüchtlingskrisen, Krieg oder eben auch politische Proteste.

Aktuell findet die Symbiose von kognitiv-linguistischen und kritischen Theorien zunehmend Zuspruch in der angewandten Linguistik (vgl. z.B. Hart 2013, 2014). Es gibt hierbei verschiedene Aspekte, die deutlich für eine Einbindung der Kognitionslinguistik in die Kritische Diskursanalyse und auch in die Politolinguistik sprechen. So geht die Kognitive Linguistik davon aus, dass verschiedene Diskurse, wie beispielsweise politische Reden unterschiedlicher Politiker zum Arabischen Frühling, unterschwellige kognitiv fest integrierte Schemata, Glaubenssätze und Weltbilder repräsentieren. Grammatikalische Strukturen können diese Ideologien in Text und Sprache sichtbar machen (vgl. Hart 2014: 2). Verschiedene Formen des sprachlichen Konstruierens sind ideologisch und stellen letztlich die bestimmte Weltanschauung oder Wahrnehmung einer Person oder einer sozialen Gruppe dar. Politische Sprache wiederum ist ein wichtiger Teil der Meinungsbildung und hat damit direkten Einfluss auf unsere Wahrnehmung der im Diskurs behandelten Ereignisse. Um es mit Lakoffs (2009: 231–232) Worten zu sagen, Spra-

---

[6] An dieser Stelle soll angemerkt werden, dass sich die vorliegende Studie primär mit Werken und Theorien der Anhänger der anglophonen Ausrichtung der CDA auseinandersetzt.

che hat immer eine politische Macht/Gewalt sowie die Fähigkeit, unser Wissen und Verständnis nicht nur zu aktivieren, kommunizieren und regulieren, sondern gar grundlegend zu verändern. Da Leser zudem insbesondere im Kontext eines Ereignisses wie das des Arabischen Frühlings stark auf die Darstellungen anderer, ob Politiker oder Journalisten, angewiesen sind, ist eine kritische Analyse des Diskurses auch unter Berücksichtigung der Kognitionslinguistik von großer Bedeutung.

4 Analyse und Diskussion von Beispielen

Der politische Diskurs rund um die arabischen Revolutionen behandelt zumeist Szenen und Ereignisse, die von mitunter großer Aggressivität und einem hohen Grad an Gewalt zeugen. Die Frage ist hierbei, wie konkret oder abstrakt diese Gewalt dargestellt wird und inwiefern Verantwortliche klar identifiziert werden, auch oder insbesondere vor dem Hintergrund der Wahrung eines diplomatischen Umgangs in der Politik. Die verschiedenen Darstellungsweisen, die eine grammatikalische Konzeptualisierung hergeben, sollen nun im folgenden Teil anhand einiger Beispiele aus dem Korpus vorgestellt und genauer diskutiert werden. Außerdem soll auf die persuasive Rolle von Metaphern eingegangen und die Relevanz von Korpus-gestützten Analysen in der kognitiv-linguistischen CDA deutlich gemacht werden. Die Daten wurden zunächst mithilfe der korpuslinguistischen Software *AntConc* (Anthony 2014) quantitativ bearbeitet und nach verschiedenen Stichwörtern durchsucht.[7] Daraufhin erfolgte eine detaillierte qualitative Analyse und Evaluation der Konkordanzen. Die Kombination dieser beiden methodischen Ansätze gewinnt zunehmend an Bedeutung, da es insbesondere für eine politisch kritische Auswertung von großem Vorteil ist, sich auf quantitativ fundierte Ergebnisse zu stützen (vgl. Baker and Levon 2015). Auch Aufsätze von Fábián & Enzersberger, Fábián, Issel-Dombert & Serwe, Kreußler & Wengeler, Niehr und Trost (alle in diesem Tagungsband) zeigen, wie bedeutsam der Einsatz korpuslinguistischer Ansätze und Methoden in der Analyse von politischer Sprache ist.

---

[7] Die Stichwörter lauten wie folgt: *Arab Spring, revolution, protest, uprising, crisis, events*. Da in dieser Studie auch die Darstellung von Interaktionen zwischen den Beteiligten untersucht werden sollte, wurde auch nach Begriffen wie *protesters, demonstrators, police* und *security/government forces* gesucht.

4.1 Aktionsketten (*Action Chains*) und Bewegungsschemata (*Motion Schemas*)

In der Kognitiven Grammatik wird zwischen unterschiedlichen Schemata unterschieden, die bei der Konzeptualisierung von Aktionen, Bewegungen, Zuständen oder auch Gefühlen und Emotionen zum Einsatz kommen. Eine dieser Konzeptualisierungsformen ist die sogenannte Aktionskette (auch *Action Chain*) bzw. das Billard Modell nach Langacker (vgl. 2000: 30). Aktionsketten stellen immer eine transaktive Handlung oder Szene zwischen zwei (oder ggfs. mehr) beteiligten Entitäten dar. Hierbei findet ein Energietransfer entlang der Aktionskette von einem Partizipanten – Agens oder Instrument – zum anderen Partizipanten – Patiens – statt (siehe Abb. 1). Der lineare Verlauf ähnelt der konkreten Erfahrung des Billardspiels, was letztlich zu der inzwischen gängigen Analogie führte (vgl. Goatly 2007: 284).

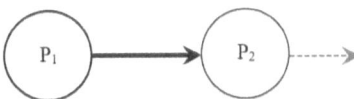

Abb. 1: Illustration einer Aktionskette mit Energietransfer von Partizipant 1 (P_1) zu Partizipant 2 (P_2)

Beispiele (1) bis (3) aus dem Korpus sollen den Gebrauch von Aktionsketten illustrieren. In allen drei Fällen findet eine klare Zuweisung von gewaltsamen Aktionen in Form von asymmetrischen Aktionsketten statt. Im Falle von asymmetrischen Aktionsketten wird stets ein Partizipant klar in den Fokus gerückt und profiliert.

(1) In Tehran, *security forces* have **beaten, detained**, and in several recent cases **killed** *peaceful protesters* (Clinton 28. Feb. 2011)
(2) Yesterday *the Syrian government* **murdered** *hundreds of Syrian citizens*, including women and children (Obama 4. Feb. 2012)
(3) [...] there were *armed militants* **infiltrating** *protesters* and **shooting at** *the police* (Assad 17. Jun. 2013)

Durch die Aktivkonstruktion und die damit einhergehende Topikalisierung des Agens wird dieses zusätzlich hervorgehoben. Dies betrifft in Beispielen (1) und (2) die jeweiligen Regierungstruppen des Irans bzw. Syriens, während in Fall (3), dargestellt aus der Perspektive des syrischen Präsidenten Assad, von nicht näher definierten, bewaffneten Milizen die Rede ist, die sowohl Protestierende wie auch die staatsnahe Polizei bedrohen[8]. Sehr explizit wird hier auf das *Schlagen, Inhaftieren* und sogar *Töten* bzw. *Ermorden* von Protestierenden und Zivilisten seitens der iranischen und syrischen Regierungstruppen eingegangen. Damit steht die klare Zuweisung von gewaltsamen Aktionen im amerikanischen Diskurs dem Assads in keiner Weise nach, der ebenso deutlich das Infiltrieren von Demonstranten sowie das Schießen auf Polizisten seitens der sogenannten Milizen beschreibt.

Neben der Konzeptualisierung in Form einer Aktionskette besteht außerdem die Option, eine Handlung oder Szene als Bewegung (*Motion Schema*) darzustellen, wie Beispiele (4) und (5) zeigen. Bei der Darstellung als *Motion Schema* oder *Event* findet kein direkter Energietransfer statt. Die Szene wird stattdessen als Bewegungsverlauf beschrieben (siehe Abb. 2 zur Verdeutlichung).

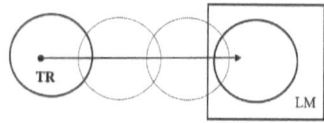

Abb. 2: Illustration eines *Motion Events/Schemas* (adaptiert von Hart 2013: 122)

(4) [...] *Bahrain police* **moved into** *the Pearl Roundabout* area of Bahrain's capital city Manama **to clear** *an encampment of protesters*. (Hague 17. Feb. 2011)

(5) *The enemy* **moved** from within, so *the armed forces* **moved**[9]. (Assad 29. Aug. 2012)

Beispiel (4) stellt solch ein typisches Bewegungsschema dar. Hier wird nicht direkt beschrieben, dass die Polizei eine Aktion gegen die kampierenden Demonstranten ausübt. Der Fokus liegt vielmehr auf der Bewegung, die letztlich zum Ziel haben soll, das Camp zu räumen. Der konzeptuelle Ablauf bzw. Prozess, der dem Ver-

---

[8] Was hierbei unter dem Aspekt der Perspektivierungsstrategie auffällt, ist die Tatsache, dass stets ein gemeinsamer Feind definiert wird. Im Assad-Beleg (3) sind es Milizen, in vielen anderen hier nicht angeführten Belegen spricht Assad von *Terroristen*, die sein Land – die Regierung wie auch die Bevölkerung – bedrohen. Es muss jedoch angemerkt werden, dass sich hinter dem Stigmawort *Terrorist* im Sprachgebrauch von Assad tatsächlich *Demonstranten* und *Oppositionelle* verbergen.

[9] Im arabischen Originalton wird stets das Verb „تحرّك" benutzt, welches als „move" zu übersetzen ist. An dieser Stelle danke ich Sana Chakroun (Philipps-Universität Marburg) für ihre Unterstützung bei Fragen bezüglich der arabischen Originale sowie der Prüfung der Richtigkeit.

ständnis dieser besonderen Konstruktion unterliegt, lässt sich durch Langackers Unterscheidung zwischen *Trajector* (tr) und *Landmark* (lm) zusätzlich besser veranschaulichen. Die kognitiven Kategorien *Trajector* und *Landmark* bezeichnen zwei Entitäten, die in unterschiedlich profilierter Relation zueinanderstehen. Eine der beiden Entitäten – der *Trajector* – tritt hierbei stets verstärkt hervor, während das andere Element – der *Landmark* – in den Hintergrund gerät (vgl. Langacker 1987: 231–236). Die Begriffe *Trajector* und *Landmark* rühren hierbei daher, dass sich das stärker fokussierte Element zumeist entlang eines Weges (*Path*) – ähnlich der Flugbahn eines Wurfgeschosses, welche im Englischen als *Trajectory* bezeichnet wird – bewegt, während die weniger prominente Entität als beständiger Bezugspunkt fungiert. Sowohl in Beispiel (4) wie auch (5) lässt sich dieser typische Bewegungslauf beobachten. Während sich in (4) die Polizei Bahrains (tr) in Richtung der Protestierenden (lm) bewegt, ist es in (5) zunächst der Feind (tr), der sich von einem nicht genauer definierten *Landmark* entfernt. Auch die zweite Szene, die in (5) beschrieben wird, ist als Bewegungsverlauf zu bezeichnen. Sie bezieht sich darüber hinaus zusätzlich auf eine reaktionäre Handlung in Bezug auf die zuvor beschriebene Situation. Beide Formulierungen sind folglich von eher abmildernder und neutralisierender Natur.

Aus Sicht der CDA lässt sich sagen, dass der Gebrauch von Aktionsketten den Einsatz von Kraft und Gewalt in einer Handlung verstärkt hervorhebt, während die Darstellung einer Szene in Form eines Bewegungsablaufs eher abschwächend, wenn nicht gar euphemistisch wirkt. Die verschiedenen grammatikalischen Konstruktionen haben folglich durchaus ideologisches Potential im politischen Diskurs (vgl. Hart 2013: 410), das auf einer starken emotionalisierenden Perspektivierung basiert.

4.2 Nominalisierung und Abstraktion

Auch Nominalisierungen und Formen der sprachlichen Abstraktion sind in politischen Kontexten keine Seltenheit. Die politischen Reden und Interviews, die sich mit den Ereignissen des Arabischen Frühlings befassen, bilden hier keine Ausnahme. Die Beispiele (6) bis (8) zeigen Fälle, in denen ein abstraktes Nomen als teilweise aktiv handelndes Subjekt bzw. Agens von Prozessen und Handlungen fungiert.

(6) *The violence* has **escalated** (Clinton 30. Jan. 2012)
(7) [...] *the human suffering* in Syria is [...] in grave danger of **escalating** further (Hague 6. Feb. 2012)

(8) [...] *the bloodshed and violence* in Cairo and Alexandria over the past 24 hours that has **claimed** the lives of scores of Egyptian demonstrators and **injured** more than 1,000 people (Kerry 27. Jul. 2013)

In Beispielen (6) und (7) werden die Gewalt und das menschliche Leid als *eskalierend* bezeichnet. Dabei werden die für die Eskalation der politischen Entwicklung und die Gewalt direkt oder indirekt verantwortlichen Personen nicht benannt. Die Nichtnennung der Verantwortlichen kann nur als ideologisch motiviert bezeichnet werden. Beispiel (8) geht noch einen Schritt weiter und schreibt dem Blutvergießen sowie der Gewalt konkrete, aktive Handlungen wie das körperliche Verletzen von Menschen zu. Es wird in jedem Fall durch den Gebrauch von Nominalisierungen von den tatsächlich verantwortlichen Akteuren abgelenkt. Auch Cap (2002: 83) merkt an, dass Nominalisierungen, vor allem im politischen Diskurs, in erster Linie zur Verschleierung und Neutralisierung von Inhalten dienen. Im Rahmen Langackers Kognitiver Grammatik lässt sich auch hier wieder die Unterscheidung zwischen *Trajector* und *Landmark* anwenden. Durch die grammatikalische Konstruktion der Nominalisierung verändert sich die Profilierung der Szene, sodass durch den Verlust des Verbes der *Landmark* in den Fokus der Darstellung rückt (vgl. Langacker 1991: 23–24). Es kann zudem festgehalten werden, dass aufgrund des divergenten Profils lediglich das Endresultat – also die Gewalt, das Blutvergießen sowie das menschliche Leid – in den Vordergrund rückt und, wie oben bereits erwähnt wurde, der vorhergegangene Prozess verschleiert bleibt.

Die mit der grammatikalischen Veränderung der Nominalisierung einhergehende Abstraktion bzw. Schematisierung eines Ereignisses oder Prozesses hat zur Folge, dass die eigentliche Komplexität der beschriebenen Szene verloren geht. Die unterliegenden kognitiven Entwicklungen sowie Effekte auf unsere Wahrnehmung lassen sich aus vielerlei Perspektiven analysieren und deuten. In Bezug auf die Darstellung politischer Proteste beschreibt Hart (2013: 416) eine solche Schematisierung beispielsweise als gezielten Versuch, die komplexe Beschaffenheit des Prozesses, der unmittelbar mit dem Akt des Protestierens zusammenhängt, zu einer Art Spektakel zu reduzieren und somit einen delegitimierenden Effekt zu erzielen. Van Leeuwen (2013: 157) spricht zudem von einer sogenannten *Eventuation*, bei der individuelleTeilaspekte eines Prozesses als simple Ereignisse dargestellt werden, die schlichtweg einfach passieren. Im Rahmen der systemischfunktionalen Grammatik betrachtet, ließe sich diese Form von Schematisierung auch als *Ideational Metaphor* verstehen, die dazu führt, dass ein Prozess behandelt und dargestellt wird, als sei er eine Entität (vgl. Halliday 2004: 636–637).

4.3 Metaphorisierung

Auch stilistische Aspekte wie figurative Sprache spielen eine bedeutende Rolle im politischen Diskurs.[10] Langacker (1987: 110) definiert Metaphern als fundamentalen Aspekt nicht nur semantischer, sondern auch grammatikalischer Strukturen. Die traditionelle kognitive Metapherntheorie (*Conceptual Metaphor Theory*) nach Lakoff & Johnson (1980) besagt, dass wir mittels einer Projektion von einer kognitiven Quelldomäne (*Source Domain*) zu einer Zieldomäne (*Target Domain*) ein in der Regel abstraktes Konzept durch ein konkreteres verstehen (z.B. DIE LIEBE IST EINE REISE). Revolutionär war und ist in diesem Kontext die Annahme, dass Metaphern eine Verbindung zwischen Sprache und Denken darstellen. Mit anderen Worten kann man davon ausgehen, dass unsere Sprache metaphorisch ist, weil unser Denken es ebenso ist (vgl. Lakoff & Johnson 1980: 3). In Fauconnier & Turners (2002) Theorie der *Conceptual Integration* werden diese Domänen als *Input Spaces* betitelt. Folgt man der Annahme Langackers, so ist die konzeptuelle Beschaffenheit von *Domains* und *Spaces* allerdings kaum zu unterscheiden (vgl. Langacker 2013: 51). Diese Unterscheidung soll auch im Kontext der vorliegenden Analyse nicht von Bedeutung sein. Was jedoch sowohl in Fauconnier & Turners als auch in Langackers Anmerkungen zu Metaphern zu betonen ist, ist die zusätzliche Idee eines *Blended* oder *Hybrid Space*, welcher durch die Projektion von einer Domäne auf die andere entsteht. Diese neu aufkommende Domäne ermöglicht das Integrieren und Entstehen von neuen Strukturen, die aus den *Inputs* alleine nicht ableitbar sind und somit selbst unnatürliche sowie fiktive Formulierungen wie „The thought just flew right out of my head" möglich und verständlich machen (Langacker 2013: 51). Insbesondere in Zusammenhang mit einer kritischen Diskursanalyse ist es ebendiese hybride Domäne, die das Aufkommen von evaluierenden und somit persuasiven Konnotationen bei metaphorischen Konstruktionen zu erklären vermag.

Tabelle 2 bietet eine erste Übersicht der fünf gängigsten Metaphern bzw. Quelldomänen, die im Korpus identifiziert werden konnten. So werden die Revolutionen und Proteste im politischen Diskurs zumeist als REISE, JAHRESZEIT, KRANKHEIT, NATURGEWALT oder -KATASTROPHE und in Form von GEBURT/SCHWANGERSCHAFT/FAMILIE konzeptualisiert und verstanden. Wirft man einen ersten Blick auf die Zahlen, wird bereits deutlich, dass es in den drei geographischen Regionen unterschiedliche Präferenzen bezüglich der Art der Konzeptualisierung gibt. Während Großbritannien deutlich zur Quelldomäne der Jahreszeiten tendiert, lässt sich in der MENA-Region (Middle-East-North-Africa), insbesondere

---

10 Vgl. Eroms in diesem Tagungsband.

im syrischen Diskurs, ein eindeutiges Verständnis der Proteste und Aufstände im Sinne ansteckender, wenn nicht gar tödlicher, Krankheiten nachvollziehen. Die USA zeigen eine marginale Tendenz zum Gebrauch der Reisemetapher.

Tab. 2: Übersicht der häufigsten Metaphern / Projektionen im vorliegenden Korpus

	USA	GB	MENA
REISE	256	216	233
JAHRESZEIT	31	131	67
KRANKHEIT	16	20	130
NATURGEWALT, -KATASTROPHE	25	24	42
GEBURT/SCHWANGERSCHAFT/FAMILIE	11	3	34

Generell lässt sich sagen, dass die Konzeptualisierung der Revolutionen in Form von Jahreszeiten, insbesondere die Frühlingsmetapher, eher eine typisch westliche Sicht- bzw. Denkweise auf die Ereignisse reflektiert. Auch wenn die Zahlen in Tabelle 2 suggerieren, dass auch im Bereich Nahost und Nordafrika regelmäßig ebendiese Metapher Gebrauch findet, muss angemerkt werden, dass sie häufig in negierter Form auftritt. So spricht in erster Linie Assad beispielsweise von einem „fake spring" oder vom Westen „falsely dubbed spring" (Assad 6. Jan. 2013). Gleichzeitig scheint es nachvollziehbar, dass vor allem die Krankheitsmetapher in den Reden der Staatsoberhäupter der betroffenen arabischen Länder zu finden ist. So wird selbstverständlich der versuchte Sturz der eigenen Regierung als bedrohlich empfunden und folglich als solches auch metaphorisch konzeptualisiert.

Hinsichtlich der geopolitischen und kulturellen Diversität des Korpus lassen sich weitere unterschiedliche Auslegungen von Metaphern beobachten, welche der Perspektivierung dienen und letztlich Rückschlüsse auf die verschiedenen politischen Sichtweisen auf die Ereignisse zulassen. Bei jeder Projektion, jeder kognitiven Metapher ist es möglich, verschiedene Aspekte besonders hervorzuheben (vgl. Lakoff & Johnson 1980: 10). Dies wird am Beispiel der Domäne GEBURT/SCHWANGERSCHAFT/FAMILIE besonders deutlich. So sind Geburt und Schwangerschaft für die meisten mit positiven Gedanken und Konnotation verbunden. Sie kann aber auch mitunter negative Assoziationen hervorrufen. Solche Unterschiede lassen sich auch im vorliegenden Korpus beobachten, genau genommen zwischen westlichem und nahöstlich-nordafrikanischem Diskurs.

Im britischen wie auch amerikanischen Diskurs wird die Metapher primär für den Ausdruck positiver und hoffnungsvoller Konzeptualisierungsformen benutzt.

Beispiele (9) und (10) zeigen, dass entweder die Revolution selbst oder eine neue politisch-demokratische Zukunft als Neugeborenes konzeptualisiert wird.

(9) [...] the revolution cannot come from the outside, it must be **born** from within (Cameron 17. Feb. 2012)
(10) [...] it is a great privilege to see a new future for Libya being **born** (Clinton 18. Okt. 2011)
(11) Many forces cooperated to **abort** all these attempts to continue all the phases of the revolution (Morsi 4. Jul. 2013)
(12) Out of **the womb of pain**, hope should be **begotten** (Assad 6. Jan. 2013)
(13) This is how these problems should be solved, in that the solutions are internally manufactured and not externally a ministered, as the latter would produce a distorted or **stillborn** solution (Assad 17. Jun. 2013)
(14) [...] **incubator** of any form of resistance (Assad 10. Jan. 2012)

Im Vergleich dazu wird in den Belegen (11) bis (14) deutlich, dass auch ein so scheinbar positives Konzept negative Konnotationen hervorrufen kann. So ist beispielsweise von *abort* (,Abtreibung') (11) und *stillborn* (,Fehlgeburt') (13) die Rede oder der Aspekt des Schmerzes (*the womb of pain*) wird profiliert (12). Beispiel (14) zeigt darüber hinaus eine weitere Präferenz des syrischen Diskurses, indem Assad häufig von einem Brutkasten des Widerstandes (*incubator of resistance*) spricht. Auch dieses Bild hat eine negative Perspektivierung zur Folge.

Ähnliche Unterschiede in politischer Auslegung und Perspektive werden anhand des Gebrauchs der Reisemetapher sichtbar. In Beispiel (15) macht Clinton deutlich, dass es aus amerikanischer Sichtzwei mögliche Wegbeschreitungen für die von der Revolution betroffenen Länder gibt. Einerseits kann ein Land sich in Richtung Demokratie und politische Stabilität bewegen, andererseits besteht die Möglichkeit zu entgleisen und den Weg zurück zur Diktatur zu gehen. Der Auszug in (15) ist darüber hinaus von besonderem Interesse, da er in verschiedenster Weise den Gebrauch der Reisemetapher verdeutlicht und noch dazu zahlreiche zusätzliche Lexeme beinhaltet, die eine gewisse moralische Wertung der Sprecherin suggerieren. Während der erste beschriebene Weg zu einem starken, demokratischen Land führt, birgt der zweite Abwege, deren Destination Autokratie und Absolutismus sind. Somit wird deutlich, dass nur die Demokratie als moralisch richtiges Ziel verstanden wird.

(15) After a revolution, history shows it [democracy] can **go one of two ways**. It can **move in the direction** you are now **headed**, to build a strong democratic country, or it can **get derailed** and **detoured** to new autocracy, to new absolutism. (Clinton 25. Feb. 2012)

(16) [...] each country should **find its own path** to achieving peaceful change. (Cameron 22. Feb. 2011)

(17) [...] we need to bring those who have gone astray **back to the right path**. (Assad 10. Jan. 2012)

Im Vergleich dazu entzieht sich Großbritannien einer solchen Wertung. So drückt Cameron beispielsweise in (16) aus, dass jedes der vom Arabischen Frühling betroffenen Länder seinen eigenen Weg finden solle. Klar ist jedoch, dass jegliches Ziel und jegliche Veränderung friedlicher Natur sein müssen. Mit dieser vergleichsweise zurückhaltenden Evaluierung der Geschehnisse bewahrt der frühere britische Premierminister seine Regierung auch vor zu großer Verantwortung und Beteiligung in den politischen Umbrüchen der arabischen Welt. Der Auszug aus einer Rede Assads in (17) macht letztlich am stärksten deutlich, wie unterschiedlich das Verständnis und die Auslegung ein und derselben Metapher in verschiedenen Diskursen sein können. In Assads Weltbild führt der richtige Weg zu ihm und der Unterstützung seiner Regierung. Die Revolutionäre seines Landes sind folglich von diesem richtigen Weg abgekommen und müssen nun zurückgeleitet werden. Damit stellt sich eine völlig gegensätzliche Sichtweise des syrischen Präsidenten im Vergleich zu den Perspektiven westlicher Nationen heraus.

Darüber hinaus lässt sich besonders im Diskurs der arabischen Nationen eine starke Konzeptualisierung der Familie feststellen. Hier findet man die von Lakoff (1996) bereits in den 90ern im amerikanischen Diskurs identifizierte THE NATION IS A FAMILY Metapher, die er gar als Grundlage eines gesamten politischen Systems definierte. Im Kontext des Arabischen Frühlings ist diese Metapher nun nicht im westlichen, sondern insbesondere im nahöstlichen und nordafrikanischen Diskurs zu finden. Hier wird der Staat – ob nun Syrien, Libyen, Tunesien oder Ägypten – zur fürsorglichen, bemühten Mutter[11], die ihren Kindern das Beste zu ermöglichen versucht.

Im amerikanischen Diskurs ist in Bezug auf den Arabischen Frühling lediglich die Konzeptualisierung der Revolution selbst in Form der Familie zu finden. Besonders eindrücklich ist hier ein Zitat aus einer Rede Hillary Clintons, in der sie die

---

11 Die weibliche Konzeptualisierung des Staates hängt im Arabischen sicherlich auch mit der Form des grammatikalischen Geschlechts zusammen, welches sowohl für den Staat selbst als auch für die oben genannten Länder weiblich ist.

Demonstrierenden aller betroffenen Länder als „the founding fathers and mothers of Arab revolutions" (Clinton, 7. Nov. 2011) bezeichnet. Die Metapher der REVOLUTION ALS FAMILIE ist hier zusätzlich in einen sehr mächtigen historischen *Frame* eingebunden, der die Ereignisse der Amerikanischen Revolution und den damit verbundenen Kampf der USA gegen die britische Krone in Erinnerung ruft. Man kann davon ausgehen, dass solch eine Formulierung sicherlich kein Zufall ist, sondern dass gar eine zusätzliche Motivation für die Menschen im Nahen Osten von dieser Rede ausgehen sollte. Die Vereinigten Staaten selbst veranschaulichen wie kaum eine andere Nation, dass es möglich ist, sich mittels revolutionärer Aufstände erfolgreich gegen ein ungewolltes, unterdrückendes Regime aufzulehnen und dieses zu stürzen. Typisch für Clinton ist auch die Inklusion der weiblichen Form (*Mothers*) in diese traditionsreiche und historische Formulierung und die damit verbundene Hervorhebung der Frauen und der wichtigen Rolle, die diese im Arabischen Frühling spielten.

5 Fazit

Der Arabische Frühling sollte und darf keineswegs als eindimensionales und uniformes Ereignis oder Thema betrachtet werden, welches für einen Bereich wie die Linguistik nicht von Bedeutung ist. Im Gegenteil, insbesondere eine Analyse der Versprachlichung in verschiedenen Diskursen bietet wertvolle Einblicke in die Ereignisse sowie deren Aufnahme und Wahrnehmung in der Politik, den Medien oder auch der Gesellschaft. Wie konkret oder abstrakt eine Handlung dargestellt oder mithilfe welcher Projektionen sie metaphorisch konstruiert wird, beeinflusst nicht zuletzt auch unser Verständnis des Geschehenen. Insbesondere die Analyse und Auswertung von kognitiven Metaphern hat verdeutlicht, dass sich bereits in einzelnen konkreten sprachlichen Ausdrücken bedeutende Unterschiede und Gegensätze hinsichtlich der Weltbilder der verschiedenen politischen Sprecher abzeichnen.

Es hat sich zudem gezeigt, dass die Kombination von Kognitiver Grammatik und Kritischer Diskursanalyse einen passenden Interpretationsrahmen für die Analyse von politischer Sprache rund um den Arabischen Frühling bietet. Politische Ideologien sind kognitiv verankert und lassen sich mittels persuasiver Sprache gezielt ansprechen und aktivieren. Somit haben linguistische Strukturen, seien sie lexikalischer, grammatikalischer oder bildlicher Natur, direkten Einfluss auf unsere Konzeptualisierung, Wahrnehmung von Ereignissen und letztlich sogar unser Handeln. Folglich ist es auch für die Politolinguistik unerlässlich, politischen Diskurs im Rahmen der Kognitionslinguistik kritisch zu beleuchten.

Die Analyse erfolgte zudem nicht nur qualitativ, sondern beruht in Teilen auf einer quantitativen Auswertung der Daten. Dadurch soll gezeigt werden, dass sowohl die Kritische Diskursanalyse als auch die Politolinguistik von der Hinzunahme korpuslinguistischer Methoden deutlich profitieren können. Vermutungen und Tendenzen können mittels einer Untersuchung größerer Datenmengen klar bestätigt oder widerlegt werden. Die Analyse gewinnt somit an Repräsentativität und entgeht einer möglichen Kritik, als selektiv und unausgewogen bezeichnet zu werden. Gleichzeitig zeigt die vorliegende Studie, dass auch quantitative Ansätze alleine den Erwartungen an eine empirische Analyse politischer Sprache nicht gerecht werden. Erst eine qualitative Auswertung des Gesagten kann ideologische Inhalte und persuasive linguistische Strukturen identifizieren und evaluieren. Untermauert mit quantitativen Angaben können qualitative Ergebnisse und deren Wirkung jedoch letztlich zuverlässiger eingeordnet und interpretiert werden. Je häufiger beispielsweise eine negativ konnotierte Metapher im Diskurs rund um ein politisches Ereignis Gebrauch findet, desto wahrscheinlich ist es, dass ebendiese Metapher die Wahrnehmung der Rezipienten stärker beeinflusst und prägt.

Politische Reden und Interviews

Al-Assad, Bashar. *Interview by* Ad-Dounia TV, 29. Aug. 2012. http://www.voltairenet.org/article175661.html (19. Sep. 2017).
Al-Assad, Bashar. *Interview by* Frankfurter Allgemeine Zeitung, 17. Jun. 2013. http://www.globalresearch.ca/president-bashar-al-assad-fighting-terrorism-in-syria-rebuilding-in-the-wake-of-the-crisis-interview-with-the-frankfurter-allgemeine-zeitung/5339481 (19. Sep. 2017).
Al-Assad, Bashar. *Speech at Damascus opera house*, 6. Jan. 2013. http://al-bab.com/albab-orig/albab/arab/docs/syria/bashar_assad_speech_130106.htm (19. Sep. 2017).
Al-Assad, Bashar. *Speech at Damascus University*, 10. Jan. 2012. http://www.globalresearch.ca/president-bashar-al-assad-s-2012-damascus-university-speech/31250 (19. Sep. 2017).
Cameron, David. *UK-France Summit press conference*, 17. Feb. 2012. https://www.gov.uk/government/speeches/uk-france-summit-press-conference (19. Sep. 2017).
Cameron, David. *Speech to the National Assembly Kuwait*, 22. Feb. 2011. https://www.gov.uk/government/speeches/prime-ministers-speech-to-the-national-assembly-kuwait (19. Sep. 2017).
Clinton, Hillary. *Keynote Address at the National Democratic Institute's 2011 Democracy Awards Dinner*, 7. Nov. 2011. https://2009-2017.state.gov/secretary/20092013clinton/rm/2011/11/176750.htm (19. Sep. 2017).
Clinton, Hillary. *Remarks at the Human Rights Council*, 28. Feb. 2011. https://2009-2017.state.gov/secretary/20092013clinton/rm/2011/02/157412.htm (19. Sep. 2017).
Clinton, Hillary. *Remarks Town Hall With Tunisian Youth*, 25. Feb. 2012 https://2009-2017.state.gov/secretary/20092013clinton/rm/2012/02/184656.htm (19. Sep. 2017).

Clinton, Hillary. *Sharp Escalation of Regime Violence in Syria*, 30. Jan. 2012. https://2009-2017.state.gov/secretary/20092013clinton/rm/2012/01/182720.htm (19. Sep. 2017).
Hague, William. *Announcement Bahrain*, 17. Feb. 2011. https://www.gov.uk/government/news/bahrain-we-urge-all-sides-to-avoid-violence-and-the-police-to-exercise-restraint (19. Sep. 2017).
Hague, William. *Announcement Syria*, 6. Feb.2012. https://www.gov.uk/government/news/syria-an-utterly-unacceptable-situation-which-demands-a-united-international-response (19. Sep. 2017).
Kerry, John. *Statement by Secretary Kerry on the Situation in Egypt: A Pivotal Moment*, 27. Jul. 2013. https://geneva.usmission.gov/2013/07/27/statement-by-secretary-kerry-on-the-situation-in-egypt-a-pivotal-moment/ (19. Sep. 2017).
Kerry, John. *Violence in Egypt*, 6. Juli 2013. https://2009-2017.state.gov/secretary/remarks/2013/07/211574.htm (19. Sep. 2017).
Morsi, Mohamed. *Post-coup speech*, 4. Jul. 2013. https://austingmackell.wordpress.com/2013/07/04/morsis-post-coup-speech-translated/ (19. Sep. 2017).
Obama, Barack. *Remarks by the President on the Middle East and North Africa*, 19. Mai 2011. https://obamawhitehouse.archives.gov/the-press-office/2011/05/19/remarks-president-middle-east-and-north-africa (19. Sep. 2017).
Obama, Barack. *Statement by the President on Syria*, 4. Feb. 2012. https://obamawhitehouse.archives.gov/the-press-office/2012/02/04/statement-president-syria (19. Sep. 2017).

Literatur

Anthony, Lawrence (2014): AntConc (Version 3.4.3) [Computer Software]. Tokyo, Japan: Waseda University. Zugriff über http://www.laurenceanthony.net/.
Baker, Paul & Levon,Erez (2015): Picking the right cherries? A comparison of corpus-based and qualitative analyses of news articles about masculinity. *Discourse & Communication* 9 (2), 221–236.
Bergen, Benjamin (2012): *Louder Than Words: The New Science of How the Mind Makes Meaning*. New York: Basic Books.
Bergen, Benjamin, Nancy Chang & Shweta Narayan (2004): Simulated Action in an Embodied Construction Grammar. In *Proceedings of the Twenty-Sixth Annual Conference of the Cognitive Science Society*, 108–113.
Cap, Piotr (2002): *Explorations in political discourse: methodological and critical perspectives*. Frankfurt: Peter Lang.
Chilton, Paul & Christina Schäffner (2002): Introduction: Themes and principles in the analysis of political discourse. In Paul Chilton und Christina Schäffner (Hrsg.), *Politics as Text and Talk: Analytic approaches to political discourse*, 1–41. Amsterdam: John Benjamins.
Dabashi, Hamid (2012): *The Arab Spring: The End of Postcolonialism*. London: Zed Books.
van Dijk, Teun A. (1993): Principles of critical discourse analysis. *Discourse & Society* 4 (2). S. 243–289.
Eroms, Hans Werner (2018): Syllogismen und Belehrungen in der Sprache der Politik am Beispiel einer Haushaltsdebatte des Deutschen Bundestags. In diesem Band, 167–186.

Fábián, Annamária (2018): „Wir schaffen das!" – Eine funktionalgrammatische und diskursive Analyse persuasiver Argumentation in der Bundespressekonferenz vom 31.08.2015 mit Angela Merkel. In diesem Band, 77–101.

Fábián, Annamária & Anja Enzersberger (2018): Sprachliche Konstruktionen der Einheit durch Substantive in Politikerreden. Eine systemisch-funktionale und kognitionslinguistische Analyse. In diesem Band, 103–127.

Fairclough, Norman & Ruth Wodak (1997): Critical discourse analysis. In Teun A. van Dijk (Hrsg.), *Discourse as social interaction. Discourse studies: A multidisciplinary introduction Vol. 2*, 258–284. London: Sage.

Fauconnier, Gilles & Mark Turner (2002): *The Way We Think*. New York: Basic Books.

Fauconnier, Gilles (1999): Methods and Generalizations. In Theo Janssen & Gisela Redeker (Hrsg.), *Cognitive Linguistics: Foundations, scope and methodology*, 95–128. Berlin: de Gruyter.

Fillmore, Charles J. (1976): Frame Semantics and the Nature of Language. *Annals of the New York Academy of Sciences: Conference on the origin and development of language and speech* 280 (1), 20–32.

Gibbs, Raymond W., Jr. & Herbert L. Colston (2006): Image schema: The cognitive psychological reality of image schemas and their transformations. In Dirk Geeraerts (Hrsg.), *Cognitive linguistics: basic readings*, 239–268. Berlin: Mouton de Gruyter.

Goatly, Andres (2007): *Washing the Brain: Metaphor and Hidden Ideology*. Amsterdam: John Benjamins.

Goldberg, Adele (2013): Constructionist Approaches. In Thomas Hoffmann & Graeme Trousdale (Hrsg.), *The Oxford Handbook of Construction Grammar*, 15–31. Oxford: Oxford University Press.

Halliday, Michael A.K. (2004): *An Introduction to Functional Grammar*. 3. Aufl., überarb. von Christian M.I.M. Matthiessen. London: Arnold.

Harnisch, Rüdiger (2018): Partizipien als meliorisierende Ersatzkonstruktionen für pejorisierte personenbezeichnende Derivata. Zu Prozessen semantischer und pragmatischer Remotivierung im Zeichen der Flücht*lings*- (oder Ge*flüchteten*-?) Krise um das Jahr 2015. In diesem Band, 217–237.

Hart, Christopher (2013): Event-construal in press reports of violence in two recent political protests: A cognitive linguistic approach to CDA. *Journal of Language and Politics* 12 (3), 400–423.

Hart, Christopher (2014): *Discourse, Grammar and Ideology: Functional and Cognitive Perspectives*. London: Bloomsbury.

Israeli, Raphael (2013): *From Arab Spring to Islamic Winter*. New Brunswick, N.J.: Transaction Publishers.

Issel-Dombert, Sandra & Marie Serwe (2018): Quo vadis, Front National? Zum Parteiprogramm „Notre Projet: Programme Politique du Front National". In diesem Band, 279–295.

Johnson, Mark (1987): *The Body in the Mind*. Chicago: University of Chicago Press.

Kress, Gunter & Robert Hodge (1979): *Language as Ideology*. London: Routledge & Kegan Paul.

Kreußler, Fabian & Martin Wengler (2018): Von *Heimatvertriebenen*, *Armutsflüchtlingen* und *Refugees*. Ein linguistischer Vergleich des aktuellen mit früheren Flüchtlingsdiskursen in der Bundesrepublik Deutschland. In diesem Band, 239–259.

Lakoff, George & Mark Johnson (1980): *Metaphors We Live by*. Chicago: Chicago University Press.

Lakoff, George (1996): *Moral Politics: How Liberals and Conservatives Think*. Chicago: University of Chicago Press.
Lakoff, George (2009): *The Political Mind: A Cognitive Scientist's Guide to Your Brain and Its Politics*. London: Penguin.
Langacker, Ronald (1987): *Foundations of Cognitive Grammar: Volume I: Theoretical Prerequisites*. Stanford: Stanford University Press.
Langacker, Ronald (1991): *Foundations of Cognitive Grammar: Volume II: Descriptive Application*. Stanford: Stanford University Press.
Langacker, Ronald (2000): *Grammar and Conceptualization*. Berlin: de Gruyter.
Langacker, Ronald (2013): *Essentials of Cognitive Grammar*. Oxford: Oxford University Press.
Mandler, Jean M., & Cristóbal Pagán Cánovas (2014): On defining image schemas. *Language and Cognition* 6 (4), 510–532. Van Dijk, Teun A. (1993): Principles of critical discourse analysis. *Discourse & Society* 4 (2), 243–89.
Niehr, Thomas (2018): Schlagwörter und ihre rhetorische Funktion. In diesem Band, 187–200.
Trost, Igor (2018): Modalpassivische Konstruktionen und deren Funktion in Regierungserklärungen der deutschen Bundesregierung. In diesem Band, 55–76.
Ullmann, Stefanie (2015): A Cognitive CDA-Approach to the Arab Revolutions: Construal Operations in International Press Language. *Proceedings of the second Postgraduate and Academic Researchers in Linguistics at York (PARLAY 2014) conference*, 103–113. https://yorkpapersinlinguistics.files.wordpress.com/2015/10/07.pdf.
Ullmann, Stefanie (2017): Conceptualising Force in the Context of the Arab Revolutions: A Comparative Analysis of International Mass Media Reports and Twitter Posts. *Discourse & Communication* 11(2), 160–178.
Van Leeuwen, Theo (2013): Discourse as the recontextualization of social practice: a guide. In Ruth Wodak & Michael Meyer (Hrsg.), *Methods of Critical Discourse Analysis*, 144–161. London: Sage.
Wildgen, Wolfgang (2008): *Kognitive Grammatik: klassische Paradigmen und neue Perspektiven*. Berlin: de Gruyter.
Wodak, Ruth & Michael Meyer (Hrsg.) (2013): *Methods of Critical Discourse Analysis*. 2. Aufl. London: Sage.

Teil 3: **Die Funktion morphologischer, lexikalischer und stilistischer Einheiten im politischen Sprachgebrauch**

Hans-Werner Eroms
Syllogismen und Belehrungen in der Sprache der Politik am Beispiel einer Haushaltsdebatte des Deutschen Bundestags

Schlüsselwörter: Syllogismen, Argumentation, Alternativen, Stilfiguren, ikonische Verstärkung

1 Einleitung: Der Inszenierungscharakter der Sprache in der Politik

Die Sprache in der Politik ist der Prototyp der öffentlichen Sprache. Dies gilt jedenfalls für demokratisch verfasste Gesellschaften, in denen alles, was sich im politischen Raum sprachlich fassen lässt, grundsätzlich für jedermann zugänglich, damit diskutierbar und kritisierbar ist oder wenigstens sein sollte. Mit dieser Bestimmung lassen sich bereits eine Reihe von Charakteristika der politischen Sprache erklären, die vor falschen Erwartungen, Missverständnissen und Fehldeutungen bewahren kann: Weil die politische Sprache sich stets in einem „Dreiecksverhältnis" befindet (vgl. Eroms 1974a), ist sie auf mehrfache Weise abgebunden: Sie richtet sich an den direkten politischen Kontrahenten, sie nimmt Rücksicht auf die Anhänger und sie wirbt um Unentschlossene. Unter der Dreieckskonstellation verstehe ich mithin, dass eine Betrachtung der Aussagen eines Redners oder einer Partei für sich allein, also eine monologische Sichtweise, nicht ausreicht, um die Wirkung politischer Sprache angemessen zu beurteilen, genauso wenig wie eine Einbeziehung der Auseinandersetzung mit der gegnerischen Position, also eine Zweierbeziehung, noch nichts einträgt, sondern dass jegliche politische Verlautbarung immer auch ein „Schaukampf" ist, der die „Dritten" einbezieht. Diese sind nur auf den ersten Blick passiv, sie sind in Wahrheit die eigentlichen Adressaten des Sprechens der Politiker. Einen politischen Gegner etwa durch eine gelungene Argumentation zu überzeugen, ihn umzustimmen und ins eigene Lager hinüberzuziehen, ist kaum vorstellbar. Alles, was sich sprachlich beobachten lässt, gilt letztlich den Dritten, der Öffentlichkeit, für die in offenen demokratischen Gesellschaften alles zugänglich sein muss, worüber sprachlich gehandelt wird.

Auf den Aspekt der Konstellation Politiker – Öffentlichkeit möchte ich mich Folgenden konzentrieren. Ich gehe nicht darauf ein, dass die Beurteilungsgrundlage für das Reden der Politiker ebenfalls öffentlich zugänglich sein muss, ich setze das voraus, bin mir aber bewusst, dass die exekutiven Ressourcen schon zwischen Regierung und Opposition „asymmetrisch" verteilt sind. Umso auffälliger ist es, wenn sich Politiker der Opposition bei der Exekutive für die Bereitstellung der Materialien bedanken, wie es in der Debatte, die ich im Folgenden als Grundlage meiner Überlegungen heranziehen werde, der Fall ist. Da sagt der Abgeordnete der Fraktion der Linken zu Beginn seiner Rede:

(1) Ich will [...] unbedingt erwähnen, dass in kürzester Frist der zweite Haushaltsentwurf vorliegt. Dabei gebührt den Mitarbeiterinnen und Mitarbeitern in den Ministerien, besonders auch im Finanzministerium, ganz herzlicher Dank. Sie haben Tolles auch für die Opposition geleistet. (Dr. Dietmar Bartsch, Die Linke, 18049, 4466)

Für die „Dritten", also die von der politischen Sprache betroffenen, also „wir", ist die Zugänglichkeit der Fakten, über die politisch verhandelt wird, nur mittelbar, also eingeschränkt gegeben: durch die Medien, durch Bürgerinitiativen (wie es z.B. bei der Debatte um TTIP derzeit besonders der Fall ist), durch eigene Recherche, „Ur-Recherche" – dies wäre allerdings ein Unterfangen, das in unserer komplexen Welt dem Suchen der Stecknagel im Heuhaufen gleichkommt. Auf diese notwendigen Bedingungen für die adäquate Rezeption der politischen Kontrahentensprache kann ich nicht weiter eingehen. Ich beschränke mich auf die Konstellation der Auseinandersetzung der Kontrahenten selbst.

Aus den bisherigen Überlegungen dürfte schon hervorgegangen sein, dass es sich bei einer Debattenrede um eine bewusst vorgenommene Inszenierung handelt.[1] Das gilt, wie Werner Holly (2012 [1985]: 7–11) hervorhebt, nicht nur für die Debattenreden in den politischen Gremien, sondern auch für Interviews, die ein Politiker gibt – auch dort führt er fast immer einen fiktiven Dialog mit dem politischen Gegner oder umwirbt die Neutralen –, und auch für Reden vor Anhängern, etwa bei den Politischen Aschermittwochsreden, jeweils mit einer anderen Gewichtung. Die Grundbedingungen der politischen Sprache sind aber immer die gleichen, auf sie werde ich zunächst in aller Kürze eingehen.

---

1 Für die Bundestagsdebatten, insbesondere für die Plenardebatten arbeitet dies Burkhardt (2003: 319-336) heraus. Vgl. dazu Girnth (2015: 112).

2 Grundbedingungen der Sprache in der Politik

Für die Bewertung der Sprache in der Politik bietet sich ein funktionalstilistischer Ansatz an.[2] Die Sprache in der Politik ist ein Sektor der öffentlichen Sprache, der „mittelbaren Direktive", andere Sektoren der öffentlichen Sprache sind z. B. die Verwaltungssprache oder die Rechtssprache. Der Ansatz der Funktionalstilistik ist dadurch gekennzeichnet, dass er die Funktionalstile stets in ihrer spezifischen Unterschiedlichkeit zu (allen) anderen Funktionalstilen zu erfassen sucht. Diese Sichtweise bewahrt vor unangemessenen Erwartungen. Denn neben universalen Bedingungen des Sprechens, wie sie sich etwa in den Grice'schen Konversationspostulaten niederschlagen, sind es ganz bestimmte Eigenheiten, die funktionalstilistisch festgelegt sind. Bei der Sprache in der Politik sind es u.a. die folgenden Charakteristika: Alle Aussagen tendieren zum Grundsätzlichen, alle Einzelaussagen werden auf in der jeweiligen Parteitradition verankerte Werte bezogen, sie werden in der Kommunikation gerne aus den formulierten Grundwerten argumentativ abgeleitet. In der Redeanalyse werde ich dafür Beispiele anführen, die zeigen, dass dadurch die Aussagen einen Zug ins Abstrakte, Unkonkrete erfahren (vgl. Eroms 1974). Dieses Faktum erklärt einerseits die ständig angeführte „Grundsätzlichkeit" der Politikersprache, andererseits bietet das für die politischen Kontrahenten Angriffsflächen. Andererseits lässt sich bei den berufenen Grundwerten im Laufe der Zeit eine starke Konvergenz der Gruppierungen feststellen, wodurch die analytische Unterscheidbarkeit der je spezifischen politischen Sprachhaltungen nicht mehr ausreichend gewährleistet ist. Abgesehen von absoluten Grundwerten der Politik wie *Vertrauen, Wahrheit, Bürgernähe* usw. (vgl. Krell & Mörschel 2014: 15f. und Stötzel & Wengeler 1995) sind es in der jeweiligen Parteitradition tradierte Werte wie *Solidarität, Soziale Marktwirtschaft* oder *Internationalismus*, die von ihren ursprünglichen Protagonisten – *Solidarität* bei den Sozialdemokraten, *Soziale Marktwirtschaft* bei der CDU, *Internationalität* bei der Partei der Linken – durch den Gebrauch auch außerhalb der Sprache in der Politik als allgemeine Werte verstanden werden, so dass sie von allen Parteien eingesetzt werden können und auch eingesetzt werden (vgl. Klein 2014: 77–84). In der für meinen Beispielbereich herangezogenen Haushaltsdebatte verwendet zum Beispiel der Abgeordnete Norbert Barthle (CDU/CSU) den Ausdruck *Solidarität*:

---

2 Vgl. Eroms (2014: 128-130).

(2) Hier werden wir sicherlich helfen müssen, aber das muss zielgenau und so passieren, dass der Begriff der Solidarität richtig definiert wird; denn ich nehme überrascht zur Kenntnis, dass die Bundesländer Solidarität derzeit vor allem so definieren, dass sie sagen: Keiner von uns soll weniger haben, aber alle mehr. – Wenn das das Verständnis von Solidarität ist, dann sagen wir: Gut, dann darf auch der Bund nicht weniger haben, und alle sollen mehr haben. – Die Frage ist dann nur, woher das Geld kommen soll. (Norbert Barthle, CDU/CSU), 18049, 4478)

Das Substantiv *Solidarität* kommt allein 11 mal in der Debatte am 9. September 2014 vor. Der Bezug auf Solidarität ist zudem nicht zuletzt seit der Etablierung des Solidarzuschlages legislativ und exekutiv abgebunden und kann kaum noch für eine bestimmte Parteitradition in Anspruch genommen werden.

Aus solchen Entwicklungen resultiert ein folgenschweres Faktum: Zunehmend sind die sprachlichen Grundbezüge nicht mehr parteipolitisch trennbar, die politischen Kontrahenten sind gezwungen, auf andere, sekundäre Strategien auszuweichen. So werden etwa Werbekampagnen für die Wahlen in die Hände von Agenturen gegeben, und es fließen überhaupt in die Sprachverwendung der Politik Elemente der Werbungssprache ein. Dies ist zwar im Grunde erwartbar, weil die Sprache in der Politik, wie eingangs schon gesagt worden ist, stets um die Werbung Andersdenkender und Neutraler bemüht sein muss, aber es stößt auch auf Reserve in der Öffentlichkeit, weil damit die erwartete Solidität, die Sachlichkeit der argumentativen Auseinandersetzung, gemindert wird.

So ist ein anderer Weg, das Profil einer Partei über die sprachlichen Verlautbarungen zu schärfen, zunehmend von großer Bedeutung: Es ist die individuelle sprachliche Markierung, mit der die standardisierte und regulierte Parteisprache, die aus den genannten Gründen immer etwas blass und theoretisch wirkt, umgangen werden kann. So erwartet man etwa vom CDU-Politiker Heiner Geißler eine direkte, aufmüpfige Ausdrucksweise, vom SPD-Politiker Frank Walter Steinmeier, dem ehemaligen Außenminister und jetzigen Bundespräsident, eine abgeklärte „staatsmännische" Redeweise, wobei die beiden Genannten damit sich gerade von ihrer Parteitradition abheben.

Auch diese Sprachhaltungen sollte man nicht nur als Ausfluss echter, quasi natürlicher Redeweise ansehen, sondern auch bei ihr den Inszenierungscharakter in Rechnung stellen: Sprache in der Politik ist so gut wie nie, auch wenn sie spontan erscheint, ungezwungen, sondern muss auch in ihren individuellen Ausprägungen als stilisiert verstanden werden.

Mit der Zuweisung der Sprache der Politik an den Funktionalstil der öffentlichen Sprache im Sektor „Indirekte Direktive" ist u.a. auch vorgegeben, dass diese

Sprache sich an den aktuellen Ausdrucksweisen orientiert, sie muss „auf der Höhe der Zeit" sein, die Bürger und Bürgerinnen sollen spüren, „dass ihre Sprache gesprochen wird". Dafür werde ich aus der analysierten Rede noch Beispiele anführen.

3 Redeanalyse

Für meine Beispiele wähle ich die Bundestagsdebatte um die Einbringung des Haushalts 2015 vom 9. und 10. September 2014. Sie wird eröffnet durch den ehemaligen Bundesminister der Finanzen, Dr. Wolfgang Schäuble.[3]

Zu den idiosynkratischen Zügen in der Haushaltsrede des Bundesfinanzministers a.D. gehört an erster Stelle die ständige Berufung auf das Vertrauen in die Verlässlichkeit der Politik:

(3) Vertrauen – das wissen die Ökonomen seit Ludwig Erhard – ist der wichtigste Rohstoff in einer Ordnung der sozialen Marktwirtschaft. (Bundesminister Dr. Wolfgang Schäuble, 18049, 4460)

Geballt kommt dieses Wort in Kombination mit anderen Wertbegriffen seiner Regierungspartei etwa in dem folgenden Beleg vor:

(4) Die „schwarze Null" ist kein Selbstzweck, aber sie steht für Verlässlichkeit; sie steht dafür, dass wir halten, was wir versprochen haben. Nur so können wir das Vertrauen in den Wirtschaftsstandort Deutschland erhalten. Wir haben uns dieses Vertrauen in den letzten Jahren mühsam wieder erarbeiten müssen. (Schäuble, 18049, 4460)

Zusammen mit der „schwarzen Null" sollen diese Ausdrucksweisen für die Konstanz der Regierungspolitik, vor allem der CDU/CSU stehen. Man kann den kontinuierlichen Gebrauch des Wortes *Vertrauen* – es kommt in der relativ kurzen Rede 14 mal vor – als den Versuch werten, eine „Begriffsbesetzung" vorzunehmen. Die Thematik der Begriffsbesetzung hatte die politologische Debatte der sechziger und siebziger Jahre des vorigen Jahrhunderts geprägt (vgl. Liedtke, Wengeler & Böke 1991, Klein 2014: 103–112, Girnth 2015: 73). Mir scheint die gegenwärtige Situation

---

[3] Die Zitate nach „Deutscher Bundestag". Stenografischer Bericht. (http://dip21.bundestag.de/dip21/btp/18/18049/18050/18051).

eher dadurch gekennzeichnet zu sein, dass nicht mehr die Urheberschaft solcher Begriffe reklamiert wird, weil der Konsens in der Gesellschaft über die wesentlichen Fragen weiter gewachsen ist. In anderen, konkreteren Feldern entwickeln sich antagonistische Begriffe, wie es gegenwärtig bei der Flüchtlingsdebatte der Fall ist.[4]

Diese Einzelberufungen sind Ausfluss des in den tragenden Vokabeln ausgesprochenen, aber auch in synonymen Wendungen daraus ableitbaren Fügungen. Sie ziehen sich als ostinates Strukturgerüst durch die ganze Rede Schäubles.

Dazu gehört weiter die ständige Erinnerung an Tatsachen, die das Regieren erschweren und die nicht in Vergessenheit geraten dürften. Einige Beispiele: Der Bund habe Kosten für die Grundsicherung übernommen. *Dies muss man immer wieder in Erinnerung rufen.* (4461) – Die Länder hätten von der Änderung der Verteilung des Mehrwertsteueraufkommens profitiert: *Auch daran muss man die Länder erinnern.* (4462) – Es seien zu hohe Erwartungen an die Möglichkeiten der Europäischen Zentralbank geäußert worden: *Auch das muss man sich wieder und wieder ins Gedächtnis rufen.* (4464)

Alle Politiker, die Spitzenpolitiker zumal, müssen sich mit einer idiosynkratischen Redeweise profilieren. Das ist einerseits wichtig, um die persönliche Unverwechselbarkeit sicherzustellen, andererseits müssen die dafür eingesetzten Ausdrucksweisen aber doch auf die Parteitradition abgestellt sein, sie müssen sich aus der sprachlichen Grundstrategie der jeweiligen Partei ergeben, dürfen oder müssen aber auch eigenständige Züge zeigen. Sie schlagen sich in Slogans nieder, die in unterschiedlicher Weise von den Anhängern, den Gegnern und Neutralen aufgegriffen werden. Denn ein sprachliches Kennzeichen kann durchaus kritisch sein, wenn es nur geeignet ist, den Politiker oder die Politikerin damit in der Öffentlichkeit zu charakterisieren und damit seine oder ihre Aktualität zu sichern. Für die Bundeskanzlerin sind solche Schibboleths bekanntlich das „dies ist ohne Alternative" und „wir schaffen das".[5] Letzteres wird in zahllosen Versionen umformuliert: Hierauf näher einzugehen wäre ein eigenes Unterfangen. Für das Schibboleth der Alternativlosigkeit, möge eine der zahllosen Karikaturen zunächst als Beleg dafür reichen, dass die Bundeskanzlerin mit dieser Vorstellung „Kontinuität" vermittelt. Dies wird in der Zeichnung kritisch gesehen.

---

4 Vgl. den Beitrag von Fabian Kreußler & Martin Wengeler in diesem Band.
5 Vgl. den Beitrag von Annamária Fábián in diesem Band.

(5)[6]

Abb. 1: Merkels Schibboleths

Die angebliche Alternativlosigkeit politischer Entscheidungen ist eine Unterstellung, die sich daraus erklärt, dass die Regierung ihre Handlungen als alleinige Möglichkeit rechtfertigen muss. Es ist aber gerade das Wesen demokratischer Legitimation, dass durch das Bestehen von mehreren Möglichkeiten *grundsätzlich* Alternativen gegeben sind. In der hier im Mittelpunkt stehenden Haushaltsdebatte wird im Übrigen fast ausschließlich von der Opposition das Wort *Alternativen* herangezogen, der Finanzminister umgeht die Ausdrucksweise, die zu der Zeit bereits für die Kennzeichnung der Person der Kanzlerin festgelegt war. Durch die kompromisslose Setzung dieser Aussage wird zumindest der Eindruck hervorgerufen, dass es nur eine Handlungsmöglichkeit gäbe – eine für die demokratische Kultur nicht ungefährliche Entwicklung. Sie führt auch dazu, dass in der Öffentlichkeit die Handlungsmöglichkeiten unter dieser Perspektive diskutiert werden, wobei sich meist die Verengung auf zwei Möglichkeiten zeigt, nicht eine Palette von Alternativen thematisiert wird.

Genau diese Problematik greift in der Fortsetzung der Debatte die Abgeordnete Katrin Göring-Eckardt auf. Ihr Beitrag ist erstens ein treffendes generelles Beispiel für die Belehrungen, die aus der Opposition zu erwarten sind und im Speziellen für die Ansicht über Alternativen in der Politik:

---

6 www.de.toonpool.com.

(6) Demokratie lebt von der Debatte und entsteht im Wettstreit von Meinungen. Es ist nichts Schlechtes dabei, um Positionen zu ringen. Es ist auch nichts Schlechtes dabei, sich zu korrigieren. Das ist das Wesen von Demokratie. Es geht um den friedlichen Wettstreit der Meinungen. Über den Kontrast und die Alternativen, über die wir reden müssen, werden die Bürgerinnen und Bürger in Wahlen entscheiden. Es ist eben nichts alternativlos, und es ist bitter, anzusehen, wie Sie es zulassen, dass jene Kräfte stärker und stärker werden, die sich von rechts als Alternative für Deutschland darstellen. Wir brauchen diese Auseinandersetzung, und dazu gehört es, dass man sagt, was man will, und dass man klarmacht, was man nicht will. Diese Alternative wollen wir jedenfalls nicht. (Katrin Göring-Eckardt, Die Grünen, 18050, 4561)

Über die an dieser Stelle vorgebrachten generellen belehrenden Bemerkungen der Abgeordneten der Opposition hinaus ist hier zu sehen, wie gefährlich das Beharren auf der *Alternativlosigkeit* ist, wenn sich neben und gegen die bestehenden Parteien eine Gruppierung als „Alternative für Deutschland" etablieren kann.

Allerdings wird der Mechanismus der Alternativlosigkeit durchaus auch bei der Opposition berufen, wenn ein Abgeordneter der Linken Folgendes sagt:

(7) Die einzige friedenspolitische Alternative für Europa ist nicht die NATO, sondern ein System gegenseitiger kollektiver Sicherheit. (Dr. Alexander S. Neu, Die Linke, 18050, 4621)

Dem wiederum steht die bloße rhetorische Anführung entgegen, die ebenfalls ein Abgeordneter der Linken vornimmt, wenn er zu der Problematik, wie auf die Bedrohung durch die ISIS reagiert werden solle, ausführt:

(8) Dann wird immer gefragt, ob man einfach wegschauen wolle. Ich glaube, diese scheinbare Alternativlosigkeit ist falsch. Es gibt immer Alternativen, auch in diesem Konflikt. Ich werde Ihnen eine nennen. (Stefan Liebich, Die Linke, 18051, 4672)

Aber auch von der Regierungsseite wird diese Verwendungsweise gewählt, wenn zum einen Sigmar Gabriel und zum andern ein Abgeordneter der CDU/CSU sagt:

(9) Denen müssen wir sagen: Europa ist nicht die Gefahr, sondern die Antwort, gerade für ein exportorientiertes Land. Dazu gibt es eben keine Alternative für Deutschland. (Sigmar Gabriel 18050, 4592)

(10) Denn zu dem Dreiklang aus Nothilfe, Schutz und Waffen gibt es zum jetzigen Zeitpunkt keine Alternative. (Tobias Zech, CDU/CSU, 18050, 4652)

Das Wort *Alternative* kommt noch an einer Reihe von Stellen in der Debatte vor, genauso wie die Konstruktionen *wir schaffen das* oder *wir können das schaffen*.
Welches sind nun die Spracheigentümlichkeiten des ehemaligen Bundesfinanzministers? Allgemein bekannt geworden ist sein Ausspruch in der Griechenlandkrise:

(11) Am 28., 24 Uhr, isch over.

Dieses badische Englisch wird, soweit zu sehen ist, meist in einer durchaus anerkennenden Form zitiert. Die Bildzeitung schreibt in einem geradezu hymnischen Artikel am 17.7.2014:

(12) Er spricht Französisch, liest „Le Monde" im privaten Abo und seine schwere Finanzliteratur in Englisch. Europäisch ist seine Muttersprache, britischbadensisch seine Botschaft: „Isch over!" (deutsch: „Es ist vorbei!"). (Bild, 17.7.2014)

In der Haushaltsdebatte vom 9. September 2014 finden sich bei Schäuble mehrfach englische Einsprengsel. Noch eher unauffällig sind Ausdrucksweisen wie

(13) europäische Player im Hard- und Softwarebereich (Schäuble, 18049, 4465)

Anspruchsvoller ist der Umgang mit dem Englischen im folgenden Satz:

(14) Ein bedeutender amerikanischer Präsident hat einmal einen Wahlkampf geführt mit dem Slogan: „It's the economy, stupid!" Wir könnten heute auch einfach sagen: „It's the implementation, stupid!" Nur dann werden wir nachhaltig Vertrauen in die Zukunftsfähigkeit Europas und seiner Staaten gewinnen. (Schäuble, 18049, 4465)

Mit dem Folgesatz wird dieser linguistische Versuch, Weltläufigkeit zu demonstrieren, angebunden an aktuelle Hochwertausdrücke: *Vertrauen, Zukunftsfähigkeit, Europa*. Auf den Begriff *Vertrauen* ist oben schon eingegangen worden. Im Folgenden werde ich die beiden Strategien der Sprache in der Politik beleuchten, die ich für die Titelformulierung meines Beitrages gewählt habe, die quasilogischen Beweisführungen. Die erste, die Heranziehung von Syllogismen, findet sich bevorzugt bei den Parteien, die in der Regierungsverantwortung stehen. Denn sie soll dazu dienen, das legislative und vor allem das exekutive Handeln zu legitimeren. Dagegen ist die Strategie des Belehrens eher bei den Oppositionsparteien zu finden. Sie setzen mit ihren Gegenentwürfen den Regierungsparteien Alternativen entgegen. Weil naturgemäß die Oppositionsparteien in der Defensive sind, entlädt sich dieses Handicap bisweilen in Polemik oder Besserwisserei. Ich wähle den etwas neutraleren Ausdruck „Belehrungen".

3.1 Syllogismen

Der wichtigste Zug der politischen Sprachverwendung ist das Rekurrieren auf die Vertextungsstrategie des Argumentierens[7], wie ich es oben schon angegeben habe. Klein (2014: 349) unterscheidet drei Strategietypen in der politischen Kommunikation: „Basisstrategien [...] dienen der Orientierung an den Präferenzen relevanter Adressatengruppen, der Aufwertung eigener und/oder der Abwertung konkurrierender Positionen und der Abstimmung auf die massenmedialen Gegebenheiten", daneben finden sich spezielle „Kaschierstrategien" und „Konkurrenzstrategien". Erwartet werden darf nun nicht eine stringente, mathematisch exakte, logisch befriedigende Vorgehensweise. Das würde vor allem den „Dritten" in der Konstellation des politischen Sprechens, die (breite) Öffentlichkeit, überfordern. Wir finden denn auch als argumentatives Vorgehen alle möglichen informellen Ansätze, die sich aber dennoch meistens auf den Modus ponens zurückführen lassen, d.h. dass allgemeine Gesetzmäßigkeiten angegeben werden, dann Einzelfälle benannt werden und sodann Folgerungen für das politisch notwendige Handeln gezogen werden. Die Debattenrede vom 9. 11. 2014 ist voll von solchen Beispielen. Die logische Gesetzmäßigkeit ist meist schwer aufzudecken, die Redner und Rednerinnen begnügen sich, hier wie auch sonst zumeist, mit definitorischen Ansätzen und raschen Folgerungen. Die Gesetzmäßigkeiten werden dazu gern in Verschränkungen angeführt, so dass man beim Hören der dahinterstehenden Logik nur schwer folgen kann. Dazu sind solche Argumentationspassagen auch noch durchsetzt mit Hochwertvokabeln aus der aktuellen Diskussion. Im folgenden Passus läuft das folgendermaßen ab:

---

7 „Als grundlegendes Sprachhhandlungsmuster in den Debattenbeiträgen kann das ARGUMENTIEREN angesetzt werden." (Girnth 2015: 114f.)

(15) Wir müssen das weiter ausbauen, weil wir Wachstum eben nur über Innovationen erreichen. Ich wiederhole es: Bei unserer demografischen Entwicklung – wir werden weniger und älter – können wir Wachstum nicht durch mehr Köpfe steigern, sondern nur durch kreative Köpfe, die Innovationen vorantreiben und dadurch Wachstum schaffen. Wachstum durch Innovation bedeutet übrigens Hightech.
Deswegen ist es richtig, dass die Bundesregierung letzte Woche die neue Hightech-Strategie beschlossen hat. Diese Hightech-Strategie trägt dazu bei, dass die hohe Innovationsfähigkeit unseres Landes weiterhin eine unserer herausragenden Stärken bleibt. (Schäuble, 18049, 4461)

Die generelle Gesetzmäßigkeit lässt sich so formulieren:

(16) Wenn A, dann B (A → B)

                Nun aber a (als Element von A)

                                            Folglich: B

In unserem Beispiel:

A → B (eine materiale Implikation): „(Nur) wenn A, dann B": (Nur) wenn es Innovationen gibt (A), dann erfolgt Wachstum (B).
Nun aber a: Innovationen gibt es. Aber sie unterliegen Sonderbedingungen. Daher muss ein zweites Gesetz eingeschaltet werden:
A → B „Wachstum erfolgt nur durch kreative Köpfe" („die Innovationen vorantreiben")
Auch hier liegt ein solcher Fall vor (also: a): Diese sind vorhanden.

                                        Folglich: Wachstum ist möglich.

Das wird in einer idiosynkratischen „Gesamtdefinition" zusammengefasst: „Wachstum durch Innovation bedeutet übrigens Hightech." Und daraus wiederum folgt, dass die Hightech-Initiative der Bundesregierung richtig ist, weil sie Innovation fördert.

Diese logischen Verschlingungen[8] werden nun weiter noch durch die Nennung aktueller Hochwertvokabeln überlagert. Das setzt sich im folgenden Abschnitt noch weiter fort:

(17) Wir brauchen kreative Antworten auf die Herausforderungen unserer Zeit. Gute Ideen müssen schnell in innovative Produkte und Dienstleistungen umgesetzt werden. Der Wettbewerb wird immer schneller. Deswegen muss die Vernetzung von Wissenschaft und Wirtschaft immer enger werden. Wir konzentrieren uns als Bundesregierung auf Felder mit einer großen Innovationsdynamik. (Schäuble, 18049, 4461)

Diesen Passus kann man als bloße Aneinanderreihung von Gemeinplätzen und aktuellen Hochwertwörtern lesen. Darin unterscheidet sich die Rede des Ministers wenig von anderen Debattenbeiträgen.

3.2 Belehrungen

In seinem Grundsatzteil gibt Wolfgang Schäuble keine Belehrungen, sondern eine eher neutrale Lagebeschreibung. Daher wird er auch sogleich vom ersten Redner der Opposition, Dr. Dietmar Bartsch (DIE LINKE) korrigiert:

(18) Herr Bundesfinanzminister, ich habe Ihnen aufmerksam zugehört und festgestellt, dass wir in Deutschland keine Probleme haben, wenn überhaupt, nur einige Aufgaben; unsere Nachbarn haben Probleme. Ich kann Ihnen eines versichern: Das hat mit der Lebenswirklichkeit vieler Menschen sehr, sehr wenig zu tun. (Dr. Dietmar Bartsch, DIE LINKE, 18049, 4466)

Der Abgeordnete geht sogleich ins Grundsätzliche, indem er die hinter dem Haushaltsentwurf stehende Haltung kritisiert und den Minister belehrt:

(19) Dieser Haushalt ist das Gegenteil von verantwortungsvoller Politikgestaltung. Zentrale Herausforderungen der Politikgestaltung, das heißt die Modernisierung des Bildungswesens, der Infrastruktur und der Energienetze

---

8 Girnth (2015: 109-117) analysiert eine Rede Wolfgang Schäubles in der Hauptstadt-Debatte des Deutschen Bundestages vom 20. Juni 1991 und geht dabei besonders auf die Verschränkung von Argumentationsmustern ein.

und die Überwindung des Investitionsstaus, finden sich im Haushalt nicht ausreichend wieder. (Bartsch, 18049, 4466)
Es müssten mehr Investitionen getätigt werden. Aber: Bei Ihnen finden Investitionen derzeit vor allen Dingen auf einem Feld statt: Sie reden über die Dobrindt-Maut, und Sie sprechen hier von Verlässlichkeit und Vertrauen. Angesichts der Maut muss ich feststellen: Das, was Sie hier aufführen, ist Kasperletheater. (Bartsch, 18049, 4466)

Rednern der Opposition werden freimütigere Äußerungsweisen zugestanden als den Regierungsparteien. So sind derbe Ausdrücke wie *Kasperletheater* oder grobe Anreden wie *Hören Sie auf mit diesem Unsinn!* (Bartsch, 18049, 4466), *Mit diesem Kurs gefährden Sie aufs Gröbste die Zukunft des Landes* (Bartsch, 18049, 4467) und Invektiven wie *Sie haben schon oft Koalitionsverträge gebrochen* (Bartsch, 18049, 4466) offenbar gestattet. Sie werden vom Parlamentspräsidenten jedenfalls nicht gerügt. Das gilt auch für Bewertungen wie:

(20) Eine Politik um der schwarzen Null willen, die die Schulden von heute in kaputte Städte und Gemeinden, marode Gesundheits-, Kultur- und Bildungseinrichtungen unserer Enkel tauscht, ist der falsche Weg. (Bartsch, 18049, 4468)
(21) Von außen hat dieser Haushalt eine polierte, glänzende Fassade, dahinter bröckelt es gewaltig. (Kindler, 18049, 4471)
(22) Es gibt einen zweiten Bereich, den ich ansprechen möchte, und zwar die Finanzmarktregulierung – dazu haben wir schon etwas gehört –, bei der Sie ebenfalls nur Halbgares produzieren. (Susanna Karawanskij, DIE LINKE, 18049, 4476)

Diese Abgeordnete fordert die Regierung ziemlich von oben herab auf:

(23) Meine Damen und Herren von der Regierungsbank, legen Sie mehr politischen Biss an den Tag! (Karawanskij, 18049, 4477)

Wertungen und Belehrungen dieser Art sind aus der Sicht der Öffentlichkeit ein belebendes Element in der Debattenkultur, auch und gerade dann, wenn sie wiederum auf Ablehnung stoßen müssen. Sie provozieren die Gegenseite, vor allem aber aktivieren sie die „Dritten", die Zuhörer, in ihrer Aufmerksamkeit. Dies lässt sich auch als eine generelle Rechtfertigung von Polemik im politischen Sprachgebrauch verstehen. Streit in der Politik darf nicht nur als Invektive aufgefasst werden, sondern als Maßnahme zur Aufrüttelung der Bürger und Bürgerinnen.

3.3 Stilformen, Stilfiguren

Des Öfteren wird darüber geklagt, dass in der neueren Zeit der Stil der Debattenreden nicht das Niveau früherer Tage halte.[9] In der Tat gibt es derzeit kaum Reden, die sich als rhetorisch anspruchsvoll bewerten lassen. Das heißt aber nicht, dass sich in ihnen nicht doch die Gesetzlichkeiten stilistischer Gestaltung finden würden. In unserer Haushaltsrede findet sich eine ganze Palette stilistischer Maßnahmen. Ich beschränke mich auf Stilfiguren und aktuelle Stilistika und führe die auffälligsten an. Dabei ist zu bedenken, dass Stil nie „Selbstzweck" ist, sondern immer im Dienst der Ausdrucksabsicht steht. Stil hat ein „Janusgesicht", d. h. einerseits müssen Vorgaben der Funktionalstilistik eingehalten werden, also den nach sozialen Anforderungen sektorierten Gebrauchsbedingungen und Textsortenkriterien. Andererseits muss ein stilistisch gelungener Text auch individuelle Merkmale aufweisen, anderenfalls wird er in einem Umfeld, in dem es auf Durchsetzung gegen die Konkurrenz ankommt, nicht wahrgenommen. Prototypisch sind dafür Werbetexte und eben auch Texte der politischen Kommunikation.

So sind die im Folgenden angeführten Stilistika in der Absicht gewählt, dem Redetext Auffälligkeit, vor allem größeren Nachdruck zu verleihen. Ich greife die folgenden heraus[10]:

Anaphorische Reihung

Diese klassische stilistische Maßnahme findet sich in der Debatte gehäuft. So sagt der Abgeordnete Sven-Christian Kindler (BÜNDNIS 90/DIE GRÜNEN):

(24) Mit diesem Haushalt produzieren Sie ganz viele *Verlierer*. Wer sind die Verlierer Ihrer Haushaltspolitik? *Die Verlierer sind* die Kinder und Jugendlichen, denen es an guter Bildung und Betreuung fehlt. *Die Verlierer sind* die gesetzlich Krankenversicherten, die bald Zusatzbeiträge zahlen müssen. *Die Verlierer sind* Beschäftigte mit kleinen und mittleren Einkommen, die nachher die Zeche zahlen werden. *Die Verlierer sind* aber auch Unternehmen, deren Transportwege kaputt sind und die im ländlichen Raum keinen Zugang zu schnellem Internet haben. *Die Verlierer sind* die Kommunen, deren verspro-

---

9 Vgl. z.B. http://www.zeit.de/wirtschaft/2015-11. Zumindest lässt sich feststellen, dass „der Gebrauch rhetorischer Mittel im Vergleich zu früheren Parlamenten nach und nach immer weiter abgenommen hat" (Burkhardt 2003: 385). – Grundsätzlich zur parlamentarischen Kommunikation außer Burkhardt (2003) Kilian (2000).
10 Weitere stilistische Phänomene werden bei Wengeler (2009) behandelt.

chene Entlastung von 5 Milliarden Euro auf 2018 verschoben wird. *Die Verlierer sind* das Klima und die Umwelt, die weiter zerstört werden. *Die Verlierer sind* auch die Flüchtlinge in vielen Kriegen der Welt, weil humanitäre Hilfe nicht ausreichend bereitgestellt wird. (Sven-Christian Kindler, BÜNDNIS 90/DIE GRÜNEN, 18049, 4471)

Der Abgeordnete Ralph Brinkhaus (CDU/CSU) entgegnet:

(25) Dieser ausgeglichene *Haushalt ist zustande gekommen, obwohl* wir weder Steuern erhöht noch neue eingeführt haben. *Dieser ausgeglichene Haushalt ist zustande gekommen, obwohl* wir Kommunen und Länder im mittleren zweistelligen Milliardenbereich entlastet haben und entlasten werden. *Dieser Haushalt ist zustande gekommen, obwohl* wir in ganz wichtigen Zukunftsbereichen – Herr Kollege Schneider hat es gerade erläutert – nicht gespart haben. (Ralph Brinkhaus, CDU/CSU, 18049, 4472)

Der Abgeordnete Norbert Barthle (CDU/CSU) sagt:

(26) *wir müssen jetzt etwas* für die Wirtschaftsförderung *tun*, damit wir in der Zukunft sparen; *wir müssen jetzt etwas* für die Jugend *tun*, damit wir in der Zukunft die Rendite haben; *wir müssen jetzt die* Arbeitslosigkeit bekämpfen, damit wir in der Zukunft einsparen können. (Norbert Barthle, CDU/CSU, 18049, 4477)

Und der Abgeordnete Sven-Christian Kindler (BÜNDNIS 90/DIE GRÜNEN):

(27) Mit diesem Haushalt 2015 wollen Sie keine neuen Schulden mehr bei den Banken aufnehmen, aber Sie nehmen neue Schulden bei der Infrastruktur auf. Sie nehmen neue Schulden bei der Zukunft auf, weil Sie kaum investieren. Sie nehmen neue Schulden bei den Krankenkassen auf. Sie nehmen neue Schulden bei der Rentenversicherung auf. Ihr Haushalt, Herr Schäuble, hat eine große versteckte Verschuldung. (Sven-Christian Kindler, BÜNDNIS 90/DIE GRÜNEN, 18049, 4470)

In der Häufung nutzt sich dieser Mechanismus schnell ab.

Anapher, Steigerung und Klimax

Am folgenden Beleg kann das Zusammenspiel der verschiedenen stilistischen Formen abgelesen werden. Die Aussage des Ministers erfolgt in rhythmisierter Prosa – an sich schon eine auffällige Form in gesprochener Sprache – und enthält einen Dreischritt mit einer Klimax. In der Wortwahl unterstützt sie das Ostinato der Rede: „Vertrauen und Verlässlichkeit".

(28) Bundeshaushalte ohne Neuverschuldung sollen ab 2015, ab nächstem Jahr, Normalität werden. Wir haben das vor der Wahl versprochen, wir haben es nach der Wahl vereinbart, und jetzt setzen wir es um. (Schäuble, 18049, 4460)

Aktuelle Ausdrucksweisen: Ikonische Verstärkung

Zu den stilistischen Erfordernissen einer wirksamen Rede gehört es, sich aktuell, „tagesaktuell", auszudrücken. Das ist in den Bundestagsreden so gut wie immer der Fall, so auch hier. Einige Beispiele für gängige Ausdrucksweisen in der deutschen Gegenwartssprache zeigen das deutlich:

(29) *Generieren*: Innovationen zu generieren (Lothar Binding, 18049, 4481); Einnahmen generieren (Norbert Brackmann, CDU/CSU, 18049, 4482), Haushalte kann man sanieren, indem man spart oder indem man in den Bereichen, in denen es zu höheren Steuereinnahmen kommen kann, diese auch generiert. (Antje Tillmann, CDU/CSU, 18049, 4485), können wir hier wirklich in Zukunft Wertschöpfung und Wachstum und Arbeitsplätze für Deutschland, aber auch für ganz Europa generieren? (Bundeskanzlerin, 18050, 4556)
Einpreisen: Es sind keine Risiken eingepreist (Sven-Christian Kindler, BÜNDNIS 90/DIE GRÜNEN, 18049, 4470).
Nachdenken: Deswegen müssen wir auch über neue Formen der Aufgabenteilung zwischen Staat und Privaten nachdenken. (Schäuble, 18049, 4460)
Vernetzung: Deswegen muss die Vernetzung von Wissenschaft und Wirtschaft immer enger werden. (Schäuble, 18049, 4461)
Die schwarze Null: Von der „schwarzen Null" ist in den Debatten am 9. und 10.9.2014 45 mal die Rede.

Weitere aktuelle Begriffe sind u.a. Wettbewerbsfähigkeit, wirtschaftliches Umfeld, stabilitätsorientierte Politik, Nachhaltigkeit, Hausaufgaben machen, passgenau, punktgenau.

Alle diese stilistischen Maßnahmen sind aber dennoch eher konventionell. Immerhin findet sich mit dem folgenden stilistischen Phänomen etwas, das sich derzeit gehäuft in der Werbungssprache nachweisen lässt, nämlich die Sichtbarmachung sprachlicher Prägungen durch „Rekonkretisierung". So werden in der Werbung häufig Ausdrucksweisen wörtlich genommen, „beim Wort genommen", versteinerte Ausdrucksweisen werden auf ihren Entstehungspunkt zurückgeführt. Dafür mag ein Beispiel genügen: Dem Schauspieler Larry Hagman wird der Satz „Öl – damit habe ich nichts mehr am Hut" in den Mund geschoben, gleichzeitig sieht man, wie er sich an seinen Texashut fasst, wobei „Texas" auch noch „Öl" signalisiert:

(30) Öl – damit hab' ich nichts mehr am Hut (mz-web.de)

Eine solche „ikonische Verstärkung" (Harnisch 2010) nimmt ein Abgeordneter tatsächlich auch in dieser Debattenrede vor. Der Abgeordnete Lothar Binding (SPD) sagt:

(31) Wir haben lange diskutiert, und wenn es keine Lösung gab, gab es am Ende neue Schulden, und damit war das Problem eigentlich gelöst.
Im Ergebnis waren die Effekte dieser Politik aber nicht ganz so angenehm. Sie lassen sich in etwa mit einem Zollstock messen – für die Älteren von Ihnen ist das ein Déjà-vu; denn den hatte ich vor einigen Jahren schon einmal ausgeklappt.
(Der Redner klappt einen verschiedenfarbigen Zollstock aus)

Abb. 2: Der Abgeordnete Lothar Binding klappt einen Zollstock aus (Quelle: lothar-binding.de)

(32) Das stellt die ungefähr 2 Billionen Euro Schulden, die die Politik in den letzten Jahrzehnten aufgebaut hat, dar. (Lothar Binding, SPD, 18049, 4480)

An dieses „Zollstock-Messen" knüpft sich ein heiteres Geplänkel im Hohen Hause. Während das rekonkretisierte Bild dort mit Humor aufgenommen wird, ist dies bei den gewöhnlichen Bürgern und Bürgerinnen nicht immer der Fall. Es findet sich Zustimmung, aber auch Ablehnung:

(33) Damit kann man messen, wie tief das Niveau im Plenum gesunken ist (Facebook, 10.9.2014, 9.11)
Zollstock ist in der politischen Diskussion absolut ungeeignet! (Facebook, 11.9.2014, 8.23)

Abb. 3: Messen mit dem Zollstock (Quelle: twitter.com)

Das Zollstock-Zeigen hatte dieser Abgeordnete schon vorher einmal vorgenommen;[11] es gehört also bereits zu seiner individuellen Präsentationsform. Dass er dabei die medialen Grenzen überschreitet, ist für eine Bundestagsdebatte allerdings ein Novum, zeigt aber immerhin, dass die aktuellsten Formen auffälliger kommunikativer Strategien Eingang in die Sprachverwendung der Politik finden.

Dies gilt schließlich auch für unterstützende Gesten und ähnliche Maßnahmen, mit denen sich Politiker und Politikerinnen profilieren. Das bekannteste Phänomen ist die charakteristische Handhaltung der Bundeskanzlerin. Obwohl sich die Raute, mit der die Bundeskanzlerin sich hin und wieder präsentiert und mit der sie in unzähligen Karikaturen dargestellt wird, auch bei anderen Rednern

---

11 In der Haushaltsdebatte des Deutschen Bundestages am 17.9.2010. (offenesparlament.de/plenum/17/60/debatte/65076)

und Rednerinnen nachweisen lässt, ist dieses Emblem, das als „Merkel-Raute"[12] bereits in die Liste der Emoticons eingegangen ist,[13] graphisches Schibboleth der Kanzlerin. Wie die Tageszeitung Die Welt schrieb: „Die Raute steht für sich – und für die CDU für Ruhe und Kraft einer Bundeskanzlerin."[14] Wie Wörter, Wendungen und Begriffsfelder besetzt oder für eine bestimmte politische Richtung reklamiert werden, zeigt sich hier eine Tendenz, auch visuelle und gestische Idiosynkrasien für sich zu beanspruchen – eine im visuellen Zeitalter nicht inkonsequente Entwicklung.

4 Fazit

In den Debattenreden des Deutschen Bundestages finden sich die aktuellen und tragenden Zeitbegriffe und ihre Verknüpfung, was als ein Zeichen von „Bürgernähe" verstanden werden mag. Wir dürfen daher nicht erwarten, dass etwa eine hohe Stilebene durchgehalten wird. Unser Blick auf eine Debatte, die ein eher nüchternes Thema behandelt, zeigt das eindrücklich. Gleichwohl sind rhetorische Einsprengsel zu bemerken, aktuelle Stilformen werden erwartungsgemäß aufgegriffen. Vor allem aber zeigen sich die Konstanten politischen Sprechens: Argumentationen bedienen sich indirekter und komplexer Schlussverfahren, die man kritisch betrachten kann, weil ihre logischen Schritte wenig offensichtlich sind. Was die Verquickung mit aktuellen Ausdrucksweisen, insbesondere mit den gerade aktuellen Hochwertwörtern betrifft, so lässt sich dazu kritisch anmerken, dass Bürger und Bürgerinnen vom eigentlichen Inhalt der Reden abgelenkt werden können. Dennoch sind die Debattenreden keineswegs wenig relevant oder gar überflüssig: Sie sind die offiziellen Manifestationen aktueller politischer Problemlagen und der Dispute um ihre Bewältigung, und sie aktivieren und provozieren bei den Hörern und Hörerinnen politische Anteilnahme.

Literatur

Burkhardt, Armin (2003): *Das Parlament und seine Sprache. Studien zu Theorie und Geschichte parlamentarischer Kommunikation.* Tübingen: Niemeyer.

---

12 Vgl. den Wikipedia-Artikel „Merkel-Raute".
13 Vgl. z.B. www.focus.de, 29.10.2014
14 In dem Beitrag „In der Raute liegt die Kraft" (Die Welt, 3. 9. 2013).

Eroms, Hans-Werner (1974): Asymmetrische Kommunikation. Zur Funktion von Abstraktem und Konkretem in politischer Sprache. In: *Sprache im technischen Zeitalter* 52, 297–318.
Eroms, Hans-Werner (1974a): Zur Analyse politischer Sprache. *Linguistik und Didaktik* 5, Heft 17, 1–16.
Eroms, Hans-Werner (2014): *Stil und Stilistik. Eine Einführung*. 2. überarb. und erweit. Aufl. Berlin: Schmidt.
Fábián, Annamária (2018): „Wir schaffen das!" – Eine funktionalgrammatische und diskursive Analyse persuasiver Argumentation in der Bundespressekonferenz vom 31.08.2015 mit Angela Merkel. In diesem Band, 77–101.
Girnth, Heiko (2015): *Sprache und Sprachverwendung in der Politik. Eine Einführung in die linguistische Analyse öffentlich-politischer Kommunikation*. 2. Aufl. Berlin/Boston: de Gruyter.
Harnisch, Rüdiger (2010): Zu einer Typologie sprachlicher Verstärkungsprozesse. In Rüdiger Harnisch (Hrsg.): *Prozesse sprachlicher Verstärkung. Typen formaler Resegmentierung und semantischer Remotivierung*. Berlin, New York: de Gruyter, 3–23.
Holly, Werner (2012): *Sprache und Politik. Pragma- und medienlinguistische Grundlagen und Analysen*. Hrsg. von Sonja Ruda & Christine Domke. Berlin: Frank & Timme.
Kilian, Jörg (2000): Zur Formung parlamentarisch-demokratischer Kommunikation im Parlamentarischen Rat. In Armin Burkhardt & Kornelia Pape (Hrsg.): *Sprache des deutschen Parlamentarismus. Studien zu 150 Jahren parlamentarischer Kommunikation*. Wiesbaden: Westdeutscher Verlag, 172–192.
Klein, Josef (2014): *Grundlagen der Politolinguistik. Ausgewählte Aufsätze*. Berlin: Frank & Timme.
Krell, Christian & Tobias Mörschel (Hrsg.) (2014): *Werte und Politik*. Wiesbaden: Springer.
Kreußler, Fabian & Martin Wengler (2018): Von *Heimatvertriebenen*, *Armutsflüchtlingen* und *Refugees*. Ein linguistischer Vergleich des aktuellen mit früheren Flüchtlingsdiskursen in der Bundesrepublik Deutschland. In diesem Band, 239–259.
Liedtke, Frank, Martin Wengeler & Karin Böke (Hrsg.) (1991): *Begriffe besetzen. Strategien des Sprachgebrauchs in der Politik*. Opladen: Westdeutscher Verlag.
Stötzel, Georg & Martin Wengeler u.a.: (1995): *Kontroverse Begriffe. Geschichte des öffentlichen Sprachgebrauchs in der Bundesrepublik Deutschland*. Berlin, New York: de Gruyter.
Wengeler, Martin (2009): Stilistische und rhetorische Phänomene auf der Ebene des Diskurses. In Ulla Fix, Andreas Gardt & Joachim Knape (Hrsg.): *Rhetorik und Stilistik – Rhetoric and Stylistics. Ein internationales Handbuch historischer und systematischer Forschung*. Berlin, New York: de Gruyter, 1630–1648.

Thomas Niehr
Schlagwörter und ihre rhetorische Funktion

Schlüsselwörter: Schlagwort, Argumentation, politische Kommunikation, *Willkommenskultur*

1 Einleitung

Eine zentrale Funktion von Politik besteht darin, so lautet die klassische Bestimmung des Philosophen Hermann Lübbe (1975: 107), „im Medium der Öffentlichkeit Zustimmungsbereitschaften zu erzeugen". Um dies zu erreichen, bedienen wir uns in Demokratien deliberativen Typs der Argumentation, einem Verfahren, das dazu dienen soll, „etwas kollektiv Fragliches in etwas kollektiv Geltendes zu überführen" (Klein 1980: 19). Rationale Argumentation zielt darauf ab, unser Gegenüber mittels vernünftiger Argumente zu überzeugen, einen Konsens herzustellen. In diesem Zusammenhang steht das berühmte Diktum Habermas' (1971: 137), dass in derartigen rational motivierten Verfahren der Konsensherstellung idealerweise „ausschließlich der eigentümlich zwanglose Zwang des besseren Argumentes" herrsche, „der die methodische Überprüfung von Behauptungen sachverständig zum Zuge kommen läßt und die Entscheidung praktischer Fragen rational motivieren kann". Betrachtet man hingegen die politische Kommunikation, so scheint sie – zumindest in der öffentlichen Wahrnehmung – in einem starken Kontrast zur Konsensustheorie Habermasscher Prägung zu stehen: Die praktizierten Verfahren gelten gemeinhin als in erster Linie dem Machterhalt verpflichtet und somit als nicht-rational. Anders gewendet: Politische Kommunikation gilt eher als manipulativ, denn als argumentativ. Dies hängt u.a. mit der Rolle unseres Parlaments zusammen, das man als Schaufenster-Parlament charakterisieren kann – als ein Parlament, in dem keine Entscheidungsfindung stattfindet, in dem die vorgängige Entscheidungsfindung für die Wähler lediglich dokumentiert wird, und zwar in Debatten, deren Ausgang im Vorhinein feststeht (vgl. Burkhardt 1995 sowie Eroms in diesem Band). Gibt es auch sprachliche Phänomene, die für das manipulative Element politischer Kommunikation verantwortlich sind oder dieses Element zumindest indizieren?

In diesem Zusammenhang soll im Folgenden der Frage nachgegangen werden, welche Rolle Schlagwörter bei der argumentativen Entscheidungsfindung haben. Dabei wird unterschieden zwischen dem schlechten Ruf, den Schlagwörter landläufig einerseits haben, und der rhetorischen Funktion, die sie andererseits tatsächlich erfüllen. Weiterhin ist eine wichtige Unterscheidung unerlässlich – die zwischen dem Gebrauch von Schlagwörtern und ihrer Thematisierung. Diese Unterscheidung wurde bislang in der Schlagwort-Forschung nicht ausreichend beachtet. Sie wird zum ersten Mal theoretisch begründet in einem Handbuchartikel zur rhetorischen Funktion von Schlagwörtern und Leerformeln (vgl. Niehr i.Vb.), mit dem der hier vorgelegte Aufsatz teilidentisch ist. Die Anwendung dieser Unterscheidung mit dem Fokus auf dem Schlagwort *Willkommenskultur* entstammt allerdings nicht diesem Handbuchartikel, sondern wurde erstmals auf der Passauer Tagung zur politischen Sprache im Oktober 2015 vorgestellt und speziell für den hier vorliegenden Aufsatz verfasst.

2 Kurze Geschichte der Schlagwort-Forschung

Die Schlagwortforschung hat seit mehr als 100 Jahren einen festen Platz in der Sprachwissenschaft. Bereits im Jahr 1900 veröffentlicht Richard Moritz Meyer sein Buch „Vierhundert Schlagworte". Acht Jahre später legt Friedrich Lepp seine Studie zu Schlagwörtern des Reformationszeitalters vor. Dazwischen – im Jahr 1906 – erscheint Otto Ladendorfs bis heute berühmtes Historisches Schlagwörterbuch. Es trägt den bescheidenen Untertitel: „Ein Versuch" und ist übrigens Friedrich Kluge gewidmet. Betrachtet man diese Ahnen der Schlagwortforschung, so fällt auf, dass sie sich mit Definitionen ihres Gegenstands nicht lange aufhalten. Die Einleitung zu Ladendorfs Wörterbuch etwa umfasst knapp elf Seiten, und der Autor selbst sagt durchaus selbstkritisch oder auch als captatio benevolentiae zu seiner Methodik: „Die Schlagwortforschung ist erst ein junger Zweig am Baume der deutschen Wortforschung. Ihre Methode bedarf also noch der Vervollkommnung." (Ladendorf 1906: XV)

Schritte auf dem langen Weg der Vervollkommnung hat die Schlagwortforschung v.a. in den letzten Jahrzehnten gemacht, in denen zahlreiche Arbeiten erschienen sind, die sich mit Abgrenzungs- und Definitionsfragen beschäftigen (vgl. mit Nachweisen Niehr 1993; Niehr 2007; Niehr 2012; Niehr 2017; Schröter 2011; Schröter 2015). Ohne die Stadien der Schlagwortforschung im Detail zu beleuchten, lässt sich eine linguistische Definition herausarbeiten, der wohl die meisten Schlagwortforscher zustimmen würden: Der Terminus *Schlagwort* bezeichnet in der Linguistik einen „Ausdruck, der zu einer bestimmten Zeit besondere Aktualität gewinnt und mit dem ein Programm oder eine Zielvorstellung öffentlich propagiert wird" (Niehr 2007: 496).

Offensichtlich handelt es sich hier um eine funktionale Definition, und Schlagwortforscher sind sich – soweit ich sehe – einig, dass Schlagwörter kein

Oberflächen-Phänomen sind. Dieckmann (1975: 102) stellt vor mehr als 40 Jahren in seiner Einführung in die Sprache der Politik bereits klar: „Ein Wort ist nicht Schlagwort, sondern wird als Schlagwort gebraucht." Wiewohl derartige funktionale Charakterisierungen von Schlagwörtern unumstritten sind[1], evozieren sie Anschlussfragen. So etwa die Frage, wozu denn Wörter gebraucht werden, wenn sie als Schlagwörter verwendet werden. Was also ist die Funktion von Schlagwörtern in der politischen Kommunikation? Möchte man die Etymologie bemühen, so liegt die Antwort nur scheinbar auf der Hand. Denn die Etymologie von *Schlagwort* ist weniger eindeutig, als es auf den ersten Blick scheinen mag. Ob mit dem Terminus in erster Linie Wörter gemeint sind, mit deren Hilfe verbal auf den (politischen) Gegner eingeschlagen wird, bleibt nämlich offen. Die bislang erste bekannte lexikographische Erwähnung findet sich im 2. Band der 1. Auflage des Wörterbuchs der Deutschen Sprache von Daniel Sanders (1865: 1664). In Sanders' Wörterbucheintrag wird darauf abgehoben, dass Schlagwörter Sachverhalte schlagend und in prägnanter Kürze zusammenfassen. Auch im Grimm'schen Wörterbuch wird das Schlagwort umschrieben als „schlagende, d.h. kurze und treffende bezeichnung" (Grimm, Bd. IX, 1899: 427). Im 19. Jahrhundert finden sich allerdings auch Wörterbucheinträge, die weniger auf die prägnante Kürze als vielmehr auf ein aggressives Moment von Schlagwörtern hindeuten: Schlagwörter gelten dann als Wörter, mit denen im (Wort-)Streit zugeschlagen wird, die einschlagen wie der Blitz (vgl. mit Nachweisen Kaempfert 1990: 192–193). Auch in neueren Auflagen des etymologischen Wörterbuchs von Kluge finden sich verschiedene Bedeutungsparaphrasen; sie reichen von „schmerzlich treffendes Wort" bis zu „Wort, das eine Lage schlagartig erhellt". In diesem Kontext informiert Kluge (2011: 807), dass „*Schlag* am ehesten die Schnelligkeit charakterisieren soll".

In der aktuellen Schlagwortforschung wird meist darauf verwiesen, dass mit Schlagwörtern Programmatisches verkündet wird. Typisch dafür sind beispielsweise die Schlagwörter der französischen Revolution (*liberté, égalité, fraternité*) oder auch ein aktuelleres Schlagwort des bundesdeutschen öffentlichen Diskurses wie *Willkommenskultur*. Folgt man dieser Auffassung, so besteht eine zentrale Funktion von Schlagwörtern darin, ein Programm und damit meist auch eine Argumentation in einem Ausdruck zu verdichten. Die Bezeichnung „discourse in a nutshell" (Schröter 2013: 93) ist dafür glücklich gewählt. Damit erfüllen Schlagwörter eine ökonomische Funktion, indem sie ganze Programme, Argumentationen oder Diskursbestandteile komprimieren und doch gleichzeitig Interpretationsspielräume offenlassen. Gleichzeitig werden mit Schlagwörtern meist auch die Emotionen der

---

1 Vgl. dazu auch die Ausführungen von Kilian in diesem Band.

RezipientInnen angesprochen. Auf diese Weise wird versucht, mittels Schlagwörtern Gefühle und mittelbar auch das Verhalten von Menschen zu steuern.

3 Schlagwörter in der öffentlichen Wahrnehmung

In der öffentlichen Wahrnehmung kommen Schlagwörter meist nicht gut weg. Ihre Verwendung wird im öffentlichen Diskurs häufig thematisiert, und zwar in eindeutig pejorisierender Absicht. Schlagwörter werden hier als Manipulationswerkzeuge dargestellt, als verbale Waffen. In diesem Sinne zitiere ich nur eine von vielen Stimmen aus den 80er Jahren des letzten Jahrhunderts. Albrecht Schau (1985: 16) charakterisiert Schlagwörter unter Verwendung etymologischer Versatzstücke als „Marschflugkörper, die die Radarstationen des Bewußtseins unterfliegen, um dann hinterhältig im menschlichen Hirn wie Blitze einzuschlagen. Wo sie nicht erschlagen, bedeuten sie Tiefschläge für das menschliche Bewußtsein". Ohne Schwierigkeiten könnte man diesem Zitat eine ganze Reihe weiterer Zitate hinzufügen, in denen ähnlich verfahren wird (vgl. exemplarisch Niehr 1993: 12–16.). Zu einer derartigen Pejorisierung des Ausdrucks *Schlagwort* passt sehr gut, dass in der politischen Auseinandersetzung immer nur dem jeweiligen politischen Gegner unterstellt wird, Schlagwörter zu verwenden, mittels Schlagwörtern eine unter kommunikationsethischer Perspektive dubiose Art der verbalen Auseinandersetzung zu pflegen. Der Terminus *Schlagwort* wird auf diese Weise zu einem Label, mit dem Äußerungen des politischen Gegners pauschal abqualifiziert werden, ohne dass die Maßstäbe der Kritik transparent würden. Die Funktion des Ausdrucks *Schlagwort* ähnelt bei derartigen Verwendungsweisen der des Ausdrucks *Leerformel*, mit dessen Hilfe ebenfalls missliebige Äußerungen als inhaltsleer, vage, nichtssagend etc. bewertet werden können (vgl. Niehr i.Vb.).

Nun könnte man diese Verwendungsweisen des Terminus *Schlagwort* als nicht-wissenschaftlich ignorieren und sich stattdessen ausschließlich mit der linguistisch-deskriptiven Bedeutung des Terminus befassen. Eine derartige Abgrenzung allerdings scheint wenig realistisch, weil die Pejorisierung des Ausdrucks allgegenwärtig ist und die Gefahr einer semantischen Kontamination des linguistischen Terminus kaum vermeidbar erscheint. Außerdem ist es eine zentrale rhetorische Funktion des Ausdrucks *Schlagwort*, sich kritisch auf die Rede des politischen Gegners zu beziehen. Ertragreicher scheint es vor diesem Hintergrund zu sein, die verschiedenen Begriffsverständnisse und Verwendungen des Ausdrucks *Schlagwort* sauber zu klären und sich selbst jeweils Rechenschaft darüber abzugeben, inwieweit welche Bedeutung aktualisiert wird.

Im Folgenden wird deshalb zwischen drei Verwendungsweisen von *Schlagwort* unterschieden (vgl. Niehr i.Vb.):
- der Ausdruck *Schlagwort* als Terminus der Linguistik und Rhetorik, mit dem bestimmte Phänomene in der politischen Rede bezeichnet werden,
- die Verwendung des Ausdrucks *Schlagwort* als rhetorisches Mittel in der politischen Rede,
- die Verwendung von Schlagwörtern als rhetorische Mittel in der politischen Rede.

Die 2. und 3. Bedeutung sollen im Fokus der folgenden Überlegungen stehen, um die rhetorische Funktion von Schlagwörtern näher zu beleuchten.

Folgt man der bisherigen Schlagwort-Forschung, so dient die Verwendung des Ausdrucks *Schlagwort* in Debatten in erster Linie zur Abwertung gegnerischer Positionen. Dabei wird meist eine alltagssprachliche Bedeutung zugrunde gelegt, die sich beispielsweise in allgemeinsprachlichen Wörterbüchern findet. Das einbändige Duden Universalwörterbuch (2015: 1536) umschreibt die alltagssprachliche Bedeutung von *Schlagwort* wie folgt: „(oft abwertend) abgegriffener, oft ungenauer, verschwommener, bes. politischer Begriff, den jmd. meist unreflektiert gebraucht; abgegriffene Redensart, Gemeinplatz".

Deutlich wird an dieser Bedeutungsparaphrase, dass der Ausdruck optimal dazu geeignet ist, die Rede anderer zu kritisieren – als vage, voll von Gemeinplätzen und gleichzeitig von dürftigem Inhalt. Folgt man dieser Logik, so kann eine Rede, der bescheinigt wird, voll von Schlagwörtern zu sein, keine gute Rede sein, da mit ihr (nicht näher explizierte) Redenormen verletzt werden.

4 Die Verwendung des Ausdrucks *Schlagwort* in Bundestagsdebatten

Schaut man sich vor dem im vorigen Kapitel skizzierten Hintergrund die Verwendung des Ausdrucks *Schlagwort* in Bundestagsdebatten an, so kann man erwarten, einschlägige Verwendungsweisen des Ausdrucks zu finden, mit denen die Rede des jeweiligen politischen Gegners als inadäquat, nicht überzeugungskräftig, inhaltsleer etc charakterisiert wird. Diese Erwartung entspricht allerdings keineswegs der sprachlichen Realität. Vielmehr zeigt sich Überraschendes. Zugrunde gelegt wurde für die folgende kleine explorative Studie ein Debattenkorpus, das alle Bundestagsdebatten der Jahre 1964 und 2014 umfasst. In der Tat wird in diesen Debatten der Ausdruck *Schlagwort* in der im Duden kodifizierten Bedeutung ver-

wendet. Aber dies ist keineswegs die vorherrschende Verwendungsweise. Vielmehr lassen sich folgende Begriffsverwendungen unterscheiden
1. die Verwendung als abwertender Ausdruck mit Bezug auf die Rede des politischen Gegners,
2. die Verwendung als neutraler Ausdruck mit Bezug auf die Rede des politischen Gegners oder des eigenen Lagers,
3. die Verwendung als neutraler Ausdruck mit Bezug auf positiv bewertete Fahnen- oder Hochwertwörter.

Insbesondere die Positionen 2 und 3 wurden von der Schlagwortforschung bislang ignoriert bzw. als historische Verwendungsweisen angesehen, die im 20./21. Jahrhundert nicht oder kaum mehr anzutreffen seien. So bemerkt noch Kaempfert:

> Da [im 19. Jahrhundert, Th.N.] können die zentralen Begriffe eines Parteiprogramms rein referierend als Schlagwörter bezeichnet werden [...]. Für uns ist es heute geradezu ein Topos der metasprachlichen Reflexion, von „bloßen" oder „leeren" Schlagwörtern zu sprechen und die Formel „er redete nur in Schlagworten" zu gebrauchen – womit wir meinen, daß es an Gedanken und Argumenten fehlt und statt dessen Gemeinplätze angeführt werden. (Kaempfert 1990: 194)

Um die unterschiedlichen Verwendungsweisen zu illustrieren, werden im Folgenden Beispiele präsentiert. Sie entstammen den 123 Plenardebatten des Deutschen Bundestages der Jahre 1964 und 2014. Es wird je ein Beispiel aus dem Jahr 1964 und dem Jahr 2014 angeführt.

(1) Verwendung als abwertender Ausdruck

> Es wird sich zeigen müssen, ob das Schlagwort regiert oder ob man bereit ist, in ruhiger und sachlicher Weise ernsthaft die aufgeworfenen schwierigen Fragen zu beraten und zu einer rechtsstaatlichen Grundsätzen entsprechenden Lösung zu kommen. (Weber, CDU/CSU; Plenarprotokoll 4/116 v. 20.02.1964, S. 5317/B)
> Wer soll denn Ihre digitale Wirtschaftspolitik mit all den lustigen Schlagworten wie Industrie 4.0 ernst nehmen? (Konstantin von Notz, Bündnis90/Die Grünen; Plenarprotokoll 18/67 v. 14.11.2014, S. 6372/B)

(2) Verwendung als neutraler Ausdruck mit Bezug auf die Rede des politischen Gegners oder des eigenen Lagers

> Die Mißstände, die unter dem Schlagwort „Mondpreisempfehlungen" bekannt geworden sind, haben sich, wie mir berichtet worden ist, nicht bei angemeldeten Preisempfehlungen, sondern bei nichtangemeldeten Preisempfehlungen ergeben. (Schmücker, Bundesminister für Wirtschaft; Plenarprotokoll 4/142 v. 04.11.1964, S. 7108/A)

Das Schlagwort ist „Industrie 4.0". Was heißt das? Es wird mehr und mehr Produktionsabläufe geben, die sich selbst organisieren können, wo die Maschinen miteinander kommunizieren. (Angela Merkel, Bundeskanzlerin; Plenarprotokoll 18/50 v. 10.09.2014, S. 4555/B)

(3) Verwendung als neutraler Ausdruck mit Bezug auf positiv bewertete Fahnen- oder Hochwertwörter[2]

Aus diesem Grunde ist es eine legitime Aufgabe des Staates bzw. des Parlaments, hier die Initiative zu ergreifen, damit – wie das Schlagwort heißt – eine bessere Markttransparenz hergestellt wird. (Elbrächter, CDU/CSU; Plenarprotokoll 141/1964, S. 7076/D)

Für diesen Haushalt gilt Solidität und Kontinuität. Das sind die entscheidenden Schlagworte. (Norbert Barthle, CDU/CSU; Plenarprotokoll 18/28 v. 08.04.2014, S. 2236/C)

Schaut man sich die quantitative Verteilung der drei Verwendungsweisen in den untersuchten Bundestagsdebatten an, so kommt man zu einem überraschenden Ergebnis: Anders als man hätte vermuten können, kommt der Ausdruck *Schlagwort* nahezu gleich häufig in neutraler (Typ 2 und 3) wie in abwertender Verwendung (Typ 1) vor.

Tab. 1: Verwendungsweisen von *Schlagwort*

	1964	2014
abwertend (Typ 1)	9	13
neutral (Typ 2 u. 3)	9	15

Insofern lässt sich – zumindest im Hinblick auf die 123 Bundestagsdebatten der Jahre 1964 und 2014 – nicht behaupten, dass der Ausdruck *Schlagwort* vorwiegend zur kritischen Bezugnahme auf die Rede des politischen Gegners verwendet wird. Ebenso häufig (1964) bzw. sogar noch häufiger (2014) wird er in einer Weise verwendet, die der Verwendung im Bibliotheks- bzw. Verlagswesen ähnelt. Mit *Schlagwort* wird dort – ich zitiere noch einmal das Duden Universalwörterbuch (2015: 1536) – ein „einzelnes, meist im Titel eines Buches vorkommendes, kennzeichnendes, den Inhalt des Buches charakterisierendes Wort für Karteien, Kataloge o. Ä." bezeichnet. Dem Ausdruck kommt dann eine dokumentarische Funktion

---

[2] Einer der Versuche, Schlagwörter nach ihrer Wertungsfunktion zu klassifizieren stammt von Hermanns (1994). Bislang gibt es in diesem Bereich jedoch keine einheitliche Terminologie. Für einen kurzen Überblick mit weiterführenden Literaturhinweisen vgl. Niehr (2017: 154–155).

zu. Schlagwörter, die auf diese Weise verwendet werden, fassen häufig eine Argumentation in einem Wort zusammen. Wenn es sich um einen Ausdruck handelt, der neben der denotativen Bedeutung auch noch evaluative Bedeutungsbestandteile enthält, dann werden mit solch einem Schlagwort auch und v.a. die Gefühle der Rezipienten angesprochen. Dies mag über deontische Bedeutungsbestandteile[3] noch verstärkt werden.

Die solcherart als *Schlagwörter* bzw. *Schlagworte* bezeichneten Ausdrücke erfüllen in der politischen Rede darüber hinaus den Zweck, kategorisierend auf eine Vielzahl politischer Konzepte und Details zu referieren und auf diese Weise für kommunikative Ordnung zu sorgen.

5 Die Erforschung aktueller Schlagwörter

Maschinenlesbare Korpora wie die des IDS, des deutschen Bundestages oder der Zeitungsverlage erleichtern die Suche nach Schlagwörtern in großen Textkorpora ungemein. Da jedoch Schlagwörter – wie bereits erwähnt – kein Oberflächenphänomen sind, bedarf es zunächst einer Hypothese über mögliche Schlagwort-Kandidaten, bevor die konkrete Suche in einem Korpus beginnen kann. Oder korpuslinguistisch gewendet: Schlagwort-Analysen erfolgen stets corpus-based und nicht corpus-driven. Denn reine Frequenzen sind allenfalls eine notwendige, jedoch keine hinreichende Bedingung für den Schlagwort-Status eines Ausdrucks (vgl. Niehr 1993: 39). Dies bedeutet aber keinesfalls, dass man sämtliche Texte eines Korpus lesen muss, um Klarheit über den Schlagwort-Charakter eines Ausdrucks zu bekommen. Auch hier hilft eine Kombination von qualitativ-hermeneutisch orientierten und quantitativ-korpuslinguistisch orientierten Methoden weiter. So deutet beispielsweise eine größere Anzahl sprachthematisierender Belege auf die Umstrittenheit eines mit einem Schlagwort bezeichneten Programms hin und ist ein starkes Indiz für das Vorliegen eines Schlagworts[4]. Auch dazu ein Beispiel: Es scheint eine plausible Annahme, dass der Ausdruck *Willkommenskultur* angesichts der Debatten um die Aufnahme von Flüchtlingen z.Zt. – also in den Jahren

---

3 Vgl. dazu ausführlich Hermanns (2002).
4 Diese Erkenntnis haben zum ersten Mal Stötzel & Wengler (1995) systematisch genutzt und auf diese Weise auch der Schlagwort-Forschung wichtige Impulse geliefert. Zur Rolle von Thematisierungen vgl. auch Niehr (2002).

2014 bis 2016 – ein Schlagwort gewesen ist.[5] Möchte man das Manipulative gegenüber dem Argumentativen dieses Ausdrucks herausarbeiten, so kann dies wohl am ehesten dadurch geschehen, dass man sich die positive Deontik dieses Schlagworts klarmacht. So scheint es in der öffentlichen Kommunikation kaum möglich, sich explizit gegen eine Willkommenskultur für Flüchtlinge auszusprechen, weil man sich der Gefahr aussetzte, als unmenschlich, Pegida-freundlich oder gar rechtsextrem zu gelten. Insofern ist ein Ausdruck wie *Willkommenskultur* bestens dazu geeignet, die Debatte zu emotionalisieren und die Argumentation zu vergröbern. Frei nach dem Motto: Wer nicht für Willkommenskultur ist, der ist unmenschlich, wenn nicht gar rechtsextrem. Dass der denotative Gehalt des Schlagworts dabei häufig im Ungefähren bleibt, gehört durchaus zur argumentativen Strategie, derer sich Benutzer solcher Schlagwörter bedienen.

Damit sind jedoch noch nicht die methodischen Schwierigkeiten gelöst, mit denen eine computergestützte Suche nach Thematisierungen und Schlagwörtern – sprachlichen Einheiten also, die sich nicht eindeutig an Oberflächenmerkmalen identifizieren lassen – konfrontiert ist. Auf diesem Feld bedarf es weiterer Anstrengungen, um zu überzeugenden Ergebnissen zu gelangen (vgl. Schulte 2002; Niehr et al. 2015).

Ungeachtet dieser Tatsache ist es freilich möglich, in Textkorpora gezielt nach Schlagwort-Kandidaten zu suchen, wenn sich aus einer ersten Analyse des öffentlichen Diskurses Hypothesen über derartige Schlagwort-Kandidaten ableiten lassen. Vor diesem Hintergrund wurden die Bundestagsdebatten des Jahres 2014 nach dem Ausdruck *Willkommenskultur* durchsucht. Die Suche ergab 40 Treffer in 71 Plenardebatten. Diese Zahl ist für sich genommen wenig aussagekräftig. Schaut man sich allerdings kursorisch die Treffer im Kontext an, so zeigt sich, dass der Ausdruck *Willkommenskultur* in unterschiedlicher Weise verwendet wird und bei den Rednern umstritten ist. Es finden sich Appelle, Definitionsversuche und Thematisierungen.

Bei den Appellen, die eine Willkommenskultur einfordern, bleibt der denotative Gehalt des Schlagworts recht vage. Insofern gilt für derartige Verwendungen, was Dieckmann als Charakteristikum von Schlagwörtern anführt:

---

5 Zu den verschiedenen Phasen des Migrationsdiskurses und einigen lexikalischen Besonderheiten vgl. Kreußler & Wengeler in diesem Band. Zur Bezeichnungsalternative *Geflüchtete(r)* vs. *Flüchtling(e)* vgl. Harnisch in diesem Band.

> In den Schlagwörtern werden die Programme kondensiert; sie erheben Relatives zu Absolutem, reduzieren das Komplizierte auf das Typische, Überschaubare, Einfach-Gegensätzliche und bilden dadurch bipolare Wortschatzstrukturen aus; sie bringen das Abstrakt-Ferne sprachlich nahe und geben der Meinungssprache ihre emotionellen Obertöne. (Dieckmann 1975: 103)

Die folgenden Beispiele können illustrieren wie auch der Ausdruck *Willkommenskultur* in dieser Weise funktionalisiert wird: Die Sprecher führen nicht einmal andeutungsweise aus, in welcher Weise sie ihn verstanden wissen wollen. Deshalb bleibt die bloße Forderung einer Willkommenskultur inhaltlich unbestimmt. Und mit der appellativen Verwendung des Ausdrucks wird die komplizierte Frage, in welcher Weise Willkommenskultur praktiziert werden kann bzw. sollte, reduziert auf die (unterkomplexe) Frage, ob man Willkommenskultur will oder nicht:

> Wir erinnern uns daran, wie es war, als die Flüchtlinge nach Westdeutschland gekommen sind. Wir brauchen eine Willkommenskultur. Das ist die zentrale Aufgabe des 21. Jahrhunderts, die wir zu bewältigen haben. (Wolfgang Tiefensee, SPD; Plenarprotokoll 18/58; 10.10.2014, S. 5371/B)

> Wir brauchen klare Regeln für Einwanderung, und wir brauchen eine Willkommenskultur in Deutschland. (Thomas Oppermann, SPD; Plenarprotokoll 18/76; 18.12.2014, S. 7204/B)

Während in diesen Belegen das Schlagwort programmatisch verwendet wird, es jedoch offen bleibt, was genau die Sprecher mit dem Ausdruck bezeichnen, finden sich auch Belege, in denen geradezu definiert wird, was die Sprecher unter *Willkommenskultur* verstanden wissen wollen. Eine derartige Verwendung kann als Versuch der Begriffsbesetzung verstanden werden (vgl. Niehr 2014: 87–96).

> Er oder sie kann deutscher Staatsbürger werden, ohne Wenn und Aber, mit allen Rechten und Pflichten. Das wollen wir fördern und unterstützen. Das verstehe ich unter Willkommenskultur. (Heinrich Zertik, CDU/CSU; Plenarprotokoll 18/19; 12.03.2014, S. 1487/A)

> Dazu gehört es dann auch, dass man bei der Reform des Staatsbürgerschaftsrechts eben nicht wieder nur den halben Weg geht. Willkommenskultur, das heißt doch „Ihr seid wirklich willkommen". Wir dürfen nicht wieder Staatsbürgerschaften erster und zweiter Klasse schaffen. Deswegen sage ich Ihnen klar und deutlich: Lassen Sie den Optionszwang komplett fallen! Erst dann haben wir eine Willkommenskultur. Erst dann können wir sagen: Ja, wir leben hier zusammen. Wir tun das gern, weil wir etwas voneinander haben. (Katrin Göring-Eckardt, Bündnis90/Grüne; Plenarprotokoll 18/29; 09.04.2014, S. 2332/C)

Schließlich finden sich auch strategisch motivierte Thematisierungen des Ausdrucks. Sie können dazu eingesetzt werden, mit moralischem Impetus dem politischen Gegner implizit das Recht abzusprechen, sich des Schlagworts *Willkommenskultur* zu bedienen, da sein Handeln in der Vergangenheit im Widerspruch zur

Forderung einer Willkommenskultur stehe. Implizit wird dem politischen Gegner, dessen Reden und Handeln nicht in Übereinstimmung zu sein scheinen, Glaubwürdigkeit abgesprochen (vgl. Burkhardt 2003: 104–105; Schäfer 2013: 51–53).

> Hat es eine Debatte über die Willkommenskultur gegeben? Ich frage das voller Sorge, weil mir Ihr Kollege Ministerpräsident Koch mit seiner Kampagne, bei der man gegen Ausländer unterschreiben konnte, noch gut in Erinnerung ist. Ebenso habe ich die Formulierung „Wer betrügt, der fliegt!" im Kopf. Dazwischen lag Herr Rüttgers, der in NRW mit der Losung „Kinder statt Inder!" Wahlkampf gemacht hat. Das war sehr bedrückend und spricht nicht gerade für eine Willkommenskultur. (Wolfgang Gehrcke, Die Linke; Plenarprotokoll 18/7; 15.01.2014, S. 334/A)

> Meine Damen und Herren, auch in diesem Haus ist in den vergangenen Monaten viel von Willkommenskultur, einer Anerkennung der Verdienste von Einwanderern und einer offenen Gesellschaft die Rede gewesen. Doch was folgt aus diesen hehren Worten? Angesichts der bisherigen Bilanz dieser Bundesregierung kann ich nur sagen: Es ist weniger als nichts. (Ulla Jelpke, Die Linke; Plenarprotokoll 18/39; 05.06.2014, S. 3347/D)

Alles das sind starke Indizien dafür, dass es sich bei dem Ausdruck *Willkommenskultur* bereits im Jahre 2014 um ein Schlagwort gehandelt hat. Dies wäre durch weitere Belege aus anderen Textkorpora zu untermauern.

Dieser zugegebenermaßen wenig brisante Einzelbefund mag immerhin dazu dienen, noch einmal die Vielschichtigkeit des Schlagwort-Begriffs zu illustrieren. Die rhetorische Multifunktionalität von Schlagwörtern kann m.E. nur durch detaillierte Studien adäquat analysiert werden – durch Analysen, die nicht von dem verkürzenden Schlagwort-Begriff der Öffentlichkeit ausgehen und die darüber hinaus bereit sind, die rhetorische Funktion von Schlagwörtern anhand konkreter Belege aufzuzeigen. Die Suche nach geeigneten Belegen ist auch im Zeitalter der elektronischen Quellen manchmal mühsam. Mühen bei der Schlagwort-Forschung hat auch schon Ladendorf vor Augen, wenn er in der Einleitung zu seinem Schlagwörterbuch schreibt:

> Die Schlagwortforschung ist erst ein junger Zweig am Baume der deutschen Wortforschung. Ihre Methode bedarf also noch der Vervollkommnung. Auch die Hilfsmittel sind beschränkt. Die Wörterbücher lassen nur zu oft im Stiche. Selbst ausdrückliche literarische Zeugnisse sind mit Vorsicht zu verwerten. [...] Auch die zur Erläuterung jeweilig erforderlichen Spezialkenntnisse sind so verschiedenartig, daß mancher Fehlgriff zunächst nicht erspart bleiben wird. Ebenso ist man beim Nachgraben in vermeintlichen Fundgruben eigenen Enttäuschungen ausgesetzt. (Ladendorf 1906: XV)

Die Mühen der Ebene – so könnte man es ebenfalls ausdrücken – bleiben auch den Schlagwortforschern von heute nicht erspart. In dieser Hinsicht hat sich in den letzten hundert Jahren also nur wenig geändert.

6 Fazit

Die Schlagwort-Forschung kann auf eine lange Tradition zurückblicken, und es herrscht in der deskriptiv orientierten Linguistik weitgehende Einigkeit über zentrale Funktionen der Schlagwort-Verwendung. Dabei wird nicht übersehen, dass der Terminus *Schlagwort* bildungssprachlich häufig mit pejorativer Bedeutungskomponente verwendet wird. Deshalb bleibt es unverzichtbar, den linguistisch-deskriptiven Terminus *Schlagwort* von der im öffentlichen Diskurs häufig zu hörenden abwertenden Vokabel abzugrenzen. Dies kann beispielsweise über eine detaillierte funktionale Analyse konkreter Schlagwort-Verwendungen geschehen. Eine solche Beschreibung zeigt, dass Schlagwörter vielfältige Funktionen im Diskurs übernehmen können.

Entgegen einer häufig formulierten Behauptung erschöpft sich die Verwendung und Thematisierung des Ausdrucks *Schlagwort* im öffentlichen Diskurs nicht in der Abqualifizierung gegnerischer Diskurspositionen. Mithilfe einer Analyse, die auf ein Debattenkorpus des Deutschen Bundestags zurückgreift und die Verwendung des Ausdrucks *Schlagwort* in Debatten der Jahre 1964 und 2014 berücksichtigt, wurde aufgezeigt, dass *Schlagwort* auch im öffentlichen Diskurs als neutraler Ausdruck mit verschiedenen Funktionen verwendet werden kann. Insofern kann festgehalten werden, dass *Schlagwort* ein schillernder, multifunktionaler Ausdruck ist. Insbesondere LinguistInnen tun deshalb gut daran, sich und ihren RezipientInnen Rechenschaft darüber abzulegen, welches Begriffsverständnis sie zugrunde legen, wenn sie sich dieses Ausdrucks bedienen.

Literatur

Burkhardt, Armin (1995): Zwischen Diskussions- und Schaufensterparlamentarismus. Zur Diagnose und Kritik parlamentarischer Kommunikation – am Beispiel von Zwischenfragen und Kurzdialogen. In Andreas Dörner & Ludgera Vogt (Hrsg.), *Sprache des Parlaments und Semiotik der Demokratie. Studien zur politischen Kommunikation in der Moderne*. Berlin, New York: de Gruyter, 73–106.

Burkhardt, Armin (2003): Verunklärungsarbeit. Sprachliche Techniken der Schuldverschleierung im Rahmen des CDU-Parteispendenskandals. In Armin Burkhardt & Cornelia Pape (Hrsg.), *Politik, Sprache und Glaubwürdigkeit*. Wiesbaden: Westdeutscher Verlag, 104–119.

Dieckmann, Walther (1975): *Sprache in der Politik. Einführung in die Pragmatik und Semantik der politischen Sprache*. 2. Auflage. Heidelberg: Winter.

Duden (2015): *Deutsches Universalwörterbuch*. 8., überarbeitete und erweiterte Auflage. Berlin.

Eroms, Hans Werner (2018): Syllogismen und Belehrungen in der Sprache der Politik am Beispiel einer Haushaltsdebatte des Deutschen Bundestags. In diesem Band, 167–186.

Grimm, Wilhelm & Grimm, Jacob (2004): *Deutsches Wörterbuch*. Der digitale Grimm; elektronische Ausgabe der Erstbearbeitung. Frankfurt/M.: Zweitausendeins.

Habermas, Jürgen (1971): Vorbereitende Bemerkungen zu einer Theorie der kommunikativen Kompetenz. In Niklas Luhmann & Jürgen Habermas (Hrsg.), *Theorie der Gesellschaft oder Sozialtechnologie*. Frankfurt/M.: Suhrkamp, 101–141.

Harnisch, Rüdiger (2018): Partizipien als meliorisierende Ersatzkonstruktionen für pejorisierte personenbezeichnende Derivata. Zu Prozessen semantischer und pragmatischer Remotivierung im Zeichen der Flücht*lings*- (oder Geflücht*eten*-?) Krise um das Jahr 2015. In diesem Band, 217–237.

Hermanns, Fritz (1994): *Schlüssel-, Schlag- und Fahnenwörter. Zu Begrifflichkeit und Theorie der lexikalischen „politischen Semantik"*. Heidelberg, Mannheim.

Hermanns, Fritz (2002): Die Inhaltsseite des Wortes V: Dimensionen der Bedeutung. In Peter Rolf Lutzeier, Franz Hundsnurscher, Michael Job & David Alan Cruse (Hrsg.): *Lexikologie / Lexicology. Ein internationales Handbuch zur Natur und Struktur von Wörtern und Wortschätzen / An international handbook in the nature and structure of words and vocabularies*. Berlin, New York: de Gruyter, 343–350.

Kaempfert, Manfred (1990): Die Schlagwörter. Noch einmal zur Wortgeschichte und zum lexikologischen Begriff. In *Muttersprache* 100 (2-3),192–203.

Kilian, Jörg (2018): Politische Semantik, interkulturelle „Hotwords" und didaktische Sprachkritik. In diesem Band, 261–277.

Klein, Wolfgang (1980): Argumentation und Argument. In *Zeitschrift für Literaturwissenschaft und Linguistik* (38-39), 9–57.

Kluge, Friedrich (2011): *Etymologisches Wörterbuch der deutschen Sprache*. 25., aktualis. u. erw. Auflage. Berlin, Boston: de Gruyter.

Kreußler, Fabian & Martin Wengler (2018): Von *Heimatvertriebenen*, *Armutsflüchtlingen* und *Refugees*. Ein linguistischer Vergleich des aktuellen mit früheren Flüchtlingsdiskursen in der Bundesrepublik Deutschland. In diesem Band, 239–259.

Ladendorf, Otto (1906): *Historisches Schlagwörterbuch. Ein Versuch*. Straßburg, Berlin: Trübner.

Lepp, Friedrich (1908*)*: *Schlagwörter des Reformationszeitalters*. Leipzig: Heinsius.

Lübbe, Hermann (1975): Der Streit um Worte. Sprache und Politik. In Gerd-Klaus Kaltenbrunner (Hrsg.), *Sprache und Herrschaft. Die umfunktionierten Wörter*. Freiburg [u.a.]: Herder, 87–111.

Meyer, Richard Moritz (1900): *Vierhundert Schlagworte*. Leipzig: Teubner.

Niehr, Thomas (1993): *Schlagwörter im politisch-kulturellen Kontext. Zum öffentlichen Diskurs in der BRD von 1966 bis 1974*. Wiesbaden: Deutscher Universitäts Verlag.

Niehr, Thomas (2002): Kampf um Wörter? Sprachthematisierungen als strategische Argumente im politischen Meinungsstreit. In Horst Stürmer & Oswald Panagl (Hrsg.), *Politische Konzepte und verbale Strategien. Brisante Wörter – Begriffsfelder – Sprachbilder*. Frankfurt/M. [u.a.]: Lang, 85–104.

Niehr, Thomas (2007): Schlagwort. In Gert Ueding (Hrsg.), *Historisches Wörterbuch der Rhetorik*. Band 8: Rhet – St. Tübingen: Niemeyer, 496-502.

Niehr, Thomas (2012): Möglichkeiten und Grenzen internationaler Schlagwortforschung. In Heidrun Kämper & Jörg Kilian (Hrsg.), *Wort – Begriff – Diskurs. Deutscher Wortschatz und europäische Semantik*. Bremen: Hempen, 241–256.

Niehr, Thomas (2014): *Einführung in die Politolinguistik. Gegenstände und Methoden*. Göttingen, Bristol: Vandenhoeck & Ruprecht.

Niehr, Thomas (2017): Lexik – funktional. In Thomas Niehr, Jörg Kilian & Martin Wengeler (Hrsg.), *Handbuch Sprache und Politik*, Bd. 1. Bremen: Hempen, 149–168.
Niehr, Thomas (i.Vb.): Schlagwörter und Leerformeln in der politischen Rede. Erscheint in: Armin Burkhardt (Hrsg.), *Handbuch Politische Rhetorik*. Berlin: de Gruyter Mouton.
Niehr, Thomas et al.: (2015): Neue Wege der linguistischen Diskursforschung. Computerbasierte Verfahren der Argumentanalyse. *In Zeitschrift für Diskursforschung* 3 (2), 113–136.
Sanders, Daniel (1865): *Wörterbuch der deutschen Sprache. Mit Belegen von Luther bis auf die Gegenwart*. Zweiter Band. Zweite Hälfte (S – Z). Leipzig: Otto Wigand.
Schäfer, Pavla (2013): *Das Potenzial der Vertrauensförderung. Sprachwissenschaftliche Explikation anhand von Texten der Brücke/Most-Stiftung*. Berlin: Erich Schmidt.
Schau, Albrecht (1985): *Von AWACS bis Zwangsanleihe. ABC aktueller Schlagwörter*. Göttingen: Steidl.
Schröter, Melani (2011): Schlagwörter im politischen Diskurs. In *Mitteilungen des Deutschen Germanistenverbandes* 58 (3), 249–257.
Schröter, Melani (2013): Die kontrastive Analyse politischer Diskurse. Skizze, Verkomplizierung und Ausblick. In Jörg Kilian & Thomas Niehr (Hrsg.), *Politik als sprachlich gebundenes Wissen. Politische Sprache im lebenslangen Lernen und politischen Handeln*. Bremen: Hempen, 91–105.
Schröter, Melani (2015): Besondere Wörter III: Schlagwörter in der öffentlich-politischen Auseinandersetzung. In Ulrike Haß & Petra Storjohann (Hrsg.), *Handbuch Wort und Wortschatz*. Berlin, Boston: de Gruyter, 394–412.
Schulte, Sandra (2002): *Sprachreflexivität im parlamentarischen Diskurs. Eine korpuslinguistische Untersuchung anhand von Bundestagsdebatten (1973–1989) zum Thema „Einwanderung"*. Aachen: Shaker.
Stötzel, Georg & Wengeler, Martin (1995): *Kontroverse Begriffe. Geschichte des öffentlichen Sprachgebrauchs in der Bundesrepublik Deutschland*. Berlin, New York: de Gruyter.

Ralf Thomas Göllner
Multikulturalität versus Multikulturalismus

Zum Diskurs über multiethnische und multikulturelle
Gesellschaften in Ost- und Westeuropa

Schlüsselwörter: Multikulturalität, Multikulturalismus, Migration, Ost- und Westeuropa

1 Einleitung und Ursprünge des Multikulturalismus

Ein wiederkehrendes Thema politischer, wissenschaftlicher und öffentlicher Debatten betrifft die ethnisch-kulturell-religiöse Diversität von Gesellschaften und Staaten sowie die sich daraus ergebenden beziehungsweise damit verbundenen soziopolitischen, ökonomischen, rechtlichen und kulturellen Herausforderungen. Im Zentrum steht dabei der Topos des Multikulturalismus, der seit den 1970er Jahren „zum antiassimilationistischen Gegenprogramm erhoben" wurde (Leggewie 2014: 48) und in politischen Diskussionen einen fast religiös-ideologischen Charakter angenommen hat. (Ghadban 2005; Jakubowicz 1981) Ursprünglich rückte er Probleme von Identitätspolitik, einer Politik der Anerkennung (Taylor 2012) sowie der soziopolitischen und ökonomischen Einbindung marginalisierter Minderheitengruppen in den Fokus und strebte danach, deren Wertschätzung in der Mehrheitsbevölkerung zu erreichen sowie die ökonomisch-politische Benachteiligung und soziokulturelle oder religiöse Diskriminierung von Minderheitengruppen zu beseitigen. Dieser meist auf ethnisch-kulturelle Kollektive abzielende Ansatz bezog sich auf heterogene Zuwanderungsgesellschaften, die sowohl mit identitären Fragen als auch mit der Eingliederung von Migranten konfrontiert waren und eine konzeptionell-systemische sowie soziokulturelle Behandlung der sich verändernden ethnisch-kulturellen Vielfalt anstrebten. Aus diesem Grund wurden die ersten politisch-philosophischen, rechtlichen und gesellschaftlichen Multikulturalismus-Konzepte vor allem in den Einwanderungsländern Kanada und Australien wirksam.[1] So initiierte 1971 der damalige kanadische Premierminister Pierre Trudeau

---

[1] Zu Australien siehe Zubrzycki, Jerzy (1986): Multiculturalism and beyond: The Australian experience in retrospect and prospect. *Journal of Ethnic and Migration Studies* 13(2), 167–176. Zubrzycki,

https://doi.org/10.1515/9783110640731-011

„eine Politik des Multikulturalismus in einem zweisprachigen Rahmen [...] als die geeignetste Form zur Sicherung der kulturellen Freiheit der Kanadier." (Trudeau 1971: 8545) In der Folge wurde der Multikulturalismus 1985 verfassungsrechtlich verankert und 1988 mit dem *Canadian Multiculturalism Act* einzelgesetzlich geregelt. In Australien verabschiedete der *Australian Council on Population and Ethnic Affairs* im Jahr 1982 das Dokument *Multiculturalism for all Australians: Our Developing Nationhood* und begründete damit die australische Variante des Multikulturalismus.

In den USA[2] hingegen kam es im Zuge der Bürgerrechtsbewegungen und der politisch-gesellschaftlichen Gegenreaktionen zu einer Art „Multikulturalismus von unten". Dieser konkurrierte unter dem Symbol der *salad bowl* oder des *mosaic* mit dem bis dahin präferierten Konzept des *melting pots*, den Kohn (1961: 172) als „den fundamentalen Wesenszug des amerikanischen Nationalismus" bezeichnet und dessen assimilatorischen Charakter betont hatte. Auch wenn sie nicht die staatsrechtliche Funktion wie in Australien oder Kanada erhielt, konnte sich die Idee des Multikulturalismus gegen Ende der 1970er Jahre auch in den USA etablieren, rivalisierte aber weiterhin mit der Idee des *melting pots* sowie bald darauf mit monokulturalistisch-assimilativen, radikalen Identitätskonzepten wie sie Huntington (2004) formulierte.

Von diesen drei Ländern ausgehend erreichte das Konzept des Multikulturalismus auch Europa. Hier wurde es als erstes in Großbritannien rezipiert, das sich infolge der Zuwanderung nach dem Zweiten Weltkrieg – vor allem aus den ehemaligen Kolonien – mit ernsten Konflikten konfrontiert sah, die aufgrund ethnisch-kulturell und rassistisch motivierter Diskriminierung im sozioökonomischen und schulischen Sektor entstanden waren. „Multikulturalismus konnte hier als der Versuch des moralischen Teils der Gesellschaft gedeutet werden, die unleugbare Tatsache der rassistischen Diskriminierung und Gewalt im Medium Erziehung und der öffentlichen Kommunikation zu bearbeiten." (Radtke 1994: 230)

Mit der Rezeption des konzeptuellen Multikulturalismus ging in Westeuropa jedoch ein Deutungswandel einher. In Australien, Kanada und den USA war er nur sekundär mit der Zuwanderung verbunden; vielmehr war der „Multikulturalismus

---

Jerzy (1987): Public Policy in a Multicultural Australia. *International Migration* 25(1), 63–72. Zu Kanada siehe Gibbon, John Murray (1938): *Canadian mosaic: the making of a northern nation*. Toronto, McClelland & Stewart. Taylor (2012). Kymlicka (1995).

2 Zu den USA siehe Glazer, Nathan & Daniel P. Moynihan (1963): *Beyond the Melting Pot: The Negroes, Puerto Ricans, Jews, Italians, and Irish of New York City*. Cambridge, MA: MIT Press. Palmer, Howard (1976): Mosaic versus Melting Pot? Immigration and Ethnicity in Canada and the United States. *International Journal* 31(3), 488–528. Glazer, Nathan (1997): *We Are All Multiculturalists Now*. Cambridge, MA: Harvard University Press.

in Siedlergesellschaften (wie Australien) verwoben mit Problemen der nationalen Selbstdefinition, die ihn von seinen Gegenstücken in Europa unterscheidet." (Joppke 2004: 244) Folglich bezog sich der außereuropäische Multikulturalismus auf die Gesamtgesellschaft sowie deren Selbstverortung und bildete eine „intentionale Strategie der Planung und Lenkung kultureller Diversität und Nationsbildung, in der die Einwanderung ein fundamentaler Grundpfeiler" war. (Ley 2010: 191) Zudem „definierte sich Kanada offiziell als multikulturelle Nation", und dieser „Multikulturalismus bot einen Anknüpfungspunkt, mit dem sich Einwanderer und Minderheiten identifizieren" konnten. (Kymlicka 2010: 263) Zugleich sorgte eine selektive Zuwanderungspolitik dafür, dass Bildungsstand und theoretische oder angenommene Integrationsfähigkeit der Zuwanderer[3] eine Identifikation mit der kanadisch-multikulturellen Nation ermöglichte. Damit war in Kanada und Australien der „Multikulturalismus als Identitätsoption für die Gesamtgesellschaft verwurzelt, [während] die europäischen Multikulturalismen schon immer nur für die Einwanderer da waren." (Joppke 2004: 247) Da sich in Europa die Frage nach der Identität der Aufnahmegesellschaft nicht stellte, wurde der Multikulturalismus als umfassendes gesamtgesellschaftliches Identifikationsangebot für *alle Bevölkerungsgruppen* abgelöst von einer Art kulturellem *Fürsorgeprinzip*. Der Blick wurde fortan überwiegend auf die Einwanderer gerichtet und Multikulturalismus als Modell aufgefasst, um *deren* Probleme zu lösen, die sich durch das Zusammen- beziehungsweise Nebeneinanderleben der verschiedenen Bevölkerungsgruppen ergeben hatten. Dadurch vermengten sich drei Elemente:

1. die berechtigten Forderungen nach einer Nichtdiskriminierung und sozioökonomischen, teilweise auch politischen Gleichstellung der Zuwanderer mit der einheimischen Bevölkerung;
2. ethnokulturelle und rechtliche Fragen wie jene nach einer Einbindung oder Integration der Immigranten und Schutz ihrer kulturellen Eigenheiten auf kollektiver Basis;
3. die Frage nach der Bedeutung und dem Fortbestand der nationalen Identität der Aufnahmegesellschaft und ihrem Verhältnis zur Identität der Einwanderer – ebenfalls auf kollektiver Grundlage.

---

[3] Auch Australien und die USA ließen keine unkontrollierte Zuwanderung zu, sondern legten den Fokus vor allem auf Familienzusammenführung und eine arbeitsmarktorientierte Einwanderung, um die Tragfähigkeit des Multikulturalismus-Konzepts nicht zu gefährden.

In manchen Ländern – beispielsweise in Großbritannien[4] oder den Niederlanden – floss auch ein antikolonialer Impetus in den Diskurs ein, der die Wiederbelebung indigener Kulturen und Traditionen mit der Befreiung der Individuen von der Kolonialisierung verband. In der Bundesrepublik Deutschland hingegen konnte der „Multikulturalismus als die letzte Runde im Kreuzzug [gegen den ‚Irrweg des Nationalstaats'[5]] verstanden werden", (Joppke 1996: 468) weshalb hier „die Proponenten des Multikulturalismus den fürchterlichen Geist der *völkisch* nationalen Tradition zu beerdigen und eine postnationale Gemeinschaft aufzubauen versuchten." (Joppke 1996: 466) Zudem wurde der Multikulturalismus nicht als kulturelles Beteiligungs- oder Integrationskonzept aufgefasst, sondern wurde als „eine auf den Menschenrechten basierende Bewegung, inspiriert und abhängig von den Prinzipien der universalen Menschenrechte und dem liberal-demokratischen Konstitutionalismus" betrachtet. (Kymlicka 2010a: 39) Durch diese Umdeutung des Begriffs und dessen Etablierung als Fürsorge- und unilaterales Verantwortungsprinzip wurde er ideologisch aufgeladen und wandelte sich von einem Identifikationsangebot und multikulturellen Gesellschafts- und Staatskonzept zu einem politischen Kampfbegriff, der sich gegen die ethnische Homogenität von Nationalstaaten und den nationsbasierten Identitätsgedanken richtete. „In diesem Verständnis bedeutet der Multikulturalismus die dauerhafte Koexistenz unterschiedlicher Kulturen in einem Land. Die Nation wird damit neu definiert als geopolitischer Raum, in dem getrennte kulturelle Gemeinschaften mit gleichem rechtlichen und sozialen Status friedlich nebeneinander leben." (Collier 2014: 104)

Das Suffix *-ismus* verweist somit auf ein theoretisch-ideelles und ideologisches Konzept sowie eine kaum verhandelbare weltanschauliche Überzeugung und ersetzt das nationale durch das multikulturelle Identitäts- und Nationsschema. Diese Politisierung und Umdeutung hatte zur Folge, dass eine Kritik des Multikulturalismus oder gar seine Ablehnung als Angriff auf die universellen Menschenrechte sowie auf das demokratische und liberale Prinzip betrachtet wurde. Dies behinderte eine sachliche und zukunftsorientierte Debatte über die be- oder entstehende Diversität und wurde in den west- wie osteuropäischen Auseinandersetzungen über die Aufnahme von Flüchtlingen ab dem Sommer 2015 wirksam. Problematisch war auch, dass weder in der Politik noch in der Öffentlichkeit zwischen Migrations-

---

4 Die strukturellen Voraussetzungen Großbritanniens sind mit jenen Kanadas vergleichbar, denn der „Nationsbegriff in Großbritannien ist multiethnisch und bezieht sich historisch auf die politische Gemeinsamkeit und kulturelle Unterschiedlichkeit von Engländern, Schotten, Walisern und Nordiren. Die Einwanderer werden in das multiethnische Nationskonzept eingeschlossen und als ‚ethnic minorities' bezeichnet, deren Kultur und Identität es zu erhalten gelte." (Heckmann 2015: 268).
5 So der Titel eines Buches, das der SPD-Politiker Peter Glotz im Jahr 1990 veröffentlichte.

und Fluchtbewegungen unterschieden wurde (Feller 2005), obwohl beide Formen unterschiedliche Wirkungen in einer Aufnahmegesellschaft entfalten können.[6] Dieser Aspekt kann jedoch im vorliegenden Kontext nicht genauer analysiert werden.

2 Rezeption und Problematik des Multikulturalismus in Europa

Trotz seiner weiten Verbreitung muss festgestellt werden, dass sich der Multikulturalismus, wie er ab den 1970er Jahren in einigen europäischen Staaten implementiert wurde, in der politischen Praxis als problematisch erwiesen hat. Die ehedem ethnisch-kulturell eher homogenen westeuropäischen Staaten versuchten mit seiner Hilfe, Gerechtigkeits- und Inklusionsdefizite zu beseitigen und Einwanderergruppen teilweise politisch, jedoch nicht mehrheitskulturell zu integrieren oder inkludieren. Hierfür gab es unterschiedliche Konzepte, die meist auf eine Wahrung jener kulturellen Diversität abzielten, die infolge der Migrationen entstanden war.[7] Dieser Ansatz, kulturelle Unterschiede demokratisch-libertär zu schützen und unter Beachtung des Nicht-Diskriminierungsgrundsatzes gesellschaftlich zur Geltung zu bringen, hat sich jedoch aufgrund von Implementierungsproblemen und unklaren Zielvorstellungen in eine Akzeptanzkrise manövriert. So erklärte Bundeskanzlerin Angela Merkel 2010: „Der Ansatz für Multikulti ist gescheitert, absolut gescheitert!"[8] Gut vier Jahre später, im Februar 2015, sagte der ungarische Ministerpräsident Viktor Orbán: „Wir wollen keine multikulturelle Gesellschaft"[9], und der slowakische Ministerpräsident Robert Fico erklärte im August 2015: „[...] die Slowakei ist ein christliches Land, und wenn man Menschen integrieren will,

---

6 Migration und Flucht liegen unterschiedliche Motive zum Verlassen des Heimatlandes zugrunde. Der Hohe Flüchtlingskommissar der Vereinten Nationen Ruud Lubbers (2001–2005) erklärte, dass „Flüchtlinge und Migranten fundamental unterschiedlich sind [...]. Migranten, insbesondere Wirtschaftsmigranten, entscheiden sich für das Fortziehen, um ihre Zukunftsaussichten oder die ihrer Familie zu verbessern. Flüchtlinge müssen fortziehen, um ihr Leben zu retten oder ihre Freiheit zu sichern." (Zitiert nach Scalettaris 2007, 43) Diese Voraussetzungen können die Interaktion mit sowie ihre Akzeptanz in der Mehrheitsbevölkerung in unterschiedlicher Weise beeinflussen.
7 Integration durch Assimilation, wie sie Frankreich umgesetzt hat, oder eine temporäre Heterogenität, wie sie Deutschland mit dem Gastarbeitermodell zunächst angestrebt hatte, waren weitere Konzepte, die aber nicht auf Entstehung oder Erhalt von kultureller Diversität ausgerichtet waren.
8 *Die Welt* vom 16. Oktober 2010.
9 Frankfurter Allgemeine Zeitung vom 5. Februar 2015.

sollten Religion und Kultur ähnlich sein."[10] Ähnlich äußerten sich zahlreiche, vor allem osteuropäische Politiker angesichts der im Laufe des Jahres 2015 dramatisch angewachsenen Flüchtlings- und Migrantenzahlen insbesondere aus dem Nahen und Mittleren Osten, aber auch im US-amerikanischen Vorwahlkampf spielten Multikulturalismus und Migration eine zentrale Rolle.

Zugleich existiert immer noch jene dezidierte Gegenposition, für die Multikulturalismus nicht nur eine Faktizität als Folge internationaler Migration ist, sondern ein politisches Instrument und erstrebenswertes soziopolitisches Ziel. Die Probleme, die das Multikulturalismus-Konzept mit sich gebracht hat, und die Implementierungs- und Akzeptanzhindernisse, die sich ergeben haben, sollten Anlass dafür sein, diesen Ansatz durch die Idee einer Multikulturalität zu ersetzen. Auch angesichts der Ende 2014 dramatisch hohen Zahl von 59,5 Millionen Flüchtlingen weltweit (UNHCR 2014) lohnt sich ein genauerer Blick auf die sprachlich dominanten und den politischen Prozess und Diskurs maßgeblich gestaltenden Themenkomplexe Multikulturalismus und Multikulturalität, sowie multiethnische und multikulturelle Gesellschaft. Von der Positionierung in dieser Vierermatrix hängt maßgeblich die Rezeption von ethnisch-kultureller Heterogenität sowie von Migrationsbewegungen ab und damit auch die Reaktion darauf. Diese wiederum bestimmt die Schlussfolgerungen, die die jeweiligen Gesellschaften und Staaten ziehen müssen, um den Anforderungen gerecht zu werden, die sich aus der zunehmenden Diversität ergeben. Insofern beziehen sich die folgenden Analysen zunächst auf den Multikulturalismus im Migrationskontext, werden aber durch die Perspektive einer Heterogenität durch autochthone Minderheiten ergänzt. In West- und Osteuropa gibt es bezüglich des Multikulturalismus erhebliche Rezeptionsunterschiede, die unten skizziert und analysiert werden. Kymlicka (2014) listet zahlreiche Einwände gegen den Multikulturalismus auf und kommentiert oder widerlegt sie aus Sicht eines liberalen Multikulturalisten. Diese werden hier nicht wiederholt, sondern nur wenige, für den in Ost-West-Vergleich relevanten Perzeptionsunterschiede angesprochen.

Zunächst ist festzuhalten, dass die politische Multikulturalismus-Auffassung methodisch paradox ist und sich nicht als Konzept zur Organisation kultureller Vielfalt eignet. Multikulturalismus als politisches Instrument muss, um Diversität sicherzustellen, in mehrfacher Hinsicht offen und zugleich beschränkend sein. Einerseits „akzeptiert er als gegeben, dass Gesellschaften divers sind, nimmt jedoch implizit an, dass eine solche Diversität an den Rändern der Minderheitengesellschaften endet. Sie [die Multikulturalisten] wollen Vielfalt institutionalisieren, indem sie die Menschen in ethnisch-kulturelle Schubladen stecken – beispielswei-

---

10 *Der Standard* vom 10. August 2015.

se in eine einzige homogene Muslim-Gemeinde – und demgemäß ihre Bedürfnisse und Rechte definieren." (Malik 2015) Migranten aus den meisten Herkunftsregionen können jedoch nicht entsprechend dieser Schubladenlogik gruppiert werden – weder *Christ* noch *Muslim*, noch *Syrer*, *Sudanese* oder *Iraker* sind geeignete Kategorien zur Begründung eines kulturellen Gruppenstatus. Andererseits muss der Multikulturalismus Einwanderer und Einheimische unterschiedlich behandeln, den Fokus auf die Erstgenannten richten und deren Gruppenerhalt sowie Netzwerkbildung fördern. „Während die multikulturelle Politik Einwanderergruppen ermöglicht, ihre kulturellen und sozialen Unterschiede zu pflegen, sieht die Politik gegenüber der einheimischen Bevölkerung notwendigerweise anders aus. Die begründete Furcht vor potenzieller und realer einwandererfeindlicher Diskriminierung zwingt die Regierungen dazu, sich der Entstehung ähnlicher Netzwerke in der einheimischen Bevölkerung entgegenzustellen. [...] Durch die Verknüpfung einer auf Einwanderer ausgerichteten Politik des multikulturellen Separatismus und einer auf die einheimische Bevölkerung gemünzten Gesetzgebung der Antidiskriminierung wird die goldene Regel [der Gleichbehandlung, R.T.G.] verletzt: Eine Gruppe erhält eine Behandlung, die der anderen nicht zugestanden werden kann." (Collier 2014: 114, 116) Folglich institutionalisiert dieser Ansatz kulturelle Heterogenität und vertieft jene kulturellen Trennlinien, die er eigentlich überwinden will. Gleichzeitig beantwortet er nicht die entscheidenden Fragen, etwa welche Gruppengröße und welcher Zeitraum des Zusammenlebens sowie welche soziopolitische, ökonomische und kulturelle Beteiligung nötig sind, um ein *konstitutives* Element einer Gesellschaft zu sein. Welche kulturellen Merkmale qualifizieren eine Gruppe? Wie muss das multikulturelle System gestaltet sein, um eine gruppeninterne und gruppenübergreifende Kooperation herbeizuführen?

Multikulturalismus infolge *positiver Diskriminierung* von Zuwanderergruppen führt meist zu mosaikartig ausdifferenzierten Gesellschaften bestehend aus unterschiedlichen Kulturen, denen ethnische Kategorien zugeordnet werden können. Infolge fehlender oder ungenügender Berührungspunkte und Interaktionen entstehen – anders als bei autochthonen Minderheiten – Parallelgemeinschaften, was wiederum den Multikulturalismus-Gedanken *ad absurdum* führt. Derartige Trennlinien wurden in der Vergangenheit durch die Übertragung kultureller, sozialer und teilweise politischer Gruppen- und Sonderrechte durch den Staat auf Einwanderer verstärkt, was ethnisch-kulturelle Identitäten über die Generationen hinweg stabilisierte und eine Segregation verstärkte. Beispiele dafür waren bis in die 1990er Jahre Großbritannien, das „ganz besonders einen einschließenden Multikulturalismus gefördert" (Sen 2007: 159) hat, und vor allem die Niederlande, wo mit einer sogenannten Versäulung ethnokultureller Unterschiede nicht nur der Identitätserhalt, sondern vor allem die soziale Schichtung verfestigt wurde (Heckmann 2015:

269). Diese Politik etablierte eher einen „pluralen Monokulturalismus", (Sen 2007: 165–169) bei dem das Nebeneinander von Kulturen und somit Isolation statt Interaktion vorherrschte. Diese gruppenbasierte Anerkennungspolitik führte in Großbritannien etwa zu einer frühen Einwanderung mit Einbürgerung der Migranten und gewährleistete das Wahlrecht für sie. Dieser plurale Monokulturalismus verstärkte jedoch die sozioökonomische Segregation auf ethnokultureller Basis mit der Folge, dass sich die Parallelgemeinschaften politisch, sozial und kulturell polarisierten und Premierminister James Cameron 2011 zur Feststellung veranlassten: „Unter der Doktrin eines Staats-Multikulturalismus haben wir die verschiedenen Kulturen ermutigt, ihr Leben separiert zu führen, getrennt voneinander und getrennt vom Mainstream. Wir sind daran gescheitert, die Vision einer Gesellschaft anzubieten, zu der sie gehören wollen." (Cameron 2011)

Eine besondere Rolle spielte dabei eine mögliche kulturelle Kluft, die sich zwischen der einheimischen Bevölkerung und manchen, jedoch nicht allen Zuwanderergruppen real oder auch nur empfunden ergeben hat. „Die Diversität hängt [nämlich] nicht nur von der Zahl, sondern auch vom kulturellen Abstand zwischen Einwanderern und einheimischer Bevölkerung ab." (Collier 2014: 83) Dieser kulturelle Abstand (Inglehart & Baker 2000; Hofstede 2008) ist keinesfalls als wertende Kategorie zu verstehen, sondern als ein Element, das die Interaktionen und vor allem das Vertrauen zwischen den Bevölkerungsgruppen beeinflusst. Eine tatsächliche oder apperzipierte kulturelle Distanz scheint ebenso mit zunehmenden Vorurteilen und größerer Ablehnung einherzugehen wie eine hohe Zahl von Einwanderern – wobei beides ein insgesamt sinkendes innergesellschaftliches Vertrauensniveau erwarten lässt. (Hooghe et al. 2009) Auch wenn zahlreiche Untersuchungen darauf hinweisen, dass Heterogenität durchaus positive ökonomische Effekte haben kann (Alesina & La Ferrara 2005), ist das Problem des abnehmenden Vertrauens innerhalb der einzelnen sowie zwischen den Bevölkerungsgruppen (Putnam 2007) ebenso wirksam wie die abnehmende Bereitschaft zur Bereitstellung öffentlicher Güter und sozialstaatlicher Ausgaben. (Alesina et al. 1999; Eger 2010) Eine positive ökonomische Entwicklung hilft offensichtlich nicht immer, eine kulturelle Distanz zwischen den Gruppen zu überwinden, „denn anstatt sich anzunähern, scheinen sie sich auf parallelen, von ihrem kulturellen Erbe geformten Trajektorien zu bewegen." (Inglehart & Baker 2000, 49) Einen Ausweg könnte eine kooperationsorientierte Ausgestaltung des politischen Systems sowie der Gruppeninteraktion bieten, bei der kulturelle Unterschiede durch dauerhafte und erfolgreiche Kooperation überbrückt und langfristiges Vertrauen aufgebaut wird. (Göllner 2010)

Ein anderes Ergebnis des Multikulturalismus kann eine Ideologie der Dekulturalisierung durch Werte-Relativierung sein, denn der dem Multikulturalismus inhärente Grundsatz der Nicht-Diskriminierung verbietet die Führungsrolle einer

Kultur. In diesem Fall verliert die Kultur im Allgemeinen ihren gemeinschaftsformenden und identitätsstiftenden Charakter, was sowohl für die gesellschaftliche Kohärenz und Interaktion als auch die Rechtsakzeptanz hinderlich ist. Eine wertrelative oder kulturneutrale Gesellschaft kann nur noch von politischen Argumenten und bestenfalls einem Rechtssystem zusammengehalten werden, wobei auch hier die multikulturelle Konkurrenz desintegrierend wirkt, denn Übereinstimmung setzt einen konsensfähigen Grundwertekanon voraus, der seinerseits kulturell geprägt ist. Das Gleiche gilt auch für die vermeintlich integrative Kraft des Rechts. Ein kulturneutrales Recht kann nicht existieren, denn Recht ist „ein kulturelles Phänomen. Wie Kulturen sich ändern, ändert sich auch das Recht, wie Kulturen divergieren, divergiert auch das Recht." (Marschelke 2012: 82) Folglich würde eine Dekulturalisierung auch eine *Entrechtung* mit sich bringen, so wie der beschriebene Multikulturalismus eine multiple Rechtsordnung nach sich zöge. Das Dilemma liegt bei solchen konkurrierenden Wertvorstellungen und Rechtsnormen auf der Hand und ist prinzipiell nicht in einem derartigen *multi-System* auflösbar.

3 Implikationen der Heterogenität in West- und Osteuropa

Der westeuropäische Diskurs über Multikulturalismus ist in den osteuropäischen Gesellschaften bisher ausgeblieben, da es keine maßgebliche Einwanderung als auslösenden Faktor gab. Im Gegenteil: die östlichen Staaten trugen vor allem nach 1990 wesentlich zur Heterogenität und kulturellen Vielfalt der westeuropäischen Staaten bei, da ein Großteil der europäischen Binnenmigration aus dem östlichen Europa erfolgte. Betrachtet man das soziopolitische und ethnische Umfeld des Multikulturalismus in Gesamteuropa, so fällt auf, dass die westlichen Staaten – vor dem Einsetzen bedeutender Migrationsbewegungen – ethnisch-kulturell weitgehend homogene Nationalstaaten mit vergleichsweise wenigen ethnischen oder nationalen Minderheiten waren. So stellten beispielsweise die in Deutschland lebenden autochthonen Minderheiten – Dänen, Friesen, Sorben, Sinti und Roma – etwa 0,3% der Bevölkerung. In den Niederlanden machten die Friesen, Roma und Juden etwa 3,2% und in Schweden die Finnen, Samen, Roma und Juden 6,8% der Gesamtbevölkerung aus. In den meisten westeuropäischen Ländern lag der Anteil ethnischer, nationaler oder sprachlicher Minderheiten bei höchstens 6,8%, meist eher bei 1–2%. (Pan & Pfeil 2006) Folglich adressierte der Multikulturalismus nur jene kulturelle Diversität, die sich infolge von Einwanderungen in den letzten Jahrzehnten ergeben hat – das heißt der Multikulturalismus-Ansatz adressierte *nicht* die autochthonen Gruppen. Für diese galten – wenn überhaupt[11] – Minderheitenschutzbestimmungen, die die Bewahrung von Sprache, Identität und Kultur ermöglichen sollten. Oft klaffte jedoch eine Implementierungslücke zwischen dem Multikulturalismus-Anspruch und dem Schutz ethnisch-nationaler Minderheiten, was daran gelegen haben könnte, dass in Westeuropa der Anteil der Migranten jenen der autochthonen Minderheiten meist deutlich überstieg und deshalb auch ihre soziokulturellen und ökonomischen Probleme als dringlicher wahrgenommen wurden. Deshalb wurde eine Anti-Diskriminierungspolitik auch eher auf die Zuwanderer als die Autochthonen ausgerichtet. Angaben zur Verteilung in den einzelnen Staaten können aus Platzgründen hier jedoch nicht angeführt werden, zumal unterschiedliche Einbürgerungs- und Staatsbürgerschaftskonzepte, Erhebungsmethoden und Integrationsstrategien einen europäischen Vergleich erschweren.

Anders gestaltete sich die ethnisch-kulturelle Zusammensetzung im östlichen Europa, wo der Anteil der autochthonen Minderheiten an der Gesamtbevölkerung meist jenseits der zehn Prozent lag und diese in der öffentlichen Wahrnehmung und Diskussion deutlich präsenter waren als in Westeuropa. Nach offiziellen Angaben hatten im Jahr 2011 die Minderheiten in Lettland einen Anteil von 37,3%, in Estland von 30,3%, in der Slowakei von 19,3%, in Rumänien von 16,5%, in Ungarn von 16,3%, in Litauen von 15,8% und in Bulgarien von 15,2% an der Gesamtbevölkerung.[12] Tatsächlich dürfte in all diesen Ländern der Minderheitenanteil noch deutlich höher gewesen sein, da einige Bevölkerungsgruppen – vor allem die Roma – wegen einer befürchteten Diskriminierung ihre Identität verschleierten. Damit war der Anteil der autochthonen ethnischen, nationalen und religiösen Minderheiten in den meisten osteuropäischen Ländern deutlich größer als jener der autochthonen Minderheiten *und* Migranten in den einzelnen westeuropäischen Staaten *zusammengenommen*. In Deutschland beispielsweise kamen 2013 zu den erwähnten 0,3% Minderheiten rund 8,4% nichtdeutsche Ausländer hinzu, in Großbritannien dürfte der Anteil etwa doppelt so hoch gewesen sein – allerdings sind das

---

11 Nicht alle europäischen Staaten erkennen die Existenz von Minderheiten an und die meisten Länder, die einen Minderheitenschutz eingeführt haben, betrachten „den *negativen Minderheitenschutz auf individualrechtlicher Basis* als ausreichend" und lehnen „*positive Schutzmaßnahmen*, welche auch *Gruppenrechte* umfassen" ab. (Pan & Pfeil 2006: 4, Hervorhebung im Original).
12 Angaben nach den jeweiligen nationalen Zensus von 2011. Polen war mit etwa 3% Minderheiten ebenso homogen wie die Tschechische Republik mit etwa 2,5%, zu der aber keine verlässlichen Angaben vorliegen. In Slowenien dürften die Minderheiten einen Anteil von etwa 6–7% gehabt haben.

Schätzungen, denn es gibt einige statistische Unschärfen und Zuordnungsprobleme.[13]

So ist festzustellen, dass es sich bei den osteuropäischen Staaten, die den Multikulturalismus ablehnen, um die im Wortsinn und traditionell multikulturellen Staaten handelt. Hier leben teils seit Jahrhunderten zahlreiche Volksgruppen in ethnisch-kulturell heterogenen Räumen, welche in den letzten einhundert Jahren durch mehrere territoriale Veränderungen, Bevölkerungsaustausch, Vertreibungen sowie Aus- und Umsiedlungen neu strukturiert wurden. Um dieser Heterogenität Rechnung zu tragen und ethnisch-kulturelle Konflikte zu vermeiden, mussten die osteuropäischen Staaten im Zuge der EU-Beitrittsvorbereitungen Minderheitenschutzbestimmungen in ihre Rechtssysteme implementieren – was von den westeuropäischen Ländern hingegen nicht erwartet wurde. Ungarn beispielsweise hat eine ethnische und zwölf anerkannte nationale Minderheiten, die über einen umfangreichen Gruppenrechtsschutz, kulturelle Autonomierechte und Selbstverwaltungsstrukturen verfügen. (Göllner 2015) Diese Regelungen sollten „es Angehörigen nationaler Minderheiten ermöglichen, ihre Kultur zu pflegen und weiterzuentwickeln und die wesentlichen Bestandteile ihrer Identität, nämlich ihre Religion, ihre Sprache, ihre Traditionen und ihr kulturelles Erbe, zu bewahren." (Europarat 1995, Art. 5, Abs.) Obwohl dieses in Osteuropa inzwischen meistens akzeptierte Ziel mit dem Multikulturalismus identisch zu sein scheint, lehnten fast alle politischen Richtungen den migrationsbasierten Multikulturalismus ab.

Trotz der Tatsache, dass dieser Aspekt bisher nicht erforscht wurde, lassen sich einige Gründe für die in West- und Osteuropa abweichenden Perzeptionen des Multikulturalismus ausmachen. Die osteuropäischen Staaten waren zunächst keine Einwanderungs- sondern Auswanderungsgesellschaften, weshalb sich für sie die migrationsinduzierte Identitätsfrage nicht stellte. Die Nationalkulturen hatten vielmehr als Ergebnis verspäteter Nationalstaatsbildungen und der kommunistischen, nationalkulturfeindlichen Periode eine besondere gesellschaftspolitische Identitäts- und Integrationsfunktion. Dabei spielten drei Kulturebenen eine maßgebliche Rolle: die nationale; die den Minderheiten gesetzlich zugesicherte; sowie die europäische, der die osteuropäischen Staaten mit dem EU-Beitritt beizutreten glaubten. Insgesamt hatten „die Osteuropäer ein viel stärkeres Interesse an der

---

13 In Deutschland erschwerten die (Spät-)Aussiedler eine Kategorisierung, da sie zwar einen Migrationshintergrund hatten, aber meist in der deutschen Kultur verankert waren, mithin nicht zum Multikulturalismus beitrugen. Deren Anteil lag bei etwa 11,3% (Statistisches Bundesamt 2013). In Großbritannien wird die Kategorie „White" abgefragt, die auch nicht-britische Personen umfassen kann. In England und Wales betrug deren Anteil 86%, in Schottland 96% (http://www.ons.gov.uk; http://www.scotlandscensus.gov.uk, 15. Februar 2016).

utopischen Version eines ‚Europa' als wohldefinierte (und leicht nachgeahmte) Kultur als die kulturell sicheren Europäer, die Bürger der westeuropäischen Staaten" waren. (Laitin 2002: 58) Diese Fokussierung auf das kulturelle Dreierfeld schloss den beschriebenen Multikulturalismus ebenso aus, wie die Übernahme des mit ihm verbundenen *Fürsorgeprinzips*, das nicht einmal auf die autochthonen Minderheiten in der Form angewendet wurde. Die Staaten versuchten, die sozioökonomischen Probleme der eigenen Bevölkerungen zu lösen, weshalb die Nichtdiskriminierungs- und Integrationspolitik meist Angehörige der Roma-Bevölkerung adressierte und nicht jene Migranten, die sich in Osteuropa niedergelassen haben.

Nachdem die osteuropäischen Staaten infolge ihrer ökonomischen Stabilisierung doch zu Migrationszielen geworden waren, „wurde es schwer, [die Migranten] in die feststehenden Kulturen einzupassen, die [in Osteuropa, Anm. d. Verf.] eng mit den nach-bäuerlichen Nationalkulturen verbunden waren." (Buzalka 2008: 511) Somit wurden die neuen Gruppen nicht als kulturelle Bereicherung, sondern als Konkurrenz zur bereits existierenden ethnokulturellen Vielfalt gesehen, die sich aus dem Zusammenleben mit den autochthonen Minderheiten ergeben hat. Diese wurde (mittlerweile) eher positiv rezipiert, da die verschiedenen ethnokulturellen Gruppen oft seit Jahrhunderten auf dem selben Territorium zusammengelebt und sich gegenseitig beeinflusst haben – weshalb die unterschiedlichen Kulturen nicht (mehr) als fremd wahrgenommen wurden. Die im Vergleich zu gegenwärtigen Migrationen meist geringe kulturelle Distanz und die zahlreichen kulturellen Schnittmengen ließen die gewachsene Multikulturalität als positiv und als Bestandteil einer gemeinsamen, territorial kontextualisierten Identität erscheinen. Weiterhin verbanden zahlreiche transkulturelle Elemente die einzelnen Kulturen sowohl innerhalb der Staaten als auch grenzüberschreitend, denn fast der gesamte Donau-Karpatenraum war über konnationale Minderheiten ethnisch und kulturell vernetzt. Insofern handelte es sich insgesamt um einen traditionell multikulturellen Raum mit etablierten Interaktionsmustern, die allerdings erst nach Jahrzehnten oder Jahrhunderten der Interaktion kooperative Merkmale ausgebildet haben.

Aber auch negative Erfahrungen führten zu einer Ablehnung des Multikulturalismus im östlichen Europa. Neben den als problematisch empfundenen westeuropäischen Erfahrungen mit diesem Konzept beeinflussten auch die inneren Konflikte zwischen Mehrheitsbevölkerung und jeweiligen Minderheiten das Bild von ethnokultureller Diversität, da nicht jedes Mehrheit-Minderheiten-Verhältnis einvernehmlich im demokratischen Kontext gestaltet werden konnte. Verstärkt wurde diese negative Perzeption durch die nicht abgeschlossene soziopolitische Inklusion, weshalb vor allem die Roma-Frage weiterhin auf der Tagesordnung stand und auf soziokulturelle Integrations- beziehungsweise Inklusionsprobleme verweist, die noch viel älter sind als jene in Westeuropa.

4 Vom Multikulturalismus zur Multikulturalität

Was unterscheidet nun in diesem Kontext Multikulturalität von Multikulturalismus und was definiert die oben erwähnte Vierermatrix? Die Kritik des Multikulturalismus bezieht sich *nicht* auf die Vielfalt von Kulturen selbst, denn eine ethnokulturelle Heterogenität *kann* durchaus positiv auf ein System und eine Gesellschaft wirken – und zwar nicht nur im kulturellen Sinne als Bereicherung, sondern auch im ökonomisch-modernisierenden Sinne. (Göllner 2009 & 2010) Heterogene Gesellschaften können unter bestimmten Bedingungen größere ökonomische und systemische Fortschritte erzielen als homogene Gesellschaften (Montalvo & Reynal-Querol 2005; Bellini et al. 2008), da sie unterschiedliche kulturell geprägte Strategien und Methoden zusammenführen.

Eine von mehreren Vorbedingungen von Multikulturalität ist, dass sie als ein Modell der Vielfalt und der Förderung existierender Heterogenität in einem territorial-historischen Kontext verstanden wird. Sie anerkennt und bewahrt die Relevanz sowie Allgegenwärtigkeit kultureller Diversität, verzichtet jedoch *nicht* auf einen anerkannten und akzeptierten Wertekanon. Diese „Vielfalt in der Einheit [...] setzt voraus, dass alle Bürger bereitwillig einen Kern von Werten annehmen (Element der Einheit), während es nicht nur gestattet, sondern vielmehr begrüßt wird, dass sie in anderen Belangen ihren eigenen Subkulturen folgen (Elemente der Diversität)." (Etzioni 2011: 340–341) Die Gesellschaft wird also um eine bestimmte Definition des guten Lebens organisiert und mit anderen Kulturen verbunden, was die Grundlage für wechselseitige Kooperation und Vertrauen schafft. Ohne einen wertebasierten Grundkonsens können Heterogenität und Multikulturalität keine positive Wirkung entfalten, sondern sie haben eine destabilisierende Wirkung, weil sie meist zu einer ethnokulturell determinierten Segregation führen.

Somit kann Multikulturalität kein politisches Konzept sein, sondern sie ergibt sich aus einer politisch-gesellschaftlichen Entwicklung oder als Folge von Migrationen in einem zeitlichen Integrations- und Inklusionskontext. Ziel der Multikulturalität – das zeigen die positiven Beispiele traditionell ethnisch-kulturell heterogener und zugleich wertekonsensueller Gesellschaften – kann nur eine Vielfalt in der (kulturellen) Einheit sein, in der kooperative, vertrauensbasierte Strukturen dominieren und keine Gruppe marginalisiert wird und sich segregiert. Deshalb eignet sich die Multikulturalität auch nicht als Narrativ der Toleranz und Antidiskriminierung, sondern ist vielmehr als interaktionsorientiertes Kooperationsschema zu verstehen und zu implementieren.

Literatur

Alesina, Alberto & Eliana La Ferrara (2005): Ethnic Diversity and Economic Performance. *Journal of Economic Literature* 43, 762–800.

Alesina, Alberto, Reza Baqir & William Easterly (1999): Public Goods and Ethnic Divisions. *The Quarterly Journal of Economics* 114(4), 1243–1284.

Bellini, Elena, Gianmarco I. P. Ottaviano, Dino Pinelli & Giovanni Prarolo (2008): *Cultural Diversity and Economic Performance: Evidence from European Regions*. Hamburg Institute of International Economics (HWWI) Research Paper 3–14.

Buzalka, Juraj (2008): Multiculturalism and National Cultures in Eastern Europe. *Sociológia* 40(6), 495–513.

Cameron, David (2011): PM's speech at Munich Security Conference, http://www.number10.gov.uk/news/pms-speech-at-munich-security-conference/ (30. März 2013).

Collier, Paul (2014): *Exodus. Warum wir Einwanderung neu regeln müssen*. 3. Aufl. München: Siedler.

Eger, Maureen A. (2010): Even in Sweden: The Effect of Immigration on Support for Welfare State Spending. *European Sociological Review* 26(2), 203–217.

Europarat 1995: Rahmenübereinkommen zum Schutz nationaler Minderheiten. ETS Nr. 157.

Etzioni, Amitai (2011): Citizenship in a communitarian perspective. *Ethnicities* 11(3), 336–349.

Feller, Erika (2005): Refugees Are Not Migrants. *Refugee Survey Quarterly* 24(4), 27–35.

Ghadban, Ralph (2005): Der Multikulturalismus als Ideologie der Desintegration. *conturen* 3/4, 41–54.

Göllner, Ralf [Thomas] (2009): Ethnische Heterogenität und politisches System im östlichen Europa. Wechselwirkungen zwischen Systemen, Ökonomien und ethnischen Gruppen. In Zsolt Vitári (Hrsg.): *Minderheiten und Mehrheiten in ihren Wechselbeziehungen im südöstlichen Mitteleuropa. Festschrift für Gerhard Seewann zum 65. Geburtstag*, 263–276. Pécs: Universität Pécs.

Göllner, Ralf Thomas (2010): Minderheitenschutz als Kooperationsstrategie. In Matthias Theodor Vogt, Jan Sokol, Dieter Bingen, Jürgen Neyer & Albert Löhr (Hrsg.): *Minderheiten als Mehrwert*, 115–129. Frankfurt am Main u.a.: Peter Lang.

Göllner, Ralf Thomas (2015): Ungarns Minderheitenpolitik. Minderheiten in Ungarn, Magyaren in den Nachbarstaaten. In Herbert Küpper, Zsolt K. Lengyel & Hermann Scheuringer (Hrsg.): *Ungarn und seine Nachbarn 1989–2014. Eine Bilanz*, 77–117. Regensburg: Pustet.

Heckmann, Friedrich (2015): *Integration von Migranten. Einwanderung und neue Nationenbildung*. Wiesbaden: Springer.

Hofstede, Geert (2008): *Culture's Consequences. Comparing Values, Behaviors, Institutions and Organizations Across Nations*. 2nd Edition. Thousand Oaks et al.: Sage.

Hooghe, Marc & Tim Reeskens & Dietlind Stolle & Ann Trappers (2009): Ethnic Diversity and Generalized Trust in Europe. A Cross-National Multilevel Study. *Comparative Political Studies* 42(2), 198–223.

Huntington, Samuel P. (2004): *Who are We? The Challenges to America's National Identity.* New York: Simon & Schuster.
Inglehart, Ronald & Wayne E. Baker (2000): Modernization, Cultural Change, and the Persistence of Traditional Values. *American Sociological Review* 65(1), 19–51.
Jakubowicz, A[ndrew] (1981): State and Ethnicity: Multiculturalism as Ideology. *Journal of Sociology* 17(3), 4–13.
Joppke, Christian (1996): Multiculturalism and immigration: A comparison of the United States, Germany, and Great Britain. *Theory and Society* 25, 449–500.
Joppke, Christian (2004): The retreat of multiculturalism in the liberal state: theory and policy. *The British Journal of Sociology* 55(2), 237–257.
Kohn, Hans (1957): *American nationalism: An interpretative essay.* New York: Macmillan.
Kymlicka, Will (1995): *Multicultural Citizenship: A Liberal Theory of Minority Rights.* Oxford: University Press.
Kymlicka, Will (2010): Testing the Liberal Multiculturalist Hypothesis: Normative Theories and Social Science Evidence. *Canadian Journal of Political Science* 43(2), 257–271
Kymlicka, Will (2010a): The rise and fall of multiculturalism?: new debates on inclusion and accommodation in diverse societies. In Steven Vertovec & Susanne Wessendorf (Hrsg.): *The Multiculturalism Backlash. European discourses, policies and practices,* 32–49. London, New York: Routledge.
Kymlicka, Will (2014): The Essentialist Critique of Multiculturalism: Theories, Policies, Ethos. *EUI Working Paper RSCAS 2014/59.* Fiesole: European University Institute.
Laitin, David (2002): Culture and National Identity: 'The East' and European Integration. *West European Politics* 25(2), 55–80.
Leggewie, Claus (2014): Kulturen der Kooperation. In Hans-Georg Soeffner & Thea D. Boldt (Hrsg.): *Fragiler Pluralismus,* 45–60. Wiesbaden: Springer.
Ley, David (2010): Multiculturalism: a Canadian defence. In Steven Vertovec & Susanne Wessendorf (Hrsg.): *The Multiculturalism Backlash. European discourses, policies and practices,* 190–206. London, New York: Routledge.
Malik, Kenan (2015): The Failure of Multiculturalism. Community Versus Society in Europe. *Foreign Affairs,* March 1.
Marschelke, Jan-Christoph (2012): Recht und Kultur – Skizze disziplinärer Zugänge der Rechtswissenschaften zu Kultur und Interkulturalität. *interculture journal* 11(16), 63–93.
Montalvo, Jose G. & Marta Reynal-Querol (2005): Ethnic diversity and economic development. *Journal of Development Economics* 76, 293–323.
Pan, Christoph & Beate Sibylle Pfeil (2007): *Minderheitenrechte in Europa. Handbuch der europäischen Volksgruppen,* Band 2. 2. Aufl. Wien, New York: Springer.
Putnam, Robert D. (2007): E Pluribus Unum: Diversity and Community in the Twenty-first Century. The 2006 Johan Skytte Prize Lecture. *Scandinavian Political Studies* 30(2), 137–174.
Radtke, Frank-Olaf (1994): *Multikulturalismus: Ein postmoderner Nachfahre des Nationalismus.* München: Wilhelm Fink.
Scalettaris, Giulia (2007): Refugee Studies and the International Refugee Regime: A Reflection On a Desirable Separation. *Refugee Survey Quarterly* 26(3), 36–50.
Sen, Amartya (2007): *Die Identitätsfalle. Warum es keinen Krieg der Kulturen gibt.* München: C.H. Beck.
Statistisches Bundesamt (2013): *Bevölkerung mit Migrationshintergrund. Ergebnisse des Mikrozensus 2013.* Wiesbaden: Statistisches Bundesamt.

Taylor, Charles (2012): *Multikulturalismus und die Politik der Anerkennung*. Mit Kommentaren von Amy Gutmann, Steven C. Rockefeller, Michael Walzer und Susan Wolf. Mit einem Beitrag von Jürgen Habermas. 2. Aufl. Frankfurt a. M.: Suhrkamp.

Trudeau, Pierre (1971): Announcement of the Implementation of Policy of Multiculturalism within Bilingual Framework. *Canada. Parliament. House of Commons. Debates*, 28th Parliament, 3rd Session, Vol. 8 (8 Oct.), 8545–8548.

UNHCR (2014): *World at war. Global Trends. Forced Displacement in 2014*. Geneva: UNHCR.

Rüdiger Harnisch
Partizipien als meliorisierende Ersatzkonstruktionen für pejorisierte personenbezeichnende Derivata

Zu Prozessen semantischer und pragmatischer Remotivierung im Zeichen der Flücht*lings*- (oder *Geflüchteten*-?) Krise um das Jahr 2015

> Vor allem mögen wir es nicht, wenn man uns „Flüchtlinge" nennt.
> (Hannah Arendt, Wir Flüchtlinge)[1]

Schlüsselwörter: Semantische Remotivierung, pragmatische Remotivierung, politisch korrekter Sprachgebrauch

1 Einleitung

Anhand der Personen(gruppen)bezeichnung *Flüchtling(e)*, die im gegenwärtigen öffentlichen Diskurs um das Thema allgegenwärtig ist, sollen die Bedingungen herausgearbeitet werden, unter denen dieses pejorisierte Derivatum in einem Verfahren politischer Sprachregelung im meliorisierenden Partizipialsubstantiv *Geflüchtete* eine mögliche Alternative bekommt. Die Hand in Hand gehenden Prozesse der Pejorisierung von Bildungen wie denen auf *-ling* und der Meliorisierung durch partizipiale Ersatzkonstruktionen wie die mit *Ge-...-(e)t-* werden als Produkt einer zweistufigen, erst semantischen, dann pragmatischen, Remotivierung erklärt.[2] Dieser exaptative Prozess bringt mit der partizipialen Form einen formalen Marker für politisch korrekte Ausdrucksweise an sich hervor. Ferner wird geprüft, ob solche Partizipien – grammatische Ersatzkonstruktionen, die von ‚belasteter'

---

[1] So der Beginn ihres Essays in der deutschsprachigen Version von 1986 [englisches Original 1943].
[2] Vorliegende Untersuchung reiht sich damit in die Forschungen des Passauer DFG-Projekts *Typologie und Theorie der Remotivierung* (TheoRem) ein, dem auch Igor Trost, Mitherausgeber des vorliegenden Bands, angehört. Ihm dankt Verfasser für wertvolle Hinweise zur Theorie und Typologie der Sprache in der Politik.

https://doi.org/10.1515/9783110640731-012

Wort- und Wortbildungs-Semantik zunächst befreit erscheinen – in der endlosen Spirale von Meliorisierungsbestrebungen auch selber wieder pejorisiert werden. Schließlich werden die am Beispiel *Flüchtlinge/Geflüchtete* herausgearbeiteten Strategien in einen größeren Zusammenhang ähnlicher Vorgehensweisen gestellt.

2 Empirische Ausgangsbasis

Mit den *Auszubild-end-en* fing es an. Ihnen mussten auf politisches Betreiben in den 1970-er Jahren die *Lehr-ling-e* in Gesetzen und Handwerksverordnungen und schließlich auch im öffentlichen Sprachgebrauch weichen. Für die Betreiber dieser Sprachregelungsmaßnahme war sie durch einen angeblich geringschätzigen Klang des Holo-Lexems *Lehrling* gerechtfertigt. Doch ist nicht von der Hand zu weisen, dass zu dieser als pejorativ empfundenen Bedeutung des Gesamtworts dessen derivationeller Bestandteil *-ling* beigetragen hatte. Nicht umsonst sind *-ling*-Derivata immer wieder Ausgangspunkt für (re)meliorisierende Ausweichkonstruktionen gewesen und geworden, zuletzt etwa *Flüchtlinge*, das sprachregulativ durch Partizipialkonstruktionen wie *Geflüchtete* abgelöst zu werden scheint.[3]

---

3 Das gleiche konstruktionelle Ziel (ein Partizip) und ein vergleichbares (sozial-emanzipatorisches) Motiv haben Bestrebungen der Feministischen bzw. Gender-Linguistik, generische Maskulina wie *Studenten* durch Partizipialkonstruktionen wie *Studierende* zu ersetzen, die unter bestimmten Umständen, nämlich im Plural, genusneutral sind. Dass sie inzwischen wieder – es ist zu vermuten: unwissentlich – generisch maskulin verwendet werden wie die verbreitet vorkommenden Formen des Typs *der Studierende*, steht auf einem andern Blatt (dazu ausführlich Harnisch 2016, Bülow & Harnisch 2015, 2017). Im Argumentationszusammenhang des vorliegenden Beitrags wird unter dem Aspekt der Grammatikalisierung pragmatischer Remotivierungsprodukte darauf jedoch unten (in Kapitel 5) zurückzukommen sein. Sprachstrukturelle Zwänge (Blockierung) und sprachpolitische Wünsche (Sichtbarmachung biologischer Geschlechtlichkeit durch Movierung) kollidieren bei propagierten Bildungen wie *Flücht-ling-in*, das einerseits pejorisierte *-ling*-Derivation bleibt, anderseits als *-in*-Bildung den Bedingungen des sog. „geschlechtergerechten" Sprachgebrauchs genügen würde. „Hier endet das Gendern" jedoch für Eisenberg (2015/2017). Nach Rainer Werner in der *Frankfurter Allgemeinen Zeitung* vom 9. Februar 2017 werde deshalb „ein neues Wort kreiert, das geschlechtsneutral sein soll: Geflüchtete." Dem widerspricht Philip Maroldt in derselben Zeitung am 15. Februar 2017 mit dem Hinweis, *Geflüchtete* werde „keineswegs allein aus Gendergründen propagiert. Vielmehr gilt in linken Kreisen die Endung ‚-ling' auch deshalb als anrüchig, weil sie angeblich abwertend konnotiert sei – eine falsche Behauptung." Siehe dazu Kapitel 3 des vorliegenden Beitrags. Was *Auszubildende* betrifft, so eignet sich diese Form je nach sprachpolitischer Absicht entweder „to undo gender" (*die Auszubildenden*) oder „to do gender" (*der/die Auszubildende*). Genderlinguistische Motive dürften bei der Setzung dieser Sprachregelung jedoch noch keine Rolle gespielt haben.

Die sprachlenkende Einführung der Bezeichnung *Auszubildende* war durch die Absicht motiviert, der Diskriminierung einer sozialen Statusgruppe (der Lehrlinge) sprachlich zu begegnen. Auch die aktuelle Kritik an der Bezeichnung *Flüchtlinge* ist migrations- und integrationspolitisch motiviert. In diesem politisch-ideologischen Kontext werden auch weitere, meist ebenfalls derivationelle, Personenbezeichnungen wie *Asylant* ins Licht Politischer Unkorrektheit gestellt. Auch diese werden dann von Partizipialbildungen wie *Asylsuchende* ersetzt.

Dass diese Sprachregelungen – ob nun Formulierungsvorschlägen wie denen der Neuen deutschen Medienmacher[4] oder Pro Asyl erst folgend oder von den betreffenden Journalisten schon selbst so gewählt – in der Berichterstattung inzwischen tatsächlich breiten Niederschlag gefunden haben, mögen aktuelle Belege aus Printmedien exemplarisch erweisen. Bei der Bewertung der betreffenden *tokens* sind allerdings folgende Faktoren zu berücksichtigen: ein sprachstruktureller, ein textsorten- und damit auch textproduzentenabhängiger und ein stilistischer.

Zum ersten hält sich nämlich die herkömmliche Bezeichnung *Flüchtling* in Komposita besser, als wenn sie in simplizischer Form vorkommt. Im Heft 1/16 der Zeitschrift *Forschung & Lehre* des Deutschen Hochschulverbands mit dem Themenschwerpunkt „Flucht und Asyl" (Titelseite) etwa enthalten fast alle Titel und Untertitel einzelner Beiträge solche *Flüchtlings*-Komposita: *Für eine realistische Flüchtlingspolitik* (S. 10), *Die Einstellungen der Deutschen zur Flüchtlingskrise* (S. 18), *Die Flüchtlingskrise und das Recht* (S. 24), *Was kann Flüchtlingsforschung leisten?* (S. 28).

Zum zweiten ist bei der Einschätzung der Wortvarianten zu berücksichtigen, ob *Flüchtling* oder andere Personenbezeichnungen in den Texten *termini technici* der Rechts- und Verwaltungssprache sind (z.B. gemäß der Genfer *Flüchtlings*konvention), oder ob sie außerfachsprachlich verwendet werden. Zum Beispiel ist in dem Artikel „In Passau kommen pro Tag noch 50 Flüchtlinge an", dessen Autor offizielle Auskünfte eines Sprechers der Bundespolizei über die aktuelle Situation an der Grenze bei Passau referiert, in der Schlagzeile und vier weitere Male von *Flüchtlingen* die Rede und nur einmal von *Geflüchteten*. Im direkt benachbarten Artikel „Die Geflüchteten sind genauso entsetzt wie wir", in dem es um die Reaktionen von Flüchtlingen und Passauer Helfern auf die Attentatserie des Sommers 2016 in Bayern (Würzburg und Ansbach) geht, sprechen derselbe Autor und eine Mitautorin in der Schlagzeile und weitere fünf Male von *Geflüchteten*, dazu zweimal von *geflüchteten Menschen* und nur viermal von *Flüchtlingen*.[5]

---

4 Ausführlich zu dieser Initiativgruppe Kapitel 3.1.
5 *Passauer Neue Presse* vom 5. August 2016, S. 19.

Zum dritten kann eine, zumal relativ ausgewogene, Variantenverteilung wie im zuletzt genannten Artikel mit fünf Vorkommen von *Geflüchteten* und vier Vorkommen von *Flüchtlingen* stilistisch bedingt sein (dazu auch Kreußler & Wengeler in diesem Band). Man arbeitet in der Absicht, totale Rekurrenz zu vermeiden, mit sich abwechselnden Einzel-Lexemen (*Flüchtlinge, Geflüchtete*) oder auch Mehrwort-Phrasen (*geflüchtete Menschen*), die in ihrer Referenzidentität als synonymisch aufgefasst werden. Dieser stilistisch motivierte Synonymeneinsatz kann natürlich über partielle Rekurrenz von Einheiten mit gleichem Grundmorphem, hier also über die Wortfamilie um *-flücht-*, hinausgehen und Lexeme mit andern Grundmorphemen einbeziehen (hier etwa *Schutz-/Zuflucht-/Asylsuchende*). In diesem Verfahren ist *Flüchtling* lediglich eine von mehreren möglichen Bezeichnungen, seine mögliche Pejorität wird von melior eingeschätzten Synonymen im selben Text neutralisiert.

Diese und möglicherweise noch weitere Parameter wären zu veranschlagen, wenn man dem Sprachgebrauch in diesem Bereich quantitativ und statistisch auf den Grund gehen wollte. Das würde eine umfangreichere korpusbasierte Studie erfordern, die hier nur angeregt, aber aus Aufwandsgründen nicht geleistet werden kann.[6] Eine solche empirisch breitere Untersuchung könnte die Beobachtung untermauern, dass im Laufe der migrationspolitischen Entwicklung die Tendenz von den *-ling-, -ant-* und noch andern Derivata hin zu den präsentischen oder perfektischen Partizipialformen stärker geworden ist.[7] Überwog etwa im oben erwähnten Heft 1/16 von *Forschung & Lehre* mit dem Themenschwerpunkt „Flucht und Asyl" noch die Bezeichnung *Flüchtlinge*, ist im Heft 5/16 desselben Organs – wenn auch wie im Heft 1/16 wieder unter der Kopfzeile FLÜCHTLINGE für den Themenschwerpunkt – im Text selbst schon fast ausschließlich von *Geflüchteten* die Rede, entweder in dieser Form des substantivierten Partizips (17 mal) oder als adjektivisches Attribut (9 mal): *geflüchtete Studieninteressierte, Akademiker* usw. Nur ein einziges Mal kommt *Flüchtlinge* vor.

Bemerkenswert ist jedoch auch, dass es Texte mit strenger Konsequenz in der Verwendung nur jeweils einer der beiden Varianten *Flüchtlinge* und *Geflüchtete* gibt. Am 14. August 2016 zieht ein Jahr, nachdem „die Flüchtlinge zum großen

---

[6] Zur nach wie vor geltenden Unverzichtbarkeit (auch) qualitativer Methoden, die auch in vorliegendem Beitrag angewandt werden, siehe Kreußler & Wengeler (in diesem Band), deren Feststellung im letzten Absatz vor Kap. 2.1 sich Verfasser anschließt: „Es standen weder die notwendigen themenspezifischen Korpora [...] noch die notwendige Zeit [...] zur Verfügung. Aber auch inhaltlich sind wir davon überzeugt, dass diese qualitativ-hermeneutische Methode zu [...] interessanten Ergebnissen führt."

[7] Mit größerer historischer Tiefe verfolgen Kreußler & Wengeler (in diesem Band) Flüchtlingsdiskurse zurück bis in die Anfänge der Bundesrepublik Deutschland.

Thema wurden" (Unterschlagzeile), Georg Meck unter dem Titel „Lehren aus der Flüchtlingskrise" in der *Frankfurter Allgemeinen Sonntagszeitung* „eine Bilanz" und verwendet dabei ausschließlich die Variante *Flüchtlinge*. Man könnte den Grund dafür nun in der liberal-konservativen Ausrichtung dieser Zeitung vermuten, doch bei der politischen Linken ist dieser Sprachgebrauch genauso zu beobachten: Vor dem 27. Oktober 2016, an dem die Bundes-Sozialministerin Andrea Nahles von der SPD in der Veranstaltungsreihe „Menschen in Europa" des Verlags der *Passauer Neuen Presse* Gesprächsgast in Passau ist, erscheint in der Werbebroschüre zu dieser Reihe ein Interview mit der Ministerin, in dem sie ausschließlich (9 mal) die Variante *Flüchtlinge* gebraucht. Ebenso konsequent, nur unter ausschließlicher Verwendung der andern Variante, verfährt ein Text aus dem Magazin *Campus Passau* 2/2016 zum „Refugee Programme" der Universität. Darin wird 13 mal von *Geflüchteten* gesprochen. Das ist nur damit zu erklären, dass in der betreffenden Institution offenbar ein strenges Sprachregime herrscht, insbesondere über die institutionseigenen medialen Verlautbarungen, ob es nun von ihrer Leitung offen ausgeübt oder von den Mitgliedern der Institution präsumiert, internalisiert und willig praktiziert wird.[8] Die Redaktion der *Passauer Neuen Presse* hat am 4. August 2016 in einem mit „– red" versehenen Artikel über das angesprochene „Refugee Programme" die Sprachregelung der Universität ebenso praktiziert und verwendet statt *Flüchtlinge* nur *Geflüchtete*. Auch der Bezeichnung *Geflüchtete* offensichtlich schon wieder mit Bedenken zu ihrer politischen Korrektheit begegnend und das Rad der Meliorisierung weiterdrehend ist im selben Artikel von *Menschen mit Fluchthintergrund* die Rede.[9]

3 Sprachkritik und Sprachregelung

3.1 ‚Kritische' Sprachkritik journalistischer Praktiker: Neue deutsche Medienmacher

Ein eingetragener Verein von Journalisten unter dem Namen „Neue deutsche Medienmacher" (NdM) hat ein Glossar vorgelegt, das politisch korrekte „Formulie-

---

[8] Abgesehen vom Merkmal der räumlichen Geschlossenheit weist die Institution *Universität* so gesehen durchaus Züge einer von Goffman (1961) so benannten „Totalen Institution" auf: Eine in- oder semiformelle Gemeinschaft in einer Bildungs- (und Erziehungs-) Einrichtung unterwirft sich den Vorschriften von institutionsinternen Funktionären, die die Einhaltung dieser Vorschriften (hier der Sprachregelungen) überwachen und Verstöße gegebenenfalls auch ahnden.
[9] Analoges Vorbild ist die Bezeichnung *Menschen mit Migrationshintergrund* statt *Migranten*.

rungshilfen für die Berichterstattung im Einwanderungsland", so der Untertitel, bereitstellt. [10, 11] Dieses Glossar in seiner Fassung vom 1. Dezember 2015 dient in vorliegendem Beitrag als Quelle für die behandelten Sprachregelungen, die tatsächlich inzwischen breite Aufnahme in die Berichterstattung gefunden haben. Die einschlägigen, das heißt im Synonymen- bzw. Referenzidentitätsbereich von *Flüchtling(e)* liegenden Wortartikel aus der Abteilung „Flucht und Asyl" des Glossars werden im Folgenden nach Grundmorphemen gruppiert wiedergegeben. Dabei wird die in der Quelle praktizierte alphabetische Ordnung zugunsten der Reihenfolge „herkömmlicher Ausdruck – empfohlener neuer Ausdruck – weitere Ausdrücke im semantischen Umfeld" ggf. aufgegeben. Typographische Konventionen der NdM sind:

|| **Begriff mit Erläuterung** (im Original rot und fett)
Empfohlener Begriff (im Original rot, fett, kursiv).

---

10 Mit „kritisch" in Anführungszeichen ist hier und im Folgenden eine Ausrichtung gemeint, die sich im Geiste der „Kritischen Diskursanalyse" sprachkritisch äußert und ein sprachpolitisches Programm verfolgt. Dem im vorliegenden Beitrag verhandelten Gegenstand am nächsten ist die Teildisziplin der „Kritischen Semantik" (hierzu programmatisch Kilian 2001). Über „eine wissenschaftliche Sprachkritik" (aus dem Untertitel von Kilian 2001) hinaus wird das Epitheton ‚kritisch', wenn im beschriebenen Sinne zutreffend, hier auch auf Sprachpraktiker wie Journalisten und Medienmacher angewandt.

11 Die NdM „danken dem Bundesamt für Migration und Flüchtlinge [BaMF] für die Übernahme der Layout- und Druckkosten der vorliegenden Auflage des Glossars. Eine Teilauflage dieser Ausgabe wurde im Auftrag der Bundeszentrale für politische Bildung [BpB] zur Verbreitung im BpB-Lokaljournalistenprogramm hergestellt" (S. 4). Darunter setzen beide Institutionen, BaMF und BpB, ihre offiziellen Logos. Es gibt zu denken, dass hier offensichtlich auf den Weg staatlicher Sprachlenkung eingebogen wird. Nach Ofuatey-Alazard (2016: 31) äußert sich zum NdM-Glossar kritisch selbst die sonst eher um Politische Korrektheit bemühte *Süddeutsche Zeitung*, worin die Autoren dieser Handreichung als „Türsteher der Sprache" bezeichnet würden, die „den Wörtern wieder Fesseln anlegen" möchten. Auch die Organisation Pro Asyl empfiehlt Ersatzausdrücke für pejorisierte Personen(gruppen)bezeichnungen (dazu Kreußler & Wengeler in diesem Band). Einzelne Linguisten beteiligen sich ebenfalls an diesem Sprachregelungswesen und empfehlen Alternativausdrücke, so, vornehmlich in Bezug auf *Flüchtlinge*, Anatol Stefanowitsch (siehe ausführlich dazu Kapitel 3.2) oder Elisabeth Wehling (siehe Quellenverzeichnis). Das ist insofern bemerkenswert, als sich sprachwissenschaftliche Experten hier normativ äußern und sich aus dem „Elend des Deskriptivismus" (Rinas 2011: 57) befreien, sich also nicht wie bei vielen andern Debatten der öffentlichen Sprachkritik auf eine reine – wie die sprachkritischen Laien oft monieren: bequeme – Beobachterposition zurückziehen. Ihre Zugehörigkeit zum weltanschaulichen Lager geben sie dabei ebenso offen kund wie das Signal, dass sie sich auf der jeweils neuesten Entwicklungsstufe der *political correctness* befinden, so wenn Stefanowitsch (2012) in seinem Blogbeitrag im Sinne der tugend-ideologischen Bewegung der *offendedness* den Warnhinweis an empfindsame Rezipienten gibt: „Der folgende Text enthält Beispiele rassistischer Sprache."

Im Synonymenbereich um *Flüchtlinge* sind folgende Wortartikel einschlägig (48–50, 53):

Tab. 1: Glossar zur Wortfamilie um *Flüchtlinge* und zu Synonymen

|| **Flüchtlinge** _ sind laut Genfer Flüchtlingskonvention „Personen, die aus begründeter Furcht vor der Verfolgung ihrer Person [...] Schutz in einem anderen Land suchen." In amtlichen Statistiken gelten die Bezeichnungen Flüchtlinge und *Asylberechtigte* nur für Menschen, die schon Schutzstatus besitzen [...] Alternative Begriffe: ||**Geflüchtete**, *Schutzsuchende* oder ||**Geschützte Personen** (siehe ||**Asyl-** und **Flüchtlingsschutz**).

|| **Flüchtlingskrise** _ ist ein häufig verwendeter Begriff der aktuellen Berichterstattung zur *Asyldebatte*. Er sagt aus, dass es eine Krise wegen ||**geflüchteter Menschen** gebe, kann allerdings kritisch hinterfragt werden.

|| **Geflüchtete** _ wird seit einiger Zeit als Alternativbegriff für ||**Flüchtlinge** verwendet, weil damit die teils als kleinmachend oder abwertend empfundene Endung -ling (wie zum Beispiel Eindringling) umgangen wird. Da es sich um keinen juristischen Begriff handelt, ist er bei der Berichterstattung in vielen Fällen einsetzbar: *Geflüchtete* können auch Menschen sein, die keinen offiziellen Flüchtlingsstatus haben. Weitere Alternativen: ***Schutzsuchende***, ||**Exilierte**, ||**Asylsuchende** (ggf. ||**Geschützte Personen**).

|| **Unbegleitete minderjährige Flüchtlinge** _ Bezeichnung für ***Schutzsuchende***, die noch nicht volljährig sind und ohne sorgeberechtigte Begleitung aus ihrem Heimatland fliehen. Von den weltweit knapp 60 Millionen ||**Geflüchteten** [...] sind [...] etwa 50 Prozent unter 18 Jahre alt. [...] Europäisches Recht schreibt vor, dass unbegleitete minderjährige Flüchtlinge besonders geschützt werden [...]. ***Allein geflohene Kinder und Jugendliche*** haben außerdem das Recht, zu ihrer Familie zu gehen oder dort aufgenommen zu werden, wo sie sich aufhalten.

|| **Exilierte** _ kann als alternative Bezeichnung für ||**Flüchtlinge** oder *Schutzsuchende* benutzt werden. Der Begriff *Exilierte* betont, dass *geflohene Menschen* sich dazu gezwungen sehen, ihre Heimat aufgrund von lebensbedrohlichen oder menschenunwürdigen Verhältnissen zu verlassen, auch wenn sie nicht von staatlicher Seite des Landes verwiesen werden.

In der Wortfamilie von Personenbezeichnungen mit dem Grundmorphem *Asyl-* bilden die folgenden Wortartikel einen semantischen Verweiskomplex von möglichen Synonymen (46–47):

Tab. 2: Glossar zur Wortfamilie um *Asylanten* und zu Synonymen

|| **Asylanten** _ der Begriff ist negativ konnotiert. Er wird häufig dann verwendet, wenn ||**Geflüchtete** als Bedrohung oder Belastung betrachtet werden, und nicht als *Schutzsuchende*. Weitere Alternativen: ||**Asylsuchende**, ggf. ||**geschützte Personen** und *Asylberechtigte*. || **Asylsuchende** _ wird in der Öffentlichkeit oft synonym zum Begriff ||**Flüchtlinge** gebraucht. Im Sprachgebrauch des UNHCR ist ein *Asylsuchender* aber eine Person, die einen Antrag auf Anerkennung als *politisch Verfolgte* gestellt hat, den Status als Flüchtling oder *Asylberechtigter* aber noch nicht **erhalten hat**.	|| **Asylbewerber** _ sind juristisch gesehen Personen, die einen Antrag auf Anerkennung als politisch Verfolgte gestellt haben, deren Verfahren beim Bundesamt für Migration und ||**Flüchtlinge** aber noch nicht abgeschlossen sind. Allerdings ist der Begriff ‚Asylbewerber' irreführend, weil ein Grundrecht auf Asyl besteht; Mensche[n] bewerben sich aber nicht um Grundrechte, sie haben sie einfach. Alternative Begriffe: ||**Asylsuchende**, ||**Geflüchtete** oder *Schutzsuchende*.

3.2 ‚Kritische' Sprachkritik von Wissenschaftlern: Sprachlog

Von Seiten der Sprachwissenschaft hat sich mit der Bezeichnung *Flüchtlinge* und ihren Alternativen im Format des Fach-Blogs der Anglist Anatol Stefanowitsch bisher am eingehendsten auseinandergesetzt.[12] Schon Jahre vor dem 2015 einsetzenden Flüchtlingsstrom[13] nach Europa hatte er einen Beitrag dazu ins Netz gestellt (Stefanowitsch 2012). Nachdem die Gesellschaft für deutsche Sprache am 11. Dezember 2015 eine Pressemitteilung zu dem von ihr gewählten „Wort des Jahres 2015", *Flüchtlinge*, herausgegeben hatte, meldete sich Stefanowitsch erneut zu Wort (2015).

Stefanowitsch (2012) argumentiert hauptsächlich von der „Struktur von *Flüchtling*" her. Verwendungsbedingungen des Wortes erwähnt er nur in dem Zusammenhang einer „neutralen" Lesart in Institutionennamen wie *Bundesamt für Mig-*

---

12 Forum ist der Bremer Sprachblog *Sprachlog* (www.sprachlog.de).
13 Das NdM-Glossar (2015: 50) bietet unter dem Lemma *Flüchtlingsstrom* keine Alternativbezeichnung an. Abgesehen davon hält Verfasser die *Strom*-Metapher zur Bezeichnung dieses Vorgangs für treffend und teilt nicht die von den NdM behauptete Bedeutungsverengung auf die Suggestion einer „Naturgewalt", der die Politik „machtlos [...] ausgesetzt" sei. Ähnliches gilt für das Kollokat *Krise* zu *Flüchtling*. Unter dem Lemma *Flüchtlingskrise* bietet das NdM-Glossar (2015: 49) zwar eine Formulierungsalternative an (*Asylgesetzkrise*), doch wird damit das Krisenhafte an den Ereignissen extrem und einseitig verengt auf ein „Versagen deutscher Gesetze und Strukturen".

ration und Flüchtlinge. Seine strukturelle Analyse hebt auf die Pejorativität[14] (die „sog. negative Konnotation") des Suffixes *-ling* ab. Folgende Pejorationsskala kann man, den Ausführungen von Stefanowitsch folgend, ansetzen:

negative Konnotation
- bei negativer adjektivischer Ableitungsbasis: *Schwäch-ling*
- selbst bei positiver adjektivischer Ableitungsbasis: *Schön-ling*
- verbale Basis mit aktivischer Bedeutung: *Eindring-ling*

„nicht im engeren Sinne negativ konnotiert"
- verbale Basis mit passivischer Bedeutung: *Prüf-ling*

ambivalente bis neutrale Konnotation
- verbale Basis mit aktivischer Bedeutung: *Flücht-ling*

neutrale bis positive Konnotation
- verbale Basis mit passivischer Bedeutung: *Lieb-ling*
- Tier- und Pflanzenbezeichnungen: *Frisch-ling, Setz-ling*

In Bezug auf die aktivischen *-ling*-Bildungen aus Verben, denen *Flüchtling* angehört, resümiert er dann:

> Wer *Flüchtling* als negativ konnotiert empfindet, hat mindestens zwei Argumente [...]. Erstens: Die Mehrzahl der nach dem gleichen Muster gebildeten Wörter ist negativ konnotiert. Zweitens: Das Muster ist sehr selten, die dominanten Muster sind die aus [A]djektiven abgeleiteten Wörter (die durchgängig negativ konnotiert sind) [...] und die passivischen Wörter (die durchgängig Abhängigkeitsverhältnisse suggerieren). Diese Muster sind zwar nicht direkt auf *Flüchtling* zu beziehen, aber da sie so dominant sind, ist es nicht unwa[hr]scheinlich, dass ihre Bedeutung auch auf Wörter des Musters *Flüchtling* abfärbt.[15]

Darauf baut er seine Empfehlung auf, die alternative Bezeichnung *Geflüchtete*" zu verwenden, die „einem völlig normalen Wortbildungsmuster" folge und konnotativ „völlig neutral" sei.

---

14 Zur Pejorisierung insbesondere durch bestimmte Affixe siehe Dammel (2011) und Dammel & Quindt (2016), in deren Aufsatztitel schon typische Beispiele genannt sind: *-ler, -ling, Ge-...-e* und *-erei*.

15 Im Prinzip könnten aber auch die positiven Konnotationen von *Liebling* bzw. neutralen bis positiven Konnotationen der Tier- und Pflanzenbezeichnungen auf *Flüchtling* ‚abfärben'. Außerdem sind *Liebling, Säugling* und die Tier- und Pflanzenbezeichnungen offensichtlich gegen eine negative ‚Abfärbung' imprägniert. Warum sollte das nicht auch für *Flüchtling* so sein?

Stefanowitsch (2015) fasst seine Argumentation von 2012 noch einmal zusammen, erweitert seine Ausführungen aber a) um Hinweise auf Kollokationen des Substantivs *Flüchtling* mit adjektivischen Attributen und vergleicht b) anhand des Deutschen Referenzkorpus die *token*-Frequenzen von *Flüchtlinge* und seinen Bezeichnungsalternativen *Geflüchtete*, *Flüchtende* und *Zufluchtsuchende* über die Jahre von 2000 bis 2014.[16] Was a) betrifft, so fänden sich weit überwiegend neutrale Adjektivattribute zu *Flüchtling* (*minderjährig, traumatisiert* usw.), und nur zwei unter den im Vorkommen häufigsten zehn seien „negativ: *geduldet* und (auf Platz 10) *illegal*." Dazu muss jedoch angemerkt werden, dass der Einschätzung von *geduldet* und *illegal* als „negativ" schon eine politische Wertung vorausgeht, denn zumindest in ordnungsrechtlichen Verwendungskontexten sind diese beiden Attribute ganz neutral. Umso mehr gilt also der selbst von Stefanowitsch konstatierte Befund, „dass Flüchtling offenbar weithin als neutrale Bezeichnung verwendet wird", sogar „von allen politischen Lagern". Was b) angeht, weist Stefanowitsch nach, „dass das Wort *Geflüchteter* bereits dabei ist, sich als Alternative zu *Flüchtling* im allgemeinen Sprachgebrauch durchzusetzen", und dass es „sich langfristig neben *Flüchtling* etablieren wird." Diese Einschätzung beruht allerdings nicht auf dem Vergleich der tatsächlichen Vorkommenshäufigkeiten von *Flüchtlinge* und *Geflüchtete*. Diese liegen zum Ende seiner korpus-statistischen Bestandsaufnahme nach wie vor weit auseinander.[17] Sie beruht vielmehr auf der Beobachtung, dass bei *Geflüchtete* die Bedeutung 'Menschen auf der Flucht vor Krieg, Armut etc.' (die der landläufigen Bedeutung von *Flüchtlinge* entspricht) im Jahr 2014 die Bedeutung '(vor der Polizei o.ä.) Flüchtige' leicht überholt habe. Außerdem ist Vorsicht geboten, die gesteigerte Textfrequenz von *Geflüchtete* schon als Indiz für eine Durchsetzung „im *allgemeinen* Sprachgebrauch" einzuschätzen, wenn mit *allgemein* hier 'alltagssprachlich' gemeint sein sollte. Die Häufigkeitszunahme dieser Variante könnte vielmehr durch einen *sozial kontrollierten* öffentlichen Sprachgebrauch bedingt sein, wie er am Beispiel von *Campus Passau* 2/2016 am Ende von Kapitel 2 beschrieben wurde.

---

16   Hier sind natürlich nicht alle Varianten referenzidentisch, zumal in den früheren Jahren des betreffenden Zeitabschnitts.
17   *Flüchtlinge* bei ca. 5.000, *Geflüchtete* bei etwas über 70 Vorkommen pro 100 Millionen Wörter im Deutschen Referenzkorpus.

4 Pragmatik der ‚Kritischen' Sprachkritik selbst

Stefanowitsch hatte 2012 bekannt: „Ich selbst habe es nie als problematisch empfunden, dass meine Großmutter als *Kriegsflüchtling* nach Deutschland gekommen ist und auch als solcher bezeichnet wurde", und fährt fort: „Aber da ich nicht weiß, ob ich repräsentativ bin, besagt das nichts." Deswegen hat er 2015 die in Kapitel 3.2 dargestellte Analyse „nach objektiven Kriterien" vorgenommen. An deren Ende resümiert er: „*Flüchtling* ist nach wie vor ein neutral verwendetes Wort zur Bezeichnung von Menschen, die vor Krieg, Armut oder ähnlichem fliehen."[18] Angesichts dieses von ihm selbst gezogenen Fazits stellt sich natürlich die Frage, warum die Alternativbezeichnung *Geflüchtete* von ihm als Wissenschaftler und von andern sprachpolitischen Akteuren wie den Neuen deutschen Medienmachern trotzdem so vehement propagiert wird. Wenn das semantisch so schwach motiviert ist, muss der Grund im Pragmatischen liegen. Folgende Interpretation liegt nahe: In der politischen Auseinandersetzung zwischen Befürwortern einer Politik der offenen Grenzen und Skeptikern bzw. Gegnern einer solchen geht die ‚kritische' Avantgarde der Sprachkritik, das sind ‚fortschrittliche' Journalisten und Vertreter einer „Kritischen Semantik", zur neuen Bezeichnung *Geflüchtete* über, die das vorher konstruierte Stigma von *Flüchtlinge* nicht enthält. Das ‚Fortschreiten' zur politisch korrekten Bezeichnung *Geflüchtete* lässt die Weiterverwender von *Flüchtlinge* ‚rückschrittlich' erscheinen, in der hier betreffenden Kontextualisierung also als flüchtlings- oder gar fremdenfeindlich. Die lexikalischen Varianten werden zu Markern („Fahnen"- bzw. Stigmawörtern") der konfligierenden politischen Positionen. Sie dienen als „Abgrenzungsvokabular" (Girnth 2002: 54), werden von den Verwendern als Signal ihrer Einstellungen gesandt, von den Adressaten als Symptom der Sender-Einstellungen empfangen und sind für Beobachter des Diskurses Indiz der politischen Zugehörigkeit der Diskursanten.

---

[18] Zu diesem Ergebnis kommen auch Kreußler & Wengeler (in diesem Band: Kap.4, Schlussbemerkungen). Gegen Stefanowitsch (und Wehling) argumentieren sie, „dass die Bezeichnung der Zufluchtsuchenden keine entscheidende Rolle spielt und auch bisher nicht gespielt hat. Denn die mit einem Wort verbundene Wertung – egal ob positiv oder negativ – entspringt nicht oder nur in geringem Maße seiner Morphologie oder seiner Herkunft. Viel relevanter dafür sind die Verwendung in der kommunikativen Praxis und die sich dadurch konstituierende Bedeutung innerhalb eines Diskurses. Dabei kann mit den Ersatzbezeichnungen das gleiche passieren, wie wir es in Ansätzen für *Flüchtling* zu zeigen versucht haben."

Eine ‚unschuldige'[19], der politischen Rückständigkeit oder gar Fremdenfeindlichkeit unverdächtige Verwendung von *Flüchtlinge* wird dem politischen Gegner damit erschwert. Wenn dieser auf dem Wortgebrauch von *Flüchtling(e)* beharrt, weil ihm dies neutral klingt, wird er, wie von Stefanowitsch, auf den „negativen Beiklang" (2012), vor allem den „negativen Beiklang von Abhängigkeit oder Passivität" (2015) verwiesen, der dem Wort durch sein Ableitungssuffix -*ling* Wort anhafte. Im NdM-Glossar (siehe oben) finden sich unter dem Lemma *Geflüchtete* gleichgeartete Hinweise darauf, dass *Flüchtlinge* „die teils als kleinmachend oder abwertend empfundene Endung -ling (wie zum Beispiel Eindringling[20])" enthalte. In dieselbe Richtung äußert sich Wehling (2016a): „Mit der Endung ‚-ling' wird der Flüchtende klein gemacht, abgewertet. Klein sein steht metaphorisch oft für die Idee des Schlechtseins oder des Minderwertigseins." Darauf aufbauend führt sie die semantische Wertung ins Pragmatische über: „schon ‚Flüchtling' ist ein Frame, der sich politisch gegen Flüchtlinge richtet".[21]

Die Betonung dessen, man sei zu dem Urteil der Pejorität von *Flüchtlinge* nach einer rein „strukturellen Analyse" gelangt (siehe oben Kapitel 3.2), dient also, wie ausgeführt, nur vordergründig dazu, den Befund als objektiv aus dem Sprachsystem gewonnen auszuweisen. In Wahrheit etymologisiert man in die -*ling*-Bildung *Flüchtling* Pejoratives hinein[22], um sich dann mit der meliorisierenden Partizipialbildung *Geflüchtete* selber auf die ‚gute' Seite zu stellen und diejenigen, die *Flüchtlinge* weiterverwenden, auf der ‚bösen' Seite stehen zu lassen. Dieses Verfahren

---

19 Zur Frage der ‚Schuldhaftigkeit' der Verwendung von historisch belasteten Exonymen siehe Harnisch (2008, 2012), von historisch belasteten Appellativen Harnisch & Krieger (2017).
20 Diese tendenziöse Beispielwahl steht unter dem Verdacht der Insinuierung.
21 Diese in der *Süddeutschen Zeitung* vorgetragenen Einschätzungen wiederholt Wehling (2016b) einen Monat später weitgehend sinngleich in *Der Zeit*. Sie hat in dieser Zwischenzeit weder ihr einseitiges Postulat der angeblichen Konnotiertheit von 'klein' mit 'schlecht, minderwertig' ausgeräumt noch ihre Vermischung von Suffix-Semantik und Genus/Gender von *Flüchtling*: „Außerdem ist ‚der' Flüchtling männlich – und damit transportiert dieses Wort sehr viele männliche Merkmale: ‚Der' Flüchtling ist eher stark als hilfsbedürftig, eher aggressiv als umgänglich." Selbst wenn man der *petitio principii* vom 1:1-Verhältnis von grammatischem und natürlichem/sozialem Geschlecht zustimmen wollte, ist das in dem Zitat zum Ausdruck kommende Geschlechterbild sehr bedenklich. Im Vergleich der Konnotationen, die Wehling und Stefanowitsch jeweils in den Vordergrund stellen, fällt zusätzlich die okkasionelle Beliebigkeit der Postulate auf. Wehling (2016a) liest in – angeblich männlich konzeptualisierte – *Flüchtlinge* hinein, dass diese „eher stark" und eben nicht „hilfsbedürftig" seien, während Stefanowitsch (2015) gerade auf den „Beiklang von Abhängigkeit oder Passivität" abhebt.
22 Im Titel des vorliegenden Beitrags ist nicht umsonst von *pejorisiert* (statt nur von *pejorativ*) die Rede.

kann man graphisch folgendermaßen darstellen (man beachte die nummerierte Reihenfolge):

Tab. 3: Strategie der Polarisierung *Flüchtlinge* ↔ *Geflüchtete*

Flüchtlinge		*Geflüchtete*
❶ neutral		
↓		
❷ pejorisiert	→	❸ meliorisierend
		↓
❺ ‚böse' Verwender	←	❹ ‚gute' Verwender

5 Partizipien als Signal und Symptom politisch korrekten Sprechens: Produkte einer doppelten Remotivierung

Harnisch (2016) sowie Bülow & Harnisch (2015, 2017) haben für die präsenspartizipiale Form des Typs *Studierende* nachgewiesen, dass das Suffix *-end* reanalysiert und als Marker sogenannten „gendergerechten" Sprechens remotiviert wird. Seine ursprüngliche grammatische Funktion wird also für pragmatische Zwecke (Anzeige politisch korrekten Sprechens) exaptiert.[23] Starkes Indiz dafür ist, dass solche Partizipien, die, hierin Adjektiven gleich, Genus nur im Plural neutralisieren, unbewusst und gegen die erkennbare Intention der Sprecher/innen, generische Maskulina zu vermeiden, auch im Maskulinum Singular verwendet und dadurch zwangsläufig wieder generisch werden. Man vergleiche folgenden Beleg: „*Jeder Studierende* hat ein Recht, zu erfahren, was mit *seinem* Geld passiert."[24]

---

[23] Bülow & Herz (2017) weiten diesen Gegenstand auf diskursive Kämpfe ums Geschlecht und um genderkorrekten Sprachgebrauch aus und stellen dabei auch die Frage nach der Wissenschaftlichkeit von Diskursfragmenten, die selber Wissenschaftlichkeit reklamieren bzw. sich als wissenschaftskritisch/-skeptisch deklarieren.

[24] Auf einem Plakat der Studierendenvertretung der Universität Passau im Zusammenhang einer Aktion für mehr Transparenz in der Verwendung von Studiengebühren, gesehen 21. August 2007.

Diese Fälle sind „Produkte einer doppelten Remotivierung" (siehe Untertitel dieses 5. Kapitels). Der soeben geschilderten pragmatischen Stufe der Remotivierung geht nämlich eine erste – kategorialsemantische – voraus, die gleichsam erst die Basis für jene zweite bereitet: die Remotivierung von maskulinem Genus als biologisch/sozial männlichen Sexus. Nach dieser Umdeutung wird eine Ersatzkonstruktion nötig, die genus- und gemäß dieser Deutung sexusneutral ist und die man in der Partizipialform findet. Diese wird dann – siehe den ersten Abschnitt dieses Kapitels – schon allein zum Signal/Symptom und Index genderpolitischer Korrektheit, wie die Verwendung unbemerkt generisch maskuliner Singularformen durch Anhänger des Genderns selbst verrät.

Ganz ähnlich verhält es sich mit dem hier behandelten Fall *Flüchtlinge/Geflüchtete*. War es dort das Derivatum *Stud-ent-en*, das auf der ersten Stufe der Remotivierung von einem grammatischen Maskulinum semantisch zu etwas biologisch Männlichem „verstärkt" wurde[25], ist es hier das Derivatum *Flücht-ling-e*, wo auf der ersten Stufe der Remotivierung ein schon stark lexikalisierter, semantisch neutraler Ausdruck (so auch Eisenberg 2017: 67) als etwas konnotativ, wenn nicht sogar schon denotativ Pejoratives reanalysiert wird. War dort die Partizipialform *Studier-end-e* das Mittel zur Vermeidung des vorher als dominant männlich stigmatisierten und inkriminierten Ausdrucks *Studenten*, ist hier die Partizipialform *Geflücht-et-e* das Mittel zur Vermeidung des vorher als pejorativ stigmatisierten und inkriminierten Ausdrucks *Flüchtlinge*. Wurde dort das Partizipialsuffix *-end* schließlich zum Marker des politisch korrekten Sprechen(wollen)s an sich, ist es hier das Partizipialzirkumfix *Ge-...-et-*.[26]

Eine solche zweistufige – zunächst semantische, dann pragmatische – Remotivierung lässt sich nicht nur beim ‚gendergerechten' Ersatz einer inkriminierten generischen Form durch das Präsens-Partizip (*Studenten > Studierende*) und beim politisch korrekten Ersatz des pejorisierten *-ling*-Derivatums durch das Perfekt-Partizip (*Flüchtlinge > Geflüchtete*) erkennen, sondern auch beim politisch korrekten Austausch eines pejorisierten *-ant*-Derivatums durch ein hinzugefügtes kompositionelles Zweitglied in Form eines Präsens-Partizips (*Asylanten > Asylsuchen-*

Kursivsetzung der generisch maskulinen Formen durch Verfasser. Harnisch und Bülow haben eine inzwischen dreistellige Zahl von Belegen für das sich auf diese Art ‚zurückschleichende' generische Maskulinum gesammelt (vgl. Titel von Harnisch 2016), ohne korpuslinguistisch danach gesucht zu haben.

25 Zu Konzept und Begriff der „Verstärkung" siehe Harnisch (2004, 2010).
26 Eine ‚Abgrenzungsvokabel' im Sinne von Girnth (2002: 54), die auch von der Signalwirkung des Partizips Perfekt Gebrauch macht, ist „*sexualisierte* Gewalt" (vs. „sexuelle Gewalt").

de)[27], eines pejorisierten Substantivs durch Adjektivierung (*Ausländer* > *ausländische Mitbürger*) oder eines pejorisierten Derivationssuffixes durch ein anderes (*Tschechei* > *Tschechien*). Weil die semantischen Remotivierungen nicht an pejorisierten ganzen *Wörtern*, sondern Wortbildungs*formen* ansetzen und weil die pragmatisch remotivierten Meliorisierungen auch nicht Holo-*Lexeme* sind, sondern grammatische bzw. Wortbildungs*formen*, wird im Folgenden nicht von Stigma- und Fahnen*wörtern* gesprochen, sondern von Stigma- und Fahnen*formen*. Tab. 4 gibt eine Übersicht über gleichförmige Entwicklungen unterschiedlicher Typen der Meliorisierung sprachpolitisch pejorisierter Bildungen.

In dem Maße, wie Meliorisierungsprodukte wiederum lexikalisiert (demotiviert) werden und dabei ihre partizipialen oder anderen Marker politisch korrekter Ausdrucksweise an Salienz verlieren, sind sie einer fortgesetzten Pejorisierung ausgesetzt. In einer Art Überbietungswettbewerb im Sinne des „Galanteriespiels/ -gebots" nach Keller (1994: 107–109, 124) wird die meliorisierende Schraube weitergedreht – mit konstruktionell immer aufwendigeren Ausdrücken (Tab. 5).

Dieses als ständige Meliorisierung motivierte Prinzip ist aus ethnonymischen Musterbeispielen wie *Neger* → *Schwarze* → *Schwarzafrikaner*[28] oder *Zigeuner* → *Sinti und Roma* wohlbekannt. Auch hier werden in den Anfangsbezeichnungen negative Seme entdeckt, auch hier werden daraufhin adjektiv-substantivierende, kompositionelle und phrastisch-expansive ‚Besserungs'-Techniken angewandt. Im Mittelpunkt dieses Beitrags stand eine meliorisierende Technik, die der adjektiv-substantivierenden ähnlich ist: die Partizipialbildung. Als Verfahren, das von einer grammatischen Form Gebrauch macht, führt es von den – tatsächlichen oder konstruierten – negativen kon- oder gar denotativen lexikalischen bzw. Wortbildungs-Bedeutungen zunächst weg (*Flüchtlinge* > *Geflüchtete*). Die partizipiale Form wird dann Träger des Inhalts 'ich spreche politisch korrekt'.

---

27 Zu *Asylant* siehe den Gastvortrag über „Semantische Kämpfe in Politik und Medien" von Lars Bülow am 21. Januar 2015 an der TU Chemnitz. Dazu die Pressemeldung www.tu-chemnitz.de/ uk/pressestelle/aktuell/2/6369, Zugriff 24. Februar 2017.
28 Vgl. die Kette *Mohr, Neger, Schwarzer, Afrikaner, Schwarzafrikaner, Farbiger* im Titel von Yeo (2001).

Tab. 4: Typen zweistufiger Remotivierung: semantisch – pragmatisch

	1. Stufe der Remotivierung (semantisch)		2. Stufe der Remotivierung (pragmatisch)	
‚unverdächtige' Ausgangsform ...	... als Stigmaform ‚verdächtigt'	‚entlastete' Ersatzform ...	... als Fahnenform gebraucht	
Derivationen		**Partizipien**		
generisch maskulin	biologisch/sozial männlich	genus-/sexusneutral	abgrenzend gendergerecht	
Stud-ent-en ♂♀	*Stud-ent-en* ♂	*Studier-end-e* ♂♀	*Studier-end-e Studier-end-er* [♂!]	
neutral/lexikalisiert	pejorisiert	meliorisierend	abgrenzend politisch korrekt	
Flücht-ling-e	*Flücht-ling-e (Eindring-ling-e)*	*Ge-flücht-et-e*		
Asyl-ant-en (Labor-ant-en)	*Asyl-ant-en (Simul-ant-en)*	*Asylsuch-end-e*		
Derivationen		*-isch*-**Adjektive /Suffixtausch**		
neutral/lexikalisiert	pejorisiert	meliorisierend	abgrenzend politisch korrekt	
Ausländ-er (Innenstädt-er)	*Ausländ-er* ('die!') ↔ *Inländ-er* ('wir!')	*ausländ-isch-e Mitbürger*		
Tschech-ei (Türk-ei)	*Tschech-ei (nazidt. Resttschechei)*	*Tschech-isch-e Republik / Tschech-ien (Dominikan-isch-e Republik / Belg-ien)*		

Tab. 5: Fortgesetzte Meliorisierung mit wachsendem konstruktionellem Aufwand

Derivatum	→ Partizip	→ partizipiale Komposition	→ N mit partizipialem / adjektivischem Attribut	→ N mit nachgestelltem präpositionalem Attribut
Studenten	*Studierende*			
Asylanten		*Asylsuchende*		
Ausländer			*ausländische Mitbürger*	

Derivatum	→ Partizip	→ partizipiale Komposition	→ N mit partizipialem / adjektivischem Attribut	→ N mit nachgestelltem präpositionalem Attribut
Migranten				Menschen mit Migrationshintergrund
Flüchtlinge	Geflüchtete	Schutzsuchende[29]	geflüchtete Menschen / geflohene Menschen	Menschen mit Fluchthintergrund

Von hier aus kann es in zwei Richtungen weitergehen: Zum einen werden auch diese Besserungskonstruktionen wieder von negativer Bedeutung kontaminiert und setzen weitere Meliorisierungen in Gang (*Geflüchtete* > *Menschen mit Fluchthintergrund*). Zum andern kann sich aber auch wieder eine Normalisierung einstellen, die mit der Rückkehr zum – ursprünglichen – neutralen Gebrauch verbunden ist (*Geflüchtete* > *Flüchtlinge*). Als Indiz für eine solche Rückkehr zum neutralen Wortverständnis von *Flüchtlinge* (oder für die Weitergeltung der semantischen Neutralität dieser Bildung parallel zu den politisch korrekten Ersatzkonstruktionen) mag exemplarisch ein Kommentar stehen, in dem Heribert Prantl, ein Journalist, der nicht gerade im Verdacht politischer Unkorrektheit steht, in der *Süddeutschen Zeitung*, einem Presseorgan im links-liberalen Spektrum, ausschließlich von *Flüchtling(en)* spricht.[30] Wer jedoch weiter die partizipiale Meliorisierungsform *Geflüchtete* (oder eine ihrer Steigerungen[31]) verwendet, signalisiert damit dann nicht mehr nur, dass er eine politisch korrekte Ausdrucksweise pflegt. Vielmehr ist vor dem Hintergrund der geschilderten Normalisierung ein fortgesetzter Gebrauch

---

29 *Asyl-* oder *Zufluchtsuchende* – auch das alles, nota bene, Partizipien – wären weitere mehr oder weniger referenzidentische Varianten. Stefanowitsch (2012) kann auch der Möglichkeit, das engl. Wort *refugee(s)* – vgl. dt. *Zufluchtsuchende* – zu verwenden, einiges abgewinnen, denn es habe „einen Vorteil gegenüber *Geflüchtete*. Sowohl *Flüchtlinge* als auch *Geflüchtete* stellt die Flucht selbst in den Vordergrund, während das englische Wort den SICHEREN ORT in den Vordergrund stellt, den die so Bezeichneten suchen (engl. *refuge* bedeutet ‚Zuflucht(sort)', ‚Schutzort', ‚Freistatt', ‚Schutzgebiet')." Auch hier findet sich also wieder das typische Etymologisieren/ Remotivieren, das (Förstemann 1852:2) „gelehrte etymologie" genannt hatte und das den Lexikalisiertheitsgrad des betroffenen Wortes nicht in Anschlag bringt. Zum Derivationstyp *-ee* und seiner Semantik siehe Barker (1955).
30 *Süddeutsche Zeitung* vom 10. Februar 2017 mit sechs Vorkommen von *Flüchtling(e(n))*. Die mattgrün gehaltene Überschrift FLÜCHTLINGE als Themenhinweis über der eigentlichen Schlagzeile des Kommentars sowie zwei Vorkommen von *Flüchtling* im Kompositum *Flüchtlingspolitik* kommen noch hinzu.
31 Siehe oben Tabelle 5.

dieser Form ein Signal (und Symptom) für die Zugehörigkeit zur Weltanschauungsgruppe, die eine solche politisch korrekte Ausdrucksweise ostentativ pflegt.[32]

Wenn der Pegel der Aufmerksamkeit für politisch korrektes Sprechenwollen sinkt, wird die Bildung *Flüchtlinge* aber selbst in dieser Gruppe – es ist anzunehmen: unbemerkt – verwendet. So ‚unterläuft' Elisabeth Wehling (2016a) mehrmals der Gebrauch von *Flüchtlinge*, wenn sie nicht über das Lexem, sondern vom Denotat spricht. Auf die Frage, was ihr zum Thema *Obergrenze* einfalle, antwortet sie unter anderem: „In dem Moment, in dem Sie von einer Obergrenze sprechen, nehmen Sie einen ganz bestimmten Blickwinkel ein. Wie weit nach oben kann es gehen? Wie viel Raum ist da? Im konkreten Fall: Wie viele Flüchtlinge [sic!] können wir aufnehmen?" Weitere Belege sind: „Ganze Talkshows lang wird darüber gesprochen, warum man an den Grenzen natürlich nicht auf Flüchtlinge [sic!] schießen darf"; oder: „In dem Moment, wo sie [die Parteien] sich als Gruppe nicht darüber im Klaren sind, wie sie die Frage beantworten: ‚Wie sollen wir denn mit den Flüchtlingen [sic!] umgehen?', wird es unheimlich schwer, ihre Botschaft zu transportieren." Besonders schön prallen Metasprache und Sprechen vom Denotat in folgendem Zitat von Wehling (2016b) aufeinander: „Allein schon das Wort *Flüchtling*. Das ist ein Frame, der sich politisch gegen Flüchtlinge [sic!] richtet."[33] In Anspielung auf den Titel von Harnisch (2016)[34] kann man also konstatieren, dass sich das – offensichtlich tatsächlich neutrale – Wort *Flüchtlinge* in den Sprachgebrauch „zurückschleicht".

6 Nachbemerkung

Mit den *Auszubildenden* fing es an[35], mit den *Lehrlingen* hört es auf. Auch auf diesem Feld öffentlicher Sprachregelung ist offensichtlich Entspannung in Sicht, auch auf dieses Feld ist das unreglementierte neutrale Ursprungslexem zurückgekehrt. Es ist wieder möglich, einen Zeitungsbericht mit „Zahl der neuen Lehrlinge steigt" zu überschreiben und im Text fortzufahren: „Trotz sinkender Schulabgängerzahlen steigt in Industrie und Handel die Zahl der neuen Lehrlinge." Im gesamten Artikel[36] kommen keine *Auszubildenden* mehr vor.

---

32 Siehe oben die Ausführungen in Anmerkung 8.
33 Vgl. das vor Anmerkung 21 wiedergegebene, fast wortgleiche Zitat von Wehling (2016a).
34 „Das generische Maskulinum schleicht zurück."
35 Siehe Beginn von Kapitel 2.
36 *Passauer Neue Presse* vom 9. September 2016.

Quellen

Arendt, Hannah (1986): Wir Flüchtlinge. In Hannah Arendt, *Zur Zeit. Politische Essays*, hrsg. von Luise Knott. Aus dem Amerikanischen von Eike Geisel, 7–21. Berlin: Rotbuch. Ursprünglich: We Refugees. *Menorah Journal* Januar 1943, 69–77.
Bayerisches Staatsministerium für Bildung und Kultus, Wissenschaft und Kunst (Hrsg.) (2016): *aviso. Zeitschrift für Wissenschaft und Kunst in Bayern*. 2/2016: [Rubrik] Colloquium: Fremde, in der Fremde, 10–34.
Deutscher Hochschulverband (Hrsg.) (2016): *Forschung & Lehre*. 1/16: [Themenschwerpunkt] Flucht und Asyl, 10-33. 5/16: [Beitrag] Geflüchtete auf dem Weg ins Studium begleiten, 404–406.
Deutsches Referenzkorpus [am Institut für deutsche Sprache, Mannheim]. http://www1.ids-mannheim.de/kl/projekte/korpora.html
Neue deutsche Medienmacher e.V. (2015): *Glossar. Formulierungshilfen für die Berichterstattung im Einwanderungsland*. Stand 1. Dezember 2015. www.neuemedienmacher.de/wissen/wording-glossar
Ofuatey-Alazard, Nadja (2016): Die Sprache zur Rede stellen. *aviso. Zeitschrift für Wissenschaft und Kunst* 2/2016, 28–31.
Wehling, Elisabeth (2016a): Sprache in der Flüchtlingskrise. [Interview in] *Süddeutsche Zeitung* vom 17. Februar 2016. www.sueddeutsche.de/kultur/sprache-in-der-fluechtlingsdebatte-das-wort-fluechtling-richtet-schaden-an-1.2864820. Zugriff am 10. August 2016.
Wehling, Elisabeth (2016b): Vorsicht vor diesen Wörtern. Wie werden wir durch Begriffe wie „Flüchtling" manipuliert, und wie können wir das ändern? [Interview in] *Zeit Online* am 10. März 2016. www.zeit.de/2016/10/sprache-manipulation-elisabeth-wehling. Zugriff am 10. August 2016.

Literatur

Barker, Chris (1955): Episodic -ee in English. Thematic relations and new word formation. In Mandy Simons & Teresa Galloway (Hrsg.), *Semantics and linguistic theory* V, 1-18. Ithaca, N.Y.: Cornell University.
Bülow, Lars & Rüdiger Harnisch (2015): The reanalysis of German -end as a marker of gender sensitive language use. A process of exaptation. *JournaLIPP* 4, 85–96. <https://lipp.ub.lmu.de/index.php/lipp/article/view/4847/2727>
Bülow, Lars & Rüdiger Harnisch (2017): The reanalysis of German -end as marker for gender-sensitive language use and what this implies for the future expression of gender equality. In Simone Pfenninger & Judit Navracsics (Hrsg.), *Future research directions for applied linguistics* (= Second Language Acquisition 109), 149–171. Bristol / Blue Ridge Summit: Multilingual Matters.
Bülow, Lars & Matthias Herz (2017): Diskursive Kämpfe ums Geschlecht. Gender Studies, ihre Gegner/innen und die Auseinandersetzung um Wissenschaftlichkeit und korrekten Sprachgebrauch. In Antje Baumann & André Meinunger (Hrsg.), *Die Teufelin steckt im Detail. Zur Debatte um Gender und Sprache*, 148–195. Berlin: Kadmos.

Dammel, Antje (2011): Wie kommt es zu *rumstudierenden Hinterbänklern* und anderen *Sonderlingen*? Pfade zu pejorativen Wortbildungsbedeutungen im Deutschen. In Jörg Riecke (Hrsg.), *Historische Semantik* (= *Jahrbuch für germanistische Sprachgeschichte* 2), 326–343. Berlin/Boston: De Gruyter.

Dammel, Antje & Olga Quindt (2016): How do evaluative derivational meanings arise? A bit of *Geforsche* and *Forscherei*. In Rita Finkbeiner, Jörg Meibauer & Heike Wiese (Hrsg.), *Pejoration*, 41–73. Amsterdam/Philadelphia: John Benjamins.

Eisenberg, Peter (2015/2017): Hier endet das Gendern. *Frankfurter Allgemeine Zeitung* vom 16. Dezember 2015. Erweiterte Fassung in Antje Baumann & André Meinunger (Hrsg.), *Die Teufelin steckt im Detail. Zur Debatte um Gender und Sprache*, 67–70. Berlin: Kadmos 2017.

Förstemann, Ernst (1852): Ueber deutsche volksetymologie. *Zeitschrift für vergleichende Sprachforschung auf dem Gebiete der indogermanischen Sprachen* 23, 375–384.

Girnth, Heiko (2002): *Sprache und Sprachverwendung in der Politik. Eine Einführung in die linguistische Analyse öffentlich-politischer Kommunikation.* Tübingen: Niemeyer.

Goffman; Erving (1961): *Asylums. Essays on the social situations of mental patients and other inmates.* Garden City, NY: Doubleday. 2nd print Chicago: Aldine 1962. In deutscher Übersetzung: *Asyle. Über die soziale Situation psychiatrischer Patienten und anderer Insassen.* Frankfurt am Main: Suhrkamp 1973.

Harnisch, Rüdiger (2004): Verstärkungsprozesse. Zu einer Theorie der „Sekretion" und des „Re-konstruktionellen Ikonismus". *Zeitschrift für germanistische Linguistik* 32, 210–232.

Harnisch, Rüdiger (2008): Exonymenmeidung und ihre Motive. Zur Remotivierung historisch belasteter Gebrauchsumstände in Toponymen. In Nicole Eller, Stefan Hackl & Marek L'upták (Hrsg.), *Namen und ihr Konfliktpotential im europäischen Kontext*, 17–28. Regensburg: edition vulpes.

Harnisch, Rüdiger (2010): Zu einer Typologie sprachlicher Verstärkungsprozesse. In Rüdiger Harnisch (Hrsg.), *Prozesse sprachlicher Verstärkung. Typen formaler Resegmentierung und semantischer Remotivierung*, 3–23. Berlin / New York: De Gruyter.

Harnisch, Rüdiger (2012): Weltwissensbasierte Rekontextualisierung historisch belasteter Ortsnamen. Dargestellt am Beispiel der Exonymenfrage im östlichen Mitteleuropa der Nach-Wende-Zeit. In Zoltán Szendi (Hrsg.), *Wechselwirkungen II – Deutschsprachige Literatur und Kultur im regionalen und internationalen Kontext*, 433–439. Wien: Praesens.

Harnisch, Rüdiger (2016): Das generische Maskulinum schleicht zurück. Zur pragmatischen Remotivierung eines grammatischen Markers. In Andreas Bittner & Constanze Spieß (Hrsg.), *Formen und Funktionen. Morphosemantik und grammatische Konstruktion*, 159–174. Berlin/Boston: De Gruyter.

Harnisch, Rüdiger & Manuela Krieger (2017): Die Suche nach mehr Sinn. Lexikalischer Wandel durch Remotivierung. *Jahrbuch für Germanistische Sprachgeschichte* 8 (1), 71–89.

Keller, Rudi (1994): *Sprachwandel. Von der unsichtbaren Hand in der Sprache.* 2. Aufl. Tübingen/Basel: Francke.

Kilian, Jörg (2001): Kritische Semantik. Für eine wissenschaftliche Sprachkritik im Spannungsfeld von Sprachtheorie, Sprachnorm, Sprachpraxis. *Zeitschrift für germanistische Linguistik* 29, 293–318.

Kreußler, Fabian & Martin Wengeler (2018): Von *Heimatvertriebenen*, *Armutsflüchtlingen* und *Refugees*. Ein linguistischer Vergleich des aktuellen mit früheren Flüchtlingsdiskursen in der Bundesrepublik Deutschland. In diesem Band, 239–259.

Rinas, Karsten (2011): *Sprache, Stil und starke Sprüche. Bastian Sick und seine Kritiker.* Darmstadt: Lambert Schneider.
Stefanowitsch, Anatol (2012): Flüchtlinge und Geflüchtete. http://www.sprachlog.de/2012/12/01/fluechtlinge-und-gefluechtete vom 1. Dezember 2012. Zugriff am 10. August 2016.
Stefanowitsch, Anatol (2015): Flüchtlinge zu Geflüchteten? http://www.sprachlog.de/2015/12/12/fluechtlinge-zu-gefluechteten vom 12. Dezember 2015. Zugriff am 10. August 2016.
Yeo, Lacina (2001): „Mohr", „Neger", „Schwarzer", „Afrikaner", „Schwarzafrikaner", „Farbiger" – abfällige oder neutrale Zuschreibungen? *Muttersprache* 111, 110–146.

Fabian Kreußler & Martin Wengeler
Von *Heimatvertriebenen, Armutsflüchtlingen* und *Refugees*

Ein linguistischer Vergleich des aktuellen mit früheren Flüchtlingsdiskursen in der Bundesrepublik Deutschland

Schlüsselwörter: Sprachthematisierung, Flüchtlingsdiskurs, Diskurssemantik, Metaphern, Topos, Personenbezeichnung, Flüchtling, Gastarbeiter, Asylant

1 Einleitung

Spätestens seitdem die politische Agenda und der öffentliche Diskurs seit dem Sommer 2015 wieder vom Thema „Flüchtlinge" oder – allgemeiner gesagt – „Zuwanderung" dominiert wurden und es sich weitgehend durchgesetzt hat, dass für die Aufgaben, Probleme und möglichen Lösungen, die in diesem Zusammenhang anstehen, die Bezeichnung *Flüchtlingskrise*[1] gebraucht wurde, wurde in den Medien auch wieder verstärkt auf *sprachliche* Zeichen, mit denen das Thema öffentlich konstruiert und verhandelt wird, geachtet. Sprachsensible PolitikerInnen und Medienschaffende thematisierten ebenso wie KollegInnen aus der sprachwissenschaftlichen Zunft einzelne Benennungen, vor allem Metaphern und Personenbezeichnungen, und reflektierten über deren realitätskonstituierende Funktion im öffentlichen Diskurs.[2] Auch zahlreiche Vorschläge von nicht professionell mit Sprache Befassten zum Unwort des Jahres 2015 und 2016 sowie unzählige Foren-, Blog- und Soziale Netzwerke-Beiträge liefern Material für eine noch ausstehende

---

1 Vgl. zum – diesbezüglich ähnlich gelagerten – Thema ‚sprachliche Konstruktion von Wirtschaftskrisen', das seit der sog. Finanzkrise 2008/09 intensiv auch linguistisch erforscht worden ist, z.B. Wengeler & Ziem (2013), Wengeler (2015) und Römer (2017).
2 Vgl. etwa die Stellungnahmen der KollegInnen Anatol Stefanowitsch, Luise Pusch, Peter Eisenberg und Elisabeth Wehling sowie zahlreiche Zeitungsartikel, zitiert und reflektiert in einer erheblich längeren Fassung dieses Beitrags: Kreußler & Wengeler (2017). Auch im vorliegenden Band beschäftigen sich einige KollegInnen auf verschiedenen Ebenen mit dem Migrationsdiskurs des Herbstes 2015, insbesondere mit dem viel zitierten salienten Satz der Kanzlerin „Wir schaffen das!": Vgl. insbes. den Beitrag von Fábián, aber auch bei Eroms und Eichinger dient der Satz zur Illustration von Merkmalen politischer Sprache. Niehr untersucht als aktuelles Beispiel für ein Schlagwort *Willkommenskultur*.

intensivere diskurslinguistische Untersuchung des aktuellsten Zuwanderungsdiskurses. Wenig beachtet wird bei diesen öffentlichen Sprachthematisierungen die zeithistorische Kontinuität, in der diese Debatten mit vorangegangenen Zuwanderungsdiskursen in der Geschichte der Bundesrepublik Deutschland stehen.

Kontinuitäten und Veränderungen gegenüber diesen aufzuzeigen und die Notwendigkeit und Relevanz einer den Diskurs seit 2015 intensiver beleuchtenden diskurslinguistischen Untersuchung deutlich zu machen, sind die Ziele des vorliegenden Beitrags. Dazu werden zunächst ältere Forschungsergebnisse, die mit der qualitativen diskursanalytischen Methode, von prägnanten sprachthematisierenden Stellungnahmen im öffentlichen Diskurs ausgehend die Bedeutungsentwicklung zentraler Schlüsselwörter nachzuzeichnen, zusammengefasst, um im Anschluss daran einige Beobachtungen zum Flüchtlingsdiskurs des Jahres 2015 zu präsentieren.

2 Zur Historischen Semantik des Flüchtlingsdiskurses

Öffentliche Stellungnahmen zu sprachlichen Benennungen bildeten vor über 20 Jahren die methodische Grundlage einer „Geschichte des öffentlichen Sprachgebrauchs in der Bundesrepublik Deutschland" (Stötzel & Wengeler 1995), und zwar aus Gründen, die schon 1967 vom Philosophen Hermann Lübbe in einem Artikel über den „Streit um Worte" reflektiert worden sind: U.a. anhand des Streits um die Benennung derjenigen, die nach 1945 aus den ehemaligen östlichen deutschen Gebieten in die BRD gekommen waren (*Heimatvertriebene* wollten sie heißen und nicht *Flüchtlinge*), zeigte Lübbe, dass „die aristotelische Regel, nicht um Worte zu streiten", für die öffentlich-politische Auseinandersetzung in der Demokratie nicht gelten könne: „Wer hier nachgibt, ist nicht immer der Klügere" (1975: 109): „Daß die Worte [ihren ...] schwankenden Gebrauch haben", damit müsse jeder politisch Handelnde „rechnen, und entsprechend bleibt es auch im Verhältnis zum politischen Gegner unvermeidlich, die Auseinandersetzung mit ihm nicht zuletzt als Wortstreit zu führen" (ebd.: 107).

Denn nicht nur, aber vor allem auch in der politischen Auseinandersetzung fungieren Wörter als „Vehikel von Gedanken" (Hermanns 1994, 12), in ihnen sind – insbesondere als politischen Schlagwörtern – ganze Programme kondensiert. Mit ihrem Gebrauch wird – in moderner, frame-semantischer Diktion – eine Vielfalt verstehensrelevanten Hintergrundwissens auf- und abgerufen, sie funktionieren innerhalb komplexer Argumentationen und Diskurse und sind insofern immer auch sprachliche Mittel, die nur sprachpragmatisch und diskursanalytisch angemessen zu begreifen und zu beschreiben sind. Diese Funktion zentraler Wörter in öffentlich-politischen Debatten scheint den politisch Handelnden immer schon zumindest intuitiv bewusst zu sein, und daher gehören semantische Kämpfe mit solchen expliziten Sprachthematisierungen zum immerwährenden Kampf um die Deutungshoheit in gesellschaftlichen Diskursen. Sie sind Indikatoren dafür, welches kollektive Wissen, welche Wirklichkeitskonstruktionen jeweils umstritten sind.

Sie können daher auch als methodisches Hilfsmittel für sprach- und diskursgeschichtliche Untersuchungen genutzt werden, um aus einer Vielzahl von Texten, die z.B. auch mit korpuslinguistischen Tools untersuchbar wären, mit einem qualitativen Kriterium solche auszuwählen, mit denen ein Zugang zu den gesellschaftlich relevanten Wörtern, „Begriffen" und über diese zu den Diskursen gefunden werden kann, die sich zu untersuchen lohnen. Wenn hier also auf diese von Georg Stötzel begründete qualitative Suchmethode für semantisch-pragmatische Untersuchungen des politischen Sprachgebrauchs zurückgegriffen wird (vgl. Stötzel 1978, 1995), ignorieren wir die im Fach in den letzten Jahren vorgebrachte Kritik an solchen qualitativen Herangehensweisen und stellen uns in die Tradition der „Kontroversen Begriffe" (Stötzel & Wengeler 1995). Wir ergänzen diesen Zugang über explizite Sprachthematisierungen für den aktuellen Flüchtlingsdiskurs mit über Sprachthematisierungen hinausgehenden Beobachtungen des Gebrauchs von Wörtern, die für den Diskurs relevant sind. Für vergangene Flüchtlingsdiskurse, mit denen wir den aktuellen vergleichen wollen, greifen wir auf die Forschungsergebnisse zurück, die mit der Orientierung an expliziten Sprachthematisierungen gewonnen wurden – zwar auch, aber nicht nur aus forschungspraktischen Gründen: Es standen weder die notwendigen themenspezifischen Korpora für eine weitergehende Analyse noch die notwendige Zeit für eine solche zur Verfügung. Aber auch inhaltlich sind wir davon überzeugt, dass diese qualitativ-hermeneutische Methode zu sprachgeschichtlich interessanten Ergebnissen führt. Uns interessiert besonders die Frage, ob sich Unterschiede zwischen dem aktuellen und vergangenen Flüchtlingsdiskursen zeigen. Es soll dadurch auch mit sprachwissenschaftlichen Mitteln ein Beitrag zu der seit dem Sommer 2015 aktuellen öffentlichen Fragestellung geleistet werden, ob es in den Jahren 2015/16 eine größere Aufnahmebereitschaft für „Fremde" in Deutschland gibt oder gab und ob sich also diesbezügliche Mentalitäten in der Bundesrepublik in den letzten Jahrzehnten gewandelt haben.[3]

---

3 Mit dieser Frage beschäftigen sich auch andere Disziplinen. So äußert sich der Soziologe Samuel Salzborn in einem Zeitungsinterview wie folgt: „Über die Art der Diskussion in Politik und Medien

2.1 Der Flüchtlingsdiskurs der 1950er Jahre

Die Integration von 13 Millionen Flüchtlingen aus den ehemals deutschen Gebieten im Osten wird bis heute gerne als Erfolgsgeschichte der frühen Bundesrepublik erzählt. Aber die Haltung gegenüber den deutschen *Flüchtlingen*, wie sie in den ersten Nachkriegsjahren fast ausschließlich genannt wurden, war nicht so freundlich, wie es dabei oft suggeriert wird. Daran haben in den letzten Monaten auch Zeitzeugen in Interviews erinnert: So erzählt der Grünen-Politiker Hans-Christian Ströbele:

> Ich nahm damals deutlich wahr, dass die Flüchtlinge für Unmut sorgten. Das begann damit, dass sie anders aussahen, sie sprachen anders, hatten andere Gewohnheiten. Manche, aus Ungarn etwa, wurden verspottet und abgelehnt, weil sie Kopftücher trugen – das wiederholt sich also auch. Die Flüchtlinge wurden als erhebliche Belastung empfunden, es gab heftige Ressentiments. Ich erinnere mich an einen Karnevalsschlager, der in den fünfziger Jahren und danach gesungen wurde: ‚Am 30. Mai zieh'n die Flüchtlinge aus! Hurra, hurra, hurra!'
> (Frankfurter Rundschau 8.8.2015, 21)

Das ist ein Indiz dafür, dass auch das Wort *Flüchtling* damals möglicherweise nicht als neutraler Ausdruck gebraucht wurde. Und tatsächlich finden sich zeitgenössische Belege dafür, dass der Ausdruck gerade von den Betroffenen eher als Stigmawort empfunden wurde und demnach offenbar abwertend benutzt wurde.[4] Ähnlich wie in späteren Debatten, in denen in berechtigte und unberechtigte Fluchtgründe unterschieden wurde, wurde vorgeschlagen, im Westen nur noch *politische Flüchtlinge* aufzunehmen. Diese Haltung zu den Flüchtlingen änderte sich erst allmählich ab 1950 mit dem wirtschaftlichen Aufstieg Westdeutschlands und mit der politischen Interessenvertretung der sich zusammenschließenden Flüchtlingsgruppen. Ein Faktor und Indikator dieser zunehmenden Integration und des zunehmenden Einflusses war die Ablösung der in den ersten Nachkriegsjahren gängigen öffentlichen Sammelbezeichnung *Flüchtlinge* durch die Ausdrücke *Vertriebene* und *Heimatvertriebene*. Mit deren offensiv gehandhabtem und durchgesetztem Gebrauch sollte der Zwangs- und Unrechtscharakter der Zuwanderung nach Westdeutschland stärker ins Bewusstsein gehoben werden.

Dieser Bezeichnungswandel wurde von den betroffenen Menschen damit betrieben, dass dem Ausdruck *Flüchtling* das Bedeutungsmerkmal ‚Freiwilligkeit' und zum Teil auch ‚Heimlichkeit' zugeordnet wurde, um die Ablehnung des Wortes als

---

kann man sich weit weniger beklagen als bei den Debatten zu Flüchtlingen und Rassismus Anfang der 90er Jahre. Da gibt es einen sensibleren Umgang – zumindest in der Tendenz" (FR 8.4.2016, 3).
4 Vgl. zum Folgenden ausführlicher Wengeler (1995: 713–715).

unerwünschte Selbstbezeichnung zu rechtfertigen: „Flüchtlinge sind solche Personen, die ihre Heimat gegen ihren eigentlichen Willen, aber kraft eigenen Entschlusses und vor einer drohenden Gefahr heimlich verlassen haben." (Külz 1950: 8, zit. nach Mackensen 1959: 264) Es gibt auch Belege, die darauf hindeuten, dass *Flüchtlinge* in jenen Nachkriegsjahren mit den Assoziationen ‚unsozial' und ‚unanständig' verbunden wurden: Mackensen (1959) zitiert aus einem von einem Vertriebenen 1953 berichteten Gespräch: „‚Ist das ein Flüchtlingslager?' – ‚Nein! Hier wohnen lauter anständige Leute!' Beamte und gehobene Wirtschaftler ließen sich nicht gern als Flüchtling bezeichnen." (Mackensen 1959: 264, Anmerkung 193) „Viele ziehen es vor, sich selbst nicht ‚Flüchtlinge', sondern Vertriebene zu nennen, weil sie dies Wort als dem wahren Sachverhalt besser entsprechend betrachten." (*Kölner Universitäts-Zeitung* 7.11.1947, zit. nach Mackensen 1959: 264, Anm. 193) Im *Spiegel* wird noch 1958 ein Inserat zitiert: „Hiermit nehme ich das gegen Herrn Rillich ausgesprochene Wort ‚Flüchtling' mit Bedauern zurück." (*Der Spiegel* 09.04.1958, zit. nach Jung, Niehr & Böke 2000: 33) Von den Vertriebenen selbst wurde daher die Bezeichnung *Flüchtling* abgelehnt und schließlich als offizielle Sprachregelung *Vertriebene* beziehungsweise *Heimatvertriebene* durchgesetzt. Zur öffentlichen Etablierung dieser Ausdrücke trugen einige Namengebungen bei: Seit 1950/51 trat der *Bund für Heimatvertriebene und Entrechtete (BHE)* erfolgreich bei Landtags- und Bundestagswahlen an; schon die erste Bundesregierung erhielt ein *Bundesministerium für Vertriebene, Flüchtlinge und Kriegsgeschädigte*; 1949 wurde der *Zentralverband der Vertriebenen* gegründet, und die *Vertriebenenverbände* konnten sich eine Lobby auch in den großen Parteien verschaffen. Mackensen stellt allerdings 1959 fest, dass in der Umgangssprache der Ausdruck *Flüchtling(e)* vom Ausdruck *Vertriebene(r)* nicht verdrängt worden sei. Im veröffentlichten Sprachgebrauch scheint der Ausdruck *Flüchtlinge* in den 50er Jahren aber zunehmend, vor allem aber seit dem Mauerbau 1961 und den damit verbundenen Gefahren der Flucht, der Bezeichnung der aus der DDR Zuwandernden vorbehalten zu sein. Auf den Gebrauch des Ausdrucks *Flüchtling* im aktuellen Diskurs kommen wir in Kap. 3 zurück.

2.2 Der Gastarbeiterdiskurs der 1960er/1970er Jahre

Während heute der Ausdruck *Migrant* oft als Oberbegriff für alle nach Deutschland Zuwandernden gebraucht wird, hatten lange Zeit die Ausdrücke *Gastarbeiter* und/oder *Ausländer* diese Funktion inne.[5] Das lag daran, dass in den 1960er und

---

5 Vgl. zum Folgenden ausführlicher Wengeler (1995: 716–728).

1970er Jahren – von den wenigen nach dem Mauerbau noch aus der DDR Kommenden abgesehen – Flucht nach Westdeutschland kaum noch ein öffentliches Thema war und die Arbeitsmigration im Fokus des öffentlichen Interesses stand. Und für deren Wahrnehmung und öffentliche Konstruktion waren wiederum Bezeichnungs- und Bedeutungskonkurrenzen ein wichtiger Faktor. Die in den Anwerbeabkommen der 1950er Jahre als *ausländische Arbeitskräfte* Bezeichneten wurden dabei gerade in Zeitungsmeldungen zunächst häufig *Fremdarbeiter* genannt. Der Ausdruck *Fremdarbeiter*, der zur Zeit des Nationalsozialismus für Zwangsarbeiter gebraucht worden war, war offenbar so verbreitet, dass die *Rheinische Post* zur Zeit der nach dem Mauerbau einsetzenden verstärkten Zuwanderung von ausländischen Arbeitern aus Südeuropa die Ersetzung der Bezeichnung *Fremdarbeiter* durch das „viel schönere und angemessenere Wort ‚Gastarbeiter'" damit begrüßt, dieses Wort habe „die häßliche an Kriegszeiten und Zwangsarbeit erinnernde Bezeichnung ‚Fremdarbeiter'" (*Rheinische Post* 7.9.1961) abgelöst. *Gastarbeiter*, das heute vor allem als historische Vokabel benutzt wird, um auf die frühe Arbeitsmigration in die BRD zu referieren, wird heute auch als insofern für die Einstellung zu den Zuwanderern kennzeichnend verstanden, als mit dem Bestimmungswort *Gast* ja die Erwartung ausgedrückt worden sei, dass es sich nur um temporäre Zuwanderung handelt und die Menschen wieder in ihre Heimatländer zurückkehren würden. Während sich *Gastarbeiter* in den 1960er und 1970er Jahren als bevorzugte Bezeichnung für die Arbeitsmigranten durchsetzte, wurden um diese Bezeichnung zahlreiche Diskussionen geführt, die das Bestimmungswort remotivierten und daraus gegensätzliche Schlüsse zogen. Qua Definitions-Topos (vgl. Kienpointner 1996: 83ff.) wurde entweder postuliert, dass die Zuwandernden doch freundlich und menschlich behandelt werden sollten, wie das die *Gast*freundschaft gebiete, andererseits wurde gefordert, dass diese Menschen doch bald zurückgehen sollten, da sie als *Gäste* ja nur für vorübergehende Zeit gekommen seien. Ab Anfang der 1970er Jahre wurde das Wort von einigen als so abwertend für die Zugewanderten empfunden, dass nach Ersatzausdrücken gesucht wurde: *Ausländische Arbeitnehmer, ausländische Mitbürger* waren eher bürokratische Versuche, das Wort zu vermeiden.

Zum negativen Klang von *Gastarbeiter* trugen auch die in den 1970er Jahren forcierten Befürchtungen bei, dass zu viele „Ausländer" nach Deutschland kommen könnten, was in der Presse mit der bis heute gängigen Wasser- und Militärmetaphorik sowie mit dem Grundwort *-problem* ausgedrückt wurde. *Ausländer* und *Türken*, Bezeichnungen, die in den 1970er Jahren zunehmend *Gastarbeiter* verdrängten, werden dabei als Bestimmungswörter ebenso genutzt wie *Gastarbeiter*: Das Kompositum *Gastarbeiterproblem* bewirkt – wie heute *Flüchtlingsproblem* oder *-krise* –, dass die einwandernden Menschen als ein Problem konstruiert und wahrgenommen werden. *Zustrom* und *Welle* sind als Grundwörter die im Vergleich zur *Flut* der 1980er Jahre noch etwas weniger bedrohlich wirkenden Metaphern, die verwendet werden; *Invasion* trägt als Militärmetapher zur Abwehrhaltung gegen Zuwandernde bei: Einige Belege aus der *Rheinischen Post*: „Neue Ausländer-Zuzugswelle", „DIHT warnt vor Gastarbeiter-Zustrom – 1985 sieben Millionen Ausländer", „Auf Schulen und Kindergärten rollt zur Zeit eine Welle ausländischer Kinder zu", „Damm gegenüber ‚Invasion' der Türken", „Invasion der Türkenkinder – Neue Ausländer-Zuzugswelle" (*Rheinische Post* 1.2.1973, 8.8.1973, 8.2.1975, 12.4.1975, 1.2.1975).

2.3 Der Asyldiskurs der 1980er/1990er Jahre

Im Zusammenhang mit den aktuellen Flüchtlingsdebatten stehen allerdings nicht die zuletzt behandelten, sondern Bezeichnungen wie *Missbrauch des Asylrechts*, *Asylkritiker*, *Flüchtlinge* (vgl. Kreußler & Wengeler 2017) im Mittelpunkt sprachreflexiver Äußerungen. Die Diskussion um solche mit *Asyl* und *Flucht* gebildete Bezeichnungen haben eine Tradition, die bis zum Ende der 1970er Jahre zurückreicht. In dieser Zeit wurde erstmals eine Zunahme von Flüchtlingen aus dem globalen Süden und damit eine Zunahme der Asylbewerberzahlen registriert. Dies war von Beginn an mit Warnungen vor dem *Missbrauch des Asylrechts*, mit abwertenden und legitime Fluchtgründe absprechenden Personenbezeichnungen sowie mit der Wasser- und Militär-Metaphorik verknüpft, die die Zuflucht Suchenden als Bedrohung und Belastung der Deutschen erscheinen ließen. Diese Debatten führten zu zunehmend intensiven Diskussionen um das Asylrecht und um die Aufnahme von Flüchtlingen bis hin zum Jahr 1993, in dem sie nicht nur wegen Mordanschlägen auf „Ausländer", sondern auch wegen der weitreichenden Grundgesetzänderung des Art. 16 ihren Höhepunkt fanden. Die damalige Diskussion um Flüchtlingsaufnahme und Asylrecht kann als Vorläufer-Diskussion zu den heutigen Debatten verstanden werden und deshalb kritisch daraufhin betrachtet werden, ob sich damals eine mit heute vergleichbare Abwehrhaltung gegen oder Aufnahmebereitschaft für Flüchtlinge sprachlich niedergeschlagen hat. Betrachtet werden können dabei Bezeichnungen für Flüchtlinge wie *Wirtschaftsflüchtlinge*, *Armutsflüchtlinge* und *Asylanten/Asylbewerber* sowie die Metaphorik von *Flüchtlingsströmen* und dem *Ansturm der Flüchtlinge*, die sich seit Beginn der 1980er Jahre im öffentlichen Sprachgebrauch etabliert haben.

Die Etablierung des Ausdrucks *Asylant* steht seit den 1980er Jahren im Fokus öffentlicher Sprachdebatten. Damit im Zusammenhang stehen die Verwendung der Stigmawörter *Scheinasylant* und *Wirtschaftsflüchtling*, die Versuche der Etablierung nicht-wertender, eher bürokratisch klingender Bezeichnungen wie *Asylbe-*

werber, Asylsuchende und *Asylberechtigte*, die durch die Sensibilisierung gegenüber dem negativen Klang von *Asylanten* zunehmend von einigen Medien und Politikern verwendet wurden, sowie die Ersetzung von *Asylanten* durch *politische Flüchtlinge, Armuts-* oder *Elendsflüchtlinge*. Bundesinnenminister Gerhart Baum (FDP) plädiert z.b. schon Anfang 1982 dafür, von *Armutsflüchtlingen* zu sprechen und beruft sich dabei auf einen Sprachgebrauch der Deutschen Bischofskonferenz (Bundestag 4.2.1982: 4908), und von *politisch Verfolgten*, Bezeichnungen, mit denen von vornherein die Legitimität der Einreise und des Aufenthalts in der BRD betont werden sollte. Auch die Flut-Metaphorik (*Asylantenflut, Scheinasylantenschwemme*), die u.a. zur Pejorisierung des Ausdrucks *Asylanten* beitrug, gehört in diesen Zusammenhang.

1980 wurde der Ausdruck *Asylant* im Mediendiskurs geläufig, „und zwar meistens in der stereotypen Verbindung ‚Zustrom von Asylanten'" (Link 1986: 55). Im gleichen Jahr schon wurde der pejorative Beiklang des Ausdrucks von Journalisten kritisch vermerkt: „Irgendein sprachlicher Übeltäter hat aus den in der Bundesrepublik Deutschland Asylsuchenden ‚Asylanten' gemacht und sie damit geistig abgeschoben." (*Saarbrücker Zeitung* 12.7.1980, zit. nach Link 1986: 56.) Nach der Etablierung des Worts *Asylant* kam es in den öffentlichen Diskussionen der Jahre 1986 und 1991 zu einer breiteren öffentlichen Kritik an der Verwendung von *Asylant*. Auf die bewusstseinskonstituierende Kraft sprachlicher Benennungen weist die Überschrift eines Artikels in einer Zeitschrift der Arbeiterwohlfahrt hin: „Wenn Flüchtlinge Asylanten genannt werden, werden es mehr." (Hildebrand 1986: 33) Auf die Analogien zu anderen Ausdrücken mit dem Suffix *-ant* wird mehrmals verwiesen: Diese seien zu unterteilen in neutrale Ausdrücke für Berufe (*Praktikant, Intendant, Fabrikant*), in Fachbegriffe wie *Signifikant* oder *Migrant* und in deutlich negative für „Charaktere", die „nicht normal" sind: *Ignorant, Simulant, Spekulant, Querulant, Bummelant*. In Analogie zu letzteren seien dann in den 1970er Jahren *Sympathisant* und in den 1980er Jahren *Asylant* verwendet worden (vgl. TAZ 24.7.1986, *Die Feder* 10/1986). Bezüglich *Flüchtling* und der Endung *-ling* wird heute Ähnliches diskutiert. Interessant ist ein Hinweis von 1986 auf die Extension von *Asylant*: „Daß das Wort ‚Asylant' eine Negativauszeichnung impliziert, wird auch dadurch belegt, daß es nie zur Bezeichnung von Flüchtlingen verwendet wird, für die Aufnahmebereitschaft existiert. Von ‚Vietnamasylanten', ‚Bootsasylanten' oder ‚Ostblockasylanten' ist nie die Rede. Vielmehr wird zwischen ‚Asylanten' einerseits und ‚Ostblockflüchtlingen' andererseits in der rechtspolitischen Diskussion differenziert." (Wolken 1986: 65) In der Presse wird *Asylant* als „diskriminierender Begriff" thematisiert. Herbert Leuninger von Pro Asyl bemerkt, *Asylant* höre sich ja an wie „Asyl-Schnorrer". Auch amnesty international vermeide den Ausdruck, weil er „etwas Abwertendes" habe (vgl. *Frankfurter Rundschau* 5.10.1991, 4). *Asylbewerber* und *Flüchtlinge* sind die häufigsten Bezeichnungen derer, die den Ausdruck *Asylant* nicht verwenden wollen.

Spezifizierungen wie *Elendsflüchtlinge* oder *Armutsflüchtlinge* (s.o., aber auch ein SPD-Vorschlag von 1980, in RP 4.6.1980) richten sich eher gegen das ebenfalls abwertende Wort *Wirtschaftsflüchtling*, dessen Verwendung ebenso wie *Scheinasylanten* und die Flut-Metaphorik als zur Stimmung gegen Flüchtlinge beitragend aufgefasst wurde. In der öffentlichen Sprache der BRD soll bereits 1965 für kurze Zeit der Ausdruck *Wirtschaftsflüchtlinge* für ohne politische Fluchtgründe aus Osteuropa in die BRD eingereiste Menschen verwendet worden sein (vgl. Wolken 1986: 64f). Erst seit 1977/78 sei er dann wieder vor allem für Asylbewerber aus der sog. Dritten Welt verwendet worden. Seitdem gehöre – so eine sprachkritische Stellungnahme von 1989 – der Ausdruck (und seine durch das Lexem *Asylant* verschärfend klingende Variante *Wirtschaftsasylant*) zu den wichtigsten sprachlichen Mitteln, „Flüchtlingen die Notwendigkeit zur Flucht abzusprechen und ihnen den Missbrauch des Asylrechts vorzuwerfen" (Thomä-Venske 1989: 10). Vor allem von CDU/CSU-Politikern wird der Ausdruck schon 1979/1980 mit parteipolitischer Zielrichtung gegen die SPD/FDP-Bundesregierung verwendet, indem von ihr die „Eindämmung der Flut der Wirtschaftsflüchtlinge" gefordert und ihr vorgeworfen wird, dass sie die „Welle der Wirtschaftsflüchtlinge zur Springflut hat werden lassen" (zit. nach Wolken 1986: 65). Lothar Späth zeigt Verständnis für das „Freiwerden von Emotionen" gegen Ausländer, weil dergleichen erst durch die „Scheinasylantenlawine" sowie durch „faktisch unkontrolliertes Hereinlassen jedes Wirtschaftsflüchtlings" heraufbeschworen worden sei (zit. nach *Der Spiegel* 15.9.1980, 20). Die Wirkung solcher Begrifflichkeit wird schon im gleichen Jahr von der SPD und vom *Spiegel* problematisiert. Während von Seiten der SPD positivere Alternativbezeichnungen wie *Elendsflüchtlinge* und *Armutsflüchtlinge* verwendet wurden, reflektiert der *Spiegel*-Artikel die Funktion dieser Begrifflichkeit (spricht allerdings gleichzeitig selbst vom *Ansturm der Asylanten*): „Die Tonart, in der manche Offizielle mit ‚Scheinasylanten' und ‚Wirtschaftsflüchtlingen' umspringen, schiebt Ausländer von Amts wegen in die Rolle unnützer Nutznießer" (ebd.). Seither gehört der Ausdruck *Wirtschaftsflüchtling* zum Diskurs über Zuwanderung. Auch in offiziellen ministeriellen Stellungnahmen wird der Ausdruck verwendet, um Asylsuchenden zu unterstellen, sie seien „nur" aus wirtschaftlichen Gründen geflohen, um sich in der BRD (auf Kosten der Deutschen) ein angenehmes Leben zu machen (vgl. Thomä-Venske 1989: 10).

Gerade in den Jahren 1992/93 ist aber auch die sprachkritische Ablehnung vor allem der Ausdrücke *Wirtschaftsflüchtling* und *Scheinasylant* zu einem wiederkehrenden Argumentationszug in der asyl- und ausländerpolitischen Diskussion geworden. Den Benutzern solcher Ausdrücke wird dabei vorgeworfen, mit solchen

Bezeichnungen die Stimmung gegen die so Bezeichneten geschürt zu haben und damit für die Gewalttaten gegen Ausländer mitverantwortlich zu sein. Exemplarisch dafür sei die Aussage des PDS-Abgeordneten Gregor Gysi in der abschließenden Bundestagsdebatte über die Einschränkung des Asylrechtsartikels 16 im Grundgesetz am 26.5.1993 zitiert:

> Und Sprache ist verräterisch. Es waren Politikerinnen und Politiker, die die Begriffe von Scheinasylanten, von Flüchtlingsströmen, von Wirtschaftsflüchtlingen, vom Asylmissbrauch, von asylfreien Zonen, von Durchmischung und Durchrassung [...] in die Debatte brachten, und solche Worte zeigen Wirkung. All jene, die in der beschriebenen Art und Weise die Asyldebatte führten und führen, haben an rassistischen und ausländerfeindlichen Pogromen als intellektuelle Urheber ihren Anteil.

Thomä-Venske hatte schon 1989 die „jahrelange Desinformation der Bevölkerung über die Asylproblematik" – die er zuvor durch eine Aufschlüsselung der vom BMI veröffentlichten Asylbewerber-Zahlen gezeigt hat – kritisiert. Diese habe zusammen mit Begriffen wie *Wirtschaftsflüchtling* „fremdenfeindliche Ressentiments salon- und parlamentsfähig" gemacht (vgl. Thomä-Venske 1989: 10). Der gleiche Vorwurf trifft in verstärktem Maße auf die Verwendung von *Scheinasylanten* und mit diesem Bestimmungswort gebildete Komposita zu.

In den aktuellen Debatten kommen weder *Asylant* noch *Scheinasylant* in Stellungnahmen seriöser Politiker und Medien vor. Darin können sich sowohl eine tatsächlich verbesserte deutsche „Willkommenskultur" ausdrücken als auch eine aufgrund der sprachkritischen Debatten der 1980er/1990er Jahre erhöhte Sprachsensibilität, bei der aber genauer hinzusehen wäre, ob sich nicht ähnliche Haltungen in anderen Ausdrücken oder auch „nur" in ähnlichen nicht „auf den Begriff gebrachten" Argumentationen wiederfinden. Beide leben aber in rechtspopulistischen und rechtsextremen Äußerungen in den sog. Sozialen Netzwerken weiter. Gebräuchlich sind aber weiterhin die Ausdrücke *Wirtschaftsflüchtlinge* und *Armutsflüchtlinge*, wobei mit Letzterem heute – anders als in den zitierten Aussagen aus den 1980er Jahren, die mit dem Bestimmungswort *Armut* auf Verständnis für Fluchtgründe abzielten – ebenso wie mit *Wirtschaftsflüchtling* zumeist die Illegitimität des Anliegens, in Deutschland Zuflucht zu finden, betont wird, weil als legitime Gründe nur Krieg und politische Verfolgung angesehen werden.

Neben diesen Stigmawörtern ist es vor allem die Flut-Metaphorik, die zu Abwehrhaltungen gegenüber Zuwandernden beitragen kann und in der sich die Angst vor zu großen Zuwanderungszahlen und vor einer „Überforderung" der deutschen Gesellschaft sprachlich niederschlägt. Neben einer *Schwemme von Scheinasylanten* (Spranger (CSU) im Bundestag 2.7.1980, 18548) gibt es eine *Asylantenwelle* (CDU/CSU-Fraktion im Dt. Bundestag Pressedienst vom 26.6.1980, zit. nach Wolken 1986: 65), eine *Ausländerflut, Ausländerschwemme*, einen *Asylanten-*

strom, *Asylantenzufluß*, eine *Asylantenflut* und *Asylantenschwemme* (Rheinische Post 7.4.1981 und 11.8.1981, 2.12.1981, 2.12.1981 und 17.7.1986, 27.2.1986, 18.7.1986, 18.7.1986; zur Flut-Metaphorik im *Spiegel* vgl. Böke 1997). Als bezeichnende Beispiele der frühen Diskussion des Jahres 1980 seien zwei Artikel aus FAZ und *Die Zeit* angeführt: Friedrich Karl Fromme schreibt in der FAZ einen Leitartikel mit dem Titel „Dämme gegen die Asylanten-Springflut" (FAZ 28.5.1980); der Generalsekretär des Deutschen Roten Kreuzes, Jürgen Schilling, schreibt in der *Zeit*: „Die Überschwemmung der Bundesrepublik hat stattgefunden, ohne daß die Nation jemals bewußt ja dazu gesagt hat" (Die Zeit 21.11.1980). Die gleiche Flut-Metaphorik wird auch benutzt, um Gewaltakte gegen Ausländer zu erklären: „Wenn weiterhin Ströme von Fremden in das Land schwappen und keine erfolgreichen Maßnahmen zu ihrer Eindämmung sichtbar werden, dann in der Tat könnte die sich aufstauende Ablehnung in der Bevölkerung zu gewaltsamen Eruptionen führen" (Rheinischer Merkur 27.9.1991, zit. nach Gerhard 1991: 12). Schon 1986 hatte *Der Spiegel* diese Metaphorik kritisiert, weil sie den Volkszorn gegen Asylbewerber schüre: „Da genügt ein Anschwellen der Zuwanderung von Asylsuchenden, von Politikern zur ‚Schwemme' oder ‚Flut' hochgeredet, um das unheilbar gesunde Volksempfinden herauszufordern." (Der Spiegel 28.7.1986, 27).

Sollte es in den aktuellen Debatten diese Wasser-Metaphorik und auch die Militärmetaphorik nicht mehr geben, könnte dies auf eine freundlichere Haltung und größere Aufnahmebereitschaft gegenüber Flüchtlingen verweisen. Wenn es sie weiterhin gibt, wäre genauer darauf zu achten, ob sie intentional einer Bedrohungs-Inszenierung dient oder ob eine solche Metaphorik sozusagen unvermeidlich ist – im Sinne dessen, dass alle Metaphern es uns ermöglichen, abstrakte „Gegenstände" mit konkreten, erfahrbaren Konzepten zu versprachlichen.

3 Der Flüchtlingsdiskurs im Jahr 2015

Untersucht haben wir die Online-Berichterstattung sechs großer, überregionaler Printmedien aus unterschiedlichen politischen Spektren in den Monaten August bis Oktober 2015: Die *Junge Freiheit*, die FAZ, die *Rheinische Post*, *Der Spiegel*, die SZ und die TAZ. Das Hauptaugenmerk lag dabei auf den Ausdrücken, die für die in Deutschland bzw. Europa Schutz suchenden Menschen verwendet wurden, und darauf, in welchem argumentativen bzw. metaphorischen Zusammenhang sie auftraten.[6]

Der Ausdruck *Flüchtling*, der auch zum „Wort des Jahres 2015" gekürt worden ist (vgl. Kuntzsch 2016), dominiert den Diskurs im Jahr 2015 als Bezeichnung für Menschen, die aus verschiedenen Motiven und Anlässen unfreiwillig nach Deutschland kommen. Er bleibt dabei in der Regel unhinterfragt: *Flüchtling* wird in jedem der untersuchten Online-Medien hochfrequent genutzt und erscheint vordergründig als neutraler Ausdruck. Bei genauerer Betrachtung zeigt sich jedoch, dass die Bezeichnung *Flüchtling* sowohl in positiven bzw. asylfreundlichen wie auch in negativen bzw. asylskeptischen Kontexten erscheint und von einer durchgehenden Neutralität im Sinne einer reinen Referenzfunktion des Ausdrucks keine Rede sein kann. Vielmehr ist der Gebrauch von *Flüchtling* als außerordentlich divergent einzustufen, wobei sich evaluativ positive, negative und neutral referierende Verwendungsweisen im untersuchten Korpus in etwa die Waage halten; bisweilen finden sich in ein und demselben Artikel alle drei Verwendungsweisen.

> ‚Natürlich haben wir unter Asylbewerbern auch sonstige Formen von Kriminalität', sagte de Maizière. In einigen Ländern gebe es organisierte Kriminelle, die Menschen als Asylbewerber getarnt nach Deutschland schickten, um hier beispielsweise Einbruchsdiebstähle oder Computerbetrug zu begehen. ‚Das muss man versuchen rauszukriegen und zu unterbinden', sagte der Minister. Flüchtlinge dürfe man weder unter einen Generalverdacht stellen noch als Heilige betrachten. (FAZ 05.10.2015)
>
> De Maizière sieht eine Grenze bei der Aufnahme von Flüchtlingen in Deutschland, will diese aber nicht zahlenmäßig definieren. Er verglich die Situation mit einem Gummiband, das zwar dehnbar sei, aber an einer bestimmten Stelle reißen könne. Deswegen sei er gegen eine neue Prognose zu den Flüchtlingszahlen. Denn die könne dazu führen, dass das ‚Gummiband' bei einigen Menschen innerlich reiße. ‚Trotzdem sage ich, dass unsere Kräfte endlich sind.' Er habe früh darauf verwiesen, dass 800 000 Flüchtlinge auf Dauer zu viel seien. (FAZ 05.10.2015)

Allerdings wird der Ausdruck *Flüchtling* durch die *Junge Freiheit* beinahe ausschließlich (wenn sie ihn nicht ganz vermeidet, weil sie ihn als Euphemismus ansieht, da es sich nicht um „wirkliche" Flüchtlinge handele) und durch die FAZ überwiegend in negativen Zusammenhängen verwendet, etwa im Zusammenhang mit Belastungs-, Endpunkt-, Kriminalitäts- und Islamismus-Topoi.

---

6 Einen intensiveren und systematischeren Vergleich des 2015er Migrationsdiskurses mit den Diskursen der 1970er bis 1990er Jahre mit korpuslinguistischen Mitteln hat inzwischen Völker (2017) vorgelegt. Neben den traditionellen Printmedien untersucht sie auch die sog. Sozialen Medien und kommt zu differenzierten Ergebnissen: Während der Printmediendiskurs viele Kontinuitäten aufweist, steht diesem in den Sozialen Medien ein in vielen inhaltlichen und sprachlichen Hinsichten veränderter Diskurs gegenüber.

Zwei weitere Ausdrücke werden im aktuellen Diskurs quasi-synonym zu *Flüchtling* gebraucht. Auch mit ihnen soll i.d.R. neutral auf die Zuflucht suchenden Menschen referiert werden. Es ist aber zu überlegen, ob diese Ausdrücke aufgrund ihrer Wortstruktur, aber vor allem auch aufgrund der mit ihnen einhergehenden Wortbildungen und durch ihre argumentative Einbettung tatsächlich eine neutrale Bezugnahme auf die Menschen ermöglichen. Gemeint sind zum einen Personenbezeichnungen mit dem Bestimmungswort *Asyl*, wie etwa *Asylsuchende, Asylbegehrende* oder *Asylbewerber*, zum anderen die Ausdrücke *Migrant* bzw. *Immigrant*. Zunächst ein prototypischer Beleg aus der TAZ zur Verwendung von *Asylbewerber/Asylbegehrender*:

> Noch deutlicher wird die Bundesärztekammer. Sie fordert, die Gesundheitskarte für Asylbewerber flächendeckend einzuführen. ‚Mittel- bis langfristig ist es höchst fragwürdig, Asylbegehrenden einen nur beschränkten Leistungsanspruch nach Asylbewerberleistungsgesetz zu gewähren', schreibt ihr Chef Frank Ulrich Montgomery an den Innenausschuss. (TAZ 12.10.2015)

Ein von der Ausdrucksseite her naheliegender Unterschied zwischen *Flüchtling* und *Asylbewerber* ist der, dass *Asylbewerber* in ihrem Flüchtlingsstatus noch nicht anerkannt sind. Der Fokus wird mit dem Wort von der Flucht und den damit zusammenhängenden Ursachen auf eine staatliche Regelung gelenkt, mit der die Flüchtenden konfrontiert sind, um einen legalen Aufenthaltsstatus in Deutschland zu erhalten. Es ist also ein eher bürokratischer Terminus, mit dem in den Mittelpunkt rückt, dass Menschen als Antragsteller kommen mit einem Anliegen gegenüber dem Staat, welches der Überprüfung bedarf. In den 1990er Jahren hat sich nach der vielfachen Sprachkritik an *Asylant* der Ausdruck als politisch korrekte Bezeichnung durchgesetzt, und er wird heute neben *Asylsuchende* als Alternative zu *Flüchtling* entweder aus stilistischen Gründen der Variation oder in Zusammenhängen verwendet, in denen es eher um die juristische Prozedur geht, mit der die Geflüchteten konfrontiert sind, in denen es also eher um die Aufnahme in Deutschland als um den Vorgang der Flucht geht. Ebenso wie bei *Flüchtling* kommt es aber darauf an, in welchen argumentativen Zusammenhängen der Ausdruck genutzt wird. Zumindest in der *Jungen Freiheit* und in Teilen in der FAZ ist zu beobachten, dass der ursprünglich eher bürokratische Ausdruck *Asylbewerber Asylant* als Stigmawort ablösen könnte.

Tendenziell synonym mit *Flüchtling* und *Asylbewerber* gebraucht werden außerdem die Personenbezeichnungen *Migrant* bzw. *Immigrant*. Hier wiederum ein prototypisches Beispiel:

> Die Bewältigung der Flüchtlingskrise wird viel Geld kosten. Allein für das kommende Jahr hat der Bund sechs Milliarden Euro zusätzlich eingeplant, um Migranten aus Krisenregionen wie Syrien oder Eritrea zu helfen. Doch angesichts des hohen Andrangs von Flüchtlingen stellt sich die Frage, ob die Mittel ausreichen oder weitere Finanzierungsmodelle notwendig werden. (Der Spiegel 11.10.2015)

Interessant ist allerdings, dass sich auch Textbelege finden lassen, in denen *Migranten* und *Flüchtlinge* voneinander abgegrenzt werden. In den entsprechenden Berichten finden sich allerdings keinerlei Hinweise, ob damit eine unterschiedliche Referenz der beiden Ausdrücke gegeben ist.

> Wenn das Einsatzgebiet der EU-Seemissionen nicht ausgeweitet werde, ‚werden Migranten und Flüchtlinge weiter ertrinken'. (RP 24.04.2015)

> Besonders deutlich wird das derzeit an der Grenze zwischen Italien und Frankreich. Am Grenzübergang Ventimiglia harren derzeit rund 200 Flüchtlinge aus und wollen nach Frankreich einreisen. Französische Gendarmen sagten aber, sie hätten Anweisungen, die Migranten nicht über die Grenzen zu lassen. (RP 15.06.2015)

Im Großteil der Artikel unseres Korpus werden die drei Ausdrücke *Asylbewerber/Asylsuchende*, *Migrant* und *Flüchtling* quasi-synonym verwendet. Häufig lässt sich dies durch das Prinzip der stilistischen Variation begründen:

> Dazu kommt, dass viele Kommunen offenbar schlecht auf die Aufnahme der Asylsuchenden vorbereitet sind und dass immer wieder gewarnt wird, die ‚Flüchtlingsflut' sei nicht zu bewältigen. Manche Politiker vermitteln zudem den Eindruck, bei den Migranten müsse man immer damit rechnen, dass sie Betrüger seien. Oder dass sich unter ihnen mögliche islamistische Extremisten befinden könnten. Auch das kann bei Menschen, die nicht unbedingt rechtsextrem sind, zu einer negativen Einstellung den Flüchtlingen gegenüber führen, zu Ablehnung und Abwertung. (SZ 02.09.2015)

Migrant bzw. *Immigrant* sind ebenso wie *Flüchtling* und *Asylbewerber/-suchende* zunächst neutrale Bezeichnungen, sie haben aber im Prinzip eine weitere Extension: Nicht jeder *Migrant* ist ein Flüchtling. Der Ausdruck bezieht sich zudem ursprünglich auf Menschen, die freiwillig ihre Heimat verlassen, um etwa als *Arbeitsmigrant* in Deutschland zu leben. Das Wort referiert insofern auch auf Menschen, die nicht schutzbedürftig sind bzw. sich nicht auf das Asylrecht berufen, um in Deutschland einen legalen Aufenthaltsstatus zu bekommen. Als ein solcher Oberbegriff hat der Ausdruck – zusammen mit *Zuwanderer* und *Einwanderer* – in den letzten Jahren die älteren *Gastarbeiter* und *Ausländer* im öffentlichen Diskurs ersetzt. Wie in unseren Beispielen wird der Ausdruck im aktuellen Diskurs aber eben auch als Ersatzbezeichnung für *Flüchtling* verwendet. Diese quasi-synonyme Verwendung des Ausdrucks kann in diesem Zusammenhang insofern als problematisch betrachtet werden, als mit ihm die Ursache des nach Deutschland Kommens, die Flucht vor Krieg und Verfolgung, eher marginalisiert wird und das Schicksal der Geflüchteten damit ausgeblendet wird.

Wichtiger jedoch als die angesprochenen, vom Wortkörper naheliegenden oder aus dem bisherigen Gebrauch resultierenden Bedeutungsaspekte sind die mit den jeweiligen Wörtern oder Wortbestandteilen gebildeten Komposita sowie ihre metaphorische sowie argumentative Einbettung, die jeweils Folgen für die „Bedeutung" und die mit dem Wortgebrauch einhergehende Bewertung haben. So stößt man bei der Analyse der Zeitungsberichte u.a. auf Wortbildungen wie *Armutsmigranten, Wirtschaftsflüchtlinge* oder *Asyl-Desaster, Asyl-* oder *Flüchtlingskrise*, alles Wörter, die so gebraucht werden, dass andere Gründe der Flucht nach Deutschland als Krieg und politische Verfolgung betont werden oder die das Thema als ein Problem für die deutsche Gesellschaft und weniger als das der geflüchteten Menschen fokussieren. *Armutsflüchtling* oder *-migrant* wird dabei anders als in den 1990er Jahren zumeist so verwendet, dass Armut als nicht legitime Ursache der Flucht erscheint und nicht als nachvollziehbarer, verständlicher Grund für diese. Insbesondere die omnipräsente Bezeichnung der derzeitigen Situation als *Flüchtlingskrise* hat das Potenzial, dass die Zuflucht suchenden Menschen als „Problem", das eine „Krise" der Gesellschaft auslöst, konzeptualisiert werden und dadurch negative Sichtweisen auf die Zuflucht Suchenden bestärkt und deren Schicksale ausgeblendet werden. Neben dem an sich schon negativ konnotierten Ausdruck *Krise* findet sich zudem das Kompositum *Flüchtlingskrise* als Bezeichnung für die aktuelle Situation häufig im Zusammenhang mit Topoi der Belastung. So entsteht der Eindruck, geflüchtete Menschen seien zuvorderst eine Last für den Staat bzw. soziale Infrastrukturen und ihr Dasein könne keine positiven Auswirkungen auf die Gesellschaft haben.

> Die Bewältigung der Flüchtlingskrise wird viel Geld kosten. Allein für das kommende Jahr hat der Bund sechs Milliarden Euro zusätzlich eingeplant, um Migranten aus Krisenregionen wie Syrien oder Eritrea zu helfen. (Der Spiegel 11.10.2015)

Allerdings finden sich im Korpus auch Beispiele, in denen explizit asylfreundlich mit der Bezeichnung *Flüchtlingskrise* argumentiert wird. Etwa dann, wenn auf „unsere" moralische Pflicht und „unser" Mitverschulden der Fluchtursachen hingewiesen wird – es handelt sich also auch hier nicht per se, unabhängig vom konkreten Gebrauch, um ein Stigma-Wort:

> Die Bewältigung der ‚Flüchtlingskrise' ist auch deswegen unsere Pflicht, weil der Westen an den Ursachen Mitschuld trägt. Speziell in Syrien, das man sehenden Auges in die Fänge der bestialisch-barbarischen Horrormiliz IS geraten ließ. Angesichts des globalen Desasters

reicht allein ‚Willkommenskultur' nicht. Längst überfällig ist eine internationale Strategie für die Heimatländer der Flüchtlinge, eine intensivere Unterstützung ihrer Nachbarstaaten [...] und mehr Druck auf die reichen arabischen Golfstaaten. (SZ 23.09.2015)

Stärker aber werden – wie in den 1980er/1990er Jahren, wenn auch in den seriösen Medien weniger plakativ – Ressentiments gegen Flüchtlinge durch Kriegs- und vor allem Wassermetaphorik geschürt. So wird in rechten Medien eine politische Instrumentalisierung der Flüchtlinge (Stichwort „Islamisierung des Abendlandes") mit Wörtern wie *Migrationswaffe* behauptet. Aber auch in der seriöseren Presse erscheinen Flüchtlinge z.T. wie „Invasoren", die sich aufmachen, um „die Festung Europa" zu „stürmen", oder als „Völkerscharen", die durch Europa „marschieren", um Deutschland „einzunehmen":

> Denn dass der Einwanderungsdruck auf die EU zunehmen wird, das steht fest. Ebenso sicher scheint, dass man Italien und das kleine Malta, die in vorderster Front liegen, dann nicht mehr mit der Bewältigung des Ansturms allein lassen kann. (RP 24.4.2015)

> Aus Pakistan sind fast nur junge Männer unterwegs, oft in großen Gruppen, als seien ganze Dorfgemeinschaften gemeinsam aufgebrochen. Wenn sie schweigend vorbeilaufen, zu Dutzenden, hört es sich an, als marschiere ein Trupp Soldaten über einen Platz. (FAZ 15.09.2015)

> Deutschland ‚schafft es' eben doch noch nicht, des Ansturms der Migranten Herr zu werden. Die Aufnahmemöglichkeiten in München und anderswo sind ausgereizt. (FAZ 14.09.2015)

Bezüglich der Wasser-Metaphern ist zu konstatieren, dass die Flut- und Schwemmen-Metaphorik in den bürgerlich-liberalen Medien selten und wenn dann zumeist in sprachkritischen bzw. metasprachlichen Zusammenhängen genutzt wird, wie etwa im *Spiegel*, der *Zeit* und der *Rheinischen Post*. Es lässt sich dahingehend also eine gewisse political awareness bzw. correctness in den Mainstream-Medien feststellen, die mehr oder minder konsequent verfolgt wird.

> Wirkmächtiger noch sind sprachliche Bilder, mit denen wir die Lage anschaulich machen wollen. Dann ist von Flut und Strom die Rede, vom Boot, das voll ist, und – eine Spur martialischer – von Ansturm und Einfallsrouten. Dies permanent zu hinterfragen, ist Politik und somit ein Beitrag zur Debatte. (RP 6.8.2015)

> Die Vereinten Nationen haben die Sprache europäischer Politiker in der Flüchtlingskrise kritisiert. Viele benutzten eine ‚entmenschlichende Rhetorik', wenn sie die Situation mit Begriffen wie ‚Flüchtlingsströme' oder ‚Menschenschwarm' beschrieben, sagte der Hohe Kommissar für Menschenrechte, Seid Ra'ad al-Hussein in einem Interview. (Die Zeit 14.10.2015)

Jedoch scheint die Presse auf die Wasser-Metaphorik nicht vollends verzichten zu können bzw. zu wollen. Als Surrogat für *Flut* oder *Schwemme* dienen in der Berichterstattung die bereits aus früheren Flüchtlingsdiskursen bekannten Ausdrücke *Strom* und *Welle*, letztgenannter jedoch wesentlich seltener. Dazu muss angemerkt werden, dass der Ausdruck *Strom* weniger als *Flut* eine potentiell negative Konnotation in sich birgt. Denn die Metapher ist auch in Verbindung mit positiven Vorgängen durchaus gebräuchlich, wie etwa in den Komposita *Touristenstrom* oder *Geldstrom*. *Strom* lässt sich also nicht als generell pejorativ oder diffamierend klassifizieren. Was die Metaphorik jedoch immer zum Ausdruck bringt, ist die fortlaufende Bewegung einer im Umfang unbestimmten, aber auf jeden Fall größeren Menge dem jeweiligen Kontext entsprechender Entitäten. Gerade die in der Metaphorik mitschwingende Vagheit bezüglich des Umfangs und des nicht abzusehenden Endes der suggerierten Bewegung macht sie problematisch. In Verbindung mit negativen Stereotypisierungen von Flüchtlingen als Verursacher der Krise sowie als generelle Bedrohung für die Stabilität Deutschlands bzw. Europas erfüllen sie insofern eine ähnliche Funktion wie die Flutmetaphern, wenn auch auf subtilere Weise. Den so als nicht „abflauend" dargestellten *Zustrom* gilt es „einzudämmen" oder zumindest zu „kanalisieren", um die Kontrolle über die Situation zu bewahren, nicht zuletzt, weil ansonsten unter Umständen auch unter den Flüchtlingen befindliche Terroristen „einsickern" könnten.

> Ungarn sperrt ab Samstag seine rund 300 Kilometer lange Grenze zum EU-Nachbarland Kroatien, um die ungehinderte Einreise von Flüchtlingen zu verhindern. [...] Damit wird der Flüchtlingsstrom über die Balkanroute unterbrochen. Tausende dürften sich jetzt neue Wege über das Euroland Slowenien im Norden Kroatiens suchen. (TAZ 16.10.2015)

> Teile der Union bedrängen die CDU-Chefin dagegen schon seit Tagen, sie müsse klarmachen, dass Deutschland derart hohe Asylzahlen nicht bewältigen könne – und den Zuzug eindämmen. (taz 04.10.2015)

> Die Regierung befürchtet das Einsickern von Dschihadisten. In Nahost bahnt sich eine neue Flüchtlingskrise an. (RP 18.04.2015)

> Die Europäische Union ändert den Ton in der Flüchtlingskrise. Sie will den Bürgern beweisen, dass sie etwas tut gegen den Flüchtlingsstrom, dass sie ihn, wenn schon nicht aufhalten, so doch kanalisieren kann. (SZ 08.10.2015)

Häufig werden diese Metaphern in Argumentationstopoi eingebunden, die für die Durchsetzung bestimmter Wertungen im Flüchtlingsdiskurs sorgen und für die Legitimierung der eigenen (politischen) Haltung in der Debatte entscheidend sind. Eines der dominanten Argumentationsmuster im Flüchtlingsdiskurs ist der Belastungs- bzw. Überlastungs-Topos, wobei sich der Überlastungs-Topos als Intensivierung des Belastungs-Topos definieren lässt.

> *Weil eine Person/eine Institution/ein Land so stark mit Problemen belastet ist, dass es zu einem Ausfall von Strukturen/Leistungen/Abläufen kommt, die für die Gesellschaft als wesentlich zu betrachten sind, sollten Handlungen ausgeführt werden, die diese Überlastung vermindern bzw. verhindern. Zudem sollten Maßnahmen, die zu dieser Überlastung geführt haben, sofort bzw. so bald wie möglich eingestellt/rückgängig gemacht werden.*

In Verbindung mit der Strom-Metapher gewinnt der Belastungs-Topos an Überzeugungskraft, und der Eindruck eines drohenden bzw. bereits eingetretenen Kollapses wird verstärkt.

> Seehofer seinerseits trat in einer Sondersendung des Bayerischen Fernsehens auf: Wenn die Zuwanderung nicht begrenzt werde, habe man ‚einen Kollaps mit Ansage in den Wintermonaten'. Kein Land auf dieser Erde könne auf Dauer ‚solche Flüchtlingsströme verkraften'. Merkel müsse ein ‚Signal in der Öffentlichkeit' geben, dass Deutschlands Aufnahmemöglichkeiten erschöpft seien. (Der Spiegel 07.10.2015)

> Der Strom reißt nicht ab. Zehntausende Flüchtlinge sind auf dem Weg durch den sogenannten Westbalkan. Unablässig pumpt der Syrien-Krieg die Menschen in die Türkei, von wo sie dann weiterziehen. Nach wie vor kommen Tausende jeden Tag auf den griechischen Ägäis-Inseln an; mehr als 13.000 überschritten seit Freitag die Grenze zu Slowenien. Das kleine EU-Land ist heillos überfordert. (FAZ 24.10.2015)

Auch wenn man zugesteht, dass „vor Ort" tatsächlich Gemeinden, Institutionen oder einzelne Menschen durch die in Deutschland ankommenden Menschen stark belastet sind, so beinhaltet die Verwendung des Belastungs- bzw. des Überlastungs-Topos im öffentlichen Diskurs doch die Gefahr, dass damit auch fremdenfeindliche Haltungen und Positionen gestützt werden und so ihren Weg in die Mitte der Gesellschaft finden. Ähnlich konsensstiftende Argumentationen sind solche, die auf der ausgemalten Terror- und Islamismus-Gefahr in Deutschland basieren, die mit einer vermehrten Einwanderung einhergehen würde. Diese Topoi wiederum lassen sich ohne weiteres mit der Behauptung einer Gefährdung der christlichen Wertetradition in Einklang bringen. Rückwirkungen auf die Bedeutung der die Zuflucht Suchenden bezeichnenden Ausdrücke haben solche Topoi und auch die Wasser- und Kriegsmetaphorik insofern, als, wenn *Flüchtling, Asylbewerber* oder *Migrant* beständig in einem solchen argumentativen Kontext gebraucht werden, alle diese Ausdrücke auch einen stigmatisierenden Charakter annehmen können, wie er in den 1990er Jahren – und heute in rechtsextremen Verlautbarungen, wie z.B. auch bei Pegida – dem Wort *Asylant* zukam. Dies ist in Texten der rechtspopulistischen *Jungen Freiheit* deutlich zu beobachten, und dies könnte sich auch in Texten der seriöseren Presse niederschlagen. Dem stehen dort allerdings viele Verwendungsweisen dieser Personenbezeichnungen in positiven Kontexten und Argumentationsmustern gegenüber, in denen der Zuzug von Flüchtlingen z.B. als wirtschaftliche Chance und Möglichkeit der kulturellen Bereicherung begriffen wird. In unserem Korpus findet sich dies insbesondere in der TAZ, aber auch im *Spiegel* und der *Rheinischen Post* und seltener in der FAZ.

4 Schlussbemerkungen

Um auf unsere Ausgangsfrage zurückzukommen, kann trotz der vorgebrachten Skepsis konstatiert werden, dass anhand der Betrachtung wichtiger Schlüsselwörter/Personenbezeichnungen im öffentlichen Diskurs des Jahres 2015 eher eine positivere Haltung gegenüber der Aufnahme von Flüchtlingen zu verzeichnen ist.

Um dennoch die aufgezeigten zumindest potentiellen Probleme, die mit der Verwendung der im Diskurs im Jahr 2015 meistgebrauchten Personenbezeichnungen – aufgrund ihrer Ausdrucksseite und/oder ihres eingespielten Gebrauchs – verbunden sein können, zu vermeiden, empfehlen und nutzen gerade mit der Hilfe für Flüchtlinge betraute Organisationen wie etwa Pro Asyl Alternativausdrücke, die in den letzten Jahren auch im öffentlich-medialen Diskurs mehr und mehr genutzt werden. Der Kollege Stefanowitsch ist auf diese Ausdrücke in einem Blogbeitrag schon 2012 eingegangen: Er präferiere den Ausdruck *Geflüchtete*[7], wie ihn z.B. auch die TAZ oder die *Grünen* in ihrem Bundestagwahlprogramm 2017 benutzen. Oder man könne auf den Anglizismus *Refugee* oder diesem inhaltlich ähnliche Wörter wie *Schutzsuchende* oder *Zufluchtsuchende* zurückgreifen.[8] Auch die Kollegin Elisabeth Wehling empfiehlt *Flüchtende* oder *Geflüchtete*.[9]

Als Gegenthese zu diesen Vorschlägen kann angeführt werden, dass der erwünschte Effekt einer weniger vorbelasteten Bezeichnung nicht lange vorhalten würde. Es steht vielmehr zu befürchten, dass die Bezeichnung der Zufluchtsuchenden keine entscheidende Rolle spielt und auch bisher nicht gespielt hat. Denn die mit einem Wort verbundene Wertung – egal ob positiv oder negativ – entspringt nicht oder nur in geringem Maße seiner Morphologie oder seiner Herkunft. Viel relevanter dafür sind die Verwendung in der kommunikativen Praxis und die sich dadurch konstituierende Bedeutung innerhalb eines Diskurses. Dabei kann mit den Ersatzbezeichnungen das gleiche passieren, wie wir es in Ansätzen für *Flüchtling* zu zeigen versucht haben. Damit sind wir zuletzt also wieder bei der für die Debatten um die sog. political correctness zentralen Frage nach dem Einfluss

---

7 Vgl. zu dieser Alternative auch Harnisch in diesem Band sowie Wößner (2017).
8 http://www.sprachlog.de/2012/12/01/fluechtlinge-und-gefluechtete/; 18.07.2016
9 http://www.sueddeutsche.de/kultur/sprache-in-der-fluechtlingsdebatte-das-wort-fluechtling-richtet-schaden-an-1.2864820; 18.07.2016

sprachlicher Benennungen auf die Wahrnehmung und den Umgang mit einem Thema und insbesondere mit Menschengruppen wie hier der der aus einer Notsituation nach Europa Geflohenen.

Literatur

Böke, Karin (1997): Die „Invasion" aus den „Armenhäusern Europas". Metaphern im Einwanderungsdiskurs. In Matthias Jung, Martin Wengeler & Karin Böke (Hrsg.): *Die Sprache des Migrationsdiskurses. Das Reden über „Ausländer" in Medien, Politik und Alltag.* Opladen, 164–193.

Gerhard, Ute (1991): Wenn Flüchtlinge und Einwanderer zu „Asylantenfluten" werden. In *Frankfurter Rundschau* 19.10.1991, 12.

Harnisch, Rüdiger (2018): Partizipien als meliorisierende Ersatzkonstruktionen für pejorisierte personenbezeichnende Derivata. Zu Prozessen semantischer und pragmatischer Remotivierung im Zeichen der Flücht*lings*- (oder Geflüchte*ten*-?) Krise um das Jahr 2015. In diesem Band, 217–237.

Hermanns, Fritz (1994): *Schlüssel-, Schlag- und Fahnenwörter. Zu Begrifflichkeit und Theorie der lexikalischen „politischen Semantik".* Arbeiten aus dem SFB 245 „Sprache und Situation". Heidelberg/Mannheim.

Hildebrand, Klaus (1986): Wenn Flüchtlinge Asylanten genannt werden, werden es mehr. In *Arbeiterwohlfahrt: Materialien zum Info-Dienst Flüchtlinge*, 22.9.1986, 52–53.

Jung, Matthias, Thomas Niehr & Karin Böke (2000): *Ausländer und Migranten im Spiegel der Presse. Ein diskurshistorisches Wörterbuch zur Einwanderung seit 1945.* Wiesbaden.

Kienpointner, Manfred (1996): *Vernünftig argumentieren. Regeln und Techniken der Diskussion.* Reinbek bei Hamburg.

Kreußler, Fabian & Martin Wengeler (2017): Flüchtlinge, Geflüchtete oder Vertriebene? Zum Wortschatz in öffentlichen Migrationsdiskursen seit den 1950er Jahren. In Joachim Klose & Walter Schmitz (Hrsg.): *Fremde Deutsche – Deutsche Fremde. Aspekte der Migration in Politik, Wirtschaft, Gesellschaft und Kultur*, 301–333.

Külz, Helmut Robert (1950): *Die Flüchtlinge aus der sowjetischen Besatzungszone.* Frankfurt a.M.

Kuntzsch, Lutz (2016): *Flüchtlinge, Je suis Charlie, Grexit.* Wörter des Jahres 2015. In *Der Sprachdienst* 60.1, 1–15.

Link, Jürgen (1986): Asylanten – ein Schimpfwort. In Heiko Kauffmann (Hrsg.): *Kein Asyl bei den Deutschen. Anschlag auf ein Grundrecht.* Reinbek bei Hamburg, 55–59.

Lübbe, Hermann (1975) [1967]: Der Streit um Worte. Sprache und Politik. In Gerd-Klaus Kaltenbrunner (Hrsg.): *Sprache und Herrschaft. Die umfunktionierten Wörter.* München, 87–111.

Mackensen, Lutz (1959): Die deutsche Sprache in und nach der Vertreibung. In Eugen Lemberg & Friedrich Edding (Hrsg.): *Die Vertriebenen in Westdeutschland.* Bd. III. Kiel, 224–271.

Römer, David (2017): *Wirtschaftskrisen. Eine linguistische Diskursgeschichte.* Berlin/Boston.

Stötzel, Georg (1978): Heinrich Bölls sprachreflexive Diktion. Sprachwissenschaftliche Interpretation eines Interviews. In *Linguistik und Didaktik* 33, 54–74.

Stötzel, Georg (1995): Einleitung. In Georg Stötzel & Martin Wengeler u.a.: *Kontroverse Begriffe. Geschichte des öffentlichen Sprachgebrauchs in der Bundesrepublik Deutschland*. Berlin/New York, 1–17.

Thomä-Venske, Hanns (1989): Worte wirken wie winzige Arsendosen. In *Frankfurter Rundschau* 9.3.1989, 10.

Völker, Hanna (2017): Is the German Immigration Debate Changing? A Discourse Linguistic Approach to the German Immigration Debate. On Changes since the 1970s. In *10plus1 / Living Linguistics* Issue #3, 87–108. http://10plus1journal.com/wp-content/uploads/2017/09/10plus1_issue-3_jou-art_v%C3%B6lker_87-108.pdf

Wengeler, Martin (1995): Multikulturelle Gesellschaft oder Ausländer raus? Der sprachliche Umgang mit der Einwanderung seit 1945. In Stötzel, Georg/Wengeler, Martin u.a.: *Kontroverse Begriffe. Geschichte des öffentlichen Sprachgebrauchs in der Bundesrepublik Deutschland*. Berlin/New York, 711–749.

Wengeler, Martin (2015): (Wirtschafts-)Krisen in den Printmedien. Zur öffentlichen Konstruktion von Wirtschaftskrisen in der Bundesrepublik Deutschland. In *Der Deutschunterricht* 67 (5), 28–38.

Wengeler, Martin & Alexander Ziem (Hrsg.) (2013): *Sprachliche Konstruktionen von Krisen. Interdisziplinäre Perspektiven auf ein fortwährend aktuelles Phänomen*. Bremen.

Wößner, Jitka A. (2017): Über die Problematik der Bezeichnung für ‚Menschen auf der Flucht'. Eine Untersuchung der Bedeutungsgehalte von *Flüchtling* und *Geflüchtete/r*. In *Aptum. Zeitschrift für Sprachkritik und Sprachkultur* 13.1, 42–67.

Wolken, Simone (1986): Das Grundrecht auf Asyl als Problem der Rechtspolitik. In *Zeitschrift für Ausländerrecht* 2, 58–70.

Jörg Kilian
Politische Semantik, interkulturelle „Hotwords" und didaktische Sprachkritik

Schlüsselwörter: interkulturelle Semantik, politischer Wortschatz, Hotwords, didaktische Sprachkritik

1 Einleitung, Fragestellung, Erkenntnisinteresse

Die germanistische Politolinguistik hat zum politischen Wortschatz, zum politischen Wortgebrauch und zur politischen Semantik einen festen Bestand an Wissen erarbeitet.[1] Zu diesem Wissen zählt, zum Beispiel, dass sich lexikologisch ein Teil des deutschen Wortschatzes als „politischer Wortschatz" im engeren Sinne bezeichnen lässt, weil die Lexeme dieses Teilwortschatzes (prototypen)semantisch eine „bereichsspezifische Indikatorfunktion" (Steger 1986: 206) mit Bezug auf den gesellschaftlichen Kommunikations- und Praxisbereich der Politik in Deutschland entfalten.[2] Dieser „politikeigene" (Dieckmann 2005: 11) Wortschatz ist politolinguistisch weiter zu untergliedern, zum einen nach besonderen Funktions- und/oder Sachbereichen (Ideologie-, Institutionen-, Interaktions-, Ressortvokabular; vgl. Dieckmann 2005: 16–21), zum anderen nach semantisch-pragmatischen Kriterien (Fahnen-, Schlag-, Schlüssel-, Stigmawörter; vgl. Niehr 2014: 69–75).

Über diesen bereichsspezifischen politischen Wortschatz hinaus kann grundsätzlich jedes Wort des lexikalischen Bestandes der deutschen Sprache zu einem politischen Wort werden und im Gebrauch eine politische Semantik erhalten und entfalten. Dies ist etwa dann der Fall, wenn eine nennlexikalische Einheit zwar eigentlich eine „bereichsspezifische Indikatorfunktion" in einem anderen gesellschaftlichen Kommunikations- und Praxisbereich ausübt und ihre prototypische „Hauptbedeutung" (Hermann Paul) eigentlich nicht *politisch* im engeren Sinne ist, diese Einheit gleichwohl im Gebrauch

---

[1] Vgl. z.B. Girnth (2015: Kap. 4); Niehr (2014: Kap. 3); Niehr (2017); Schröter & Carius (2009: Kap. 2).
[2] Diese Aussagen sind grundsätzlich auf andere Einzelsprachen übertragbar; die Ausführungen dieses Beitrages sind aber auf die deutsche Sprache in Deutschland konzentriert.

https://doi.org/10.1515/9783110640731-014

a) okkasionell,
b) usuell-assoziativ oder
c) möglicherweise gar bereits in einer peripheren Lesart lexikalisiert

eine politische Bedeutung und Funktion erhält. Im letzteren Fall können die Wörter dann auch „politikeigene" Wörter im o.g. engeren Sinne werden, zum Beispiel im Wortschatz eines politischen Ressorts oder als Fahnen- oder Stigmawort im politisch-ideologischen Sprachgebrauch.

Diese Wörter sollen im Folgenden im Zentrum der weiteren Betrachtung stehen: Wörter, die nicht zum „politikeigenen" Wortschatz gehören, keine prototypisch lexikalisierte „bereichsspezifische Indikatorfunktion" im gesellschaftlichen Kommunikations- und Praxisbereich der Politik ausüben, die aber dennoch im Gebrauch – und hier speziell im interkulturellen Gebrauch – zu Missverständnissen und kommunikativen Schwierigkeiten führen können, weil sie okkasionell (befristet), usuell-assoziativ oder bereits in einer peripher (z.B. diskurssemantisch) lexikalisierten Lesart ein Konfliktpotenzial an sich binden. Das Konfliktpotenzial resultiert aus diskurs- oder varietätenspezifischen Normenkonflikten, die wiederum im Übergang des nicht-politischen (alltags-, fach-, gruppensprachlichen) Wortgebrauchs in den politisch-ideologischen Wortgebrauch im Kommunikations- und Praxisbereich der Politik ihren Grund finden. Die Intensität des Konfliktpotenzials auf der Skala von „okkasionell (befristet)" über „usuell-assoziativ" bis „peripher lexikalisiert" korreliert mit einer Vorhersagewahrscheinlichkeit in Bezug auf das Missverständnis bzw. die kommunikative Störung in der öffentlichen Kommunikation. Bei den Wörtern der Gruppe a (z.B. *Plagiat* seit 2011) ist ein politisch-ideologischer Normenkonflikt nur von geringer Vorhersagewahrscheinlichkeit, bei solchen der Gruppen b) (z.B. *Gastarbeiter, Kopftuch*) und c) (z.B. bei *Neger, Zigeuner*) ist ein politisch-ideologischer Normenkonflikt in der öffentlichen Kommunikation weniger situationsabhängig und eher bzw. sehr wahrscheinlich.

Im Zentrum des Erkenntnisinteresses stehen im Folgenden:
a) die Beantwortung der Frage nach einer genaueren lexikologischen und lexikalisch-semantischen Bestimmung und Abgrenzung dieses Teils des deutschen Wortschatzes, der politisch-semantisches Konfliktpotenzial aufweist, darunter noch genauer derjenige Teil, der interkulturell-ideologisches Konfliktpotenzial aufweist und dessen Wörter als „Hotwords" bezeichnet werden (können);
b) die Beantwortung der Frage nach Ansätzen und Methoden der Kritischen Semantik zu einer linguistisch begründeten sprachkritischen Beschreibung solcher „Hotwords" und ihres Gebrauchs;

c) die Beantwortung der Frage nach Ansätzen und Methoden der Didaktischen Sprachkritik zur Bewusstmachung und funktional angemessenen Bewertung solcher „Hotwords" und ihres Gebrauchs.

2 Zur lexikologischen Bestimmung von politisch-semantischen Normenkonflikten in der interkulturellen Kommunikation

Die Erforschung, Beschreibung und Bewertung politischen Wortschatzes und Wortgebrauchs (einschließlich der politischen Semantik) nimmt sowohl in der Politolinguistik wie auch in der linguistisch begründeten Sprachkritik ihren Ausgang grundsätzlich vom konkreten Gebrauch eines Wortes in ko- und kontextuell eingebetteten Texten und Gesprächen. Diesem Ausgangspunkt liegt die sprachtheoretisch begründete und empirisch belegbare Annahme zugrunde, dass ein (politisches) Wort erst im Gebrauch die jeweils konkret intendierte (politiksprachliche) denotative, konnotative und bisweilen deontische Funktion entfalten kann, und dass erst im Gebrauch seine nicht lexikalisierten kultur-, bereichs- und diskursspezifischen assoziativ-semantischen Stereotype kommunikativ Wirkung entfalten können. Nicht alle, aber doch die meisten politolinguistischen und sprachkritischen Ansätze legen dem politischen Wortgebrauch eine einzelsprachliche, theoretisch beschreibbare Wortgebrauchsbasis zugrunde, d.h. sie gehen davon aus, dass der jeweils aktualisierte Wortgebrauch einer reichen, indes nicht unbegrenzten virtuellen Fülle von Gebrauchsmöglichkeiten folgt, die als semantisch-pragmatisches Potenzial des Wortes erfasst werden kann. Namentlich in strukturell-semantischen Arbeiten wird dieses Potenzial auch als Gesamtbedeutung bezeichnet. Dieses Potenzial ist historisch und kulturell geprägt, reicht bisweilen sehr weit zurück in die Sprach- und Kulturgeschichte einer Gesellschaft oder Sprechergruppe, ist im Verlauf der Sprachgeschichte konventionell geworden, diskurs- oder situationstypenspezifisch angereichert, mithin politisch-ideologisch aufgeladen.

Im gesellschaftlichen Praxis- und Kommunikationsbereich der Politik gehört zu diesem virtuellen Potenzial das gesellschaftlich mit diesem Wort verbundene (d.h. lexikalische) politiksemantische Bedeutungswissen. Für die eingangs erwähnten „politikeigenen" Wörter (z.B. *Kanzlerin, Parlament, Regierung*) ist dies ganz offensichtlich. Das politiksemantische Bedeutungswissen ist als Potenz feststellbar und wird, zum Beispiel in Wörterbüchern, beschrieben. Handelt es sich um politisch-ideologisch besonders aufgeladene „Schlagwörter", „Brisante Wörter" oder „Kontroverse Begriffe", erfolgt die Beschreibung mitunter in Spezialwörterbüchern.³ Für Wörter, die nicht „politikeigen" sind und allenfalls okkasionell in den Wirbel politisch-ideologischer Aufladung geraten (wie z.B. das Wort *Kindergarten* im Zusammenhang mit der Einführung des sog. *Betreuungsgeldes*), ist politiksemantisches Bedeutungswissen nicht als Potenz feststellbar und wird dementsprechend auch nicht lexikographisch beschrieben. Für die im Zentrum dieses Beitrags stehenden nicht „politikeigenen" Wörter, die aber politisch-ideologische assoziativ-semantische Stereotype aufrufen (Gruppe b], wie z.B. die meisten Bezeichnungen für Nationen, zumal im Kollektivsingular: *der* [typische] *Däne, Deutsche, Pole* usw.) oder in ihrem semasiologischen Feld durch eine der Lesarten/Teilbedeutungen ein politisch-ideologisches Konfliktpotenzial in Form eines Normenkonflikts aufweisen (Gruppe c], z.B. *Fräulein, Rasse*), ist dieses politiksemantische Potenzial zwar feststellbar; es wird bislang aber nicht systematisch ermittelt und beschrieben, insbesondere nicht kultursensitiv.⁴ Sofern sie überhaupt als politiksemantische Wörter sprachwissenschaftliche Aufmerksamkeit erhalten, dann grundsätzlich deshalb, weil sie Reaktionen im Sinne der sog. Political Correctness auslösen.

Ragen diese Wörter (ggf. zusätzlich) in Bereiche des lexikalisch gebundenen politiksemantischen Bedeutungswissens, die eine andere sprachliche, historische und kulturelle Prägung aufweisen, so erscheinen die assoziativ-semantischen Stereotype wie auch die peripher lexikalisierten politiksemantischen Lesarten als Kandidaten für Normenkonflikte nicht in bzw. zwischen Varietäten und Registern derselben Einzelsprache, sondern in bzw. zwischen Varietäten und Registern unterschiedlicher Einzelsprachen (vgl. z.B. das Wort *Wäscheleine*, dessen englisches Äquivalent *clothesline* intrakulturell in den USA, besonders im Bundesstaat Kalifornien, ein Konfliktpotenzial aufweist und dementsprechend in einem Gespräch zwischen einem Kalifornier und, z.B., einem Deutschen, interkulturell politiksemantisch aufgeladen werden kann).⁵ Man spricht zumeist nur in Bezug auf solche Gespräche unter Beteiligten zweier unterschiedlicher Sprachgesellschaften von *Interkulturalität*, wiewohl es auch innerhalb einer Sprachgesellschaft unterschiedliche sprachliche, historische und kulturelle Prägungen von Wörtern gibt.⁶

---

3 Vgl. dazu im Überblick Kilian (2005); Niehr (2011).
4 Vgl. Kilian (2005); Kühn (2006: Kap. 3).
5 Vgl. http://www.nytimes.com/2007/04/12/garden/12clothesline.html (12. Oktober 2015).
6 Zu Problemen mit dem Wort und dem Begriff der *Interkulturalität* können an dieser Stelle keine näheren Ausführungen erfolgen, vgl. dazu z.B. Kühn (2006: 10–15); Hermanns (2003). Es bedarf keiner näheren Erklärung der offensichtlichen Tatsache, dass der Erstreckungsraum einer Kultur nicht deckungsgleich ist mit dem einer Sprache oder einer Nation. Um Missverständnisse, wie sie durch „Hotwords" entstehen können, zu beschreiben, bedarf es gleichwohl mit Bezug auf das betrachtete Phänomen einer Homogenitätsannahme (z.B. deutsch, türkisch, chinesisch).

Fasst man den Begriff der *Kultur* in einem weiten Sinne und bindet man diesen *Kultur*-Begriff an Sprache insofern, als Sprachen Kulturen durch eine Übereinstimmung von „Weltansichten" (Wilhelm von Humboldt), „Kollektivgewohnheiten" (Ferdinand de Saussure), „Lebensformen" (Ludwig Wittgenstein) prägen, so wird man keine allzu scharfe Abgrenzung zwischen politisch-semantischen Missverständnissen und kommunikativen Störungen aufgrund einzelsprachlich gefasster Stereotype und Normenkonflikte einerseits und Missverständnissen bzw. Störungen aufgrund unterschiedlicher semantisch-pragmatischer Kodierungen in verschiedenen Einzelsprachen andererseits annehmen dürfen. Vielmehr ist innerhalb des Varietäten- und Registerspektrums einer Sprachgesellschaft ein Kontinuum der sprachlichen Kodierungen im Rahmen der inneren wie der äußeren Mehrsprachigkeit anzusetzen, zwischen dessen Polen interkulturelle Missverständnisse und kommunikative Störungen aufgrund von Stereotypen und Normenkonflikten an jeder Stelle entstehen können. Wörter, die aufgrund assoziativ-semantischer Stereotype oder aufgrund von peripher lexikalisierten politiksemantischen Lesarten Auslöser solcher interkulturellen Missverständnisse und kommunikativen Störungen sein können, werden in der interkulturellen Linguistik im Anschluss an Hans Jürgen Heringer auch als „Hotwords" bezeichnet; die Situation(styp)en, in denen die Missverständnisse und kommunikativen Störungen auftreten können, werden im Anschluss an das Konzept Flannagans (1954) oft als „critical incidents" erfasst.[7] Heringer definiert „Hotword" auf der Grundlage eines 1994 von Michael Agar entwickelten Konzepts zur Beschreibung von „critical incidents", die Agar „rich points" nennt, weil solche Missverständnis-Situationen oder kommunikativen Störungen reichen Aufschluss gäben über kulturelle (und andere) Unterschiede und darüber, wie man mit ihnen umgehen kann. Heringer betrachtet diese „rich points" indes als Verursacher kommunikativer Störungen, als „heiße Stellen in der interkulturellen Kommunikation", und benennt sie deshalb in „Hotspots" um.[8] „Hotwords" nun seien „Wörter, die Rich Points [und damit dann auch „Hotspots", J.K.] zusammenfassen" (Heringer 2014: 181) und durch folgende Kriterien zu bestimmen seien:

1. Die Bedeutung des Worts lässt sich schwer angeben.
2. Auch Muttersprachler tun sich dabei schwer.
3. Es ist ein Wort, das für Fremde schwer zu verstehen ist.
4. Mit dem Wort sind strittige Sachverhalte verbunden.
5. Das Wort gilt den Natives als Aspekt ihrer Identität.

---

[7] Vgl. Heringer (2012: Kap. 4 und 5); Heringer (2014 [erstmals 2004]: Kap. 7 und 9); Kühn (2006: Kap. 2).
[8] Vgl. Heringer (2014: 166–169).

6. Das Wort enthält viele kulturspezifische Bedeutungszüge.
7. Um ein Hotword zu verstehen, muss man sich intensiv mit der Kultur und ihrer Geschichte auseinandersetzen.
8. Um es zu verstehen, muss man in die Zielkultur eintauchen.
9. Die Bedeutungskomponenten bilden ein kulturelles Muster. (Heringer 2014: 182)

Mit den Bezeichnungen „Hotword" und „Critical incident" ist insofern nichts wesentlich Anderes bezeichnet als potenzielle Anlässe für Normenkonflikte und kommunikative Störungen. „Hotwords" und „Critical incidents" sind daher nicht allein Kategorien der Beschreibung interkultureller Missverständnisse zwischen Angehörigen zweier einzelsprachlich geprägter Kulturen (etwa Deutschen und Dänen), sondern auch zwischen (z.B. dialektal oder gruppensprachlich) sprachlich-kulturell unterschiedlich geprägten Kulturen innerhalb einer Einzelsprache. Und so mag es zwar innerhalb einer Einzelsprache im gesellschaftlichen Kommunikations- und Praxisbereich der Politik seltener kulturspezifische Unterschiede geben als im Kommunikations- und Praxisbereichs des Alltags, da das Band zwischen Staat, Nation, Kultur und Sprache grundsätzlich relativ eng ist. Gänzlich auszuschließen sind kulturspezifische politiksprachliche „Critical incidents" auch innerhalb einer Einzelsprache innerhalb eines politischen Gemeinwesens (Nation, Staat) indes nicht.

Gemeinsam ist allen „Critical-incident"-Situationen, dass sie „häufig semantisch motiviert sind [...], denn Mißverständnisse entstehen besonders dann, wenn bei interkulturellen Kontakten unterschiedliche Begriffssysteme aufeinandertreffen, deren Semantik kulturspezifisch geprägt ist" (Kühn 2006: 29).

Auch Peter Kühn geht von einem „Mißverständnispotential" aus, das Wörter aufweisen und das dann aktiviert werden kann, wenn „die Kommunikationspartner in einer interkulturellen Kommunikationssituation die Wörter so gebrauchen, wie sie diese im Laufe ihrer Sozialisation in einem spezifischen kulturellen Kontext erlernt haben" (Kühn 2006: 26). In Bezug auf diesen „kulturspezifischen Wortgebrauch" differenziert er sodann zwischen „kultursemantisch auffälligen" und „kultursemantisch brisanten" Wörtern:

> 1. Kultursemantisch auffällig ist zunächst einmal derjenige Wortschatz, der nicht durch eine einfache Wortäquivalenz in anderen Sprachen wiedergegeben werden kann. Zu dieser kulturspezifischen oder -typischen Lexik gehören beispielsweise
> institutionenspezifische Wörter aus dem Bereich von Politik, Wirtschaft und Gesellschaft (z.B. *Bundestag, Hammelsprung, BAT*, Flensburger *Verkehrssünderkartei, Mitbestimmung, Seniorenheim*),
> kulturelle Schlüsselwörter, die oft im Zentrum semantischer Netze stehen und zu Typisierungen und Stereotypisierungen verwendet werden (z.B. *Heimat, Ordnung, Arbeit, Umwelt*),

Eigennamen von Personen oder geographische Bezeichnungen mit besonderem Symbolwert (z.B. *Goethe-Institut, Preußen, Hanse, Kohlenpott, Alm, Tünnes und Schäl, Steinhäger, Frankfurter*),
nuancierende Wörter, mit deren Hilfe bestimmte Wortschatzbereiche stark ausdifferenziert werden (,lexikalische Elaboration'), z.b. im Malaisischen die lexikalische Differenzierung von Reis in *padie* (,ungeschälter Reis'), *beras* (,ungekochter, ungeschälter Reis'), *nasi* (,gekochter Reis'),
traditionsspezifische Wörter, die typisch sind für deutsche Sitten und Gebräuche, Lebensformen, Gewohnheiten, Gepflogenheiten usw. (z.B. *Oktoberfest, siezen, frühstücken, Gastarbeiter, langer Samstag, Osterhase, Frühschoppen, Schützenfest, Gartenzwerg, Dirndl, Nikolaus, Fasching, Bescherung, Spätzle, Spätlese, Heimat*);
2. Kultursemantisch brisant ist derjenige Wortschatz, [der] im interlingualen Vergleich auf der Ebene der Signifikanten direkt übersetzbar ist, der sich jedoch semantisch interkulturell unterscheidet. Man könnte von interkultureller Polysemie sprechen. Interkulturell polysem sind beispielsweise die erwähnten *Familie* und *famille*, deren Bedeutungen sich kulturspezifisch unterscheiden u n d mit deren Gebrauch die Kommunikationsbeteiligten auch unterschiedliche Einstellungen, Wertungen, Haltungen usw. zum Ausdruck bringen. (Kühn 2006: 27f.)

Aus der Perspektive der Kritischen Semantik[9] können „Hotwords", „kultursemantisch auffällige" und „kultursemantisch brisante" Wörter als interkulturell und interlingual bedingte semantische Zweifelsfälle der Gruppen b) und c) gefasst werden. Die interkulturell und interlingual bedingten assoziativen Stereotype und peripher lexikalisierten politiksemantischen Lesarten können an Wortschatz aus dem Kommunikations- und Praxisbereich des Alltags gebunden sein, wie z.B. der bei Kühn angeführte „kulturspezifisch brisante" alltagssprachliche Wortschatz belegt (*Brot, erwachsen sein, Heirat, Teppich*; vgl. Kühn 2006: 69). Sie können aber auch (u.a. zusätzlich) mit besonderer Indikator- oder gar Faktorfunktion im gesellschaftlichen Kommunikations- und Praxisbereich der Politik präsent sein, wie z.B. einzelne Bezeichnungen für (nationale) Zugehörigkeit und damit verknüpfte assoziative nationale Auto- und Hetero-Stereotype (*dänisch, deutsch, griechisch* u.v.a., ferner *abschieben, Ausländer, ausweisen, Fremder, Gastarbeiter* u.a.) oder auch diskursspezifische Wörter mit interkultureller ideologischer Polysemie (z.B. *Macht*, vgl. Roche 2016).

Folgende lexikologische Aspekte können aus der Perspektive der Kritischen Semantik zusätzlich zu den von Kühn und Heringer genannten semantisch-pragmatischen Kriterien festgehalten werden:
1. Sprachliche Existenzweisen: „Hotwords" (sowie „kultursemantisch auffällige" und „kultursemantisch brisante" Wörter, die im Folgenden stets mitgemeint sind) haben, wie andere lexikalisch-semantische Zweifelsfälle auch, ein Kon-

---

9 Vgl. z.B. Kilian (2001); Kilian (2008).

fliktpotenzial bereits vor dem je konkreten Gebrauch an sich gebunden – sei es vom Typ her a) „okkasionell (befristet)", b) „usuell-assoziativ" oder c) „peripher lexikalisiert". Die Bindung des Konfliktpotenzials ist im usuellen semasiologischen Feld des Wortes zu verorten und mit der von Kühn genutzten Bezeichnung „interkulturelle Polysemie" treffend zu bezeichnen. Ob das Konfliktpotenzial aktiviert wird, ist jeweils abhängig von der Konfliktsituation und dem Typ des Konfliktpotenzials. Vom Wort ausgehend betrachtet, kann es intrakulturell bedingt sein (wie z.B. beim Gebrauch des o.g. Wortes *clothesline* in Kalifornien) und/oder transkulturell (bei Wörtern mit Konfliktpotenzial, die Internationalismen nahekommen, wie z.B. *Neger*)[10] oder/und interkulturell (wie es z.B. beim Wort *Kopftuch* mit Bezug auf muslimische Frauen der Fall ist).[11] Eine Aktivierung kann – die Kenntnis des Konfliktpotenzials vorausgesetzt – bewusst herbeigeführt oder aber bewusst zu vermeiden gesucht werden.

2. Sprachliche Existenzformen: Das Konfliktpotenzial von „Hotwords" erstreckt sich grundsätzlich nicht auf das gesamte semasiologische Feld des Wortes, sondern auf eine okkasionelle Verwendung, eine Lesart bzw. eine Teilbedeutung. Dieselbe kann dominant sein, d.h. die prototypische Lesart oder „Hauptbedeutung". In diesen Fällen handelt es sich in der Tat um ein „Hotword", wie z.B. beim Wort *türken*, das nur in der Lesart ‚etwas als Tatsache vortäuschen, fälschen' gebräuchlich ist. In anderen Fällen handelt es sich eher um eine Art „Hot meaning": Das Wort *Zigeuner* z.B. kann mit seiner politiksemantischen Lesart als „Hotword" gefasst werden, während die Lesart ‚künstlerisch begabter Weltenbummler' im Kommunikations- und Praxisbereich der Kunst und Literatur kein Kriterium für eine solche Interpretation liefert. „Hotwords" und „Hot meanings" sind abhängig vom Register- und Varietätenspektrum einer Sprachgesellschaft und von den in die jeweilige Situation einbezogenen sprachgesellschaftlich geprägten Kulturen. So kann z.B. das deutsche Wort *Führer* im gesellschaftlichen Kommunikations- und Praxisbereich der Politik mit einer historisch belasteten politiksemantischen Lesart aktiviert werden, neben der es weitere unbelastete Lesarten gibt, während äquivalente Be-

---

10 Vgl. z.B. den Gebrauch des Wortes Neger durch den bayerischen Innenminister Herrmann am 31. August 2015, https://www.tagesschau.de/inland/herrmann-103.html (12. Oktober 2015) und den Gebrauch des Wortes Negro durch den Senator der Demokratischen Partei Harry Reid während des US-Wahlkampfes 2008, http://edition.cnn.com/2010/POLITICS/01/09/obama.reid/ (12. Oktober 2012); zu Internationalismen vgl. Kolwa 2003.
11 Zu Kopftuch vgl. Kühn (2008) sowie das Urteil des Bundesverfassungsgerichts am 13. März 2015, https://www.bundesverfassungsgericht.de/SharedDocs/Pressemitteilungen/DE/2015/bvg15-014.html (12. Oktober 2015).

zeichnungen für politische (Partei-)Führer in anderen Sprachen die historisch belastete Lesart nicht als Konfliktpotenzial aufweisen müssen (z.B. engl. *leader*). Vergleichbare politisch-ideologische und interkulturelle Unterschiede hat Müller für die Wörter *Euthanasie, euthanasia, Sterbehilfe* in Textkorpora aus Deutschland, England und der Schweiz nachgewiesen; Gür-Şeker hat ausführlich interlinguale und interkulturelle politisch-ideologische Unterschiede und Konfliktpotenziale im sicherheitspolitischen Diskurs um (dt.) *Sicherheit*, (engl.) *security*, (türk.) *güvenlik* herausgearbeitet.[12]

3. Sprachgeschichte: Auch für „Hotwords" und „Hot meanings" gilt, dass sie, wie alles Sprachliche, veränderlich sind. Der Ansatz der Kritischen Semantik sieht vor, die lexikalisch gebundenen „Weltansichten", „Kollektivgewohnheiten", „Lebensformen" der – von Hans Rothfels so benannten – „Mitlebenden" zum Kriterium für die Feststellung des Grades des Konfliktpotenzials anzusetzen.

Für die politolinguistische und lexikographische Beschreibung von „Hotwords" (sowie, wie erwähnt stets mitgemeint, „kultursemantisch auffälligen" und „kultursemantisch brisanten" Wörtern) kann auf Ansätze der wortbezogenen Sprachkritik zurückgegriffen werden (vgl. Kilian, Niehr & Schiewe 2016: Kap. 2.2), z.B. den Ansatz der Kritischen Semantik; für die sprachdidaktische Bewusstmachung der Wirkung interkultureller politisch-ideologischer „Hotwords" und für eine Befähigung zu einer funktional angemessenen Bewertung ihres Gebrauchs eignen sich Ansätze der Didaktischen Sprachkritik.

3 Ansätze und Methoden der Kritischen Semantik zur Beschreibung politisch-ideologischer interkultureller „Hotwords"

Das Feld der kritischen Semantik und Lexikographie zu interkulturellen „Hotwords" im gesellschaftlichen Kommunikations- und Praxisbereich der Politik liegt trotz verschiedener Vorstöße noch weitgehend brach (vgl. Kühn 2006: Kap. 3). In Bezug auf allgemeinsprachliche Wörterbücher mag dies kaum verwundern. Abge-

---

12 Vgl. Müller (2012); Gür-Şeker (2012).

sehen von einigen Spezialwörterbüchern[13] ist in der germanistischen Lexikographie noch keine Theorie und Praxis einer ebenso semantisch-pragmatisch reichen wie auch sprachkritischen Beschreibung und Erklärung des politischen, insbesondere des politisch-ideologischen Wortschatzes ausgebildet worden. Bei einer Ausbildung derselben wird zu beachten sein, dass aus interkultureller Perspektive auf der Grundlage der im vorangegangenen Kapitel skizzierten lexikologischen Kriterien zunächst – je nach Bezugssprache und -kultur – „politikeigene" „Hotwords", „kultursemantisch auffällige" und „kultursemantisch brisante" Wörter zusammengetragen werden. Das Wort *Republikaner* beispielsweise ist so ein „politikeigenes" Wort, das im deutschen politiksemantischen Wörternetz und Begriffsgefüge andere politisch-ideologische Lesarten eröffnet als im US-amerikanischen; dasselbe gilt für *Republik* in den Staatenbezeichnungen *Bundesrepublik Deutschland, Deutsche Demokratische Republik, Volksrepublik China*. Es handelt sich dabei – sofern man z.B. dt. *Republikaner*, US-amerikanisch-engl. *Republican* einander gegenüberstellt – nicht lediglich um Internationalismen im Sinne ausdrucks- und inhaltsseitiger Ähnlichkeiten, sondern um interkulturelle politisch-ideologische „Hotwords" mit interkulturell-ideologischer Polysemie, die Missverständnisse verursachen können. Die Beschreibung und Erklärung in einem „interkulturellen Wörterbuch" hat deshalb sehr viel mehr zu leisten als eine Paraphrase, wie Kühn zu Recht hervorhebt:

> Ziel solcher semantischer Reflexionen sind nicht etwa scheinbar objektive Bedeutungen im Sinne denotativer Bedeutungserklärungen, sondern möglichst differenzierte Bedeutungsbeschreibungen, aus denen ersichtlich werden sollte, wer diese Wörter mit welchen Einstellungen und Bewertungen gebraucht. Methodisch konkretisieren ließe sich diese interkulturelle Wortschatzarbeit als interkulturelles Wörterbuch, in dem der kulturspezifisch brisante Wortschatz aufgelistet und erläutert wird. In den Bedeutungsparaphrasen eines solchen interkulturellen Wörterbuches sollten sich die altersgemäßen Lebenserfahrungen ebenso spiegeln wie unterschiedliche gesellschaftliche Erfahrungen und Gewohnheiten. Sie geben eigen- und fremdkulturelle Erfahrungen und Beobachtungen wieder. Es sind gewissermaßen Bedeutungsgeschichten aus fremdkultureller Perspektive.[14]

Dieser Anspruch wäre nicht einlösbar, sollten sämtliche „fremdkulturellen Perspektiven" berücksichtigt werden. Nimmt man die Zusammenstellung des lexikalischen Bestandes an interkulturellen politisch-ideologischen „Hotwords" im deutschen allgemeinsprachlichen und „politikeigenen" Wortschatz zum Ausgangs-

---

13 Zu nennen sind hier vornehmlich die älteren und aktuellen Schlagwort-Wörterbücher, vgl. Niehr (2012), des Weiteren Wörterbücher und thematisch geordnete Wort- und Begriffsgeschichten, wie z.B. „Brisante Wörter", „Kontroverse Begriffe" u.a., vgl. dazu Kilian (2005); Niehr (2017).
14 Kühn (2006: 69); vgl. auch Schröter (2013); Niehr (2012).

und Zielpunkt, wird eine Konzentration auf die quantitativ größten und qualitativ einflussreichsten „fremdkulturellen Perspektiven" erforderlich sein. Dabei sollten, neben einer auf die gesamte Bundesrepublik bezogenen Erhebung, auch die jeweiligen sprachlich-kulturellen Übergänge, die durch Minderheitensprachen und regionale Sprachkontakte aufgrund nationalstaatlicher Grenzen (z.B. nach Frankreich, Dänemark, Polen usw.) bestehen, einbezogen werden. In der Region Süddänemark-Schleswig etwa lassen sich auf der Grundlage von Korpusstudien und Fragebogenerhebungen zu assoziativ-semantischen nationalen Stereotypen u.a. die Wörter *Nation, fremd/Fremder* mit einem politiksemantischen Konfliktpotenzial für die interkulturelle deutsch-dänische Kommunikation erweisen,[15] des Weiteren sind zum Beispiel die Angaben „nationalistisch", „Nationalstolz", „Fremdenfeindlichkeit", „Ausländerfeindlichkeit", „deutschenfeindlich" zu nennen, die deutsche Befragte auf die Frage „Was ist für Sie typisch dänisch (eher negativ)?" anführten (Abb.1; vgl. Hallsteinsdóttir 2015: 49).

Auch auf die komplementäre Frage: „Was ist für Sie typisch dänisch (eher positiv)?" (Abb. 2) finden sich Angaben, die in den Kommunikations- und Praxisbereich der Politik hineinragen, wie z.B. „gutes Bildungssystem", „tolerant", „umweltfreundlich" und ebenfalls „Nationalstolz". Auch diese Angaben sind als assoziativ-semantische Stereotype zum lexikalisch gebundenen Wissensrahmen zu zählen; auch sie sind nicht (auch nicht peripher) lexikalisiert; auch sie können aber okkasionell zu interkulturellen Missverständnissen führen im Rahmen der deutsch-dänischen interkulturellen Kommunikation (Hallsteinsdóttir 2015: 48).

Peter Kühn konzentriert sich in seinem Buch „Interkulturelle Semantik" demgegenüber auf die deutsch-arabische „fremdkulturelle Perspektive und führt (die z.T. oben bereits genannten) folgenden „kultursemantisch brisanten" Wörter an, die in ein „interkulturelles Wörterbuch" (oder in ein „Kritisches Wörterbuch der deutschen Gegenwartssprache"[16]) aufzunehmen wären: *Heimat, Kopftuch, Moschee, erwachsen sein, Weihnachten, Freitagsgebet, Teppich, Heirat, rein, fasten, waschen.*[17]

---

15 Vgl. die Zusammenstellung der Befunde unter www.stereotypenprojekt.eu/projektresultate-r-1/fragebogen-typisch-deutsch-typisch-dänisch-spørgeskema-typisk-dansk-typisk-tysk/ (27. April 2016). Das SMiK-Projekt wurde gefördert durch INTERREG4A Syddanmark-Schleswig-K.E.R.N. mit Mitteln des Europäischen Fonds für regionale Entwicklung; http://www.interreg4a.de/wm390752 (27. April 2016).
16 Vgl. Kilian (2011).
17 Kühn (2006: 29f., 57f., 63).

Abb. 1: negative Stereotype von Deutschen zum Impuls „dänisch"

Abb. 2: positive Stereotype von Deutschen zum Impuls „dänisch"

4 Semantische Normenkonflikte und Didaktische Sprachkritik

Interkulturelle lexikalisch-semantische Normenkonflikte im Allgemeinen (und politisch-ideologische „Hotwords" im Besonderen) gehören, ebenso wie z.B. assoziativ-semantische Stereotype über einzelne Nationen, bislang noch nicht zum festen Bestand der Gegenstände des Deutschunterrichts. Angesichts der Fülle dessen, was der Deutschunterricht alles leisten soll, darf das kaum verwundern. Die steigenden Anforderungen an eine Bewusstmachung von Mehrsprachigkeit und

Mehrkulturalität innerhalb einer Sprachgesellschaft erfordern gleichwohl mehr als zuvor didaktische Ansätze und Methoden, die neben der Bewusstmachung des Gewinns, den jede Gesellschaft aus dieser Vielfalt zieht, auch eine Bewusstmachung möglicher Schwierigkeiten und Probleme im Rahmen der interkulturellen Kommunikation leistet. Eine Notwendigkeit der Bewusstmachung des Konfliktpotenzials interkultureller politisch-ideologischer Normenkonflikte sowie eine Notwendigkeit der Befähigung zu einer funktional angemessenen Bewertung ihres Gebrauchs ist bildungspolitisch bereits ein anerkanntes Ziel sprachlichen Lernens und sprachlicher Bildung auch in der Fremd- und Erstsprachendidaktik. So erfahren interkulturelle Missverständnisse in den im Jahr 2003 verabschiedeten KMK-„Bildungsstandards für die erste Fremdsprache (Englisch/Französisch) für den Mittleren Schulabschluss" eine explizite Nennung:

> Die Schülerinnen und Schüler [...]
> – kennen gängige Sicht- und Wahrnehmungsweisen, Vorurteile und Stereotype des eigenen und des fremdkulturellen Landes und setzen sich mit ihnen auseinander,
> – können kulturelle Differenzen, Missverständnisse und Konfliktsituationen bewusst wahrnehmen, sich darüber verständigen und gegebenenfalls gemeinsam handeln.[18]

Die Bildungsstandards im Fach Deutsch für den Mittleren Schulabschluss (2004b) formulieren demgegenüber relativ allgemein:

> Erfahrungen der Mehrsprachigkeit führen zu vertiefter Sprachkompetenz und Sprachbewusstheit. Sie sind Teil der Arbeit in allen Kompetenzbereichen des Faches und unterstützen somit interkulturelles Lernen und soziale Verständigung.[19]

Die Theorie und Praxis der Didaktik des Deutschen als Erstsprache weist hier allerdings noch einen Nachholbedarf auf (vgl. auch Kilian 2017). Zur Entwicklung von Ansätzen und Methoden kann auf Vorarbeiten der Didaktik des Deutschen als Fremdsprache (DaF) und Zweitsprache (DaZ) zurückgegriffen werden. Allerdings ist zu beachten, dass diese DaF- und DaZ-didaktischen Ansätze zur Bewusstmachung interkultureller Normenkonflikte vornehmlich zum Zweck des sprachlichen Lernens entwickelt wurden, während die Didaktik des Deutschen als Erstsprache (DaE) den Fokus der Perspektive vornehmlich auf die sprachliche Bildung richtet. Die im o.g. SMiK-Projekt wissenschaftlich fundierten und empirisch erprobten Unterrichtsmaterialien sollen in allen drei sprachdidaktischen Bereichen (DaF, DaZ, DaE) einsetzbar sein und sowohl dem sprachlichen Lernen wie der sprachli-

---

[18] KMK (2004a: 16).
[19] KMK (2004b: 7).

chen Bildung dienen.[20] Auf konkrete didaktische Begründungen und konkrete Ausarbeitungen für den Unterricht kann an dieser Stelle nur verwiesen werden.[21] Der Zugriff der didaktischen Sprachkritik läuft hinaus auf die Herausforderung einer Positionierung insofern, als die Schülerinnen und Schüler nicht lediglich bei der Präsentation der Befunde stehen bleiben, sondern zu einer linguistisch begründeten Bewertung und Beurteilung dieser Befunde voranschreiten sollen (vgl. Kilian 2009). In diesem Zusammenhang ist besonders hervorzuheben, dass es im Rahmen einer solchen Stereotypen-Didaktik in Bezug auf die Positionierung, die die Schülerinnen und Schüler mit linguistischen Gründen einnehmen, kein „richtig" oder „falsch" als Maßstab der Leistungsbewertung gibt. In Bezug auf sprachliches Lernen und sprachliche Bildung ist der Weg wichtiger als das Ziel.

Mit der Modellierung einer didaktischen Sprachkritik (vgl. Kilian & Niehr & Schiewe 2016: Kap. 4) sind zahlreiche Bezüge zu den nationalen Bildungsstandards der Sekundarstufen unmittelbar verknüpft, z.B.:

a) Kompetenzbereich Sek I: „Sprache und Sprachgebrauch untersuchen", Kompetenz: „grammatische Kategorien und ihre Leistungen in situativen und funktionalen Zusammenhängen kennen und nutzen": Analyse und kritische Beschreibung der Funktionen von Kollektivsingular und Prädikativstrukturen, wie z.B. in: *Der Däne ist X* oder *Alle Däninnen sind Y*.

b) Kompetenzbereich Sek I: „Lesen – mit Texten und Medien umgehen", Kompetenz: „Intention(en) eines Textes erkennen, insbesondere Zusammenhang zwischen Autorintention(en), Textmerkmalen, Leseerwartungen und Wirkungen", z.B. die Wirkung der stereotypen Merkmale »umweltbewusst«, »gesunde Ernährung« analysieren und kritisch beschreiben in Texten zur Werbung für dänische Butter.

c) Kompetenzbereich Sek I: „Schreiben", Kompetenz: „formale und sprachlich stilistische Gestaltungsmittel und ihre Wirkungsweise an Beispielen darstellen", z.B. die Wirkungsweise von kollokationellen Verbindungen (*blonde Dänin, ordentlicher Deutscher*) sowie ihrer Brüche (*dunkelhaarige Dänin, schludriger Deutscher*) in Sach-, Gebrauchs- und literarischen Texten darstellen.

---

20 Vgl. die Unterrichtsmaterialien zur Bewusstmachung nationaler Stereotype, die im SMiK-Projekt entwickelt wurden: http://www.stereotypenprojekt.eu/projektresultate-r-1/smik-unterrichtsmaterialien-zu-stereotypen-smik-undervisningsmaterialer-om-stereotyper/

21 Vgl. z.B. zur didaktischen Begründung Kilian 2015; konkrete Unterrichtsanregungen zur Bewusstmachung der Formen und Funktionen von Prädikativstrukturen im Rahmen des Ausdrucks nationaler Stereotype (z.B. *Der Deutsche ist* ...) bietet Kilian (2016); Anregungen zur Bewusstmachung von „Hotwords" sind auch bei Heringer (2012, 60–62), zu finden; vgl. ferner Roche (2016); Baunsgaard Koll & Heinz (2016).

d) Kompetenzbereich Sek II: „Sprache und Sprachgebrauch reflektieren", Kompetenz: „persuasive und manipulative Strategien in öffentlichen Bereichen analysieren und sie kritisch bewerten", z.B. Funktionen sprachlicher Stereotype in Pressetexten und Foren auf der Grundlage der SMiK-Stereotypendatenbank ermitteln, beschreiben, bewerten, z.b. in der Zeitungsmeldung: „Wir wollen hier keine Rocker haben. Die Dänen sind bekannt als ein friedfertiges, tolerantes und vor allem gastfreundliches Volk" (BILD-Zeitung).

e) Kompetenzbereich Sek II: „Sprache und Sprachgebrauch reflektieren", Kompetenz: „sprachliche Strukturen und Bedeutungen auf der Basis eines gesicherten Grammatikwissens und semantischer Kategorien erläutern", z.b. die Zuordnung von stereotypen Konzeptualisierungen zu semantischen Feldern (Sachgruppen) nachzeichnen und im Sinne einer kulturwissenschaftlichen Linguistik interpretieren, z.b. die Nennungen *Æbleskiver*, *Alkoholkonsum*, *Lakritz*, *Milch*, *rote Würstchen* aus der bundesweiten Umfrage zu einer Kategorie „TYPISCH DÄNISCHE NAHRUNGSMITTEL".

Literatur

Baunsgaard Koll, Philipp & Tobias Heinz (2016): Didaktisch-methodische Perspektiven auf nationale Stereotype: Facetten einer unterrichtspraktischen Konkretisierung. In Erla Hallsteinsdóttir & Jörg Kilian (Hrsg.), *{deutsch} und {dänisch} im Stereotyp. Stereotypenwelten und ihre sprachlich-kulturellen Konstituierungsformen* (= Linguistik online 79/5).

Dieckmann, Walther (2005): Deutsch: politisch – politische Sprache im Gefüge des Deutschen. In Jörg Kilian (Hrsg.), *Sprache und Politik. Deutsch im demokratischen Staat*. Mannheim u.a.: Dudenverlag, 11–30.

Girnth, Heiko (2015): *Sprache und Sprachverwendung in der Politik*. Eine Einführung in die linguistische Analyse öffentlich-politischer Kommunikation. 2., überarb. und erw. Aufl. Berlin, Boston: de Gruyter.

Goddard, Chris & Anna Wierzbicka (1999): Sprache, Kultur und Bedeutung: Kulturvergleichende Semantik. In Ralf Pörings & Ulrich Schmitz (Hrsg.), *Sprache und Sprachwissenschaft. Eine kognitiv orientierte Einführung*. Tübingen: Narr, 135–158.

Gür-Şeker, Derya (2012): *Transnationale Diskurslinguistik*. Theorie und Methodik am Beispiel des sicherheitspolitischen Diskurses über die EU-Verfassung in Deutschland, Großbritannien und der Türkei. Bremen: Hempen.

Hallsteinsdóttir, Erla (2015): *„Typisch deutsch – typisch dänisch"*. Ergebnisse aus der SMiK-Fragebogenuntersuchung/„Typisk dansk – typisk tysk". Resultater fra SMiK-spørgeskemaundersøgelsen. http://www.stereotypenprojekt.eu/app/download/7737890486/Typisch+deutsch+und+typisch+dänisch+-+typisk+dansk+og+typisk+tysk.pdf?t=1435322721 (27. April 2016).

Heringer, Hans Jürgen (2008): Hotwords als Basis einer Unterrichtsmethode. In Renate A. Schulz & Erwin Tschirner (eds.), *Communicating across borders. Developing Intercultural Competence in German as a Foreign Language*. München: Iudicum, 176–190.

Heringer, Hans Jürgen (2012): *Interkulturelle Kompetenz*. Ein Arbeitsbuch mit interaktiver CD und Lösungsvorschlägen. Tübingen, Basel: Francke.
Heringer, Hans Jürgen (2014): *Interkulturelle Kommunikation*. Grundlagen und Konzepte. 4., überarb. und erw. Aufl. Tübingen: Francke.
Hermanns, Fritz (2003): Interkulturelle Linguistik. In Alois Wierlacher & Andrea Bogner (Hrsg.), *Handbuch interkulturelle Germanistik*. Stuttgart, Weimar: Metzler, 363–373.
Kilian, Jörg (2001): Kritische Semantik. Für eine wissenschaftliche Sprachkritik im Spannungsfeld von Sprachtheorie, Sprachnorm, Sprachpraxis. *Zeitschrift für germanistische Linguistik 29*, 293–318.
Kilian, Jörg (2005): Gute Wörter kommen ins Wörterbuch – böse überallhin. Konzepte und Defizite einer kritischen Semantik in der deutschen Lexikographie. *APTUM*, 1 (2), 112–134.
Kilian, Jörg (2008): Kritische Semantik, sprachliches Lernen und sprachliche Bildung. Aspekte einer linguistisch fundierten kulturwissenschaftlichen Sprachdidaktik. In Gerhard Härle & Bernhard Rank (Hrsg.), „*Sich bilden, ist nichts anders, als frei werden.*" Sprachliche und literarische Bildung als Herausforderung für den Deutschunterricht. Baltmannsweiler: Schneider Verlag Hohengehren, 261–283.
Kilian, Jörg (2011): „Sprachkritischer Kommentar". Zur lexikologischen und lexikographischen Konzeption des zentralen Textbausteins in einem Kritischen Wörterbuch der deutschen Gegenwartssprache. In Jürgen Schiewe (Hrsg.), *Sprachkritik und Sprachkultur*. Konzepte und Impulse für Wissenschaft und Öffentlichkeit. Bremen: Hempen, 79–95.
Kilian, Jörg (2016): *Der Däne*[NGr Nom] *ist*[Vfin] *gemütlich*[ADJGr]. Nationale Stereotype aus dem SMiK-Projekt und Kritische Grammatik im Deutschunterricht. In Erla Hallsteinsdóttir & Jörg Kilian (Hrsg.), *{deutsch} und {dänisch} im Stereotyp. Stereotypenwelten und ihre sprachlich-kulturellen Konstituierungsformen* (= Linguistik online 79/5).
Kilian, Jörg (2017): Sprachdidaktik. In Thomas Niehr, Jörg Kilian & Martin Wengeler (Hrsg.), *Handbuch Sprache und Politik*, 1098–1120. Bremen: Hempen.
Kilian, Jörg, Thomas Niehr & Jürgen Schiewe (2016): *Sprachkritik*. Ansätze und Methoden der kritischen Sprachbetrachtung. 2., überarb. und aktual. Aufl. Berlin, Boston: de Gruyter.
KMK (2004a): *Bildungsstandards für die erste Fremdsprache (Englisch/Französisch) für den Mittleren Schulabschluss*. http://www.kmk.org/fileadmin/veroeffentlichungen_beschluesse/2003/2003_12_04-BS-erste-Fremdsprache.pdf (27. April 2016).
KMK (2004b): *Bildungsstandards im Fach Deutsch für den Mittleren Schulabschluss*. http://www.kmk.org/fileadmin/veroeffentlichungen_beschluesse/2003/2003_12_04-BS-Deutsch-MS.pdf (27. April 2016).
Kolwa, Andrea (2003): Probleme der Bestimmung von Internationalismen im Bereich der Politik. In Peter Braun, Burkhard Schaeder & Johannes Volmert (Hrsg.), *Internationalismen. Studien zur interlingualen Lexikologie und Lexikographie II*. Tübingen: de Gruyter, 51–70.
Kühn, Peter (2006): *Interkulturelle Semantik*. Nordhausen: Bautz.
Müller, Marcus (2012): Begriffsprägung zwischen Nationalsprache und internationalem Diskurs – am Beispiel des Ausdrucks *Euthanasie* in der gegenwärtigen Sterbehilfedebatte. In Heidrun Kämper & Jörg Kilian (Hrsg.), *Wort – Begriff – Diskurs*. Deutscher Wortschatz und europäische Semantik. Bremen: Hempen, 69–83.
Niehr, Thomas (2011): Wörterbücher als Instrumente der Sprach- und Sachkritik. Eine Typologie. In Jürgen Schiewe (Hrsg.), *Sprachkritik und Sprachkultur*. Konzepte und Impulse für Wissenschaft und Öffentlichkeit. Bremen: Hempen, 59–77.

Niehr, Thomas (2012): Möglichkeiten und Grenzen historisch-internationaler Schlagwortforschung. In Heidrun Kämper & Jörg Kilian (Hrsg.), *Wort – Begriff – Diskurs*. Deutscher Wortschatz und europäische Semantik. Bremen: Hempen, 241–256.
Niehr, Thomas (2014): Einführung in die Politolinguistik. Gegenstände und Methoden. Göttingen: Vandenhoeck & Ruprecht.
Niehr, Thomas (2017): Lexik – funktional. In Thomas Niehr, Jörg Kilian & Martin Wengeler (Hrsg.), *Handbuch Sprache und Politik*, 149–168. Bremen: Hempen.
Roche, Jörg & Mélody Roussy-Parent (2006): Zur Rolle der kontrastiven Semantik in interkultureller Kommunikation. *Fremdsprachen Lehren und Lernen* 35, 228–250.
Roche, Jörg (2016): Zur Rolle von Stereotypisierungen bei Assimilations- und Akkommodationsprozessen. In Erla Hallsteinsdóttir & Jörg Kilian (Hrsg.), *{deutsch} und {dänisch} im Stereotyp*. Stereotypenwelten und ihre sprachlich-kulturellen Konstituierungsformen (= Linguistik online 79/5).
Schröter, Melani & Björn Carius (2009): *Vom politischen Gebrauch der Sprache*. Wort, Text, Diskurs. Eine Einführung. Frankfurt a.M.: Lang.
Schröter, Melani (2013): Die kontrastive Analyse politischer Diskurse. Skizze, Verkomplizierung und Ausblick. In Jörg Kilian & Thomas Niehr (Hrsg.), *Politik als sprachlich gebundenes Wissen*. Politische Sprache im lebenslangen Lernen und politischen Handeln. Bremen: Hempen, 91–105.
Steger, Hugo (1986): Zur Frage einer Neukonzeption der Wortgeschichte der Neuzeit. In P. v. Polenz, J. Erben & J. Goossens (Hrsg.), *Sprachnormen: lösbare und unlösbare Probleme*. Kontroversen um die neuere deutsche Sprachgeschichte. Dialektologie und Soziolinguistik: Die Kontroverse um die Mundartforschung. (= Kontroversen, alte und neue, Bd. 4) Tübingen: Niemeyer, 202–209.

Sandra Issel-Dombert & Marie Serwe
Quo vadis, Front National?

Zum Parteiprogramm „Notre Projet: Programme Politique du Front National"

Schlüsselwörter: Deskriptive Diskurslinguistik, Korpuslinguistik, Grundsatzprogramm, Argumentation, Topos, Schlagwort, Freund-Feind-Gefüge, Vagheiten

1 Einleitung

Der *Front National* (FN) ist in Frankreich im Aufwind:

> Aktuelle Entwicklungen in zahlreichen Ländern zeigen die Langlebigkeit und sogar die Ausdehnung der radikalen Rechten in Europa. Bei den französischen Präsidentschafts- und Parlamentswahlen im Mai und Juni 2012 erreichte der Front National, kosmetisch verändert und unter der Führung von Marine Le Pen, 18 % bzw. 14 % der Stimmen im jeweiligen ersten Durchgang, ein erheblicher Zuwachs seit dem Tiefpunkt der Partei im Jahr 2007. (Minkenberg 2013: 9)

Auch bei den Départementswahlen im März 2015 konnte der FN landesweit 25 % erzielen. Bei den Regionalwahlen im Dezember 2015 erreichte der FN im ersten Wahlgang 27,1 %, sein bisher bestes Ergebnis – auch wenn er sich im zweiten Wahlgang nicht durchsetzen konnte. In Umfragen für die in 2017 anstehenden Präsidentschaftswahlen erzielt der FN ebenfalls regelmäßig hohe Werte.[1] Camus (2014: 1) prognostiziert, dass sich der FN im traditionell bipolaren Parteiensystem Frankreichs „erfolgreich als »dritte Kraft« etablieren" kann. Dies zeugt von der Fruchtbarkeit der „Entdiabolisierung", eines neuen Politikstils, den Marine Le Pen seit ihrer Übernahme des Parteivorsitzes in 2011 vollzogen hat:

---

[1] Das Meinungsforschungsinstitut CSA hat im Januar 2015 ermittelt, dass in Abhängigkeit vom jeweiligen Gegenkandidaten 29–33% der Franzosen Marine Le Pen wählen würden (vgl. http://www.csa.eu/multimedia/data/sondages/data2015/opi20150130-institut-csa-pour-rtl-intentions-de-vote-presidentielles.pdf). Auch im Oktober 2015 ermittelte das Institut ifop 31 % (vgl. http://www.ifop.com/media/poll/3163-1-study_file.pdf).

https://doi.org/10.1515/9783110640731-015

> Im Zuge einer Runderneuerung hat die Partei sich allmählich ihres früheren Jargons entledigt und explizit rechtsextremes Ideengut verbannt. Auch haben die ideologischen Richtungskämpfe von einst an Schärfe verloren. Die Partei präsentiert sich als »weder links noch rechts«. (Camus 2014: 1)

Vor diesem Hintergrund erscheint es lohnenswert, das 106 Seiten umfassende Programm von 2011 *Notre Projet: Programme Politique du Front National* ins Zentrum des Beitrags zu rücken, mit dem Ziel, die charakteristischen „Sprachgebrauchsmuster" (Bubenhofer 2009, s.u.) des FN offenzulegen. Auch wenn Klein (1996: 203) zu bedenken gibt, dass es sich bei den antizipierten Rezipienten von Parteiprogrammen um „Fachleute in den eigenen Reihen, [...] politische Gegner, [...] Interessenverbände und Massenmedien" handelt, sind Parteiprogramme dennoch das Herzstück parteilicher Selbstinszenierung,

> weil Parteien sich und ihre Vertreter mit ihrem Programm auf bestimmte Aussagen und ihre Geltung festlegen. Parteiprogramme sind also Commitments. Ihre Funktion besteht sowohl darin, nach innen verbindliche Ziele zu formulieren, wie auch nach außen für die eigenen politischen Standpunkte zu werben. (Niehr 2014: 112)

Es kommt hinzu, dass es sich bei dem hier untersuchten Korpus um das Grundsatzprogramm des FN handelt, das auf einen längeren Zeitraum hin konzipiert ist und damit zum „Grundgesetz dieser Partei" wird (Hermanns 1989: 73, zitiert nach Niehr 2014: 113). Mit der Wahl dieses Korpus wird ein Beitrag zur Untersuchung des *discours mariniste* geleistet, dessen linguistische Analyse bislang noch im Verhältnis zu Untersuchungen zum FN unter der Führung von Jean-Marie Le Pen deutlich unterrepräsentiert ist. Eine umfangreiche Untersuchung liegt bislang nur mit der einschlägigen Monographie von Alduy & Wahnich 2015 vor, die den Sprachgebrauch Jean-Marie Le Pens und Marine Le Pens kontrastiert. An die korpuslinguistische Herangehensweise von Alduy & Wahnich knüpft auch dieser Beitrag an. Methodisch steht er in einem datengeleiteten, korpuspragmatischen Paradigma, das darauf abzielt „Sprachgebrauchsmuster" (Bubenhofer 2009) offenzulegen. Gemeint sind damit „typische Sprechweisen, [...] die zeit-, textsorten-, oder thementypisch sind" (Bubenhofer 2009: 188). Damit münden korpus- und diskursanalytische Methoden in einen „Verbund" (Bubenhofer 2009: 320). Aus dem breiten Portfolio korpus- und diskurslinguistischer Methoden (ausführlich Niehr 2014) werden in diesem Beitrag exemplarisch Topoi und Schlagwörter ausgewählt, da beide auf das Aufdecken argumentativer Strukturen abheben.

Der Toposbegriff wird hier in der Tradition von Aristoteles stehenden und von Martin Wengeler operationalisierten Konzept als Argumentationsmuster verstanden:

> Bei Topoi handelt es sich um Argumentationsmuster, die nicht immer in gleicher Weise sprachlich materialisiert werden müssen, die aber in vielen Texten als immer wieder ähnlich vorkommende, aber nur interpretativ zu erschließende gleiche, auf Plausibilität zielende Herstellung von Sachverhaltszusammenhängen vorkommen. Als Analysekategorie erlauben Topoi es, auch dort wiederkehrende und für bestimmte Diskurse zentrale sprachliche Wirklichkeitskonstruktionen zu erkennen, wo die sprachliche Realisierung unterschiedlich ausfällt. (Wengeler & Ziem 2010: 343)

Die zweite diskurslinguistische Methode, die Schlagwörter, knüpfen unmittelbar an Topoi an, da es sich bei ihnen um verkürzte Argumente handelt. Auf einen bestimmten Zeitraum beschränkt und an einen spezifischen, öffentlich-politischen Diskurs gebunden, bündeln sie einen „komplexen, programmatischen Gehalt, Perspektivierungen und Bewertungen" (Schröter 2015: 394). Schlagwörter können mittels einer (semi-)automatischen *keyword*-Analyse identifiziert werden. Der deontische Gehalt und damit der Status eines *keywords* als Schlagwort ist jedoch nur mit gesellschaftlichen, politischen und zeitgeschichtlichen Hintergrundwissen bestimmbar (vgl. Niehr 2014: 72; Issel-Dombert & Wieders-Lohéac 2016). Ergänzt wird das methodische Spektrum durch eine deskriptive Erfassung der syntaktischen und morphologischen Muster, die für den Diskurs des FN *mariniste* im Parteiprogramm charakteristisch sind. Mit der Methodenauswahl zählt der Beitrag zu einer der ersten Arbeiten zum *discours mariniste* mit einem sprachwissenschaftlichen Fokus auf Argumentation. Der Beitrag ordnet sich in die deskriptive Diskurslinguistik ein, wie sie von Thomas Niehr zur Rolle von Schlagwörtern im argumentativen Diskurs (in diesem Band) sowie von Fabian Kreußler und Martin Wengeler zur Verwendung von Topoi und Schlagwörtern im historisch semantischen Flüchtlingsdiskurs (in diesem Band) behandelt wird.

Die Analyse des Programmes des FN gliedert sich wie folgt: Zunächst wird eine lexikalische (Kap. 2.1), dann eine morphologische, argumentative (Kap. 2.2) und schließlich eine syntaktische Perspektive (Kap. 2.3) eingenommen.

2 Das Grundsatzprogramm Notre Projet: Programme Politique du Front National

2.1 Keywords

Ein erster Zugriff auf das Programm des FN erfolgt über die Wortebene. Getragen von dem Paradigma eines induktiven Ansatzes zur Aufdeckung von Sprachgebrauchsmustern wird zur Ermittlung der *keywords* des Grundsatzprogramms des FN ein semi-automatisches Vorgehen mithilfe des korpuslinguistischen Analysewerkzeugs *sketch engine*[2] herangezogen. Auf der Basis eines Korpusvergleichs wird die Frequenz eines *tokens* in den beiden miteinander kontrastierten Korpora zueinander in Relation gesetzt. Folgende Formel liegt der Extraktion der *keywords* zugrunde, mit der ein *keyness-score* errechnet wird:

$$\frac{fpmfocus + n}{fpmref + n}$$

Abb. 1: Formel zur Extraktion von *keywords* in *sketch engine*

Im Zähler der Formel steht $fpm\ focus$ für die (auf 1000) normalisierte Frequenz eines *tokens* aus dem eigenen Korpus, hier das Grundsatzprogramm des FN. $fpm\ ref$ im Nenner steht für die (auf 1000) normalisierte Frequenz eines *tokens* aus dem Vergleichskorpus. Für diese Untersuchung wurde das bereits in *sketch engine* implementierte (französische) *Europarl*-Korpus (*European Parliament Proceedings Parallel Corpus*) als Vergleichskorpus benutzt, das einen Vergleich mit dem gleichen Diskursuniversum, der Politik, ermöglicht. Das jeweils in Zähler und Nenner der Formel auftretende n kann je nach Erkenntnisinteresse festgelegt werden. Niedrige n-Werte zielen auf die Extraktion selten auftretender *keywords* (vgl. Kilgariff 2012: 5–6) ab. Zur Untersuchung des Grundsatzprogamms des FN wurde ein n-Wert von 100 gewählt, da die Ermittlung häufig verwendeter – und damit für den Diskurs des FN charakteristischer – *keywords* bei dieser Untersuchung im Vordergrund steht. Die Anzahl der extrahierten *keywords* wurde auf 100 begrenzt.

Insgesamt wurden auf diese Weise 95 Substantive, 3 Verben im Futur Passiv (vgl. dazu Kap. 4.3) sowie 2 Adverbien ermittelt. Ordnet man die Ergebnisse der *keyword*-Analyse nach Sachbereichen, so zeigt sich, dass ¼ der ermittelten *keywords* dem Bereich *Wirtschaft* zuzuordnen sind („dette", „pmi", „désendettement", „impôt", „réindustrialisation", „euro", „banques" etc.). Mit 20 Belegen nimmt der Bereich *Soziales und Bildung* den zweiten Rang ein („école", „enseignement", „famille", „logement", „retraite", „handicap" etc.). Hier generieren sich klare Dichotomien zwischen Fahnenwörtern („désendettement", „famille", „retraite", „handicap" etc.) und Stigmawörtern („euro", „banques", „dette" etc.). Auffällig ist außerdem der starke Hang zum Populismus, der im Parteiprogramm mit dem Gebrauch dieser Fahnen- und Stigmawörter einhergeht:

---

2 https://www.sketchengine.co.uk/.

Dieser besteht darin, komplexe Sachverhalte gezielt auf dilemmatische Fragestellungen zu reduzieren, deren Beantwortung den Wählern entsprechend leicht fallen soll. Wenn es – wie bei den Europawahlen 2014 – vermeintlich um ein „Oui à la France, non à Bruxelles" geht, dann konstruiert die Partei einen Gegensatz, der Differenzierungen bewusst verhindert und die gewünschte Zustimmung leicht fallen lässt. (Lebsanft 2015: 290)

In den Bereichen Wirtschaft und Soziales lassen sich zahlreiche Konvergenzen zum Linkspopulismus feststellen, die – frei nach Jean de La Bruyère – das Phänomen des *les extrêmes se touchent* hervorrufen. Die wirtschaftspolitische Ausrichtung des FN unter Marine Le Pen wird mehrfach als „linkspopulistisch" eingestuft (vgl. Bíró Nagy, Boros &Vasali 2013: 255; Alduy & Wahnich 2015: 15). Dazu zählt u.a. die Forderung des FN nach der Verstaatlichung von Banken, Globalisierungs- und Kapitalismuskritik. Von übergeordneter Wichtigkeit sind diese populistischen Tendenzen, da der „unaufhaltsame Siegeszug des FN [...] vielfach mit einer erfolgreichen populistischen Strategie in Verbindung gebracht [wird]" (Lebsanft 2015: 290).

Weitere 9 Belege der *keyword*-Analyse fallen unter *Identität* („France", „français", „nation", „nationale", „patrimoine", „républicaine" etc.). Diese als Fahnenwörter fungierenden Belege erreichen jeweils einen hohen *keyness-score*. 5 von ihnen fallen unter die 10 frequentesten *keywords*, was den hohen Stellenwert dieser Kategorie widerspiegelt. Bereits im Parteiprogramm *300 mesures pour la renaissance de la France* von 1993 sowie im Programm von 1997 avancierte der „Vorrang für die französische Identität [zum] Leitprinzip" (vgl. Klein 1994: 18; Born 1998: 47–49; Grabow & Hartleb 2013: 16). Damit gehört die *Identität* zu den programmatischen Grundpfeilern, die tief im Diskurs des FN verankert sind:

> Summa summarum setzt der FN an die Stelle individualistischer Werte das ideologische „Übertheorem" der Nation, die, [...], bedroht ist und die es zu verteidigen gilt. (Klein 1994: 13)

Mit 6 Belegen aus dem Bereich *Politik* („Sarkozy", „Nicolas", „UMP", „PS", „quinquennat" und „ministère") steht die Thematisierung des politischen Antagonisten im Vordergrund; dabei ist die Semantik von Eigennamen gegnerischer Politiker und Parteien grundsätzlich deontisch negativ präzierend aufgeladen. Quantitativ nehmen die Bereiche *Verwaltung und Justiz* mit 4 Belegen („loi", „administration" etc.) ebenso wie die *Einwanderungspolitik* mit 5 Belegen („immigration", „étrangers" etc.) nur wenig Raum ein. Der Stellenwert der Immigration zeigt sich erst durch einen qualitativen Blick in die Fläche des Programms, da es im Kontext unterschiedlicher Themengebiete aufgegriffen wird. Bezeichnend ist dabei die systematische Verknüpfung mit Stigmawörtern wie „illégale, clandestine, massive, incontrôlée, coûteuse, pauvreté", die hier über eine Kollokationsanalyse mit *Ant-*

Conc ermittelt wurden.[3] In enger Verbindung mit der „immigration" steht mit „laïcité" ein weiteres – traditionell eigentlich bei der französischen Linken etabliertes – Fahnenwort, das erst durch Marine Le Pen in den Sprachgebrauch des FN Eingang gefunden hat (vgl. Alduy & Wahnich 2015: 51–53). Marine Le Pen setzt es systematisch ein, um eine anti-islamische Argumentation (z.B. gegen das Tragen eines Kopftuches) zu stützen.

Ein weiteres Stigmawort ist „élite", das deontisch bereits stark aufgeladen ist, da es im Diskurs des FN tief verankert ist und dessen negativ deontische Semantik auf die Stigmatisierung des politischen Gegners zielt (vgl. dazu Issel-Dombert 2016).

Mit Totalitätsausdrücken wie „dépendance", „échec", „insécurité" einerseits und „autorité", „puissance", „souveraineté", „redressement", „retour", „progressivement" andererseits wird ein dialektisches Spannungsfeld zwischen Problemen und Bewältigungsstrategien eröffnet.

2.2 Freund-Feind-Gefüge

Auf argumentativer Ebene durchziehen das Programm des FN zahlreiche „Freund-Feind-Gefüge" (Bartels 2015: 446), die einerseits zur Selbstinszenierung und -positionierung dienen[4] und andererseits zur Abgrenzung, z.T. auch Stigmatisierung, des Gegners eingesetzt werden. Sie manifestieren sich sprachlich vielfältig. Eine tragende Rolle spielen mit Metaphern, Topoi und Stigmawörtern „Klassiker" des diskursanalytischen Instrumentariums. Hinzu kommt ein breites Spektrum an Affixen, die zur Stigmatisierung von Antagonisten eingesetzt werden. Die Strategie der Konstruktion von Freund- und Feindbildern bildet eine Kontinuitätslinie zu früheren Programmen des FN, deren Charakterisierung auch für das aktuelle Programm adaptierbar ist:

> Die FN-Ideologiekonzeption ist eine maßlose Schwarz-Weiß-Malerei aus einem [...] negativen und einem positiven FN-Pol bestehend. Hauptkonstante [...] ist die französische Nation, deren Identität es gegen Bedrohungen von innen und außen zu verteidigen gilt. (Klein 1994: 14)

---

3 http://www.laurenceanthony.net/software.html. Die Kollokationsanalyse wurde mit *Mutual Information* durchgeführt, berücksichtigt wurde eine Spanne von 1 jeweils links und rechts von „immigration".
4 Im Gegensatz dazu vgl. Fábián in diesem Band für eine positive Identitäts- und Kollektivkonstruktion.

Die vom FN konstruierten Feindbilder in dem untersuchten Programm treten in erster Linie in den Bereichen *Politik* und *Wirtschaft*, gegnerische Parteien und EU auf. Den Feinden gegenüber steht ein breit gefächertes Spektrum an Opfern – Familien, die rurale Bevölkerung und Infrastruktur, Handwerker, mittelständische Betriebe etc. – deren Opferstatus sich laut FN infolge von Fehlentscheidungen der regierenden Politiker sowie durch die Bedingungen des Wirtschafts- und Finanzsystems generiert. Als Retter präsentiert sich der FN mit dem *Topos vom radikalen Systembruch*[5], der als Leittopos des Grundsatzprogramms fungiert. Im Folgenden werden die Protagonisten der Feindbilder des FN detaillierter in den Blick genommen.

2.2.1 Feindbilder in der politischen Sphäre – Nicolas Sarkozy und die gegnerischen Parteien

Eine Bezugnahme zu politischen Gegnern in Parteiprogrammen gehört zu den konstitutiven Merkmalen der Textsorte (vgl. Klein 1996: 203, Niehr 2014: 114). Die Präsentation des amtierenden Präsidenten sowie Politiker gegnerischer Parteien als Feind, da sie der französischen Nation Schaden zufügen, steht in der Tradition älterer Programme des FN unter der Leitung von Jean-Marie Le Pen (vgl. Visser 2005: 338–352). Wie sich bereits im Rahmen der *keyword*-Analyse angedeutet hat, steht auch im aktuellen Programm der Präsident als Feindbild im Fokus. Maßgeblich sind in diesem Kontext Topoi. Abb. 2 zeigt die topologische Grundstruktur, mit der Feindbilder musterhaft im Grundsatzprogramm des FN konstruiert werden. Die vertikalen Pfeile visualisieren die Stützstruktur rekurrent miteinander kombinierter Topoi:

---

5 *Topos vom radikalen Systembruch*: Damit die französische Gesellschaft stabil ist/bleibt/wird, ist eine vollständige Abkehr vom gegenwärtigen System notwendig.

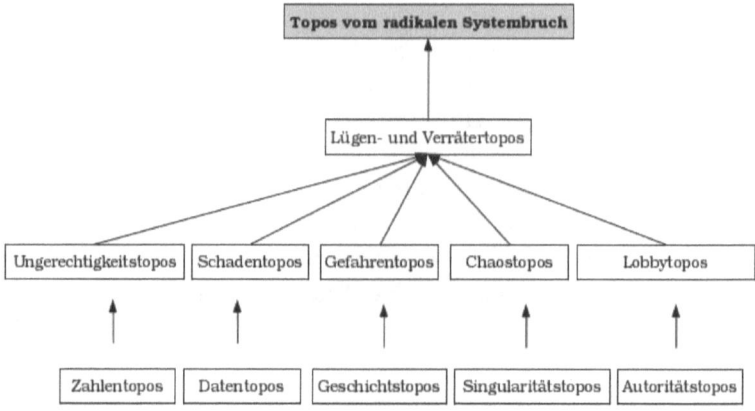

Abb. 2: Topologische Grundstruktur zur Konstruktion von Feindbildern

Auffällig ist die Dominanz kontextunspezifischer Topoi. Exemplarisch soll nun die topologische Grundstruktur anhand ausgewählter Topoi vorgestellt werden. Eine zentrale Rolle mit insgesamt acht Belegen, die in Bezug auf Sarkozy geäußert werden, nimmt der *Lügen- und Verrätertopos* ein, der zur Diskreditierung dient:

Weil bestimmte Versprechen nicht eingehalten wurden und die französische Nation damit getäuscht und verraten wurde, sollten Handlungen ausgeführt werden, die dies unterbinden.

Dieser wird mit Belegen wie (1) zum Ausdruck gebracht:

(1) Elu sur la promesse d'être « le président du pouvoir d'achat », Nicolas Sarkozy a trahi les Français ; il n'a été que le «président du désespoir d'achat » et du creusement des inégalités. Les mesurettes électoralistes adoptées par l'UMP (prime symbolique liée aux dividendes) et proposées par le PS (toujours plus d'assistanat) n'apportent aucune réponse aux difficultés des Français.

Stützung erfährt der *Lügen- und Verrätertopos* durch das Aufzeigen nachteiliger Folgen für die Gesellschaft mit einem *Schadenstopos*[6], hier die sinkende Kaufkraft und die Vergrößerung sozialer Ungleichheiten. Mit dem Diminutiv „mesurette électoralistes" geht eine pejorative Bewertung der UMP und der PS einher. Über die morphologische Markiertheit wird den gegnerischen Parteien ein wahltaktisches Agieren unterstellt, und damit einhergehend wird ihnen mangelndes Engagement

---

[6] *Schadenstopos*: Weil bestimmte Handlungen der Gesellschaft schaden, sind diese abzuschaffen.

und Unterstützung der französischen Gesellschaft attestiert, was wiederum – mehr oder weniger explizit – auf die Überwindung der Politik der UMP bzw. der PS hinausläuft und damit zur Stützung des Leittopos beiträgt.

Die Stigmatisierung von Sarkozy sowie anderer Parteien erfolgt darüber hinaus über Metaphern aus dem Bereich *Körper* und *Krankheit*:

(2) Travailler jusqu'à 67 ans, voilà le sort que leur réserve **un gouvernement sourd** à toutes les demandes, si ce n'est à celles que **lui murmurent à l'oreille les agences de notation et les marchés financiers** (école, sécurité, justice, défense, santé) alors qu'il faut au contraire la protéger en priorité parce qu'elle assure le bien-être des Français, notre prospérité et notre avenir.[7]

(3) Nicolas Sarkozy s'est attaqué **aveuglement** à la bonne dépense publique par **une politique comptable à courte vue.**

Mit diesem Metaphernfeld, das auch bereits in früheren Grundsatzprogrammen des FN produktiv ist (vgl. Klein 1994: 28), wird dem politischen Gegner wiederum mangelnde Weitsicht und Nachhaltigkeit sowie eine fehlende Ausrichtung an den Bedürfnissen der französischen Gesellschaft zugeschrieben, stattdessen handele er nach den Interessen der Wirtschaftslobby (*Lobbytopos*[8]). Als Lösungsvorschlag wird der als Leittopos fungierende *Topos vom radikalen Systembruch* präsentiert, der in (4) aus dem gleichen Bildbereich schöpft:

(4) La France [...] peut y échapper **en tournant le dos** aux politiques d'abandon.

2.2.2 Die EU als Feindbild

Europa ist ein zentraler Bestandteil des Diskurses der französischen *extrême droite* (vgl. Visser 2005: 169). Dies lässt sich auch übergreifend feststellen:

> Die EU taugt offenbar gut als Feindbild. [...] Europaskepsis ist zwar kein neues Phänomen, aber die Breite und der Erfolg der EU-Gegner sind bemerkenswert. Dabei spielen die rechts- und nationalpopulistischen Parteien eine Vorreiterrolle. Sie haben mit Europa, genauer der Europäischen Union und deren Institutionen, eine neue Mobilisierungsformel gefunden und die Koordinaten ihrer Agitation neu justiert. (Grabow & Hartleb 2013: 8)

---

7 Hervorhebungen der Verfasser, S. I.-D. und M. S.
8 *Lobbytopos*: Weil eine Entscheidung/eine Handlung ausschließlich gemäß den Interessen einer Lobby getroffen wurde und zum Nachteil der französischen Gesellschaft und/oder Wirtschaft ist, sollten Maßnahmen getroffen werden, die dies unterbinden.

Auch im aktuellen Grundsatzprogramm des FN wird Europa thematisiert und zum Feindbild aufgebaut. Im Bereich der Topoi wird auf ein ähnliches Inventar zurückgegriffen, das bereits im Zuge der Stigmatisierung politischer Gegner zum Einsatz gekommen ist. Einen zentralen Stellenwert im EU-Diskurs nimmt der *Gefahrentopos*[9] ein, der sich aus Belegen wie (5) ableiten lässt:

(5) L'Union européenne ensuite, **cheval de Troie** de la mondialisation ultralibérale: [...] C'est un encouragement aux délocalisations et à la destruction d'emplois en France. En 2011, cette même Commission de Bruxelles a jugé contraire aux règles européennes le projet de recapitalisation de l'entreprise Seafrance par son actionnaire la SNCF : des centaines d'emplois sont de ce fait menacés.

Mit der Metapher der EU als trojanisches Pferd wird der *Gefahrentopos* aufgerufen, der darauf abzielt, die Vulnerabilität Frankreichs aufzuzeigen. Gestützt wird der *Gefahrentopos* in (5) durch den *Schadenstopos* (drohender Arbeitsplatzabbau), der mithilfe eines *Datentopos*[10] am Beispiel des Unternehmens *Seafrance* illustriert wird.

Außerdem wird die EU als bürokratisch stigmatisiert („ivresse de compétences nouvelles", „les contraintes absurdes", „technocrates"), die zu einem „diktat" der EU führe, hinter der nationale Interessen in den Hintergrund gerieten. Weitere daraus abgeleitete Konsequenzen werden durch den *Chaostopos*[11] versprachlicht:

(6) une renégociation des traités européens mettra fin au dogme de « la concurrence libre et non faussée », qui promeut en réalité **la loi de la jungle**.

Eine weitere Stigmatisierung erfolgt durch die Modellierung einer EU als undemokratische Institution, deren Politik im Dienste der Wirtschaft stehe (*Lobbytopos*) und zu Lasten der Bevölkerung gehe (*Schadentopos*). Dies kommt durch metonymische Nominationen wie „l'Europe de Bruxelles et de Francfort" zum Ausdruck, mit der auf Frankfurt als internationales Finanzzentrum angespielt wird. Mit markierten Affixen wird dieser Diskurs fortgeführt:

---

9 *Gefahrentopos*: Weil eine bestimmte Handlung/Maßnahme als gefährlich einzustufen ist, sollte diese vermieden werden.

10 *Datentopos*: Weil die Daten einen bestimmten, in einem inhaltlich spezifischeren Topos behaupteten Zusammenhang belegen, sollte eine bestimmte Handlung ausgeführt/unterlassen werden.

11 *Chaostopos*: Weil ein bestimmter Sachverhalt/eine Entscheidung/eine Handlung ins Chaos führt, sollte diese(r) abgeschafft werden.

(7) L'Union européenne, asservie par sa dette et par l'euro, est un instrument au service d'une idéologie **ultra-libérale mondialiste** et des intérêts du secteur financier [...] qui remettra entre les mains d'experts non élus le destin des peuples et donnera aux institutions des ressources suffisantes pour mettre en place un **clientélisme**.
(8) La monnaie unique est devenue le symbole d'une politique européenne fédéraliste d'un **jusqu'au-boutisme** absurde d'élites financières prêtes à sacrifier le peuple sur l'autel de leurs intérêts.

Als produktiv erweisen sich dabei Suffigierungen mit *-iste* („mondialiste", „européiste", „laxiste"), die im Korpus mit nominalen Basen gebildet werden und als Stigmawort dienen. Visser (2005: 169) stellt bereits in Wahlprogrammen des FN von 1993 und 2001 sowie in pressesprachlichem Kontext der *extrême droite* fest, dass sich eine Tendenz abzeichnet, stigmatisierende Derivationen mit *-iste* zu bilden. Im aktuellen Grundsatzprogramm erweist sich auch *-isme* („clientélisme", „jousqu'au-boutisme") als produktiv und dient ebenfalls wie *-iste* zur Bildung von Stigmawörtern.

Außerdem sind Präfixe mit intensivierender Semantik charakteristisch, wie das Steigerungspräfix *ultra-* („une idéologie ultra-libérale mondialiste"). In Verbindung mit der adjektivischen Basis „libérale" nimmt es die Bedeutung 'übermäßig', 'jenseits' an (vgl. Visser 2005: 125). Mit *super-*, dass beispielsweise in „Super-Etat" auftritt, wird ebenfalls ein Steigerungspräfix herangezogen, das als pejorative Verstärkung eingesetzt wird und darauf abzielt, die EU als übermächtige Institution zu stigmatisieren, unter deren Vorherrschaft die nationalen Interessen zu stark ins Hintertreffen gerieten.

Im Zusammenhang mit der EU wird auch der Krankheitsdiskurs aufgegriffen, der bereits bei der Stigmatisierung politischer Feinde zum Tragen kam. In (9) liegt eine ironische Brechung vor, indem mit einem *Autoritätstopos*[12] darauf verwiesen wird, dass schon die Ärzte bei Molière Blutarmut mit einem Aderlass behandelten, mit anderen Worten ein „Weiter-so" verschlimmere die Situation:

---

12 *Autoritätstopos:* Weil bestimmte als Autoritäten angesehene Größen einen Sachverhalt/ Handlung/ Entscheidung befürworten, sollten diesen Folge geleistet werden. Der Einsatz des *Autoritätstopos* im Programm des FN ist musterhaft. Bereits im Programm von 1993 sind das „Zitieren von Autoritäten" und die „Verwendung von biblischen Referenzen" (Klein 1994: 27) rekurrent. Im aktuellen Programm werden Autoren (Molière), Philosophen (Platon), ehemalige Herrscher Frankreichs (Napoléon Bonaparte), Wirtschaftswissenschaftler (z.B. Alain Cotta, Yves-Marie Laulan sowie die Nobelpreisträger Milton Friedman und Maurice Allais) und Ratingagenturen (z.B. Moody's, Fitch, Standard & Poor's) herangezogen.

(9) comme toujours, l'échec d'une politique européenne doit être traité par plus de fédéralisme européen, comme les médecins de Molière traitaient l'anémie de leurs patients par une bonne saignée...

2.2.3 Feindbilder aus der Wirtschaft

Ein dritter Bereich, in dem Feindbilder seitens des FN konstruiert werden, liegt mit der Wirtschaft vor, deren Thematisierung die wirtschaftliche Struktur Frankreichs, die Wirtschafts- und Finanzkrise sowie den Euro betrifft. Vorherrschend ist dabei eine drastische Metaphorik aus dem Bereich *Körper und Krankheit*[13], die den *Gefahrentopos* aufruft, der bis zu einem *Topos vom Untergang*[14] gesteigert wird. Zunächst wird der Status einer Erkrankung diagnostiziert, mit einer als „endémique" bewerteten Arbeitslosigkeit; außerdem steuere die Rezession die französische Wirtschaft in einen „cycle dépressif". Die Auswirkungen der Krise, allen voran die damit einhergehende Verschuldung und Austeritätspolitik, werden als tödlich evaluiert; zugleich wird diese Charakterisierung zur Stigmatisierung des politischen Gegners benutzt:

(10) Je veux éviter à tous les Français « l'esclavage pour dette ». C'est un **suicide économique** et social de la France, une **euthanasie** des épargnants, des retraités et des salariés que vous réservent les deux candidats du parti UMPS, après les élections....

Weitere Belege liegen mit „un **piège mortel** pour la France", „**pèse mortellement** sur la compétitivité des exploitations françaises" oder „**une spirale mortelle**" vor.

Mit dem Euro wird ein weiteres Feindbild mit hohem Bedrohungspotenzial konstruiert, da er einerseits als schädlich für das französische Wirtschaftssystem und andererseits als gescheitert eingestuft wird:

(11) La dislocation de la zone euro et l'implosion subie de l'euro monnaie unique qui enchaîneraient sur une panique financière.

Als Ausweg wird der Topos vom radikalen Systembruch gesehen:

---

[13] Zur Produktivität von Metaphern aus dem Bereich Körper und Krankheit in der französischen Wirtschaftssprache vgl. Schmitt 1988.
[14] *Topos vom Untergang*: Weil bestimmte Maßnahmen/Entscheidungen die französische Wirtschaft und/oder Gesellschaft in den Ruin führen, sollten diese abgeschafft werden.

(12) Sortir de l'euro constitue un défi technique, mais ne provoquera aucunement le cataclysme décrit par les idéologues et autres fanatiques de la monnaie unique. Bien préparée, concertée avec les autres nations européennes, la fin ordonnée de l'euro est la condition de la renaissance économique de la France. Rester dans l'euro, c'est se condamner à « **mourir à petit feu** », selon l'expression de l'économiste Alain Cotta.

2.3 Anonymisierung und Vagheiten

Der scharfen Konturierung und expliziten Benennung von Freunden und Feinden im Programm des FN stehen zugleich „Unbestimmtheitsstellen" gegenüber (Bartels 2015: 447–448), auch wenn die Vorsitzende Marine Le Pen Konkretheit und Transparenz verspricht, wie in folgendem Auszug des Programms, in dem sie sich persönlich an die Leser des Programms wendet:

(13) je propose à la France, en toute transparence, un projet complet, cohérent, fourni. Quand les autres alignent les slogans publicitaires aussi vides que creux, je propose un cap et j'explique comment y arriver. Quand les autres entretiennent volontairement l'opacité, je suis dans le concret mais surtout dans la transparence la plus totale.

Drei Strategien der Vagheit und Anonymisierung kommen wiederholt zum Einsatz, die im Zusammenhang mit den Lösungsvorschlägen des FN auftreten.[15] Dazu gehört erstens ein häufiger Gebrauch von Indefinitpronomina wie *plusieurs* (13 Belege), *chaque* (33 Belege), *tout* (183 Belege), *quelque* (9 Belege), *chacun* (7 Belege) sowie *certain* (20 Belege).

Eine zweite Strategie liegt mit dem Einsatz des Passivs vor, das ebenfalls insbesondere im Zusammenhang mit Lösungsvorschlägen verwendet und daher zumeist im *futur simple* realisiert wird wie in (14):

(14) Le système fiscal **sera considérablement simplifié et rendu plus lisible** pour les acteurs économiques, notamment les petites entreprises. Ainsi, nous proposons de supprimer **certaines taxes** au rendement trop faible, et de fusionner **différents impôts**.

---

15 Zur Vagheit und Agenseliminierung am Beispiel des Deutschen vgl. Trost in diesem Band.

Die Verwendung des Futurs, v.a. im Kontext von Ankündigungen, ist charakteristisch für Parteiprogramme (vgl. Klein 2014: 178). Die Passivkonstruktion bewirkt das Ausblenden des Agens, so dass die handelnde Instanz nicht thematisiert wird (ausführlich Polzin 1998: 192). Weitere Vagheiten werden in (15) mit dem Indefinitpronomen „certaines" und mit dem Adjektiv „différents" eröffnet, da unklar bleibt, welche Steuern genau gemeint sind; eine Konkretisierung erfolgt auch nicht im Kotext des Belegs. Zu dem in (15) gezeigtem Standardfall für das Passiv im Französischen, das mit être + Partizip gebildet wird, werden auch weitere passivische Konstruktionen verwendet, wie in (17) mit unpersönlichem on:

(15) **On** doit tout faire pour que le petit délinquant ne devienne pas grand.

Auch bei Passivkonstruktionen mit *on* bleibt das Agens unbestimmt, es impliziert aber grundsätzlich ein menschliches Subjekt (vgl. Polzin 1998: 146).

Eine dritte Strategie liegt mit der Verwendung des expletiven *il* vor:

(16) **Il faut** assurer l'indépendance effective de l'Agence Française de Sécurité Sanitaire des Aliments, en éliminant toutes les possibilités de conflits d'intérêt.

Auch in (16) bleibt das Agens ungenannt. Verstärkt wird die „Unbestimmtheit" in (16) durch den Totalitätsausdruck „toutes les possibilités de conflits d'intérêt", da keine konkreten Aspekte genannt werden, die mögliche Interessenskonflikte darstellen könnten, so dass die Art der versprochenen Maßnahmen unklar bleibt, und „ihr Urheber inhaltlich [keine] Farbe bekennen und sich ernsthaft angreifbar machen muss" (Bartels 2015: 448). Es kommt hinzu, dass diese „Unbestimmtheitsstellen", die Klein (1994: 206) auch als „kalkulierte Ambivalenz" bezeichnet, der Mehrfachadressierung dienen:

> So kann es insbesondere für extremistische Parteien von Vorteil sein, ihre extremistischen Ziele nur anzudeuten, statt sie klar zu formulieren. Es ergeben sich dann für unterschiedliche Leserschichten unterschiedliche Lesarten des Textes. Insbesondere politisch extreme Leser werden das nur in Andeutungen formulierte Gemeinte aber durchaus im intendierten Sinn verstehen können. (Niehr 2014: 116)

3 Fazit

Trotz „kosmetischer" Veränderungen im Personal und im Sprachgebrauch – z.B. die Einführung neuer Fahnenwörter wie *laïcité* – zeigen die Ergebnisse der Analyse des Grundsatzprogramms des FN, dass noch immer zahlreiche Kontinuitätslinien des FN unter der Leitung von Marine Le Pen zum FN unter Jean-Marie Le Pen aufrecht erhalten werden. Als programmatischer Grundpfeiler steht nach wie vor die französische Nation im Fokus, auch wenn sie nun semantisch abgeschwächt als *priorité nationale* bezeichnet wird. Ferner ist die Aufrechterhaltung klarer Freund-Feind-Oppositionen, die sich diametral gegenüberstehen, zu verzeichnen. Gefüllt werden die Feindbilder mit „alten Bekannten", die bereits unter Jean-Marie Le Pen anzutreffen sind: Politiker aus gegnerischen Parteien, Europa oder der „Kapitalismus". Ihnen wird ein schädigendes Verhalten gegenüber den Interessen Frankreichs und seiner Bevölkerung unterstellt. Die Stigmatisierung der Antagonisten erfolgt neben deontisch aufgeladenen Stigmawörtern über das Aufrufen kontextunspezifischer Topoi; beispielhaft ist hier der *Gefahrentopos*, der durch eine Krankheitsmetaphorik gestützt wird. Dem gegenüber steht die Inszenierung des FN als „Jeanne d'Arc" Frankreichs, der gewissermaßen zum Anwalt der Interessen Frankreichs avanciert. Zur Übermittlung dieser Botschaft zeigt sich im Parteiprogramm ebenfalls, dass – unabhängig von den unterschiedlichen thematisierten Sachbereichen wie Politik, Wirtschaft, Europa, Immigration etc. – als Leittopos der *Topos vom radikalen Systembruch* als Lösungsvorschlag präsentiert wird. Die Lösungsvorschläge werden jedoch häufig in populistischer Manier dargeboten und verharren durch zahlreiche Unbestimmtheitsstellen im Vagen.

Literatur

Korpus

Notre Projet: Programme Politique du Front National. http://www.frontnational.com/pdf/Programme.pdf (17.01.2016).

Sekundärliteratur

Alduy, Cécile & Stéphane Wahnich (2015): *Marine Le Pen prise aux mots. Décryptage du nouveau discours frontiste*. Paris: Seuil.
Bartels, Marike (2015): *Kampagnen. Zur sprachlichen Konstruktion von Gesellschaftsbilder* (Sprache und Wissen 20). Berlin: de Gruyter.
Bíró-Nagy, András, Tamás Boros & Zoltán Vasali (2013): Ungarn. In Ralf Melzer & Sebastian Serafin (Hrsg.), *Rechtsextremismus in Europa. Länderanalysen, Gegenstrategien und arbeitsmarktorientierte Ausstiegsarbeit*, 247–271. Berlin: Friedrich-Ebert-Stiftung, Projekt „Gegen Rechtsextremismus", Forum Berlin. http://library.fes.de/pdf-files/dialog/10030.pdf (17.01.2016).

Born, Joachim (1998): Die Sprache des Front national: Faschistischer Diskurs an der Schwelle zum dritten Jahrtausend. In Joachim Born & Marion Steinbach (Hrsg.), *Geistige Brandstifter und Kollaborateure: Schriftkultur und Faschismus in der Romania* (Dresden: Romania. Literaturen – Sprachen – Länder, 3), 35–63. Dresden: University Press.

Bubenhofer, Noah (2009): *Sprachgebrauchsmuster. Korpuslinguistik als Methode der Diskurs- und Kulturanalyse* (Sprache und Wissen 4). Berlin, New York: de Gruyter.

Camus, Jean-Yves (2014): *Der Front National (NF) – eine rechtsradikale Partei?*. Berlin: Friedrich-Ebert-Stiftung, Referat Westeuropa/Nordamerika (Internationale Politikanalyse). http://library.fes.de/pdf-files/id/10640.pdf (17.01.2016).

Fábián, Annamária (2018): „Wir schaffen das!" – Eine funktionalgrammatische und diskursive Analyse persuasiver Argumentation in der Bundespressekonferenz vom 31.08.2015 mit Angela Merkel. In diesem Band, 77–101.

Grabow, Karsten & Florian Hartleb (2013): *Europa – Nein danke? Studie zum Aufstieg Rechts- und nationalpopulistischer Parteien in Europa*. Sankt Augustin, Berlin: Konrad Adenauer Stiftung.

Hermanns, Fritz (1989): Deontische Tautologien. Ein linguistischer Beitrag zur Interpretation des Godesberger Programms (1959) der Sozialdemokratischen Partei Deutschlands. In Josef Klein (Hrsg.), *Politische Semantik*, 59–152. Opladen: westdeutscher Verlag.

Issel-Dombert, Sandra & Aline Wieders-Lohéac (2016): « Nous multiplierons les chansons, les concerts, les spectacles ». L'argumentation de François Hollande face aux attaques terroristes du 13 novembre". In *Promptus – Würzburger Beiträge zur Romanistik*.

Issel-Dombert, Sandra (2017): Eine Frage des Stils: Zur Rolle doppelter Anführungszeichen bei der *extrême droite* als Strategie der *Entdiabolisierung*. In Kristin George, Miriam Langlotz, Urania Milevski & Katharina Siedschlag (Hrsg), *Interpunktion im Spannungsfeld zwischen Norm und stilistischer Freiheit. Literaturwissenschaftliche, sprachdidaktische und linguistische Perspektiven*. Frankfurt a.M.: Peter Lang.

Kilgariff, Adam (2012): Getting to know your corpus. In Petr Sojka, Aleš Horák, Ivan Kopeček & Karel Pala (Hrsg.), *Text, Speech and Dialogue 15th International Conference, TSD 2012, Brno, Czech Republic, September 3-7, 2012, Proceedings*, 3–15. Berlin: Springer.

Klein, Josef (1996): Insider-Lesearten. Einige Regeln zur latenten Fachkommunikation in Parteiprogrammen. In Josef Klein & Hajo Diekmannshenke (Hrsg.), *Sprachstrategien und Dialogblockaden*, 201–209. Berlin, New York: de Gruyter.

Klein, Josef (2014): *Grundlagen der Politolinguistik: Ausgewählte Aufsätze*. Berlin: Frank & Timme.

Klein, Sigrid Michaela (1994): Les Français d'abord: Ideologische Aspekte und sprachliche Inszenierung im Front national. *Quo vadis Romania* 4: Zum Diskurs der neuen Rechten in romanischsprachigen Ländern, 5–32.

Kreußler, Fabian & Martin Wengler (2018): Von *Heimatvertriebenen*, *Armutsflüchtlingen* und *Refugees*. Ein linguistischer Vergleich des aktuellen mit früheren Flüchtlingsdiskursen in der Bundesrepublik Deutschland. In diesem Band, 239–259.

Lebsanft, Franz (2015): Zur Linguistik des populistischen Diskurses: Analyse eines Interviews mit Marine Le Pen (2014). In Thede Kahl, Johannes Kramer & Elton Prifti (Hrsg.), *Romanica et Balcanica. Wolfgang Dahmen zum 65. Geburtstag*, 289–301. München: AVM Edition.

Minkenberg, Michael (2013): Die europäische radikale Rechte und Fremdenfeindlichkeit in West und Ost: Trends, Muster, und Herausforderungen. In Ralf Melzer & Sebastian Serafin (Hrsg.). *Rechtsextremismus in Europa. Länderanalysen, Gegenstrategien und arbeitsmark-*

torientierte Ausstiegsarbeit, 9–38. Berlin: Friedrich-Ebert-Stiftung, Projekt „Gegen Rechtsextremismus", Forum Berlin.

Niehr, Thomas (2014): *Einführung in die Politolinguistik* (UTB 4173). Göttingen: Vandenhoeck & Ruprecht.

Niehr, Thomas (2018): Schlagwörter und ihre rhetorische Funktion. In diesem Band, 187–200.

Polzin, Claudia (1998): *Der Funktionsbereich 'Passiv' im Französischen. Ein Beitrag aus kontrastiver Sicht* (Bonner romanistische Arbeiten 64). Frankfurt a. M. u.a.: Peter Lang.

Schmitt, Christian (1988): Gemeinsprache und Fachsprache im heutigen Französisch. Formen und Funktionen der Metaphorik in wirtschaftsfachsprachlichen Texten. In Hartwig Kalverkämpfer (Hrsg.), *Fachsprachen in der Romania* (Forum für Fachsprachen-Forschung 8), 113–129. Tübingen: Narr.

Schröter, Melani (2015): Besondere Wörter III: Schlagwörter in der öffentlich-politischen Auseinandersetzung. In Ulrike Haß & Petra Storjohann (Hrsg.), *Handbuch Wort und Wortschatz. Handbücher Sprachwissen*, 3, 394–412. Berlin: De Gruyter.

Trost, Igor (2018): Modalpassivische Konstruktionen und deren Funktion in Regierungserklärungen der deutschen Bundesregierung. In diesem Band, 55–76.

Visser, Judith (2005): *Markierte sprachliche Zeichen. Wortbildung als Mittel der Persuasion in Texten der französischen extrême droite* (Bonner romanistische Arbeiten 90).Frankfurt a.M. u.a.: Peter Lang.

Wengeler, Martin & Alexander Ziem (2010): Wirtschaftskrisen im Wandel der Zeit. Eine diskurslinguistische Pilotstudie zum Wandel von Argumentationsmustern und Metapherngebrauch. In Achim Landwehr (Hrsg.), *Diskursiver Wandel*, 335–354. Wiesbaden: VS Verlag für Sozialwissenschaften.

Teil 4: **Die Funktion der Varietäten und Identitätskonstruktionen im politischen Sprachgebrauch**

Csaba Földes
Politische Sprache und Interkulturalität – am Beispiel der Presse deutscher Minderheiten

Schlüsselwörter: Interkulturalität, Mediensprache, Presse, deutsche Minderheit

1 Einstieg und Themensituierung

Die Pressesprache bildet wohl das häufigste Untersuchungsobjekt, wenn der politische Diskurs empirisch erschlossen und expliziert werden soll. Der vorliegende Beitrag exponiert hierzu jedoch einen weniger beachteten Phänomenbereich, nämlich die Produktion von Pressetexten im Schnittfeld von zwei Sprachen und Kulturen. Die einschlägige Bedeutung dieses empirischen Wirklichkeitsausschnitts wird auch an der Feststellung von Moser (1962: 8) deutlich: „Die Besonderheiten der deutschen Hochsprache außerhalb Deutschlands offenbaren sich weniger in der Sprache der Wissenschaft und der Literatur, deren Träger sich zumeist bewußt an den „binnendeutschen" Gebrauch anschließen, sondern vor allem und am stärksten in der Sprache der Zeitungen".

Im Mittelpunkt der Betrachtung steht eine spezifische Kultur von Mehrsprachigkeit. Die Datenbasis stammt aus dem Deutschen als Minderheitensprache in Ungarn, genauer: aus der Mediensprache der deutschen Minderheit im Kommunikationsbereich[1] ‚politische Sprache'.[2] In diesem Denk- bzw. Argumentationsrahmen soll ein Beitrag geleistet werden zu einer linguistischen Erfassung dieses sprachlich-kulturellen Realitätsbereichs hinsichtlich seiner grundlegenden typologischen Strukturen und konstitutiven Merkmale sowie zur Beschreibung im Hin-

---

[1] ‚Kommunikationsbereiche' werden im Anschluss an die Systemtheorie und besonders die Textlinguistik verstanden als „bestimmte gesellschaftliche Bereiche, für die jeweils spezifische Handlungs- und Bewertungsnormen konstitutiv sind. Kommunikationsbereiche können somit als situativ und sozial definierte ‚Ensembles' von Textsorten beschrieben werden" (Brinker/Antos/Heinemann/Sager 2000: XX).
[2] Der Begriff ‚Politik' wird hier im weitesten Sinne verwendet: Da es sich um „Zweitzeitungen" (in vielen Fällen um „Nischenblätter") handelt, setzen sie sich in der Regel kaum mit „großen" Themen der Weltpolitik auseinander, vielmehr dominiert der unmittelbare regionale bzw. lokale Bezugsraum mit einem starken Blick auf ethnisch-kulturelle Belange im Zusammenhang mit der Minderheit.

blick auf seine aktuelle Verfasstheit. Somit zielt der Beitrag auf eine evidenzbasierte Herausarbeitung von Charaktermerkmalen der politischen Sprache und Kommunikation im Wirkungsraum der deutschsprachigen Minderheitenpresse. Ferner soll es um journalistische Handlungsmöglichkeiten und -formen unter besonderen Bedingungen von Mehrsprachigkeit und Inter- bzw. Transkulturalität gehen.

2 Politik und Sprache – politische Sprache – politische Mediensprache

Was das schillernde Phänomen ‚politische Sprache' eigentlich ist, lässt sich nicht einfach bestimmen. Eichinger (2018) unternimmt in diesem Band drei Klärungsversuche, was man darunter verstehen kann. Von den Konzeptualisierungen der Fachliteratur ist der Baumgraph von Burkhardt (1996: 81), den ich hier originalgetreu wiedergebe, eine der bekanntesten:

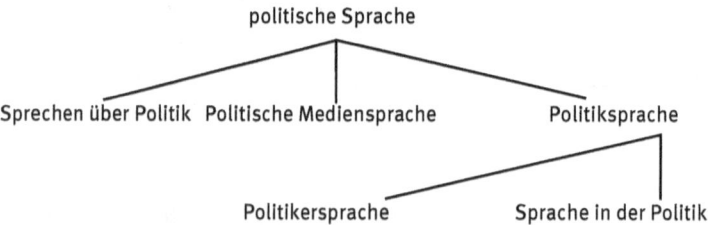

Abb. 1: Typen politischer Sprache

Gleichwohl denke ich, dass von der Klassenlogik her folgende Variante – eine Bearbeitung von mir in der Abbildung 2 – etwas transparenter wäre:

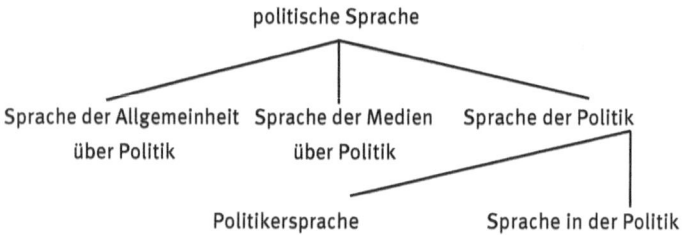

Abb. 2: Typen politischer Sprache (modifiziert)

Der Objektbereich des vorliegenden Beitrags ist also ins Mittelfeld des Schemas, in den Phänomentyp ‚Sprache der Medien über Politik' einzuordnen. Unter Berücksichtigung der Settings und der diskursiven Strukturen wäre es vielleicht noch angebrachter von einem ‚Diskurs der Medien über Politik' zu sprechen.

3 Die Datenbasis

Den empirischen Grundstock der Untersuchung bildete eine Bandbreite ungarndeutscher Periodika; es wurden jeweils die Jahrgänge 2005 bis 2016 herangezogen:
- *Neue Zeitung* (im Weiteren abgekürzt mit NZ), überregionale große Wochenzeitung in einem Umfang von ca. 20 Seiten, als zentrales deutschsprachiges Blatt der Ungarndeutschen;
- *Sonntagsblatt* (SB), Vereinsblatt der Jakob-Bleyer-Gemeinschaft; erscheint sechsmal im Jahr im Umfang von ca. 30 bis 32 Seiten;
- *LandesratForum* [sic!], monatlich erscheinendes Informationsblatt des Landesrates der ungarndeutschen Chöre, Kapellen und Tanzgruppen, Umfang ca. 16 bis 20 Seiten;
- *Gajavölgye – Bründel* (GB), zweisprachiges Lokalblatt in der Gemeinde Nannau/Bakonynána im Komitat Wesprim/Veszprém, erscheint zweimal im Jahr in einem Gesamtumfang von ca. 12 Seiten, wobei lediglich ein minimaler Teil deutschsprachig ist;
- *Kőszeg és vidéke* (KV), dreisprachiges – ungarisch, deutsch und kroatisch – Lokalblatt in der Stadt Güns/Kőszeg im Komitat Eisenbrunn/Vas mit monatlichem Erscheinen in einem Gesamtumfang von ca. 32 Seiten; der deutschsprachige Anteil beträgt höchstens eine Seite;
- *Vörösvári Újság/Werischwarer Zeitung* (WZ), zweisprachiges Lokalblatt in der Stadt Werischwar/Pilisvörösvár im Komitat Pest, Erscheinungsrhythmus: monatlich, Gesamtumfang: 32 bis 40 Seiten, deutschsprachig sind nur ein bis zwei Seiten.

Somit wurde angestrebt, möglichst die ganze typologische Vielfalt der ungarndeutschen Presselandschaft zu berücksichtigen: von kleinen „unscheinbaren" Gemeindeblättern, bei denen die deutsche Sprache nur in einigen wenigen Rubriken vertreten ist, über diverse und wenigstens zum Teil professionellere gänzlich deutschsprachige Vereins- und Informationsblätter bis hin zu einer traditionsreichen überregionalen ungarndeutschen Wochenzeitung.

4 Die analysierten Presseorgane: Befunde und Interpretationen

4.1 Grundannahmen

In Anlehnung an meine bisherigen Arbeiten (z.B. Földes 1995 und 2015) und an eigene Erfahrungen über den sprachkommunikativen und kulturellen Bezugsrahmen der Ungarndeutschen lassen sich folgende Grundannahmen formulieren:
(a) Viele Texte zeigen vergleichsweise wenig sprachliche und journalistische Professionalität.
(b) Infolge der spezifischen Sprachinsellage ist vielfach mit der Verwendung archaischer, veralteter oder veraltender Sprache zu rechnen.
(c) Aufgrund der starken mundartlichen Präsenz des Deutschen vor Ort kann der jeweilige Dialekt auf die Texte abfärben.
(d) Infolge der K.-u.-k.-Monarchie und der geographischen Lage findet man Austriazismen und gelegentlich auch Spuren des DDR-Deutsch, da jahrzehntelang Lehrbücher und Lektoren aus der DDR den Deutschunterricht in Ungarn mitgestalteten.
(e) Die Artikel enthalten – sowohl bezüglich von types als auch im Hinblick auf tokens – weniger metaphorisches Sprachgut als vergleichbare „binnendeutsche" Textsorten.
(f) Auswirkungen der deutsch-ungarischen sprachlichen und kulturellen Kontakte werden zahlreich nachzuweisen sein.

Schon der erste Eindruck legt nahe, dass die in Frage stehenden Medientexte meist nicht von professionellen und eine deutschsprachige schulische und akademische Ausbildung absolvierten Journalist(inn)en aus gut ausgestatteten Redaktionen stammen, sondern in ihrer Mehrheit von zwei- bzw. mehrsprachigen „Laien": Es sind vornehmlich Personen, die während ihrer Primärsozialisation mit Dialektvarietäten des Deutschen als funktionale Erstsprache konfrontiert wurden, während ihr spachkommunikativer Alltag heute grundlegend durch die ungarische Sprache geprägt ist. Überdies erstellen sie diese Pressetexte in einer dritten Varietät (also in Standarddeutsch), der sie – wenn überhaupt – nur in einem bescheidenen Umfang im Deutschunterricht (meistens nur als Fremdsprache) ausgesetzt waren. Folglich unterscheiden sich diese Druckerzeugnisse in ihren Produktionsbedingungen (und in ihren Rezeptionsbesonderheiten) erheblich von den bundesdeutschen Presseorganen. Ein weiteres Detail des sprachlichen Profils der Blätter ist, dass es sich um eine Art kollaboratives Schreiben mit Mehrautorenschaft handelt, da die Texte –

zumindest bei den größeren Blättern – von Lektor(inn)en, meist aus dem deutschen Sprachraum, gegengelesen und korrigiert bzw. bearbeitet werden.

Inhaltlich konzentriert sich die durchgeführte Analyse vor allem auf sog. tatsachenorientierte Texte politischer Provenienz insbesondere aus den thematischen Feldern Sprache(npolitik), Identitätspflege und Minderheitenkultur. Es geht mithin darum, mit welchen sprachlichen Mitteln, mit welchen symbolischen Formen und mithilfe welcher Kontexte die entsprechenden Botschaften und Argumente ausgedrückt werden.

Inkonsequenzen verschiedener Art und sprachliche Unebenheiten fallen bereits auf der Makroebene in großem Stil auf. Beispielsweise liest man beim „LandesratForum", dass der Jahrgang 2005 im „Jänner" mit „Nummer 1" startet, während 2017 im „Jannuar" [sic!] mit „Nummer 01" beginnt; hinzu kommt, dass ebenda das Jahr 2015 als Jahrgang „XV" und das Jahr 2017 als Jahrgang „XVI" geführt werden, wobei das Blatt auch dazwischen, also 2016, regulär erschien. Beim Gemeindeblatt „Bründel – Gajavölgye" springt ins Auge, dass auf der Titelseite wie auch in den Texten viele Jahre lang „Deutsche Minderheiter Selbstverwaltung" stand, gemeint war die sog. Deutsche Minderheitenselbstverwaltung (siehe exemplarisch die Hefte 2005/3 und 2011/2).

Folgende Textausschnitte aus BG 2005/1, S. 6 (Abb. 3) und KV 2008/5, S. 15 (Abb. 4) sollen exemplarisch die mitunter abenteuerliche sprachliche Qualität, besonders von Lokalblättern, illustrieren:

ADVENTSPROGRAMM

AM 12. DEZEMBER BEIM GEMEINDEHAUS STATTGEFUNDENE UND WEIHNACHTSMARKT WAREN WIEDER EIN GUTES BEISPIEL DARAUF, DAß IN EINER SO KLEINEN ORTSCHAFT WIE BAKONYNÁNA DIE EINWOHNER UND DIE VERSCHIEDENE ORGANISATIONEN WIE HARMONISCH UND BEGEISTERT IN INTERESSE EINES ZIELES ZUSAMMENARBEITEN KÖNNEN.

Die in der Organisation und Abwicklung des Ereignisses Teilnehmer wollten die Vertraulichkeit der Weihnahcten ins Herz der Bevölkerung mit einem gemeinsamen Programm einstehlen; und in unserem rennenden Leben die Wichtigkeit der Menschengefühle, der Liebe, der Hilfeleistung, der Aufmerksamkeit betonen. Das ins weihnachtlichen Licht verkleideten Dorfhaus, die Liede des Frauenchors, die Gedichte der Kinder, die festliche Rede, der Glühwein und die Messe trugen zur Erschaffung des Weihnachtsschmuck bei, was alle Anwesenden bis zum fröhlichen Heiligabend begleitete.

Fr. Moór-Czepek Kornelia

Abb. 3: Kontaktgeprägter deutschsprachiger Text

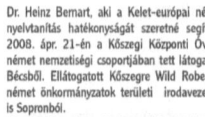

Abb. 4: Weiterer kontaktgeprägter deutschsprachiger Text

Abb. 5: Deutsche Zwischenüberschriften mit ungarischem Text

In vielen Fällen wird die deklarierte Zweisprachigkeit so realisiert, dass lediglich die Überschriften auf Deutsch erscheinen und alles andere Ungarisch ist. Folglich kann hier allenfalls von einer symbolischen Zweisprachigkeit die Rede sein, da nur emblematische Spuren von Mehrsprachigkeit vorliegen, vgl. z.B. KV 2015/7, S. 23 (Abb. 5) und WZ 2016/12, S. 28 (Abb. 6).

Abb. 6: Deutsche Überschrift und Unterüberschrift mit ungarischem Text

4.2 Wortebene

Auf der Wortebene wird innerhalb der politischen Lexik – nach der politolinguistischen Terminologie von Dieckmann (2005: 17 ff.) – oft auf spezifisches, durch die ungarische Umwelt geprägtes Institutsvokabular wie *Nationalitätenselbstverwaltung* (WZ, 2015/12, S. 24) oder auf Ideologievokabular wie *kommunistisches System* (NZ, 2014/9, S. 3) und noch häufiger auf allgemeines Interaktionsvokabular wie *Be-*

schlussfähigkeit (NZ, 2015/48, S. 17) zurückgegriffen. Hinsichtlich des strategischen Wortgebrauchs hat man es vor allem mit einer Reihe von Schlagwörtern[3] zu tun wie *Deutsch, Muttersprache, Identität, Minderheit* usw. und sog. Fahnenwörter wie *Deutsche in Ungarn* vs. *ungarländische Deutsche* vs. *deutsche Volksgruppe* vs. *Ungarndeutsche/UNGARNdeutsche* vs. *Schwaben* vs. *ung(a)rische Schwaben* vs. *deutsche Minderheit* vs. *deutschsprachige Minderheit* vs. *Deutschstämmige*. Es konnten auch sog. Hochwertwörter[4] wie *Frieden, Freiheit, Demokratie* (SB, 2014/1, S. 4) und Stigmawörter wie *Altkommunisten* (SB, 2013/3, S. 2) registriert werden. Es fällt auf, dass die in der bundesdeutschen politischen Kommunikation und den Medien der Gegenwart so zentrale „politische Korrektheit" in den untersuchten ungarndeutschen Publikationen keine oder kaum eine Rolle spielt, z.B. werden Lexeme wie *Zigeuner* (NZ, 2014/8, S. 5) regulär verwendet. Ebenfalls begegnet im Belegmaterial viel Kulturspezifisches bzw. Kulturtypisches wie *Ethnobusiness* (SB, 2014/1, S. 3: das Phänomen, wenn eine Person, die nicht einer bzw. nicht der gegebenen Minderheit angehört, aber in der Hoffnung auf finanzielle oder sonstige gesellschaftliche Vorteile sich der gegebenen Minderheit angehörig deklariert und in dieser Eigenschaft die Bekleidung von entsprechenden Posten im öffentlichen Leben anstrebt) oder das unauffällig auffällige *Karpatenbecken* (SB, 2011/2, S. 1: in Deutschland auch als Pannonisches Becken oder Pannonische Tiefebene bekannt; das von den Karpaten, den Alpen und dem Dinarischen Gebirge umgebene Becken in Ostmitteleuropa, das eine große Überlappung mit dem Territorium des historischen Königreichs Ungarn aufweist und heute oft quasi als Synonym für Großungarn verwendet wird).

Im Hinblick auf die Strategien in der politischen Kommunikation lassen sich am Belegkorpus drei Typen ermitteln:
– Basisstrategien (vgl. zum Begriff Klein 2002: 376 f. und Niehr 2014: 82), die eine Anpassung an die und eine Ausrichtung an den Präferenzen relevanter Adressatengruppen und somit eine Aufwertung der eigenen Position anstreben, z.B. im Beleg (1) durch die Wahl der ersten Person Plural des Possessivpronomens (also: *unsere Bürgermeister* und *unsere lokalen Abgeordneten* statt einfach: *die Bürgermeister* bzw. *die lokalen Abgeordneten*):

---

3 Niehr (2014: 70) weist im Anschluss auf Dieckmann (1975: 102) darauf hin, dass Schlagwörter keine Oberflächenphänomene darstellen und ein Lexem nicht per se Schlagwort ist, sondern als Schlagwort gebraucht wird. Sie treten – eben wegen ihrer Eigenschaft als Schlagwörter – in den Texten sehr häufig auf, so dass ich hier auf eine Angabe von Belegstellen verzichte.
4 Zur Terminologie und ihrer Diskussion vgl. Niehr (2014: 69 ff.).

(1) Am 12. Oktober können wir unsere Bürgermeister, unsere lokalen Abgeordneten in die deutschen Nationalitäten-Selbstverwaltungen wählen. (NZ, 2014/32, S. 1).

- Kaschierstrategien (Begriff nach Klein 2002: 376; 382 f. und Niehr 2014: 84), die Verstöße gegen die Präferenzen relevanter Adressatengruppen und/oder gegen die kommunikativen Normen der Informativität, der Wahrheit, der Relevanz und der Klarheit für Adressaten verbergen sollen, z.B. im Beleg (2), in dem auf die gestellte Suggestivfrage gleich, bevor der Leser selbst vielleicht nachdenken könnte, die kategorische Antwort *Undenkbar* folgt:

(2) Wie wärs, wenn die Regierung und die Parteien erst einmal in sich gehen würden, wenn sie sich selber und auch anderen [sic] Einrichtungen wie Verwaltung, Gerichte, Theater und Schulen einer ähnlichen Förderungsbeschränkung unterziehen würden? Undenkbar. (SB, 2011/2, S. 2).

- Konkurrenzstrategien (Terminus nach Klein 2002: 376: 389 ff. und Niehr 2014: 88), etwa das „Besetzen von Begriffen", die die Aufgabe haben, die eigenen sprachlichen Ressourcen auszubauen und die des politischen Gegners gleichzeitig zu beschränken, z.B. die Prägung *Auslandsmadjarentum* im Beleg (3); bei diesem Kompositum wollte der Textschreiber mit dem etwas krass klingenden Grundwort *Madjarentum* das Ungarisch-Nationale der ethnischen Ungarn außerhalb der ungarischen Staatsgrenzen stark herausstellen, als eine Art Gegenpol zur deutschen Minderheit innerhalb Ungarns:

(3) Hier eine kleine Kostprobe: neben Rechten auch Pflichten und Verantwortung der Staatsbürger; [...] Festschreiben der Werte der nationalen Zusammengehörigkeit mit dem Auslandsmadjarentum [...]. (SB 2011/2, S. 1).

4.3 Textebene

Auf der Textebene sollen für die beobachteten Besonderheiten exemplarisch die spezifischen Erscheinungsformen von Intertextualität genannt werden. Der Phänomenkomplex ‚Intertextualität' manifestiert sich in den ungarndeutschen Medientexten nämlich auf verschiedenen Ebenen: (1) zum einen intralingual, also innerhalb der deutschen Sprache, wobei sie (a) intrakulturell[5] und (b) interkulturell[6] auftreten kann und zum anderen (2) interlingual, also zwischen Deutsch und Ungarisch, wobei hier die Erscheinungstypen (a) intrakulturell, (b) interkulturell und (c) transkulturell möglich sind. Als Beispiel für eine interlinguale interkulturelle Intertextualität kann ein Artikel aus der NZ (2013/24, S. 3) dienen, der die Überschrift „Das Wasser ist Herr" trägt. Hier liegt ganz offensichtlich eine Anspielung auf eine bekannte Verszeile des ungarischen Nationaldichters Sándor Petőfi aus dem Gedicht „Föltámadott a tenger", zu Deutsch: „Ein Meer hat sich erhoben" (in der Übersetzung von Martin Remané), vor. Die vielzitierte Zeile aus diesem politisch-allegorischen Gedicht lautet im ungarischen Original: „Azért a víz az úr!", wörtlich: „Gleichwohl ist das Wasser der Herr!", in der Übersetzung von Remané: „Die Flut bleibt Herr der Welt!". Dass es im Zeitungsartikel um eine Intertextualität interlingualer und interkultureller Provenienz geht, wird auch daran deutlich, dass der betreffende Vers wörtlich aus dem Ungarischen übersetzt und nicht die künstlerische (etablierte) deutsche Übersetzung zitiert wurde.

Als textsortenbezogene Auffälligkeit kann z.B. die auf der Titelseite des LandesratForums (2010/5) abgedruckte Bekanntmachung angeführt werden. Der Text beginnt mit den fett hervorgehobenen Zeilen: „Aufruf des Landesrates: Volkszählung im Jahr 2011! Ja, wir sind Schwaben/Deutsche in Ungarn! Das ist unsere Nationalität!" und endet mit dem Satz (ebenfalls fett hervorgehoben): „Ja, wir bekennen uns zum Deutschtum in Ungarn!" Eine Kundmachung zu einem ähnlichen Zweck würde im deutschen Sprachraum wohl kaum so viel Emotionales und Persönliches enthalten.

4.4 Phraseologie und figuratives Lexikon

Phraseologie und figuratives Lexikon offerieren besonders viele markante Merkmale. Geht man auf induktive Weise phänomenorientiert und problembezogen vor, ergibt die Untersuchung der erschlossenen Belege aus den Quellentexten folgende Befunde.

---

5 Also eine Bezugnahme auf einen anderen deutschsprachigen Text aus der eigenen deutschen Kultur.
6 Bezugnahme auf einen deutschsprachigen Text aus einer anderen (z.B. der ungarischen) Kultur.

4.4.1 Auffälligkeiten mit Blick auf die Systemebene
4.4.1.1 Formvarianten (Besonderheiten in der Komponentenreihenfolge, in der Schreibung, in der Flexion etc.)

Dies entspricht etwa dem „Typ Aa" bei Johanson (2014: 277–278) in seiner Typologie der Kontakt-Verflechtungen in der geschriebenen Sprache.
Für Eigenheiten im Bereich der Komponentenabfolge steht Beleg Nr. (4):

(4) Es gab viele Programme für Kleine und Große. (GB, 2007/4, S. 4).

Diese Reihenfolge gibt das Benennungsschema des Ungarischen – *apraja, nagyja* („Klein und Groß")[7] – wieder. In einem „binnendeutschen" Text hätte man wohl *Groß und Klein* geschrieben. Außerdem wirkt der Ausdruck *viele Programme* aus „binnendeutscher" Sicht eher unüblich; vielmehr wäre wohl von einem *umfangreichen Programmangebot* die Rede gewesen oder man hätte sich einfach für *viel geboten* entschieden (siehe Földes 2015: 244).

4.4.1.2 Lexikalische Varianten

In diesem Typ werden einzelne phraseologische Komponenten durch semantisch nahestehende Lexeme substituiert. Dieses Phänomen lässt sich, Leuninger (1987: 27) zufolge, so interpretieren, dass eine gleichzeitige Aktivierung bedeutungsverwandter und daher vernetzter Ausdrücke bzw. naher Konzepte (Speicherung im inneren Lexikon) erfolgt. Die Varianz kann in der Datensammlung sowohl substantivische als auch verbale Konstituenten betreffen. Siehe den nachstehenden Beleg:

(5) Deshalb wurde beschlossen, verstärkt auf die Komitatsverbände zu setzen, denn die bisherigen Erfahrungen zeigen, nur die persönliche Überzeugungsarbeit bringt Früchte. (NZ, 2014/9, S. 1).

In diesem Satz würde man sich im „Binnendeutschen" statt für *bringt Früchte* eher für *trägt Früchte* entscheiden.

4.4.1.3 Semantische Varianten

(6) Der wirtschaftliche Aufschwung in unserem Mutterland[8] kommt eindeutig auch Ungarn zugute. Deutsche Autofirmen – Audi, Opel und Mercedes –, die

---

7 In Anführungszeichen steht immer die wortgetreue Übersetzung der gegebenen Wendung.
8 Mit *Mutterland* meinen die Ungarndeutschen Deutschland.

hierzulande, in auch von Deutschen bewohnten Regionen, Standorte aufmachten, ziehen [...] die ungarische Wirtschaft nach sich, insbesondere den Export. Und sie schaffen auch viele Tausende Arbeitsplätze. [...] Am besten schreiben wir uns das an den Schornstein. (SB, 2013/5-6, S. 4).

Hier sind verschiedene semantische Interpretationen denkbar. Der Phraseologismus *etw. in den Schornstein schreiben* bedeutet den Duden-Angaben zufolge (= ‚etw. als verloren betrachten' (Dudenredaktion 2013: 664]. Beleg (6) scheint dem semantisch nicht zu entsprechen, es würde sich analytisch anbieten, einen Kontakteinfluss aus dem Ungarischen anzunehmen. Das Bild ist aber offenbar bunter: Die formal gleichartige ungarische Wendung *felírjuk/fel kell írni a kéménybe* bedeutet ‚ungewöhnliches Ereignis, z.B. seltener Besuch' (O. Nagy 1996: 346), also etwas Anderes als der Inhalt des Belegs (6). Varietäten des Deutschen zeigen diesbezüglich eine Vielfalt: Die Version des österreichischen Deutsch *etw. in den Rauchfang schreiben* kann die Bedeutung ‚ein seltener Besuch o.ä.; höchst merkwürdig, ein seltener Fall' haben und somit in dieselbe Richtung wie die ungarische Variante gehen. Zieht man ungarndeutsche Dialekte mit heran, so wird man eher fündig: In einigen Regionen, wie z.B. in Nadwar/Nemesnádudvar und Tschasartet/ Császártötés in der Nordbatschka mit rheinfränkischer Basismundart, konvergiert zwar die Wendung mit der Bedeutung des ungarischen und des österreichischen Pendants, aber in vielen Orten, so z.B. im schwäbischsprachigen Hajosch/Hajós, ist der Phraseologismus in der Bedeutung ‚daran zweifle ich, das glaube ich nicht so recht' geläufig. Dieser Sinn dürfte auch im analysierten Textbeleg stecken. Im Übrigen kann oder zumindest konnte man nicht ganz unähnliche Bedeutungsinterpretationen auch im „binnendeutschen" Raum finden. Einige lexikographische Quellen, wie z.B. Röhrich (1991/92: 1397) und Wander (1964: IV/Spalte 328) weisen nämlich dem Phraseologismus *das muss man in den Schornstein schreiben* „im Bad[ischen]" eine weitere Bedeutung zu: „Man gebraucht sie, wenn etw. sehr Seltenes geschieht, i[m] S[inne] v[on] ‚etw. im Kalender ankreuzen'".

4.4.1.4 Stilistische und pragmatische Varianten

(7) Viel Kohle wird der Staatskasse da nicht zurollen. Gelder für Programme der MSVW werden erst im August flüssig gemacht. (SB, Leitartikel, 2011/2, S. 2).

Die Passage wäre für „binnendeutsche" Verhältnisse – zumal für die Textsorte Leitartikel – zu umgangssprachlich. Außerdem: Eigentlich muss es heißen: *der Rubel rollt*, nicht *die Kohle*. Die Sätze sind inhaltlich nicht kompatibel, im ersten fließt Geld in die Staatskasse hinein, im zweiten heraus. Der Formulierung liegt die konzeptuelle Metapher GELD IST WASSER zugrunde.⁹ In einem „binnendeutschen" politischen Kommentar würde man eher *Geld zukommen* und statt *„flüssig machen"*,¹⁰ eher *fließen* oder *zur Verfügung gestellt* schreiben. Eine Formulierungsalternative könnte lauten: *Viel Geld wird da nicht aus der Staatskasse kommen./Viel Geld aus der Staatskasse wird es (da) nicht geben. Gelder für Programme [...] fließen erst ab August wieder* (siehe Földes 2015: 246).

4.4.1.5 Varianten im Sinne der unterschiedlichen Füllung von bedeutungsgleichen Strukturen mit unterschiedlichem Sprachmaterial

(8) Am Ende einer intensiven Arbeitswoche mit sehr viel Spaß sind Freundschaften geschlossen worden und so manche Vorurteile über Bord gegangen. (NZ, 2012/39, S. 7).

In einem „binnendeutschen" Text hätte man wohl geschrieben: *Vorurteile über Bord geworfen werden*.

4.4.1.6 „Hungaro-Germanismen"

Diese Subklasse besteht aus kulturspezifischen Einheiten in der Sprachverwendung der Ungarndeutschen, also aus Phraseologismen, die im „Binnendeutschen" unbekannt sind und auch keine Pendants besitzen; sie gelten meist als phraseologische Transferenz-Übersetzungen ungarischer Vorlagen, z.B. Beleg (9):

(9) Am 08. Mai gab das Kulturhaus in Mesch/Mözs der dritten Qualifizierung das Zuhause. (LandesratForum, 2016/6, S. 4).

Der phraseologische Item *einer Sache das Zuhause geben* geht wahrscheinlich auf ein ungarisches Muster zurück: *vminek otthont ad*, d.h. ‚etwas beherbergen; einer Sache als Schauplatz dienen'. In einem bundesdeutschen Blatt stünde eher: *Am 8. Mai wurde im Kulturhaus in Mesch/Mözs die dritte Qualifizierung gefeiert* oder *Am 8. Mai fand im Kulturhaus in Mesch/Mözs die dritte Runde des Wettbewerbs statt*.

---

9 GELD als Zielbereich und WASSER als Quellbereich.
10 Der Ausdruck *flüssig machen* klingt als seien vorher die Konten eingefroren. Hinsichtlich der Metapher: Das Wasser ändert seinen Aggregatzustand.

In vielen Fällen spielen komplexe kulturelle Faktoren hinein. Als Beispiel möge der auch vom politischen Inhalt her nicht uninteressante Text unter dem Titel „Mit einem Binkel gekommen?" dienen:

(10) Wenn man in Ungarn über die Ungarndeutschen – eigentlich die „Schwaben" (svábok) – spricht, über deren Geschichte schreibt, so steht immer wieder beinah [sic!] selbstverständlich, [sic!] die geflügelte Aussage im Vordergrund: Mit einem Binkel gekommen, mit einem Binkel mussten sie gehen. (SB, 2016/4, S. 16).

Der also mittlerweile zu einem verbreiteten geflügelten Wort gewordene Ausspruch „A svábság egy batyuval jött ide, egy batyuval is menjen" (auf Deutsch: Das Schwabentum kam mit einem Bündel hierher, es soll auch mit einem Bündel gehen) stammt von Imre Kovács, dem Generalsekretär der Nationalen Bauernpartei, der sich auf deren Parteitag und schriftlich in der Zeitung „Szabad Szó" (10.04. 1945) in diesem Sinne äußerte. Gemeint war, dass die Ungarndeutschen (die sog. „Schwaben") bei ihrer Ansiedlung nach Ungarn im 18. Jahrhundert arm, mit nur wenigen Habseligkeiten, gekommen seien; dementsprechend sollten sie bei ihrer Zwangsaussiedlung (oder wie es die Ungarndeutschen meist nennen: Vertreibung) im Gefolge des Zweiten Weltkrieges das Land Ungarn gleicherweise ohne ihre Güter wieder verlassen.

4.4.2 Auffälligkeiten mit Blick auf die Verwendungsebene

(11) Hut ab vor den jungen Menschen, die die Mundarten hegen und pflegen. (SB, 2011/1, S. 2).

Hier sind die beiden Phraseologismen an sich nicht auffällig, ihre Kombination in einem Pressetext kann aber wohl als salient betrachtet werden: *Hut ab* klingt umgangssprachlich, während *hegen und pflegen* eher gehoben (und gar veraltend) wirkt.

Eine krasse Verwendungsauffälligkeit ist wohl im Beleg (12) zu erblicken.

(12) Seine Zuhörer waren erstaunt, einige pfiffen. Sárközy zeigte Reue und steckte seine krumme Nase tief ins elsässische Stroh. (SB, 2011/1, S. 11).

Es handelt sich um Nicolas Sarkozy,[11] den ehemaligen Staatspräsidenten der Französischen Republik. Mit der *krummen Nase* wird wahrscheinlich auf seine jüdische Abstammung hingedeutet, was in einer bundesdeutschen Publikation ein absolutes Tabu und daher ein derartiger Satz gänzlich unvorstellbar wäre. In diesen Verwendungsbeleg spielen nicht in erster Linie sprachliche, vielmehr divergierende kulturelle Normen und Faktoren des Anstandes hinein.

5 Literalität und politischer Mediendiskurs im Schnittfeld von zwei Sprachen und Kulturen: Zusammenfassende Auswertung und Fazit

Die durchgeführte Untersuchung hat klar werden lassen, dass die Sprache der Medien (über die Politik) bei Ungarndeutschen weder wie die „binnendeutsche" noch wie die ungarische ist; andere Produktions- und Rezeptionsbedingungen und andere kommunikative Aufgaben führen zu einem anderen linguistischen Profil (mit spezifischen Handlungs- und Bewertungsnormen). Eine eigenständige ‚politische Mediensprache' (Abb. 1) oder ein fester Kommunikationsbereich ‚Sprache der Medien über Politik' (Abb. 2) mit klarem Profil und konturierten Merkmalen war nicht auszumachen, vielmehr liegt eine breite Palette dynamischer Varianz und oszilierender Heterogenität vor.

Die unter 4.1 formulierten Grundannahmen haben sich, wenn auch in unterschiedlichem Maße, bestätigt: am ehesten die Annahmen (a) sowie (f) und am wenigsten Annahme (d).

Es ist deutlich geworden: Die analysierten Presseprodukte zeugen von einer spezifischen Sprach- und Text(sorten)kompetenz der mehrsprachigen Textproduzenten, wobei sich ihrem Varietätenrepertoire entsprechend ein Zusammenspiel von standard- und substandarddeutschen Charakteristika, aber auch von ungarischen Textroutinen und Musterhaftigkeiten bemerkbar macht. Über verschiedene natürliche Manifestation bilingualer Sprachkompetenz hinaus legt das Datenkorpus – hauptsächlich bei Gemeindeblättern und Informationsblättern – eine allmähliche Spracherosion seitens ungarndeutscher Textschreiber nahe, vgl. Beleg (9). Die sprachliche wie auch die journalistische Qualität vieler Druckmedien verdeutlicht, dass die schriftsprachliche Kompetenz ihrer Verfasser in der Minderhei-

---

11 Da er väterlicherseits ungarischer Herkunft ist, verwendet man in Ungarn meist die ursprüngliche ungarische Schreibweise *Sárközy*.

tensprache Deutsch stark unter dem Dominanzdruck der Mehrheitssprache Ungarisch steht. Folglich treten vor allem Uneinheitlichkeiten, also Eklektizismus und Schwankungen in stilistisch-pragmatischer Hinsicht und/oder in der Satz- und Textkonstruktion auf. Die kommunikativ-rhetorischen Leistungen der Sprache mancher ungarndeutschen Blätter sind recht überschaubar; bei Minderheitenmedien tritt – auch auf dem Gebiet der politischen Kommunikation – ohnehin die beziehungs- und identitätsstiftende Funktion in den Vordergrund. Texte dienen schließlich als „soziale Werkzeuge" (Fritz 2013: 14 f.), die auf eine beständige Konstituierung einer raumbezogenen ethnisch-kulturellen Identität – auch als gesellschaftlicher Wissensvorrat – angelegt sind.

In der Konsequenz wiesen die gesichteten Publikationen, zumal die kleineren, kaum oder allenfalls wenig ausgeprägte Textsortenspezifik auf, sind doch die Textproduzenten nicht in allen Registern der Schriftsprache Deutsch hinlänglich versiert. Aufgrund lädierter Textsortenkompetenz kann manchmal allenfalls die Herstellung der referenziellen Ebene einigermaßen gewährleistet werden. Die von Dieckmann (2005: 12) für den politischen Diskurs postulierten informativen und persuasiven Sprachmittel vermischen sich mitunter zu salienten Textmustern. Die Untersuchung demonstriert, dass zwischen objektiver Berichterstattung und subjektiv-emotionaler Stellungnahme oft kaum differenziert wird, was eine Textsortenverschmelzung generiert: Es gibt keine klare Unterscheidung zwischen „informations-" und „meinungsbetonten" Texten, insbesondere zwischen Bericht und Kommentar (der Duktus ist auf Wertung hin angelegt). Mithin gerät die Opposition Informationsjournalismus vs. Meinungsjournalismus („Gesinnungspublizistik") ins Blickfeld, wobei hier eher Letzteres zutrifft, häufig mit eindeutiger Parteinahme.

Ein kennzeichnendes Merkmal des ungarndeutschen Mediendiskurses ist eine spezifische Themenfrequenz: Ein starker Fokus liegt auf minderheitenbezogenen Themen; andere Politikfelder spielen kaum oder allenfalls in Verbindung mit Minderheitenfragen eine Rolle.

Für die usuelle kommunikative Praktik der Pressetexte, besonders der politischen, sind eine Dichte ideologiebezogener Bezeichnungsfelder und Wortnetze (mit deontisch aufgeladenen Wörtern) und eine häufige und intensive Emotionalisierung (z.B. emotionalisierende Metaphorik, frame-evozierende Elemente) charakteristisch.

Der untersuchten Minderheitenpresse kann man einen sog. relationalen Charakter[12] bescheinigen. Dies äußert sich darin, dass für die ungarndeutsche Medien-

---

12 Vgl. zum Paradigma der relationalen Strukturen in der Minderheitenforschung z.B. Bican (2013: 154 ff.).

landschaft – ungeachtet der massiven Sprach- und Kulturkontaktphänomene und ihrer als deren Folge entstehenden transkulturellen Textwelt – eher das Pressewesen des zusammenhängenden deutschen Sprachraums (und weniger die Presse der Mehrheit bzw. anderer Minderheiten in Ungarn) als Vorbild und Bezugssystem angesehen wird.

Ein hervorstechendes Merkmal liegt in der Essenzialisierung bzw. im kulturellen und strategischen Essenzialismus. In diesem Zusammenhang lassen sich oftmals statische Denkmuster feststellen. Unter Essenzialisierung wird – nach Babka & Posselt (2003) – eine Festschreibung des Anderen auf seine Andersartigkeit bzw. des Eigenen auf seine ursprüngliche Wesenheit (Essenz) bei einer Nivellierung innerer Differenzen verstanden.

Last, not least konnte ein genuines Alleinstellungsmerkmal, ein spezifisches Beziehungsgefüge von Mündlichkeit vs. Schriftlichkeit, festgestellt werden. Den heuristischen Rahmen zu dessen Erfassung liefert die Unterscheidung von medialer und konzeptioneller Mündlichkeit und Schriftlichkeit bei Koch & Oesterreicher (1985). Die dem Schriftlichkeitspol entsprechende Kommunikationsform ist die „Sprache der Distanz" (Koch & Oesterreicher 1985: 21). Interessant ist, wie sich das Spannungsfeld konzeptionelle Schriftlichkeit und Mehrsprachigkeit gestaltet, wie es um die konzeptual-schriftlichen Fähigkeiten[13] ungarndeutscher Medienschaffender bestellt ist. In diesem Feld liegen markante Auffälligkeiten klar auf der Hand: Ein großer Teil der erschlossenen Artikel repräsentiert eine Form schriftlicher Alltagssprache, man könnte sie metaphorisch als „Parlando-Texte" bezeichnen, also als ein „textuelles Strickmuster zwischen Mündlichkeit und Schriftlichkeit" (Nussbaumer & Sieber 1994: 320). Im Wesentlichen sind es spezifische kommunikative Grundmuster im Sinne von Texten, die typische Merkmale der gesprochenen Sprache aufweisen. Derartige Texte bieten substanzielle Kommunikationsbedingungen konzeptioneller Mündlichkeit (wie Dialogizität, Vertrautheit mit dem Partner, freie Themenentwicklung und Affektivität), auch wenn sie schriftlich, daher in etwas veränderter Form, realisiert werden. Parlando als textuelles Phänomen erzeugt ein Gefühl von Vertrautheit, vermittelt eine entsprechende Grundstimmung und spricht die affektive Verhaltenskomponente beim Rezipienten an (Sieber 1998: 191).

---

13 Mit konzeptual-schriftlichen Fähigkeiten wird im Anschluss an Cantone/Haberzettl 2009: 46) eine Kompetenz gemeint, „sich je nach Kommunikationssituation einer Sprache der Nähe oder der Distanz [...] bzw. verschiedener Abstufungen zwischen den extremen Polen dieses Kontinuums zu bedienen und nicht ‚monostilistisch' stets im Duktus konzeptioneller Mündlichkeit zu formulieren".

Der Umfang dieser korpuslimitierten Untersuchung erlaubt naturgemäß keine besonders weitreichenden Schlussfolgerungen. Die Erfahrungen und Erkenntnisse machen aber wahrscheinlich, dass analoge Befunde auch bei anderen auslandsdeutschen Minderheitenmedien festzustellen wären. Das könnte und sollte Gegenstand eines größeren Projekts zur Erfassung und Beschreibung der aktuellen Pressesprache außerhalb des zusammenhängenden deutschen Sprach- und Kulturraums sein.

Literatur

Babka, Anna & Gerald Posselt (2003): Essentialismuskritik. In *Produktive Differenzen. Forum für Differenz- und Genderforschung*. Stand 06.10.2003. http://differenzen.univie.ac.at/glossar.php?sp=16 [Zugriff: 17.03.2017].

Bican, Bianca (2013): Deutschsprachige kulturelle Presse Transsilvaniens. Einblicke in die zweite Hälfte des 19. Jahrhunderts und in die Zwischenkriegszeit. Wien/Zürich/Berlin/Münster: LIT. (Transkulturelle Forschungen an den Österreich-Bibliotheken im Ausland; 10).

Brinker, Klaus, Gerd Antos, Wolfgang Heinemann & Sven F. Sager (2000): Vorwort. In Klaus Brinker, Gerd Antos, Wolfgang Heinemann & Sven F. Sager (Hrsg.), *Text- und Gesprächslinguistik. Ein internationales Handbuch zeitgenössischer Forschung*. 1. Halbband. Berlin/New York: de Gruyter. (Handbücher zur Sprach- und Kommunikationswissenschaft; 16.1), XVII–XXII.

Burkhardt, Armin (1996): Politolinguistik. Versuch einer Ortsbestimmung. In Josef Klein & Hajo Diekmannshenke (Hrsg.), *Sprachstrategien und Dialogblockaden. Linguistische und politikwissenschaftliche Studien zur politischen Kommunikation*. Berlin: De Gruyter. (Sprache, Politik, Öffentlichkeit; 7), 75–100.

Cantone, Katja & Stefanie Haberzettl (2009): „Ich bin dagegen warum sollte man den kein Handy mit nehmen" – zur Bewertung argumentativer Texte bei Schülern mit Deutsch als Zweitsprache. In Karen Schramm & Christoph Schroeder (Hrsg.), *Empirische Zugänge zu Spracherwerb und Sprachförderung in Deutsch als Zweitsprache*. Münster/New York/München/Berlin: Waxmann. (Mehrsprachigkeit; 23), 43–65.

Dieckmann, Walther (1975): *Sprache in der Politik. Einführung in die Pragmatik und Semantik der politischen Sprache*. Heidelberg: Winter. (Sprachwissenschaftliche Studienbücher: Abteilung 2).

Dieckmann, Walther (2005): Deutsch: politisch – politische Sprache im Gefüge des Deutschen. In Jörg Kilian (Hrsg.), *Sprache und Politik. Deutsch im demokratischen Staat*. Mannheim/Leipzig/Wien/Zürich: Dudenverlag. (Thema Deutsch; 6), 11–30.

Dudenredaktion (2013): *Duden. Redewendungen. Wörterbuch der deutschen Idiomatik*. 4., neu bearb. u. aktual. Aufl. Berlin: Dudenverlag. (Duden; 11).

Eichinger, Ludwig M. (2018): Keine Grammatik der politischen Sprache. In diesem Band, 35–54.

Földes, Csaba (1995): Phraseologie im Deutschen als Minderheitensprache. Am Beispiel der Ungarndeutschen. In Rupprecht S. Baur & Christoph Chlosta (Hrsg.), *Von der Einwortmetapher zur Satzmetapher. Akten des Westfälischen Arbeitskreises Phraseologie/Parömiologie*; 94/95. Bochum: Brockmeyer. (Studien zur Phraseologie und Parömiologie; 6), 163–189.

Földes, Csaba (2015): Literalität im Schnittfeld von zwei Sprachen und Kulturen: Beobachtungen anhand der Phraseologie in der Sprache der Lokalpresse. In Regula Schmidlin, Heike Behrens & Hans Bickel (Hrsg.), *Sprachgebrauch und Sprachbewusstsein. Implikationen für die Sprachtheorie*. Berlin/Boston: de Gruyter, 239–260.

Fritz, Gerd (2013): *Dynamische Texttheorie*. Gießen: Gießener Elektronische Bibliothek. (Linguistische Untersuchungen; 5).

Johanson, Lars (2014): Written language intertwining. In Bakker, Peter & Yaron Matras (Eds.), *Contact Languages. A comprehensive guide*. Boston/Berlin: De Gruyter, 275–331.

Klein, Josef (2002): Politische Kommunikation als Sprachstrategie. In Otfried Jarren, Ulrich Sarcinelli & Ulrich Saxer (Hrsg.), *Politische Kommunikation in der demokratischen Gesellschaft. Ein Handbuch mit Lexikonteil*. Nachdr. Opladen: Westdt. Verlag, 376–395.

Koch, Peter & Wulf Oesterreicher (1985): Sprache der Nähe – Sprache der Distanz. Mündlichkeit und Schriftlichkeit im Spannungsfeld von Sprachtheorie und Sprachgeschichte. In *Romanistisches Jahrbuch* 35, 15–34.

Leuninger, Helen (1987): Das ist wirklich ein dickes Stück. Überlegungen zu einem Sprachproduktionsmodell. In Josef Bayer (Hrsg.), *Grammatik und Kognition. Psycholinguistische Untersuchungen*. Opladen: Westdt. Verlag (Linguistische Berichte; Sonderheft; 1), 24–40.

Moser, Hugo (1962): Geleitwort des Herausgebers. In Rizzo-Baur, Hildegard: *Die Besonderheiten der deutschen Schriftsprache in Österreich und in Südtirol*. Mannheim: Dudenverl. des Bibliogr. Inst. (Duden-Beiträge; 5), 7–13.

Niehr, Thomas (2014): *Einführung in die Politolinguistik. Gegenstände und Methoden*. Göttingen: Vandenhoeck & Ruprecht. (UTB; 4173).

Nussbaumer, Markus & Peter Sieber (1994): Parlando: Schreiben zwischen Mündlichkeit und Schriftlichkeit. In Peter Sieber & Edgar R. Brütsch (Hrsg.), *Sprachfähigkeiten – besser als ihr Ruf und nötiger denn je! Ergebnisse und Folgerungen aus einem Forschungsprojekt*. Aarau: Sauerländer. (Sprachlandschaft; 12), 318–332.

O. Nagy, Gábor (1996): *Magyar szólások és közmondások*. 5. kiad. Budapest: Gondolat.

Röhrich, Lutz (1991/1992): *Das große Lexikon der sprichwörtlichen Redensarten*. Freiburg i.Br.: Herder.

Sieber, Peter (1998): *Parlando in Texten. Zur Veränderung kommunikativer Grundmuster in der Schriftlichkeit*. Tübingen: Niemeyer. (Reihe Germanistische Linguistik; 191).

Wander, Karl Friedrich (1964): *Deutsches Sprichwörter-Lexikon. Ein Hausschatz für das deutsche Volk*. Unveränd. fotomechan. Nachdr. der Ausg. Leipzig 1867–1880. Darmstadt: Wiss. Buchges.

Pascale Erhart
Sprachpolitik und Sprache in der Politik im elsässischen Fernsehen

Eine Untersuchung von Fernsehsendungen auf *France 3 Alsace*

Schlüsselwörter: Sprachen im Elsass, Sprachpolitik, Fernsehen

1 Einleitung

Im Elsass wird seit 2012 um die von Präsident François Hollande gewünschte Gebietsreform, die die Zahl der Regionen in Frankreich von 22 auf 13 reduzieren soll, gestritten. Im Rahmen dieser Reform soll das Elsass mit dem benachbarten Lothringen und der ostfranzösischen Region Champagne-Ardenne zu einer großen Gebietskörperschaft ab dem 1. Januar 2016 fusionieren. Um dies zu verhindern, wurde am 7. April 2013 von den Präsidenten der Région Alsace, Philippe Richert, und der zwei Départements, Guy Dominique Kennel (Bas-Rhin) und Charles Buttner (Haut-Rhin) eine Volksabstimmung organisiert, die zur Gründung eines „Einheitlichen Elsassrats" führen und die Fusion mit anderen Regionen vermeiden sollte. Bei dieser Volksabstimmung, an der nur 36% der Wähler teilnahmen, stimmte eine Mehrheit im Département Haut-Rhin (Oberelsass) gegen das Projekt, während das Département Bas-Rhin (Unterelsass) dafür stimmte. Für eine Umsetzung des Projekts wäre aber in beiden Départements eine Mehrheit nötig gewesen[1]. Das Scheitern der Abstimmung öffnete der Pariser Regierung den Weg zur Durchführung des geplanten Zusammenschlusses des Elsass mit anderen Regionen des nordöstlichen Frankreichs (Région Grand Est).

In den Medien und insbesondere im regionalen Fernsehen wurden die Debatten über diese Gebietsreform, sowie die heftigen Proteste, die sie im Elsass ausgelöst hat, natürlich oft angesprochen, aber interessanterweise wurden sie auch in den Dialektsendungen von *France 3 Alsace*, die sich seit den 2000er Jahren kaum noch mit Politik befassten, thematisiert. Zwei außergewöhnliche Sendungen der Diskussionssendung *Gsuntheim* wurden vor der Volksabstimmung 2013 ausgestrahlt sowie ein Gespräch im Dialekt mit Philippe Richert im November 2014 über

---

[1] http://www.lemonde.fr/politique/article/2013/04/07/echec-du-referendum-alsacien-de-fusion-des-collectivites_3155558_823448.html (letzter Zugriff am 20.06.16)

die bevorstehende, in der Zwischenzeit vom französischen Parlament verabschiedete Fusion vom Elsass mit Lothringen und der Region Champagne-Ardenne.

In diesem Beitrag wird diskutiert, wie diese Sendungen entstehen konnten und inwiefern Politiker in diesem Kontext die elsässischen Mundarten als Sprache der Politik bzw. politischer Themen einsetzen. Das Ziel von diesem Beitrag ist wohl, die Wirkung von Dialekt und Minderheitensprache in der Sprache der Politik als politolinguistisches Novum zu beleuchten.

2 Sprachpolitik im elsässischen Fernsehen (*France 3 Alsace*)

Seit den 70er Jahren geht der Gebrauch der alemannischen und fränkischen Mundarten immer stärker zurück, während die französische Sprache politisch und gesellschaftlich die legitime Sprache geworden ist (Bothorel-Witz & Huck 2000: 144), besonders bei jüngeren Sprechern. Laut der letzten quantitativen Untersuchung, die 2012 durchgeführt wurde, liegt der Anteil der Dialektsprecher im Elsass bei 43% (EDInstitut 2012). Verglichen mit den Zahlen von 1946 (90%) ist der aktuelle Rückgang des Dialektgebrauchs unverkennbar. Im Vergleich mit anderen Regionen in Frankreich, die herkömmlicherweise andere Sprachen benutzen wie die Bretagne, bleibt diese Zahl allerdings ziemlich hoch.

Um diese oft als „komplex" beschriebene Sprachsituation (Tabouret-Keller 1985: 13) besser zu verstehen, beschäftigen sich die Forscher seit mehreren Jahren mit den subjektiven Aspekten des Sprachgebrauchs, mit den Attitüden und der Art und Weise, wie die Mundartsprecher ihre Mundart, Französisch und Deutsch wahrnehmen und einschätzen.

Ziel der elsässischen Untersuchungen ist es, unter anderem, die Rolle der Mundarten in der elsässischen Gesellschaft zu erfassen: Wer spricht Dialekt, mit wem, in welcher Situation? In diesem Zusammenhang werden auch die Regelung des Sprachgebrauchs und die besondere Rolle der Mundarten in den regionalen Medien, vor allem im Fernsehen analysiert.

2.1 Das Entstehen von Dialektsendungen im Elsass

Wie die Sprachsituation im Elsass ist auch die Programmgestaltung des elsässischen Fernsehens ziemlich einzigartig. Um die Existenz und die Bedeutung von Dialektsendungen zu verstehen, muss zunächst hervorgehoben werden, dass

France 3 Alsace zu der französischen öffentlichen Fernsehgruppe *France Télévisions* gehört und deshalb eng mit dem Staat verbunden ist.

Die Entstehung dieses Regionalsenders, der 1954 *Télé-Strasbourg* hieß, entsprach dem sprachpolitischen Wunsch, im Elsass die französische Sprache zu fördern. Die audiovisuellen Medien, sei es Rundfunk oder Fernsehen, sollten dabei kräftig mitwirken, den Elsässern die französische Sprache beizubringen. Dies erklärt, warum die Mundarten in den ersten Sendungen von *Télé-Strasbourg* kaum benutzt wurden. Trotzdem kämpfte der Leiter der Regionalsendungen, Martin Allheilig, für die Gestaltung und die Ausstrahlung von Dialektsendungen (Allheilig 1996: 37):

> il fallait louvoyer et user de diplomatie pour assurer à l'alsacien une place digne de ce nom dans la grille des émissions. D'un côté, il y avait une minorité, souvent haut placée et hostile à l'expression dialectale. De l'autre, un public globalement favorable aux émissions alsaciennes. Celles-ci jouissaient d'une très large audience, dont on n'a plus idée de nos jours.
>
> [Man musste diplomatisch vorgehen, um dem Elsässischen einen würdigen Platz in der Programmgestaltung zu sichern. Auf der einen Seite gab es eine Minderheit von Personen, die oft in führenden Stellungen waren und dem Dialekt feindselig gegenüberstanden. Auf der anderen Seite gab es ein Publikum, das im Allgemeinen Dialektsendungen befürwortete. Diese hatten ein sehr breites Echo, das man sich heute kaum mehr vorstellen kann.]

Es ging darum, den elsässischen Zuschauern eine Unterhaltung im Dialekt anzubieten, was sowohl kulturell als auch sprachlich begründet war: in den 50er und 60er Jahren sprach die Mehrheit der Elsässer noch Dialekt, und nur die jüngeren Generationen beherrschten die französische Sprache gut genug, um sich französischsprachige Sendungen anzuschauen. Hinzu kommt, dass die Sendungen des Deutschen Rundfunks und Fernsehens damals im Elsass – zum Teil aus denselben sprachlichen Gründen – auf breite Resonanz stießen.

1974 wurde der Sender in *France Régions [FR] 3 Alsace* umgetauft und seine Rolle als öffentlicher Regionalsender wurde festgelegt: FR3 sollte „das Fernsehen der Elsässer" werden („*FR3 Alsace* doit être la télévision des Alsaciens", Erhart 2012: 81) und der Konkurrenz der deutschen Sender entgegenwirken. In diesen Jahren konnten also die ersten regelmäßigen und zahlreichen Dialektsendungen produziert werden, mit – unter anderem – der Witz- und Unterhaltungssendung „Làch d'r e Scholle" (1975–1990), die 300 Folgen lang ausgestrahlt wurde. Eine weitere in den 70er Jahren erschienene Dialektsendung war die von Germain Muller entworfene Talkshow „Tiens, Sie redde au Elsässisch" (1977–1983), in der er elsässische Persönlichkeiten zu einem Gespräch über unterschiedliche Themen einlud. Zu den meist berühmten Gästen der Sendungen gehören, unter vielen anderen, der Künstler Tomi Ungerer, der Fußballtrainer Gilbert Gress und der damalige Straßburger Oberbürgermeister und spätere Vorsitzende des Europa-Parlaments Pierre Pflimlin.

Bemerkenswert ist, dass dies alles in den 70er Jahren geschah, zu einer Zeit, als die Sprachkenntnisse im Elsass sich wesentlich verändert hatten und der Dialektgebrauch schon im Rückgang begriffen war. Besser gesagt: die Pariser Direktion von FR3 zeigte sich erst dann Dialektsendungen gegenüber tolerant, als jene keine Gefahr mehr für die offizielle Sprachpolitik (zu Gunsten des Französischen) darstellten.

In der von Germain Muller moderierten Sendung „Tiens, Sie redde au Elsässisch" vom 2. Oktober 1982 zog der Sendungsgast Martin Allheilig die Bilanz seiner Aktion als Programmleiter des Senders und betonte die Schwierigkeit, die Mundarten im Fernsehen durchzusetzen. Germain Muller bezeichnete sogar den Kampf für den Dialekt als „Résistance" (=Widerstand):

> Ich hàb so de Indrùck, dàss Sie in Bàriss in de Résistance sìn gsìnn, denn Sie sìnn ìn de Résistance gsìnn, ùn dàss Sie noo glich, ìn denne Dezember Däj, von denne wo mer sprèche wäre, ùff Stroosburi zerùck kùmme sìn, ùn Radio-Strasbourg mìtgegrìndt hàn, ùn dàss no e neji Résistance àngfànge het fer Sie... (Erhart, 2012: 285)
>
> [Ich habe so den Eindruck, dass Sie in Paris in einem Widerstand waren, denn Sie waren ja bei der Résistance, und dass Sie dann gleich in diesen Dezembertagen, von denen wir sprechen werden, nach Straßburg zurückgekommen sind, und Radio-Strasbourg mitgegründet haben, und dass dann einen neuen Widerstand für Sie angefangen hat.]

Germain Mullers abschließende Bemerkung „Sie riskieren jetzt nichts mehr" zeigt, dass das Vorhandensein der Mundarten im elsässischen Fernsehen von Anfang an eine politische Angelegenheit war und ein höchst brisantes Politikum darstellte.

2.2 Welche Sprachpolitik für *France 3 Alsace*?

Mit der Medien-Reform von 1983 wurde die Bedeutung des Lokalsenders mit einer dreistündigen Ausstrahlung pro Tag bestätigt und verstärkt. Dies geschah im Rahmen einer globalen, von der neuen sozialistischen Regierung erwünschten Dezentralisierung. *FR3 Alsace* durfte von 1983 bis 1990 eine halbe Stunde länger Dialektsendungen ausstrahlen als andere Regionen, in welcher die Sendung „Fierowe" (=Feierabend) einen großen Erfolg verbuchen konnte, eine Besonderheit, die das Elsass als Ausnahme gelten ließ. Die Pariser Zentraldirektion von FR3 betrachtete diese Dialektsendungen als nette Geste den Elsässern gegenüber, während sie im Elsass als völlig selbstverständlich empfunden wurden. Diese Periode kann für die Dialektsendungen im Elsass als „goldenes Zeitalter" betrachtet werden, insofern ihre Zahl und Frequenz so hoch wie noch nie war. Unter der Vielfalt der ausgestrahlten Sendungen (Unterhaltungs-, Geschichts-, Kinder- und Kochsendungen, usw.) wurden die Diskussionssendung von Germain Muller weiter produziert und unter verschiedenen Titeln („Y'a du pour, Y'a du contre", „Bàbbelwàsser", „Heissi Ise") regelmäßig ausgestrahlt. Öfters wurden elsässische Politiker eingeladen, um über ein aktuelles Thema zu diskutieren, so der „Professer in Naturwisseschàft" und damalige Generalrat Philippe Richert zur Qualität des Wassers im Elsass (1987)[2].

Aufgrund einer Krise des nationalen Senders FR3 im Jahre 1990 wurden die meisten Dialektsendungen abgeschafft: Die elsässischen Programme wurde nur noch samstags und sonntags ausgestrahlt. Dennoch wurden in den 90er Jahren neue Dialektsendungen konzipiert, wie die Talkshow „Redde m'r devon" (1990–1996) von Jean-Marie Boehm und die besonders erfolgreiche Kochsendung „Sür un Siess" (1995–2008) von Simone Morgenthaler. Einigermaßen konnten die Programm-Beauftragten von dem in der Zwischenzeit zu *France 3 Alsace* umgetauften Sender ihre Dialektsendungen noch verteidigen und durchsetzen. Das änderte sich in den 2000er Jahren, als die neue Führung von *France 3 Alsace* sich dazu entschloss, im Rahmen der neuen inhaltlichen Strategie von France 3, die Zahl der Dialektsendung auf nationaler Ebene drastisch zu reduzieren, so dass 2006 nur noch zwei Sendungen übrigblieben: die lokale Informationssendung „Rund Um" (5 Minuten, montags bis freitags) und die Kochsendung „Sür un Siess" am Samstagnachmittag.

Dies war insofern verständlich, als der Anteil der Dialektsprecher im Elsass immer geringer wurde (39% laut der INSEE-Studie von 2002, vgl. Duée 2002). Außerdem stellte sich auch die Frage nach der ökonomischen und sozialen Rentabilität der Produktion von Dialektsendungen, da die Mehrheit der elsässischen Zuschauer keine Schwierigkeit mehr hatte, die Sendungen auf Französisch zu verstehen. Von diesem Zeitpunkt an konnten nicht mehr rein sprachliche Gründe zum Erhalt von Dialektsendungen herangezogen werden, sondern in erster Linie kulturelle und patrimoniale, kurz: Gründe, die die regionale Identität betreffen.

Die Sprachpolitik den französischen Medien gegenüber, d.h. alle Maßnahmen und Regeln, mit denen der Gebrauch bestimmter Sprachen oder ein bestimmter Sprachgebrauch durch Sprachregelung vorgeschrieben wird, ist ziemlich implizit: Man geht davon aus, dass die Sprache der französischen Sender Französisch ist. Französisch wurde in der französischen Verfassung verankert: „la langue de la

---

[2] Die Sendung ist online abrufbar: http://france3-regions.francetvinfo.fr/alsace/revoir-en-alsacien-l-une-des-toutes-premieres-interview-tele-de-philippe-richert-884895.html (letzter Zugriff am 20.06.16).

République est le français" (Paragraph 2 der französischen Verfassung, Verfassungsrevision vom 25. Juni 1992).

Zwei staatliche Sender, *France 3* und *Radio France* haben laut ihrem „Cahier des charges" (=Pflichtenkatalog) die Verpflichtung, die regionalen Sprachen in ihr Programm aufzunehmen, aber nirgendwo steht, in welchem Maße, so dass diese Vorschrift mehr symbolisch als präskriptiv wirkt. In Artikel 16 des *Cahier des charges et missions von France 3 – France 3* macht einen Teil der Gesellschaft *France Télévision*s aus – wird u.a. eine Aufgabe festgehalten: „La société contribue à l'expression des principales langues régionales parlées sur le territoire métropolitain"[3] (CSA 2014: 47).

Die Sprachpolitik des elsässischen Fernsehsenders *France 3 Alsace* ist also eng mit der nationalen Politik verbunden, so dass die regionale Direktion des Senders über einen sehr geringen Spielraum in der Programmgestaltung verfügt. Trotzdem zeigt die ununterbrochene Anwesenheit von Dialektsendungen seit den 70er Jahren auf *FR3* und dann *France 3 Alsace*, dass die von Martin Allheilig eingeführte „Résistance" irgendwie weitergeht, obwohl sie weniger Mittel hat.

Einen Aufschwung gibt es sogar seit ein paar Jahren: dem Schauspieler und Moderator Christian Hahn gelang es 2008, die Diskussionssendung „Gsuntheim" einzuführen, gefolgt 2010 vom Sportjournalisten André Muller mit der Kochsendung „A Gueter". Beide Sendungen wurden 2014 immer noch nach wie vor am Sonntagmorgen auf *France 3 Alsace* auf Elsässisch mit französischen Untertiteln ausgestrahlt und erzielten Einschaltquoten von bis zu 20%. Natürlich hat diese Zahl mit dem „goldenen Zeitalter" der elsässischen Sendungen in den 80er Jahren nichts mehr zu tun, aber im Vergleich mit den anderen Sendern von *France 3* im restlichen Frankreich liegt sie besonders hoch.

Dies zeigt wohl, dass die Dialektsendungen auf *France 3 Alsace* auch heute noch eine besondere Rolle spielen, die wahrscheinlich nicht nur mit der Sprache zu tun hat. Wie das von Politikern verstanden und benutzt wird, wird im nächsten Teil diskutiert.

---

[3] Das Unternehmen trägt zum Ausdruck der wichtigsten Regionalsprachen, die in der französischen Metropole gesprochen werden, bei.

3 Politische Sprache in der Diskussionssendung „Gsuntheim": eine Fallstudie

Bis jetzt wurden die Teilnahme von Politikern an den elsässischen Fernsehsendungen und der Einsatz von „politischer" Sprache in diesen Sendungen kaum thematisiert (Erhart 2012). Das Archiv des *Institut National de l'Audiovisuel* (INA) in Straßburg wurde erst in den letzten Jahren mit dem Ziel untersucht, die besondere soziolinguistische Rolle der Dialektsendungen im Elsass zu erfassen, so dass die folgende Fallstudie als explorativ gelten muss.

Bis in die 90er Jahre wurden regelmäßig politische Themen und Debatten in den verschiedenen Dialektsendungen angeschnitten, aber seit der starken Reduzierung des Dialektsendungsanteils wurde die politische Diskussion den Französisch sprechenden Sendungen vorenthalten, sogar auf dem regionalen Sender *France 3 Alsace*. Die elsässischen Politiker werden also auf *France 3 Alsace* oft interviewt, aber sehr selten im Dialekt. Doch ist es interessant, in diesem Fall die Sprache der Politiker zu untersuchen, wenn sie sich im Dialekt ausdrücken: Sagen sie dasselbe wie im Französischen? Verleiht die Mundart ihren Worten einen anderen Wert?

3.1 Politolinguistik im Fernsehen: theoretischer und methodologischer Rahmen

Um die Sprachverwendung der Politiker im Fernsehen zu analysieren, muss sowohl auf die Politolinguistik[4], die sich für den Sprachgebrauch in der Politik interessiert und also als „Sprache-in-der-Politik-Forschung" gilt (Girnth 2015: 31), wie auf die Medien-Analyse zurückgegriffen werden.

Unsere Arbeiten über das elsässische Fernsehen stützen sich unter anderem auf die Kommunikationstheorie von Patrick Charaudeau, die drei Orte der Kommunikation mit Medien identifiziert: die Produktion, das Produkt und die Rezeption (Charaudeau 2005: 15). Die elsässischen Diskussionssendungen wie „Tiens, Sie redde au Elsässsich", „Redde m'r devon" oder „Gsuntheim" können also als Produkt eines besonderen Produktionsorts, des öffentlich-rechtlichen Regionalsenders *France 3 Alsace*, der mit diesen Sendungen besondere Ziele verfolgt, betrachtet werden. Die Sendungen werden von einer besonderen Rezipientengruppe empfangen, dem elsässischen Zuschauer, also einem Publikum, das diesen Sendung-

---

4 Cf. Artikel von P. Ernst im vorliegenden Band.

en gegenüber eine besondere Erwartungshaltung hat, und über die man aber nicht viel weiß. Die Teilnahme von Politikern an Dialektsendungen von *France 3 Alsace* gehört also zu dem öffentlichen Teil des politischen Handelns (Girnth 2015: 33) und zu den typischen Tätigkeiten von Politikern: „In der Öffentlichkeit – und das heißt für uns: in den Massenmedien – treten sie z. B. als Parlaments – oder Festredner, Verhandlungspartner oder Wahlkämpfer und Talkshowgäste auf" (Niehr 2014: 11).

Im Fall der Diskussionssendungen sind sich die Teilnehmer dessen bewusst, dass ihr Diskurs doppelt empfangen wird. Das heißt, dass sie sich sowohl direkt an ihre Gesprächspartner in der Sendung als indirekt auch an die Zuschauer wenden. Für die Politiker, die in solchen Sendungen eingeladen werden, bedeutet das, dass sie auf die Fragen des Moderators Antwort geben und gleichzeitig sich an das Publikum bzw. an potenzielle Wähler richten sollen. Für einen Politiker, der an solch einer Sendung teilnimmt, ist der Einsatz nicht genau derselbe wie für einen anderen Gast, der für sein letztes Buch oder irgendeine kulturelle Veranstaltung wirbt, obwohl seine Teilnahme auch mit Werbung verbunden ist. Sprache dient nämlich den politisch handelnden und argumentierenden Personen dazu, „im Medium der Öffentlichkeit Zustimmungsbereitschaften zu erzeugen" (Dieckmann, 1975, zitiert in Niehr 2014: 12).

Dies führt also logischerweise zu einer „Inszeniertheit politischer Sprachverwendung" (Girnth 2015: 34) in den Diskussionssendungen. Da der politische Diskurs aber „enge Beziehungen zu anderen Diskurstypen besitzt", ist er „schwer genau zu isolieren" (Girnth 2015: 33). Folglich stellt sich die Frage ob der Diskurs eines Politikers überhaupt immer ein politischer Diskurs ist. Immerhin lässt sich feststellen, dass solche Sendungen eine gute Grundlage für diese Untersuchung bieten, weil sie es ermöglichen, die Sprachverwendung von Politikern zu dokumentieren und zu analysieren. Es gibt nämlich keine Politik ohne Sprache: „Wie wichtig die Sprache – oder genauer gesagt: der Sprachgebrauch – in der Politik ist, das können wir fast täglich den Medien entnehmen" (Niehr 2014: 9).

Für die Analyse der Sprache der Politik tritt die Politolinguistik ein. Sie interessiert sich sowohl für den Sprachgebrauch von Politikern als auch für „weitere Teile des öffentlichen Sprachgebrauchs, die man Niehr (2014: 15) zufolge mit guten Gründen als politisch bezeichnen kann. Der Sprachgebrauch von Politikern, besonders in den Massenmedien und den Social Media, und die Sprachfunktionen, die dafür charakteristisch sind, werden also von der Politolinguistik analysiert. Girnth (2015: 38) definiert die Sprachfunktion als eine „in einer sprachlichen Handlung encodierte Intention des Politikers" und betont, dass man „davon ausgehen muss, dass die Sprachverwendung in der Politik zunächst einmal dieselben Funktionen wie in der Alltagsprache hat." Da es nach Girnth (2015: 38) „in der Politik im allgemeinen um das Durchsetzen von Interessen und Herrschaftsansprüchen geht", setzen die Politiker zugleich auch weitere sprachliche Funktionen ein, so beispielsweise die von Girnth benannte „informativ-persuasive Sprachfunktion", die in der „gegenwärtige[n] Sprachverwendung in der Politik" vorherrschend ist, zum Beispiel in „Texten der politischen Theorie, Debattenreden, Wahlreden oder Wahlslogans" (Girnth 2015: 40). Es geht also nicht nur darum, das Publikum zu informieren, sondern auch zu überzeugen oder gar zu überreden.

Im Elsass ist die Sprache der politischen Institutionen, der Parteien und der Politiker heutzutage (fast) nur noch Französisch. Doch gibt es noch viele lokale Mandatsträger, die noch Dialekt sprechen und den Dialekt als Annäherungsmittel an bestimmte Wähler benutzen können. Die Teilnahme an elsässischen Dialektsendungen ist also auch für sie eine Gelegenheit, ihre politische Botschaft einem des Dialekts mächtigen Publikum mitzuteilen, und kann also auch zu einer Annäherungsstrategie gehören.

Interessant wird es, wenn man die offizielle französischsprachige politikersprachliche Verlautbarung mit ihrer Übertragung in die Mundart in diesen Sendungen vergleicht: Wird im Dialekt dasselbe wie im Französischen gesagt? Inwiefern kann man von einer Instrumentalisierung der Dialekte zu einem politischen Zweck sprechen?

Auf der rein linguistischen und pragmatischen Ebene kann auch untersucht werden, inwiefern der Diskurs der Politiker auf Elsässisch in diesen Sendungen vom Französischen beeinflusst oder geprägt wird, mit einem besonderen Hinblick auf Code-Switching oder auf die grammatische Integration französischer Fach- bzw. Fremdwörter.

Auf diese Fragen will die folgende Fallstudie Ansätze für Antworten liefern.

3.2 Analyse der Sendungen *Gsuntheim* zum Thema „Gebietsreform im Elsass"

Die Sendung Gsuntheim wird seit September 2008 jeden Sonntag kurz vor halb zwölf auf *France 3 Alsace* ausgestrahlt und von dem Schauspieler und Autor Christian Hahn moderiert. Es ist eine „Konversationssendung", wie sie Germain Muller in den 70er Jahren ausgedacht hatte, indem das Gespräch mit einem Gast den Leitfaden der Sendung darstellt. Jede Sendung, die man auch Diskussionssendung oder Talk-Show nennen könnte, dauert 26 Minuten und wird von vier kurzen humoristischen bzw. satirischen Sequenzen unterbrochen.

Politische Themen und Aktualität werden in *Gsuntheim* meistens indirekt angesprochen, wie z.B. in der satirischen Sequenz „Schleumayer" (=Schlaumeier), während die Gäste der Sendung eher im kulturellen Bereich beschäftigt sind. Doch werden von Zeit zu Zeit auch Politiker, besonders Lokalpolitiker wie Bürgermeister oder Generalräte von Christian Hahn in seine Sendung eingeladen, um über aktuelle politische Themen zu sprechen. Die Fragen beschäftigen sich aber nicht mit heiklen politischen Themen, sondern eher mit ihren lokalen Tätigkeiten und ihrem Engagement in der Gesellschaft. Deshalb gelten die drei für diese Untersuchung gewählten Sendungen als außergewöhnlich: sie wurden deutlich mit dem Zweck aufgenommen, dem elsässischen Publikum die ab 2012 geplante Gebietsreform zu erklären, und können also als eine öffentliche Plattform für die Gäste betrachtet werden.

In den drei Sendungen wird der Sprachgebrauch der Politiker untersucht, um zu sehen, ob es „politischen Diskurs" auch im Dialekt gibt. Ferner soll auf den Einfluss des Französischen auf die elsässischsprachigen Produktionen eingegangen werden.

3.2.1 Gsuntheim (Folge 157) mit Charles Buttner und Guy Dominique Kennel, 24. Februar 2013

Diese Sendung ist die erste einer Reihe von zwei Sendungen, die Christian Hahn der am 7. April geplanten Volksabstimmung über die Vereinigung der zwei elsässischen „Départements" und der „Région" zu einer einzigen Gebietskörperschaft gewidmet hat.

a Erster Gast: Charles Buttner

Im ersten Teil dieser Sendung empfängt Christian Hahn den Präsidenten des Generalrats des Oberelsass, Charles Buttner. Dieser spricht ziemlich zögernd im Dialekt: Er ist vermutlich nicht gewohnt, zu diesem besonderen Thema in der Mundart Stellung zu beziehen. Er zögert zum Beispiel bei der Realisierung des Vokals von „fühlen" im Dialekt und wählt am Ende im Zweifel eine Form, die sich am deutschen Standard orientiert:

> Mr *fille/fehle/fühle* uns guet im Elsàss.
> [Wir fühlen uns gut im Elsass]

Außerdem übt die französische Sprache einen unübersehbaren Einfluss auf seine Äußerungen aus, da er in diese viele französische Wörter integriert, für die er keine Äquivalente im Dialekt sucht, so auch in der folgenden Passage:

> ... die Kompetanze sin bsonders àss mr kenna unsre Gerichter, unsra *Règlements*, unsre *Norme*, wia mr sàgt, àss mr die besser kenna euh *màche evoluere*, àss mr besser zamme pàsse mit unsre Nochber...

[... die Kompetenzen bestehen besonders darin, dass wir unsere Gerichte, unsere Vorschriften, unsere Normen, wie man sagt, besser weiterentwickeln können, damit wir besser mit unseren Nachbarn zusammenpassen]

Eigentlich kann man hier von Code-Switching sprechen, denn die Realisierung von „Règlements" und von „Norme" ist dem Französischen sehr nah, was auch erklärt, warum er den metasprachlichen Kommentar „wia mr sàgt" (= wie man sagt) einfügt, wobei er damit wohl meint „wie man *im Französischen* sagt". Dies kommt besonders bei der Verwendung des Institutionsvokabulars nach Girnth (2015: 47) zum Vorschein: Buttner benutzt nie ein elsässisches Wort, um die gewünschte neue Gebietskörperschaft (frz. *collectivité*) zu benennen, sondern immer die französischen Ausdrücke „Conseil Unique d'Alsace" oder „Collectivité territoriale d'Alsace", die hier als „Fach-Fremdwörter" angesehen werden können.

Nichtsdestotrotz fällt es Charles Buttner nicht schwer, das ganze Gespräch im Dialekt zu führen, und seine politische Botschaft in den Dialekt zu übertragen. In seinen Redebeiträgen sind viele Sprachelemente vorhanden, die als Teile einer Strategie angesehen werden können, die Elsässer davon zu überzeugen, der politisch-territorialen Einigung des Elsass zuzustimmen. Er stellt die Elsässer, die er zum Teil vertritt, als eine Gemeinschaft dar und greift dies immer wieder auf, indem er das Pronomen „m'r" (=wir), das Adjektiv „unser" und das Adverb „mitnander" (=miteinander) rekurrent einsetzt. Die regelmäßige Wiederholung der Modalverben „müssen" und „können" weisen einerseits auf seine Verpflichtung als politischer Vertreter der Elsässer hin, anderseits auf die politischen Selbstbestimmungsmöglichkeiten, die die Elsässer durch die neue Gebietskörperschaft bekommen würden, wie man es am folgenden Beleg beobachten kann:

Em Rhi entlàng vo Konstànz bis uf Karelsruh isch jo unser gànze europäische Gschichte vorko, vor jetzt siwwe, àchthundert Johr scho, un dàss *muen m'r* widdersch kenne pflege. Dàss isch unser Richtum. Euh, dàss heisst dàss Elsàss in dam Lànd mit sine Nochber immer *besser muess kenne schàffe*.

[Am Rhein entlang von Konstanz bis auf Karlsruhe ist ja unsere ganze europäische Geschichte geschehen, schon vor sieben, achthundert Jahren, und das müssen wir weiterpflegen können. Das ist unser Reichtum. Äh, das heißt, dass das Elsàss in diesem Land mit seinen Nachbarn immer besser arbeiten können muss.]

Allerdings hätte er diese Sprachelemente, die zu der informativ-persuasiven Funktion der Sprache gehören, auch im Französischen benutzen können, so dass die elsässische Mundart hier keine besondere Rolle zu spielen scheint.

Tatsächlich kann vielleicht nur eine Stelle in seiner Rede als instrumentalisierte Sprache identifiziert werden, und zwar als er seine zurückhaltende Stellungnahme zu der Volksabstimmung rechtfertigen muss. Am Anfang des Gesprächs deutete Christian Hahn nämlich darauf hin, dass Charles Buttner am Anfang der Diskussion dem Projekt der Fusion der drei elsässischen Gebietskörperschaften, also der Region Elsass und der zwei elsässischen Departments, skeptisch gegenüber war und sich erst seit kurzer Zeit von seiner Notwendigkeit überzeugt erklärte. Dies versteht man sofort, wenn er sagt „Jetzt gloiw i drà" (=jetzt glaube ich daran), was wohl bedeutet, dass er davor nicht an das Projekt glaubte (Implikatur). Er benutzt dann die im Elsässischen sehr gängige Redewendung „keine Katze im Sack kaufen", um seine Unschlüssigkeit zu erklären:

> E Conseil d'Alsace hàw i immer welle, àwer e Elsasser, der koift ke Kàtz im e Sàck
> [Einen Conseil d'Alsace habe ich immer gewollt, aber ein Elsässer kauft keine Katze im Sack.]

In diesem Beleg benutzt der Politiker hier bewusst einen elsässischen Ausdruck, um sich dem elsässischen Publikum anzunähern, indem er seine Elsässer Identität zeigen will, für die seiner Meinung nach ein misstrauisches Verhalten charakteristisch. Diese Redewendung ermöglicht es ihm zugleich, die Distanz zwischen den Politikern und dem Volk zu reduzieren, da er damit auch sagt, dass er einer von vielen Elsässern ist. Dies kann als eine durch den Dialekteinsatz sprachlich encodierte Intention des Politikers gelten, es deutet also auf eine in diesem Kontext deutliche Funktion des Einsatzes des Elsässischen hin.

b Zweiter Gast: Guy-Dominique Kennel

Im zweiten Teil der Sendung wird der Präsident des Generalrats des Unterelsass Guy-Dominique Kennel von Christian Hahn über dasselbe Thema Volksabstimmung interviewt. Im Gegensatz zu seinem Amtskollegen spricht Guy-Dominique Kennel sehr fließend Dialekt. Wenn er französische Wörter benutzt, versucht er meistens ein entsprechendes Wort in der Mundart zu finden, um seinen Satz zu ergänzen. Im folgenden Auszug wird nämlich das französische Wort „Administrations" gleich mit dem entsprechenden Wort im Dialekt, „Verwàltunge" ergänzt:

> M'r hàn drei Kollektivitäte, drei Administrations wie m'r söet, drei Vewàltunge, drei Presidante, drei Budgets, un e so widdersch.
> [Wir haben drei Kollektivitäten, drei „Administrations", wie man sagt, drei Verwaltungen, drei Präsidenten, drei Budgets usw.]

Wie Buttner fügt er den Ausdruck „wie m'r söet" (=wie man sagt) ein, um den Übergang zum Französischen zu rechtfertigen, aber im Gegensatz zu ihm greift er meistens nur im Rahmen der Kommunikation über Institutionen auf das Französische zurück, etwa mit den Begriffen „Referendum", „Conseil Général" oder mit den Namen der politischen Parteien: „UMP", „UDI" und „Parti Socialiste".

Was den Inhalt seiner Rede betrifft, scheint Kennel von der Notwendigkeit der Zusammenlegung der drei Elsässer Gebietskörperschaften zu einer einzigen, nämlich der „Collectivité territoriale d'Alsace" stärker überzeugt zu sein als Buttner. Die Argumente für die Fusion führt er jeweils in einem schnellen Tempo auf, wobei er auch die Wichtigkeit des „Ja" mit mehreren Hyperbeln betont, wie „M'r sin àm e historische Momant" oder „M'r sin d'erschte, d'einzischte i Frànkrich", und mit folgender Behauptung schließt: „mer **welle** dis Elsàss zàmmeschliesse, **umbedingt**." Bemerkenswert ist, dass er von dem Modalverb „müssen", das er wie Buttner häufig benutzt, zu „wollen" übergeht und damit von der Notwendigkeit zur Aufforderung.

Die Geschlossenheit der Elsässer in diesem Projekt will er auch mit Ausdrücken wie „unser Elsàss" oder „mir Elsasser" (=wir Elsässer) unterstreichen und dazu wendet eine in der Politik sehr gängige Taktik an, die darin besteht, die einen gegen die anderen mit einer ziemlich groben Vereinfachung auszuspielen: diejenigen, die gegen das Referendum und eine einzige Gebietskörperschaft sind, sprächen sich de facto auch gegen das Elsass aus. Dies kommt in folgendem Ausschnitt deutlich zum Vorschein:

> Sin do wie d'Nàs effektiv àn de nächschte Wàhle hàn, wie numme àn die Gemänerààtswàhle danke u wie nit àn s Elsàss danke un dis isch jo eijentlich schädlich hein fer àlles zàmme, dann m'r muess àls àls Gewählter muess m'r au e bissel widdersch saan àss wie numme d' nächscht Wàhl, mr muess àn s Elsàss danke ver àllem, mr muess àn d Litt danke vor àllem un nit àn sich salwer.
>
> [Es sind (manche) da, die die Nase effektiv an der nächsten Wahl haben, die nur an die Kommunalwahl denken und die nicht an das Elsass denken und dies ist ja eigentlich schädlich (hein) für alles zusammen, denn man muss als als Gewählter muss man auch ein bisschen weiter sehen als nur die nächste Wahl, man muss an das Elsass denken vor allem, man muss an die Leute denken vor allem und nicht an sich selber.]

Diese Strategie treibt Kennel auf die Spitze, indem er hinter die Elsässer zurücktritt und das Gespräch mit folgender Aussage beendet:

> Ich hàb min lawe làng ufgopfert füer euh d'àndere Litt, fer de Service public, euh ich màch mini Arweit widdertsch, isch egàl welli Stell, mini Zükunft isch nit wichti do drinne, wàs do wichti isch, isch d'Zükunft vom Elsàss, un wànn s Elsàss e Zükunft het, hàw ich au eini.
>
> [Ich habe mein Leben lang aufgeopfert für andere Leute, für den öffentlichen Dienst, ich mache meine Arbeit weiter, die Stelle ist egal, meine Zukunft ist nicht wichtig da drin, was wichtig ist, ist die Zukunft vom Elsass und wenn das Elsass eine Zukunft hat, habe ich auch eine.]

Ob diese Bescheidenheit hinsichtlich seiner eigenen politischen Zukunft nach einer Fusion, die ja auch zum Abbau von Ämtern und Abgeordnetenmandaten führt, authentisch ist oder zu einer politischen Strategie zur Umstimmung der Zuschauer gehört, bleibt offen. Denn bei Kennel ist es wegen seiner hohen Dialektkompetenz schwierig zu unterscheiden, ob die Dialektverwendung hier primär seiner politischen Selbstdarstellung geschuldet ist oder einfach alltagssprachlich zu werten ist.

3.2.2 Gsuntheim (Folge 158) mit Philippe Richert, 03. März 2013

In dieser zweiten Folge der dem Thema Gebietsreform gewidmeten Sendung Gsuntheim empfängt Christian Hahn den Präsidenten des Regionalrats Philippe Richert, der auch für die Vereinigung der beiden elsässischen Départements zu einer einzigen Gebietskörperschaft wirbt.

Wie Guy-Dominique Kennel fühlt er sich dabei wohl, sich in der Mundart auszudrücken. Im Unterschied zu den zwei anderen Gästen antwortet Richert dem Moderator sehr ruhig und bemüht sich, fast alles in den Dialekt zu übertragen, sogar die Namen der verschiedenen Institutionen, bis auf die phonetische Realisierung des Worts *Referendum*, die sich hier eher dem Deutschen als dem Französischen annähert (im Gegensatz zu Buttner und Kennel, die das Wort *Referendum* als französisches Fremdwort benutzten):

> ... die drei Kollektivitäte, d Gewählte von de drei hàn s bschlosse, sie sin bereit fer zàmme ze schmelze, Generálràt vom Owerelsàss Unterelsàss un d Region, numme diss isch numme mejlich wenn s Referendum dis Erlaubnis gibt
>
> [... die drei Kollektivitäten, die Abgeordnete von den drei haben es beschlossen, sie sind zum Zusammenschmelzen bereit, Generalrat vom Oberelsass Unterelsass und die Region, aber das ist nur möglich, wenn das Referendum die Erlaubnis gibt]

Philipe Richert geht wahrscheinlich davon aus, dass diese Dialektsendung hauptsächlich von älteren Personen angeschaut wird, für die er sich sehr verständlich machen muss. Diese Hypothese kann auch den sehr pädagogischen Aufbau seiner Antworten erklären, wenn er zum Beispiel den vorgesehenen Wahlvorgang des Referendums beschreibt oder noch die verschiedenen Etappen der Dezentralisierung in Frankreich. Da er im Gegensatz zu der früheren Sendung hier der einzige Gast ist, verfügt er auch über mehr Zeit, um auf die Einzelheiten der Fusion einzugehen.

Im Allgemeinen greift er auf dieselben Argumente wie seine Kollegen zurück: Die Vereinigung der drei Gebietskörperschaften in eine einzige würde es erlauben, alles zu vereinfachen („vereinfàche"), effizienter zu sein („effizienter ze sin") und Geld zu sparen („wenjer üsszegen àss mr auch spàre kenne"). Philippe Richert wendet aber andere Kommunikationsstrategien an, um seine politische Botschaft durchzusetzen. Er kritisiert als erstes die Tatsache, dass die aktuelle Zergliederung in Départements überholt sei, um damit die Notwendigkeit einer Gebietsreform zu betonen, und spielt mit der großen Zeitverschiebung zwischen den verschiedenen Zeitpunkten: „zellemols", „Revolution", „Napoléon" (= vor mehr als 200 Jahren) werden in Opposition zu „morgen", „im 21. Jahrhundert" benutzt:

> Morje, wàs kommt do, mr sin jetzt im einezwànzischte Johrhundert wie d Départements erfunde sin wore, dis isch gewenn, während de Revolution, un deno mit m Napoléon, un selledürs sin die Départements gegründt wore, so gross dàss mr mit'm e Pferd von irgendwo vom Département ànne kommt bis àns àndere End vom Département
>
> [Morgen, was kommt da, wir sind jetzt im einundzwanzigsten Jahrhundert. Als die Departements erfunden waren, das war während der Revolution, und dann unter Napoleon, und damals sind die Departements gegründet worden, so groß, dass man mit einem Pferd von irgendwo im Department bis zum anderen Ende des Departements kommen kann].

Dabei wirkt die Anapher des Adverbs „Morje" (morgen), das für Richert gleichbedeutend „mit dem zukünftigen Conseil d'Alsace" ist und bei ihm sieben Mal am Satzanfang auftritt, als diskursive Strategie der politischen Kommunikation, eine Strategie, die den damaligen Präsidentschaftskandidaten François Hollande in Frankreich berühmt machte und hier von Richert in den Dialekt übertragen wird.

Das einzige Auftreten von Code-Switching in der Rede von Richert, als er die dialektale Proposition „es isch historisch" auf Französisch („c'est vraiment historique") wiederholt hat eine persuasive Funktion:

> S isch s erschte mol, es isch historisch, mr saawe s jetzt nit numme waje mr unter Elsasser sin: c'est vraiment historique.
> [Es ist das erste Mal, es ist historisch, wir sagen das jetzt nicht nur weil wir unter Elsässer sind: es ist wirklich historisch]

Hier weist auch der Zusatz des eingefügten Kommentars „mr saawe s jetzt nit numme waje mr unter Elsasser sin" darauf hin, dass solche Dialektsendungen für einen kleineren Kreis bestimmt sind, und es dem Politiker erlauben, ein heimliches Einverständnis mit dem elsässischen Publikum herzustellen. Das Einfügen solch einer Bemerkung im Dialekt erfolgt hier, weil dem Sprecher eben bewusst ist, dass die Zuschauer fast nur Dialekt sprechende Elsässer sind; eine solche Äußerung hätte er auf Französisch vermutlich nicht getätigt.

Diese Sendung mit Philippe Richert zeigt, dass der erfahrene Politiker in seinem Redebeitrag der oben erwähnten informativ-persuasiven Funktion nachgeht und dies wahrscheinlich sowohl im Französischen als auch im elsässischen Dialekt. Er nimmt nämlich zu der vorgesehenen Fusion häufig Stellung. Viele konkrete Beispiele belegen, dass Richert gleichzeitig verschiedene persuasive Kommunikationsstrategien einsetzt, um den elsässischen Zuschauer bei der bevorstehenden

Wahl zum „Ja" zu überreden. Allerdings kann aber hier auch kaum von einer spezifischen politischen Sprachverwendung ausgegangen werden, da die Sprachverwendung von Richert nur zu einem geringem Grad von der dialektalen Alltagssprache abweicht. Dies zeigt, dass Philippe Richert politische Interviews gewohnt ist und seinen Redebeitrag auf Elsässisch gründlich vorbereitet hat. Dafür spricht auch, dass er alles, was er auf Französisch gesagt hätte, in den Dialekt ohne Mühe übertragen konnte.

3.2.3 Gsuntheim (Folge 218) mit Philippe Richert, 02. November 2014

Nach dem Scheitern der Volksabstimmung 2013 wurde Philippe Richert Ende 2014 von Christian Hahn noch einmal eingeladen, um die auf der nationalen Ebene durchgeführte Gebietsreform zu erklären, die diesmal zur Fusion des Elsass mit zwei anderen ehemaligen Regionen Frankreichs, nämlich Lothringen und Champagne-Ardenne führen sollte. Zu der Zeit, als diese Sendung aufgenommen wurde, wurde gerade ein Entschließungsantrag von der Nationalversammlung und vom Senat beraten, der diese Fusion verhindern soll.

Zunächst muss betont werden, dass hier Philippe Richert im Gegensatz zu der früheren Sendung nicht im Wahlkampf steht, sondern dass er an dieser Sendung teilnimmt, um den aktuellen Stand der Gebietsreform zu erklären. Er ist sich dessen bewusst, dass die Reform für die elsässischen Mitbürger sehr kompliziert erscheint, und versucht deshalb, Mitgefühl zu zeigen, indem er sagt:

> In dere Reform, het schon so viel Wechsel gen, d Litt wisse gàr nemmi genau wie mr stehn.
> [In dieser Reform hat es schon so viel Wechsel gegeben, (dass) die Leute gar nicht mehr genau wissen, wo wir stehen.]

Da er die Zuschauer hauptsächlich informieren und nicht unbedingt überzeugen will, pflegt er seinen Dialektgebrauch nicht so sorgfältig wie in der früheren Sendung, obwohl er sich immer noch regelmäßig darum bemüht, im Dialekt entsprechende Wörter für das französische Institutionsvokabular zu finden, so in „wenn in de Assemblée Nationale, wenn in de Kàmmer gewählt wird". Hinzu kommt, dass er hier die schwierige Aufgabe hat, den komplexen Wahlvorgang in den französischen parlamentarischen Institutionen dem elsässischen Publikum im Dialekt zu erklären. Die Konstruktion „dis heisst" (das heißt) setzt er wiederholt ein, um für sprachliche Reparaturen Zeit zu gewinnen. Die mehrfache Umformulierung seiner Erklärung dient dazu, einem Publikum, dem der parlamentarische Gesetzgebungsprozess – egal, ob auf Französisch oder im Dialekt erklärt – fremd vorkommen dürfte, verständlich zu machen. Offensichtlich ist es für Richert wegen der

Spezifität des parlamentarischen Wortschatzes schwierig, Interferenzen mit dem Französischen zu vermeiden. So versucht er, den französischen Terminus „deuxième lecture" („zweite Lesung") in den Dialekt zu übertragen, aber er merkt selbst, dass seine Übersetzung „Mr sin jetzt in de **zweit Lesung**, Senàt un no Assemblée Nationale" im Dialekt ungewöhnlich klingt, da sie mit dem Wort „Loesung" (=Lösung) verwechselt werden kann, so dass er später lieber auf das französische Wort zurückgreift: „in zweit Lecture".

Im Grunde genommen ist diese Sendung für Philippe Richert die Gelegenheit, seine Enttäuschung und sein Bedauern über das Scheitern des Referendums von 2013 auszudrücken:

> Mr hàn s gsähn, de sewete Àpril 2013 hàw ich àlle gsajt ghet, es isch wichtig, àss mr wähle gehen. Es isch wichtig fer's Elsàss, es isch wichtig dàss mr die Reform màche, àss s Elsàss gschlossener isch, un schliesslich sin küm 35% wähle gànge. Wenn mr sellediirs zue dem Elsàss jà gewählt hätte, so wie jetzt d Elsasser s verstehn, däte mr gàr nit in dere Reform drinne sin.
>
> [Wir haben es gesehen, am siebten April 2013 hatte ich allen gesagt, es sei wichtig, dass wir wählen gehen. Es ist wichtig für das Elsass, es ist wichtig, dass wir diese Reform machen, damit das Elsass geschlossener ist, und schließlich sind kaum 35% wählen gegangen. Wenn wir damals zu dem Elsass ja gewählt hätten, so wie jetzt die Elsässer es verstehen, wären wir gar nicht in dieser Reform drin.]

Anders gesagt: wenn die Elsässer auf ihn gehört hätten, wären sie nicht zur Fusion mit Champagne-Ardenne und Lothringen gezwungen worden, und würden jetzt nicht so stark darüber klagen. Diese von Philippe Richert konstatierte Unzufriedenheit der Elsässer wird von ihm als Teil ihres Charakters angesehen, wobei er auf das für das Elsass emblematische Lied „Der Hans im Schnokeloch[5]" verweist:

> Ich mein d Elsässer sin wie se sin. Mr ändert sich nit so, s gheert ze unsere Identität dezü un do kenne mr au stolz sin druf. (...) Mr sin so bissel Hàns im Schnockeloch (...)
>
> [Ich meine, die Elsässer sind wie sie sind. Man ändert sich nicht so, es gehört zu unserer Identität und darüber können wir auch stolz sein. (...) Wir sind so ein bisschen (wie der) Hans im Schnakenloch (...)]

Diese Referenz zeigt, dass Richert davon ausgeht, dass die Zuschauer die Lehre dieses dialektalen Erbstückes verstehen. Hier spielt nicht nur der Einsatz des Dialekts, sondern auch die Anspielung auf das dialektale Erbe des Elsass eine wichti-

---

5 Die erste Strophe des Lieds lautet:
„Der Hans im Schnockeloch het alles, was er will,
Un was er het, diss will er nit, un was er will, diss het er nit.
Der Hans im Schnockeloch het alles, was er will" (A. Stoeber, 1842, in Huck 2015: 120-121).

ge symbolische Rolle, und dient funktional dazu, den elsässischen Zuschauern eine spezifische Botschaft mit regionalem Bezug zu übertragen.

4 Schlussfolgerung

Diese Fallstudie hat gezeigt, dass eine für die Politik typische Sprachverwendung in den Redebeiträgen der Politiker – sei es in der Standardsprache oder im Dialekt – nur schwer zu erfassen ist. In den drei untersuchten Sendungen wurden die Politiker über ein aktuelles politisches Thema interviewt, so dass sie notgedrungen auf politische Begriffe zurückgreifen mussten. Alle greifen auf kommunikativen Strategien zurück, die besonderen kommunikativen Intentionen entsprechen, aber diese Strategien sind dem Dialekt meistens nicht eigen und können auch in anderen Sprachen eingesetzt werden. Jedoch wird die identitätsstiftende Strategie, sich als Vertreter „der Elsässer" als einer geschlossenen Gruppe darzustellen („mir Elsässer", „unter Elsässer", „unser Elsàss"), die von allen drei untersuchten Politkern benutzt wird, durch die Verwendung des Dialekts verstärkt.

Die Schwierigkeit, sich im Dialekt über ein Thema zu äußern, über das sie es gewohnt sind, sonst nur auf Französisch zu sprechen, wird leicht überwunden, besonders von Guy-Dominique Kennel und Philippe Richert. Bei beiden Politikern ist es schwirig, die dialektale Alltagssprache von der Sprachverwendung in der Politik zu trennen, was auch ihr Ziel sein könnte. Die Dialektsendung bietet ihnen nämlich die Möglichkeit, sich an einen bestimmten Teil des elsässischen Fernsehpublikums zu richten, mit dem sie mindestens eines teilen: den Dialektgebrauch. Jener wird als Bindeglied eingesetzt und erlaubt es den Politikern, Einvernehmen mit einer relativ kleinen Zielgruppe herzustellen. Denn der Dialekt gibt hier als Sprache der Politik den Politikerworten in diesem politischen Kontext ein besonderes Gewicht.

Literatur

Allheilig, Martin (1996): Découverte d'un patrimoine. *Saisons d'Alsace* 133, 33–39.
Bothorel-Witz, Arlette & Dominique Huck (2000): Die Dialekte im Elsass zwischen Tradition und Modernität. In Dieter Stellmacher (Hg.), *Dialektologie zwischen Tradition und Neuansätze. Beiträge der internationalen Dialektologentagung, Göttingen, 19.–21. Oktober 1998*, 143–155. ZDL Beiheft 109. Stuttgart: Franz Steiner.
Charaudeau, Patrick (2005). *Les médias et l'information: l'impossible transparence du discours*. Bruxelles: De Boeck.

Conseil Supérieur de l'Audiovisuel (2014) : *Rapport sur les chaînes nationales éditées par le groupe France Télévisions, Année 2013*. www.csa.fr
Dieckmann, Walther (1975): *Sprache in der Politik. Einführung in die Pragmatik und Semantik der politischen Sprache mit einem Literaturbericht zur 2. Auflage*. Heidelberg: Winter.
Duée, Michel (2002). L'alsacien, deuxième langue régionale de France. *Insee – Chiffres pour l'Alsace n°12*, décembre 2002.
Erhart, Pascale (2012): *Les dialectes dans les médias: Quelle image de l'Alsace véhiculent-ils dans les émissions de la télévision régionale?* Dissertation, Universität Straßburg, November 2012. http://theses.fr
Girnth, Heiko (2015): *Sprache und Sprachverwendung in der Politik. Eine Einführung in die linguistische Analyse öffentlich-politischer Kommunikation* (Germanistische Arbeitshefte). 2. Auflage. Berlin: De Gruyter.
Huck, Dominique (2015): *Une histoire des langues de l'Alsace*. Strasbourg: Nuée Bleue.
Niehr, Thomas (2014): *Einführung in die Politolinguistik. Gegenstände und Methoden*. Göttingen: Vandenhoeck & Rupprecht (utb).
Tabouret-Keller, Andrée (1985): Classification des langues et hiérarchisation des langues en Alsace. In Gilbert-Lucien Salmon (Études recueillies par*)*: *Le français en Alsace, Actes du Colloque de Mulhouse (17–19 novembre 1983),* 11–17. Champion–Slatkine: Paris, Genève.

Peter Ernst
Von „politischer Sprache" zu „politischer Aussprache"

Zur Politolinguistik der gesprochenen Sprache am Beispiel des Nationalsozialismus

Schlüsselwörter: Sprache des Nationalsozialismus, gesprochene Politikersprache, Varietät

1 Einleitung: Gesprochene Sprache im Rahmen der Politolinguistik

Es[1] herrscht wohl breiter Konsens darüber, dass es so etwas wie „politische Sprache" gibt. Aber gibt es auch „politische Aussprache"? Einführungen in die Politolinguistik (etwa Girnth 2015 und Niehr 2014) betonen primär die Wort- und Textebene sowie den Diskurs als linguistische Untersuchungsebenen bzw. -grundlagen. Die phonetisch-phonologische Ebene stellt aber einen ebenso wesentlichen Teil der politischen Kommunikation dar; erst mit ihrer Berücksichtigung ergibt sich ein Gesamtbild politischer Sprache und Sprachverwendung. Darstellungen wie von Polenz (1999: 553) stellen zur Diskussion, ob es überhaupt „einen spezifisch nationalsozialistischen Sprach- und Sprechstil" gab (weitere Beispiele dieser Art bei Ernst 2017). Wie wesentlich dieser Aspekt sein kann, soll eine kurze Analyse der gesprochenen Führerrede zeigen. Paradoxerweise findet die gesprochene Sprache im Nationalsozialismus kaum in der Linguistik Beachtung, und das, obwohl die Nationalsozialisten von Anfang an die Bedeutung der Verbreitung mündlicher Rede über Rundfunk und Kino erkannten und dementsprechend umfangreiche Quellen existieren.

Systemorientierte Interpretation von Sprache geht im Allgemeinen von sprachinternen und beschreibbaren Regularitäten unterschiedlicher Prägung aus. Der Systemcharakter von Sprache bzw. von Varietäten scheint im Allgemeinen nur in der Annahme diskreter Einheiten zu bestehen, die mit einer endlichen Zahl von

---

1 Dieser Beitrag fußt auf Ernst (2013) und Ernst (2017) und führt diese weiter. Die Zitate wurden z. T. schon in Ernst (2017) in anderem Zusammenhang gebracht.

Regeln zu akzeptablen Äußerungen kombiniert werden. Der Begriff „Varietät" wird in der Soziolinguistik bekanntlich sehr widersprüchlich diskutiert. Einigkeit dürfte aber darüber bestehen, dass es sich bei Varietäten um bestimmte areal, sozial oder situativ markierte Verdichtungsbereiche sprachstruktureller und pragmatischer Merkmale handelt (vgl. Maitz 2010: 9). In der Varietätenlinguistik ist von einem Variantenkontinuum auszugehen, für dessen Beschreibung die traditionelle Trias „Standardsprache – Umgangssprache – Dialekt" schon lange nicht mehr akzeptiert wird. Die Problematik der Terminologie etwa fokussiert im Begriff „Umgangssprache", so dass dieser Terminus heute weitgehend vermieden wird.

Besondere Probleme bereitet die Abgrenzung standardsprachlicher von nicht standardsprachlichen Varietäten. Mit der Konzentration auf die lautliche Ebene wird dem Begriff der Standardsprachlichkeit eine regionale Verankerung zugesprochen, die zumeist als „gesprochene Standardsprache" oder „regionaler Standard" oder „Regiolekt" ö. ä. bezeichnet wird:

> [...] und auf der lautlichen Ebene basieren nahezu alle vorliegenden Varietäten und Sprechlagenbestimmungen [...] (Lameli 2004: 35)

Allerdings kann eine heterogene Varietät als „eine Menge von weitgehend übereinstimmenden prosodisch-phonologischen, morpho-syntaktischen und lexikalischen Varianten, die verschiedene Sprecher in bestimmten Situationen verwenden" (Schmidt 2005: 64), verstanden werden.

Wenn Varietäten als sprachliche Systeme (oder besser Teilsysteme) aufgefasst werden, stehen zwei Kriterien im Vordergrund: Das der Diskretheit, d.h. der eindeutigen Abgrenzbarkeit auf segmentaler Ebene, und das der strukturellen Homogenität. Keines dieser Merkmale kann jedoch in befriedigendem Maß anhand von Daten überprüft oder gar bewiesen werden, so dass Varietäten weiterhin primär als Arbeitshypothesen fungieren. Dementsprechend vielfältig ist auch die Terminologie, gebräuchlich sind etwa „Sprechlage", „Sprachlage", „Verdichtungsbereich" u. a.m. (vgl. Maitz 2010: 2; vgl. auch insgesamt Berutto 2004).

In diesem Sinn kann auch die Standardsprache als Varietät aufgefasst werden. Wie bei allen Varietäten erhebt sich dadurch die Frage, welche Varianten dem Standard zuzurechnen sind. Standardsprache kann als „ein Set von artikulatorisch bedingter Alternativrealisation" (Lameli 2004: 37) mit sprachpragmatischen Korrelationen, etwa einer spezifischen Kommunikationssituation, verstanden werden. Diese werden sehr oft als Norm interpretiert, obwohl im Deutschen bekanntlich keine verbindliche Aussprachenorm existiert. Standard bleibt somit wie alle Varietäten ein theoretisches Konstrukt mit unterschiedlichen Variablen. Ex negativo wäre dann „Substandard" alle Varietäten, die nicht einer standardsprachlichen Norm, wie sie auch immer verstanden wird, entsprechen (vgl. Lameli 2004: 37).

Zudem besteht bei der Evaluation der gegenwärtigen Beurteilungsmatrix die Gefahr einer impliziten Rückprojektion auf historische Sprachzustände. Wie Schmidt & Herrgen (2011: 65–68) gezeigt haben, verschiebt sich die Kompetenzdifferenz im Rahmen des Schriftlichkeit/Mündlichkeit-Spektrums durch Synchronisierungsprozesse. In jeder Diktatur sind zudem Sprachregelungen „von oben", die sich jedoch im NS – was die Aussprache in öffentlichen Reden betrifft – nicht realisiert werden konnten.

2 Gesprochene Politikersprache in der NS-Zeit

> Jeder [...] weiß, daß der Führer sehr schwer von oben her alles das befehlen kann, was er für bald oder später zu verwirklichen beabsichtigt. Im Gegenteil, bis jetzt hat jeder an seinem Platz im neuen Deutschland dann am besten gearbeitet, wenn er sozusagen dem Führer entgegen arbeitet.

Dieser Grundgedanke einer Rede von Werner Willikens (zit. nach Kershaw 2009: 345), Staatssekretär im preußischen Landwirtschaftsministerium, vom 21. Februar 1934 zeigt den „Führerstaat" in nuce auf. Vorausgesetzt wird ein Führerwille, der nicht notwendiger explizit geäußert werden muss, und dem in vorauseilendem Gehorsam („dem Führer entgegenarbeiten") zu entsprechen ist.

Dass sich dies auch auf die sprachliche Ebene bezieht, finden wir gelegentlich bezeugt:

> Jedes Mal, wenn Himmler aus einer Besprechung mit seinem Führer zurückkam, fiel mir auf, daß seine Sprache und Ausdrucksweise fast zu der Hitlers geworden war. ‚Rücksichtsloser Einsatz aller Mittel' – ‚eiskalter Entschluss', das klang wie aus Hitlers Munde gesprochen. (Schellenberg 1979, 73)

Hitlers strikte Ablehnung des Dialekts im öffentlichen Bereich war in der NS-Zeit kein Geheimnis. Sein Jugendfreund August Kubizek belegt bereits für Hitlers Linzer Zeit dessen Verachtung von Dialekt (Kubizek 1953: 29).[2] In der offiziellen Sichtweise der Nationalsozialisten hatten Mundarten ihre Daseinsberechtigung als die im wörtlichen Sinn „bodenständige"[3] Redeweise der Landbevölkerung:

---

[2] Allerdings sind Kubizeks Erinnerungen erst nach Kriegsende entstanden, so dass sie mit gewisser Vorsicht zu lesen sind. Es besteht aber kein Grund, an dieser Feststellung zu zweifeln.
[3] D.h. „an die Scholle gebunden" im damaligen Sprachgebrauch; es findet sich aber auch das Extrem von „Blut und Boden", etwa bei Geißler (1938a: 192).

> Die Mundarten haben ihre volle Berechtigung als Ausdruck der am meisten mit dem Boden verwachsenen Bevölkerung; die Hochsprache in ihrer vollkommensten Gestalt aber ist das sprachliche Gebilde, durch das sich [...] die wertvollsten Äußerungen der deutschen Seele ausprägen. (Schinke 1936: 93–94)

und

> Bluthafte Ursprünglichkeit des Lautens aber lebte stets weiter: unterhalb der Bildungsschicht, in der Sprache des Volks. (Geißler 1941:201)

Mit „Hochsprache" ist hiermit das mündliche Gegenstück zu „Rechtschreibung" gemeint (mehr darüber vgl. unten). Mundarten waren die Ausdrucksweise der historisch gewachsenen „Stämme" des Deutschen Reichs. Die Stämme als die kleinräumigsten Volksgemeinschaften hatten sich jedoch in höher stehenden, öffentlichen und halböffentlichen Registern der vereinten Gesamtheit des Deutschen Volks unterzuordnen. Die Sprache des Deutschen Volkes müsse homogen und „rein" sein. Was man darunter verstand oder verstehen wollte, wird gleich zu zeigen sein, denn die Rufer nach Einheitlichkeit waren in ihren Vorstellungen und Forderungen selbst alles andere als einheitlich.

Zwischen der Hochsprache des Deutschen Volks und den Stammesmundarten stand nach diesen Auffassungen die „Umgangssprache" in den Städten, die jedoch als Sprachform der Städte verachtet wurde (von Herbert Ahmels: „Flachlandsprache der Städter" verhöhnt, Ahmels 1938: 16) und deren Verwendung als Sprachverfall betrachtet wird, weil ihr „Entfremdung vom Boden" (Ahmels 1938: 8) vorgeworfen wurde. Den „gebildeten Schichten" müsse es Pflicht und Anliegen sein, sich auch im Alltag der Hochsprache zu bedienen (etwa Siebs 1931: 1). Nach nationalsozialistischen Vorstellungen hängen Sprache und Denken insofern zusammen, als das gesamte Volk sein nationalsozialistisch ausgerichtetes Denken in einer eindeutigen und einheitlichen sprachlichen Form zum Ausdruck bringen müsse. Das war, was man im Nationalsozialismus unter einer „reinen Sprache" verstand.

Von dem traditionellen Dreiersystem „Hochsprache – Umgangssprache – Dialekt" kam der Nationalsozialismus somit zur Dichotomie „Hochsprache – Dialekt", die jeweils als relativ geschlossene Einheiten betrachtet wurden, obwohl der Terminus „System" nie verwendet wird. Allerdings hielt es niemand für erstrebenswert oder auch nur notwendig, für dieses Postulat Beweise zu erbringen. Es wurde vielmehr ohne Hinterfragen von einer klaren Trennung nicht in Fragen ihrer Systematizität, sondern auch in Bezug auf ihre soziopragmatische Verortung ausgegangen.

3 Standard und Substandard in der NS-Sprache

Allerdings gab es jemanden, der diese scheinbar widerspruchsfreien Prämissen und Forderungen gehörig über den Haufen warf: Adolf Hitler selbst. Seine öffentliche Redeweise entsprach keineswegs dem geforderten „reinen Hochdeutsch"; seine Herkunft aus dem bairisch-österreichischen Sprachraum war deutlich zu erkennen (ausgeführt in Ernst 2013). Nach der damaligen Vorstellung wäre Hitlers Aussprache wohl am ehesten mit der vielverachteten Umgangssprache gleichzusetzen gewesen.

Das stellte natürlich ein Dilemma für die Sprechwissenschaft dar, zu dessen Lösung unabhängig voneinander drei Wege vorgeschlagen wurden (zu Persönlichkeiten der Sprechwissenschaft vgl. grundlegend Geissner 1997, jetzt auch Maas 2016, ältere Zusammenfassung der Literatur: bis 1993: Kämper-Jensen 1993).

Nach dem schon erwähnten Prinzip des vorauseilenden Gehorsams konnte die Sprechweise des Führers nur vorbildlich und ohne Einschränkung nachahmenswert sein. Seine Aussprache wurde daher nicht nur zur einzig verbindlichen Norm erhoben, sondern notabene auch zum Ausdruck des wahrhaften nationalsozialistischen Denkens erklärt. Karl Reumuth etwa, Dozent für Lehrerbildung an der Leipziger Hochschule, die diese Richtung vehement vertrat, erklärte, dass

> jeder Deutsche die Rede, die der Führer bei der Ankündigung des Feldzuges gegen Polen vor dem Deutschen Reichstag hielt, **in der ganzen Klanggestalt** in seinem Herzen trage. (Reumuth 1941: 81–82; zit. nach Birken-Bertsch & Markner 2000: 61. Hervorhebung von P.E.)

Damit war die „Führerrede" nicht nur durch ihren Inhalt, sondern auch durch ihre Klanggestalt zum prototypischen Musterbeispiel erklärt. Der Frage, ob nun allerdings alle öffentlichen Redner, etwa auch aus Norddeutschland, ihre Aussprache dem Bairisch-Österreichischen anzupassen hätten, ging man tunlichst aus dem Weg. So weit ging das „Entgegenarbeiten" dann doch nicht.

Dieser Weg ist umso bemerkenswerter, als Hitler als Person und auch im Besonderen seine Sprechweise im Norden Deutschlands vor 1933, insbesondere während der Auseinandersetzung mit dem Strasser-Zweig der NSDAP, sehr stark abgelehnt worden war (Rauschning 1988: 19). Man konnte die phonetischen Eigenheiten Hitlers einfach ignorieren und eine einheitliche Aussprache fordern. Dabei wird stillschweigend vorausgesetzt, dass Hitler diese Form der einheitlichen Aussprache vollendet praktiziert, auch wenn dies realistischerweise natürlich nicht der Fall war:

> Adolf Hitler brachte auch hier den Umschwung. Selbst ein begnadeter Redner und gewaltiger Sprachschöpfer, stellte er seine Bewegung von vornherein auf die Wirkung des gesprochenen Wortes ein. [...] Seine Kampfgenossen wurden Redner nicht durch Schulung, sondern durch Einstehen im Ernstfall. [...] Und die Redner der Partei sprachen sich aus der Ortsgruppe über Kreis und Gau in das Reichsgebiet hinein, ihre Mundartanklänge und ihre landschaftlichen aufgebend zugunsten einer überall verständlichen und wirksamen Reichssprache. (Ahmels 1938: 8).

Die beiden letzten Quellen zeigen auch, dass der Begriff „Hochlautung" mit „Rechtlautung" (als mündliches Gegenstück zur „Rechtschreibung") und sogar „Reichslautung" gleichgesetzt wurden.

Zur Haltung zur Siebs'schen Aussprachregelung, die ja schon den Anspruch erhob, eine einheitliche und völlig von Regionalismen freie Aussprachenorm zu liefern[4], nahm man eine zwiespältige Haltung ein. Ein Teil der Sprechwissenschaftler war durchaus bereit, Siebs zu folgen und seine Regeln zur verbindlichen Norm zu erklären. Begründet wurde dies mit der nicht mehr zu übertreffenden Stilhöhe der Bühnenaussprache besonders in Bezug auf die „Klassiker":[5]

> Die Umgangssprache hat sich nach der Hochlautung auszurichten, wie sie in der „Deutschen Bühnenaussprache, Hochsprache" von Theodor Siebs festgelegt und in der politischen Führerrede und bei Feiern wirksam ist. (Ahmels 1938: 18)

Soweit aus der bisherigen Forschung erkennbar, wandte sich aber der größere Teil der Sprechwissenschaftler gegen Theodor Siebs und seine als willkürlich aufgefassten Regeln:

> Hochsprache ist aber nicht Bühnensprache, sondern die mundartfreie Rechtlautung des deutschen Volkes. (Weller 1935: 53; im Original gesperrt).

Besonders scharf gegen Siebs schrieben Ewald Geißler und Otto Briegleb an. Allein die Titel von Geißlers Schriften wie „Was wir gegen die ‚Deutsche Bühnenaussprache-Hochsprache' auf dem Herzen haben" (Geißler 1938b und 1938c, vgl. auch

---

[4] „Man hat freilich behauptet, die Sprache des Schauspiels müsse in Zusammenhang mit der lebendigen Volkssprache bleiben, den Bühnen müßten Zugeständnisse an die landschaftliche Sprache erlaubt und so der ‚Erdgeschmack' der Sprache geschont werden. Das ist nicht ernst zu nehmen. [...] Nein, ein ‚An- und Durchklingen' örtlicher Sprechweise wäre schwer zu begrenzen und würde die Sprache unseres klassischen Dramas zu einem wüsten Kauderwelsch machen." (Siebs 1930: 2). Siebs revidierte allerdings bereits 1931 diese Aussagen leicht in Bezug auf den Rundfunk; lediglich die „Ansager" müssten weiterhin überlandschaftlich sprechen (Siebs 1931: 3).
[5] Eigenartigerweise wurden die grundlegenden und qualitativ hochstehenden Werke von Wilhelm Viëtor (etwa Viëtor 1931) in keiner Weise berücksichtigt. Die Gründe dafür wären noch herauszuarbeiten. Zu der Frage insgesamt Ernst (2017).

Briegleb 1938) sprechen Bände. Nach Brieglebs Ansicht folgten unterschiedliche Lautungen im Siebs'schen Wörterbuch nur den Unterschieden in der Schreibung (etwa langes offenes e für geschriebenes <ä>), die historisch nicht zu rechtfertigen seien. Die Bühnenaussprache eigne sich auf keinen Fall als „Hochsprache" (Birken-Bertscher 2000: 71).

Begründet wurde dies u.a. damit, dass die Bühnenaussprache Siebs'scher Prägung als „unnatürlich" und „gespreizt" und daher als für die öffentliche Rede abseits der Bühne als ungeeignet galt. Zu vermuten ist allerdings eher, dass die norddeutsche Prägung der Bühnenaussprache in allzu krassem Gegensatz zur Hitler'schen Praxis stand, so dass eine Zusammenführung weder möglich noch plausibel erschien.

Als logische Konsequenz hätte ein überregionales Regelwerk der „Reichslautung", das den „Siebs" ersetzen sollte, entstehen müssen. Aber über die Willensverkündigung einer Anleitung im Rundfunk (Geißler 1938a: 194) kam man nicht hinaus.

Ironischerweise nahm Hitler im Wahlkampf 1932 selbst Sprechunterricht bei einem Schauspieler, der dem Unterricht sicherlich das Siebs'sche Wörterbuch (Siebs 1930) zugrunde legte. Man kann auch die Bemühungen Hitlers, die Siebs'sche Aussprache umzusetzen, deutlich nachweisen (vgl. Ernst 2013). Es gelang ihm allerdings nie vollkommen, und er verfehlte die Umsetzung der Regeln vor allem dann, wenn er sich selbst in Ekstase redete. Aber natürlich durfte von diesem Unterricht niemand wissen, und so war er auch in der Sprechwissenschaft völlig unbekannt.

Als dritte Möglichkeit und gleichsam als Kompromiss zu den beiden bisherigen Extrempositionen konnte man dem Redner der Hochlautung aber zugestehen, überregionale Merkmale gemäß seiner Herkunft erkennen zu lassen:

> Wir wollen durchaus dem Redner seine sprachliche Heimat anmerken [...] (Ahmels 1938: 17).

Die regional durchsetzte Hochlautung wird demnach als „Hochsprache des Reiches" interpretiert. Dies stellt die praktikabelste Lösung dar, da sie ohne Gesichtsverlust für alle Beteiligten ein Nebeneinander verschiedener regional gefärbter Hochsprachen erlaubte und Hitler selbst nur die Realisierung einer von mehreren Varianten zusprach, ohne die anderen herabzusetzen:

> So einheitlich und gültig wie die Regeln der Rechtschreibung können die Anweisungen für die Rechtlautung natürlich nicht sein; denn Sprachlandschaft, Herkunft und persönliche Eigenart beeinflussen unsere Redeweise und Aussprache stark. (Ahmels 1938: 9)

4 Fazit und Ausblick

Trotz der nationalsozialistischen Vereinnahmung bzw. „Gleichschaltung" der akademischen Sprechwissenschaft, die sich gerade erst in den 1920er Jahren etabliert hatte, gelang es nicht, eine praxisnahe und kodifizierte Ausspracheregelung für die öffentliche Rede zu finden. Die im Deutschen von alters her vorhandenen polyzentrischen Strukturen sollten im Nationalsozialismus im Sinn einer Oralisierungsnorm der Standardsprache national-völkisch organisiert werden, vor allem unter Beteiligung der „gleichgeschalteten" Sprechwissenschaft. Als Hilfsmittel und Medium sollte vor allem der Rundfunk und die Wochenschauen im Kino dienen. Diese Massenmedien waren technisch und organisatorisch prinzipiell in der Lage, eine genormte Standardaussprache zu verbreiten und zu festigen. Allerdings konnte man sich auf akademischer Seite nicht auf die Form dieser Varietät einigen: Keiner der angedachten Formen wurde in den öffentlichen Politikerdiskurs des Nationalsozialismus in die Realität umgesetzt. Der Rundfunk orientierte sich ungeachtet der akademischen Diskussionen an den Siebs'schen Normen, wie bis jetzt ungenutzte Quellen in Form von Sprecherregeln aus der NS- Zeit im Deutschen Rundfunkarchiv belegen (Hinnrichs 1938).

In der Praxis blieb immer noch das Aussprachewörterbuch von Theodor Siebs Grundlage des professionellen öffentlichen Redens. Als gleichsame „Gegenbewegung" – von den Rednern allerdings nicht bewusst praktiziert – wurde von der NS-Spitze abwärts Adolf Hitler als Vorbild angesehen und oft sogar nachgeahmt. Er selbst war offenbar der Meinung, dass er eine überregionale Sprechweise pflegte. Dafür sprechen nicht nur die Tatsache, dass er von April bis November 1932 Sprechunterricht bei einem Schauspieler nahm, sondern dass er auch bei Reden im ehemaligen Österreich (etwa in Graz am 3. April 1938) keine dialektnahe Aussprache praktizierte, sondern den überregionalen, für das gesamte „deutsche Volk" wirkenden Staatsmann geben wollte. Allerdings kann nachgewiesen werden, dass Hitler deutliche Merkmale des gesprochenen österreichischen Deutsch zeigte, die bereits von Karl Luick (1904) festgestellt wurden (Ernst 2013:33–34; 38; 40).

- „flache" Realisierung der Diphthonge [ae̯] – [ao̯] – [ø̯ø̯] als [æe̯] – [ɒo̯] – [œø] (vgl. Wiesinger 2009: 238)
- geschlossene Realisierung von kurzem und langem <ä>
- stimmlose s-Artikulation vor Vokal
- Lenisierung der Fortisplosive *p, t, k* im Anlaut
- r-Vokalisierung

Versucht man nach den Vorstellungen der Sprechwissenschaftler die Chronolekte für die NS-Zeit zu rekonstruieren, ergibt sich dieses Bild:

Tab. 1: Rekonstruierte Chronolekte für die NS-Zeit

Interferenzfreier Standard	Interferenzfreier Standard Regionallautung
?	?
Dialekt	Dialekt
„Leipziger Schule"	Ewald Geißler u.a.

Es konnte gezeigt werden, dass ein „Interferenzfreier Standard" bei allen Autoren das letztlich zu erreichende Ziel darstellt. Eine Gleichsetzung des „Interferenzfreien Standards" mit der Siebs'schen Norm ist nicht selbstverständlich; vor allem aber lassen sämtliche erfasste Sprechwissenschaften suprasegmentale Merkmale wie Intonation etc. außer Acht.

Die Fragezeichen stehen für den Bereich zwischen Dialekt und gesprochener Standardsprache, traditionellerweise als „Umgangssprache" (dazu Mihm 2000: 2107) bezeichnet. Von sprechwissenschaftlicher Seite liegen dazu keine Überlegungen vor. Offenbar war zwischen den Varietäten Dialekt und „Hochlautung" keine offizielle Berechtigung vorgesehen. Sicher ist nur, dass von der Sprechwissenschaft allgemein gefordert wird, die „Gebildeten in den Städten" haben sich an den obersten Normen zu orientieren. Das ist nichts anders als die seit dem 18. Jahrhundert postulierte „Verkehrslage gebildeter Sprecher". Über Substandardvarietäten wie die Sprachform der Arbeiter in den Städten wird nichts ausgesagt. Als sicher kann angenommen werden, dass ein hochsprachlicher Standard als eine das ganze Deutsche Reich abdeckende „Einheitslautung" vorgesehen ist. Ob dieser als von Regionalismen frei vorgestellt wird, von Regionalismen geprägt oder ob beide Varietäten in einem ungeklärten Verhältnis stehen, hängen von der jeweiligen Positionierung der Sprechwissenschaftler ab.

Am unteren Ende der Skala befindet sich in allen Fällen eine nicht näher differenzierte Varietät „Dialekt", wobei nicht wie in der zeitgenössischen Dialektologie zwischen Verkehrsdialekt und Basisdialekt unterschieden wird. Die Funktion des Dialekts wird auf einen lokal eng definierten Raum und soziologisch auf die bäuerliche Gemeinschaft sowie auf die Familie festgelegt (zum Dialektbegriff der Nationalsozialisten vgl. Ernst 2017: 365–369).

Es wurde versucht zu zeigen, dass in der soziopragmatischen Verankerung gesprochener Sprache im Spannungsfeld zwischen Standard und Dialekt der Aussprache, hier v. a. des "Führers" Adolf Hitler, sehr wohl eine spezifische gesellschaftliche Rolle zukam. Die „Beobachtung, dass die Aussprache des Deutschen auch bei intendierter Standardsprache nicht selten von der kodifizierten Norm [...] abweicht" (Schmidt & Herrgen 2011: 266), kann somit auch für die NS-Zeit bestätigt werden. Insofern spielt die „politische Aussprache", und nicht nur die Ebenen der Lexik und der Textgestaltung, im Rahmen der Politolinguistik eine wesentliche Rolle.

Literatur

Ahmels, Herbert (1938): *Verpflichtung zur Hochsprache*. 2. Aufl. Dresden: Verlag Heimatwerk Sachsen.
Berutto, Gaetano (2004): „Sprachvarietät – Sprache (Gesamtsprache, historische Sprache)". In Ulrich Ammon, Norbert Dittmar, Klaus J. Mattheier & Peter Trudgill (Hrsg.), *Soziolinguistik. Ein internationales Handbuch zur Wissenschaft von Sprache und Gesellschaft*. 2. Aufl. Band 2, 188–195. Berlin: de Gruyter. (Handbücher zur Sprach- und Kommunikationswissenschaft 3.1).
Birken-Bertsch, Hanno & Markner, Reinhard (2000): *Rechtschreibreform und Nationalsozialismus. Ein Kapitel aus der politischen Geschichte der deutschen Sprache*. o. O. [Göttingen]: Wallstein.
Briegleb, Otto (1938): *Normung der Aussprache?* Leipzig: Brandstetter.
Ernst, Peter (2013): Adolf Hitlers „österreichisches Deutsch". Eine ohrenphonetische Analyse historischer Film- und Tondokumente. *Zeitschrift für Mitteleuropäische Germanistik* 3, 29–44.
Ernst, Peter (2017): Zum (halb)offiziellen Verhältnis von Dialekt und Standardsprache im Nationalsozialismus. In: Alexandra N. Lenz, Ludwig Maximilian Breuer, Tim Kallenborn, Peter Ernst, Manfred Michael Glauninger & Franz Patocka (Hrsg.): *Bayerisch-österreichische Varietäten zu Beginn des 21. Jahrhunderts – Dynamik, Struktur, Funktion. 12. Bayerisch-Österreichische Dialektologentagung*. Wiesbaden: Franz Steiner. (Zeitschrift für Dialektologie und Linguistik Beihefte 167), 361–372.
Geißler, Ewald (1938a): Sollen wir alle und immer reine Hochsprache reden? *Der Rundfunk. Blätter für nationalsozialistische Kulturgestaltung* 1 (6), 191–194.
Geißler, Ewald (1938b): Was wir gegen die „Deutsche Bühnenaussprache-Hochsprache" auf dem Herzen haben. *Der Rundfunk. Blätter für nationalsozialistische Kulturgestaltung* 1(10), 320–327.
Geißler, Ewald (1938c): Was wir gegen die „Deutsche Bühnenaussprache-Hochsprache" auf dem Herzen haben (Schluß). *Der Rundfunk. Blätter für nationalsozialistische Kulturgestaltung* 1 (11), 350–354.
Geißler, Ewald (1941): Deutsches Wesen in Laut und Dichtung. In *Von deutscher Art in Sprache und Dichtung*. Hrsg. im Namen der germanistischen Fachgruppe von Gerhard Fricke, Franz Koch und Klemens Lugowski. Band 1, 189–222. Stuttgart, Berlin: W. Kohlhammer.
Geissner, Hellmut (1997*): Wege und Irrwege der Sprecherziehung. Personen, die vor 1945 im Fach anfingen und was sie schreiben*. St. Ingebert: Röhrig Universitätsverlag.

Girnth, Heiko (2015): *Sprache und Sprachverwendung in der Politik. Eine Einführung in die linguistische Analyse öffentlich-politischer Kommunikation*. 2. Aufl. Berlin, Boston: de Gruyter.

Herrgen, Joachim (2015): Entnationalisierung des Standards. Eine perszeptionslinguistische Untersuchung zur deutschen Standardsprache in Deutschland, Österreich und der Schweiz. In Alexandra N. Lenz & Manfred Glauninger (Hrsg.), *Standarddeutsch im 21. Jahrhundert. Theoretische und empirische Ansätze mit einem Fokus auf Österreich*, 139–164. Göttingen: Vandenhoek und Ruprecht unipress. (Wiener Arbeiten zur Linguistik 1).

Hinnrichs, Adolf (1938): *Lautübungen zur Sprechtechnik*. 4 Schallplatten. Deutsches Rundfunkarchiv Archiv-Nr. 4323947.

Kämper-Jensen, Heidrun (1993): Spracharbeit im Dienst des Nationalsozialismus 1993 bis 1945. In *Zeitschrift für germanistische Linguistik* 21, 50–183.

Kershaw, Ian (2009): *Hitler 1889–1936*. Aus dem Englischen von Jürgen Peter Krause und Jörg W. Rademacher. 2. Aufl. [München]: Pantheon/Random House.

Kubizek, August (1953): *Adolf Hitler. Mein Jugendfreund*. 4. Aufl. Graz, Stuttgart: Leopold Stocker.

Lameli, Alfred (2004): *Standard und Substandard. Regionalismen im diachronen Längsschnitt*. Wiesbaden: Franz Steiner. (Zeitschrift für Dialektologie und Linguistik Beihefte 128).

Luick, Karl: *Deutsche Lautlehre. Mit besonderer Berücksichtigung der Sprechweise Wiens und der österreichischen Alpenländer*. Reprint der dritten Auflage Leipzig, Wien: Deuticke 1932. Nebst einem Nachdruck des Österreichischen Beiblattes zu Siebs. Hg. von Otto Back. Wien: ÖBV Pädagogischer Verlag 1996. Erstausgabe Wien: Deuticke 1904.

Maas, Utz (2016): *Sprachforschung in der Zeit des Nationalsozialismus*. Berlin, New York: de Gruyter. (Studia Linguistica Germanica 124).

Maitz, Péter (2010): Sprachvariation zwischen Alltagswahrnehmung und linguistischer Bewertung. Sprachtheoretische und wissenschaftsmethodologische Überlegungen zur Erforschung sprachlicher Variation. In Peter Gilles, Joachim Scharloth & Evelyn Ziegler (Hrsg.): *Variatio delectat. Empirische Evidenzen und theoretische Passungen sprachlicher Variation. Festschrift für Klaus J. Mattheier zum 65. Geburtstag*, 59–80. Frankfurt am Main u.a.: Peter Lang. (VarioLingua. Nonstandard – Standard – Substandard 37).

Mihm, Arend (2000): Die Rolle der Umgangssprachen seit der Mitte des 20. Jahrhunderts. In Werner Besch, Anne Betten, Reichmann Oskar & Stefan Sonderegger (Hrsg.), *Sprachgeschichte. Ein Handbuch zur Geschichte der deutschen Sprache und ihrer Erforschung*. 2. Aufl. 3. Teilband, 2107–2137. Berlin, New York: de Gruyter. (Handbücher zur Sprach- und Kommunikationswissenschaft 2.2)

Niehr, Thomas (2014): *Einführung in die Politolinguistik. Gegenstände und Methoden*. Göttingen: Vandenhoeck & Ruprecht. (utb 4173).

von Polenz, Peter (1999): *Deutsche Sprachgeschichte vom Spätmittelalter bis zur Gegenwart*. Band III: 19. und 20. Jahrhundert. Berlin, New York: de Gruyter.

Rauschning, Hermann (1988): *Gespräche mit Hitler*. 2. Aufl. Wien: Europaverlag. [Erstausgabe Zürich: Europaverlag 1940]. Reumuth, Karl (1941): Deutsche Spracherziehung. Die Aufgaben des muttersprachlichen Unterrichts und ihre Lösung. Leipzig: Dürr. (Wege zur völkischen Schule 4).

Schellenberg, Walter (1979): *Aufzeichnungen. Die Memoiren des letzten Geheimdienstchefs unter Hitler*. Hg. von Gita Petersen. Wiesbaden, München: Limes.

Schinke, Walter (1936): Volkstümliche oder volkhafte Sprache? *Zeitschrift für Deutschkunde* 50, 91–96.

Schmidt, Jürgen Erich (2005): Versuch zum Varietätenbegriff. In Alexandra N. Lenz & Klaus J. Mattheier (Hrsg.): *Varietäten – Theorie und Empirie*, 61–74. Frankfurt am Main: Peter Lang. (VarioLingua 23).

Schmidt, Jürgen Erich & Joachim Herrgen (2011): *Sprachdynamik. Eine Einführung in die moderne Regionalsprachenforschung*. Berlin: Erich Schmidt. (Grundlagen der Germanistik 49).

Siebs, Theodor (1930): *Deutsche Bühnenaussprache Hochsprache*. 15. Aufl. Köln: Albert Ahn.

Siebs, Theodor (1931): *Rundfunkaussprache*. Berlin: [Abel in Greifswald].

Viëtor, Wilhelm [1931]: *Deutsches Aussprachewörterbuch*. 4. und 5. Aufl., besorgt von Ernst A. Mayer. Leipzig: O. R. Reisland & Maximilian Weller (1935): Gesprochene Muttersprache. Studien zur nationalsozialistischen Grundlegung der Sprecherziehung. Köln: Kurt Schroeder.

Wiesinger, Peter (2009): Die Standardaussprache in Österreich. In Eva Maria Krech et al., *Deutsches Aussprachewörterbuch*.Berlin: de Gruyter, 229–258.

Vjosa Hamiti & Blertë Ismajli
Politisch beeinflusster Benennungswandel: Vom Amselfeld bis zur Republik Kosovo

Schlüsselwörter: Kosovo/Kosova, Amselfeld, politische Bezeichnung, Genus, Mediensprache

1 Einleitung

Die Republik Kosovo besteht seit 2008 als ein unabhängiger Staat, der Ortsname *Kosovo* findet jedoch bereits seit dem Mittelalter als Bezeichnung für eine Region auf dem Balkan Verwendung[1]. Unser Beitrag untersucht die Verwendung von Kosovo/Kosova im bundesdeutschen (i. W. dt.) Mediendiskurs, indem man eine Vielfalt von Bezeichnungen findet, die als Folge von insbesondere politischen Entwicklungen betrachtet werden können. Sie werden im Weiteren anhand von Belegen dargestellt. Zu diesem Zweck wurden die Medientexte untersucht, auf deren Archive gegenwärtig ein Online-Zugriff besteht. Es sind vor allem *Der Spiegel*, aber auch *Die Zeit* und *Die Süddeutsche Zeitung*. Bei der Untersuchung gehen wir chronologisch vor und beziehen uns auf die politischen Entwicklungen in der Region, die zur Benennungsvariation führten. Anhand des Materialkorpus konnte festgestellt werden, dass in den deutschen Medien eine Variation auch in Bezug auf Demonyme besteht. Aus diesem Grunde beziehen wir auch Demonyme in unsere Analyse mit ein.

Politische Sprache steht im Fokus dieses Bandes. Der vorliegende Beitrag befasst sich mit dem Einfluss dieses Diskurses auf die Benennungsveränderungen im Fall Kosovo, die während der Entwicklung von einer Region zu einem Staat stattgefunden haben. Diese politischen Bezeichnungen haben sich auch in der Mediensprache widergespiegelt.

---

1 Vorliegender Beitrag wurde von beiden Autorinnen gleichberechtigt verfasst.

2 Toponym und Demonym: Historischer Hintergrund

2.1 Kosovo

Kosovo wird seit dem Hochmittelalter als Raumbegriff verwendet (Elsie 2011: xxix-xxxv; Schmitt 2008: 35; Malcolm 1998: 3ff). Zum ersten Mal taucht es in den Schriften über die Schlacht aus dem Jahre 1389 auf dem Amselfeld[2] auf (Malcolm 2001: 3).

Der Name Kosovo (alb. Kosovë/-a) lässt sich aus dem Slavischen ableiten: „kos" ist die sl. Bezeichnung für Amsel und „-ovo" ein Determinativ- bzw. Possessivsuffix, d.h. Kosovo kann in der deutschen Übersetzung als „der Amsel gehörend" verstanden werden (Földes 1999: 307). In lateinischen Chroniken findet man auch die Bezeichnung *campus merulae* für Kosovo/Amselfeld (Malcolm 1989: 3). Laut Schmitt (2008: 35) sollte man bei der Bezeichnung Kosovo zwischen einer Bezeichnung für einen Raum (das Feld, auf dem die Schlacht stattfand) und für eine Verwaltungseinheit unterscheiden. Über Jahre hinweg bezeichnete der Name Kosovo unterschiedliche Verwaltungseinheiten: 1877 gründete das osmanische Reich das Vilayet Kosovo, das freilich einen größeren Raum umfasste und den heutigen Grenzen von Kosovo nicht mehr entspricht; vor[3] und nach 1945 war Kosovo Teil der damaligen Staaten des sogenannten ersten und zweiten Jugoslawiens und ab 2008 dann ein eigener Staat.[4]

Kosovo besteht in den heutigen Grenzen seit 1945, als es nach mehreren politischen Entwicklungen um den ersten und zweiten Weltkrieg Teil der sozialistischen föderativen Republik Jugoslawien als eine sozialistische autonome Provinz wurde. In den Jahren nach 1945 wurde der Name *Kosovo i Metohija* („Kosovo und Metohien") als Verwaltungsbegriff eingeführt (Schmitt 2008: 38). Diese zwei Namen beziehen sich auf die beiden Hauptlandschaftsbereiche des Landes: *Kosovo* slav./ *Kosova* alb. ist das Flachland im Osten, der westliche Teil des Landes hat eine albanische und eine serbische Bezeichnung: die alb. Bezeichnung *Rrafshi i Dukagjinit* („Ebene von Dukagjin") bezieht sich auf die nordalbanische spätmittelalterliche Adelsfamilie der Dukagjini, die serbische Bezeichnung *Metohija* bedeutet „Kloster-

---

2 Ausführliche Beschreibung der Schlacht auf dem Amselfeld siehe Judah (2000: 4ff) und Schmitt (2008: 59ff).
3 1912 wurde Kosovo von Serbien und Montenegro besetzt. 1915–1918 von Österreich-Ungarn administriert. 1918 wurde Kosovo in das Königreich der Serben, Kroaten und Slowenen integriert.
4 Für eine chronologische Darstellung dieser Zeit sieh Elsie (2011), Schmitt (2008), Malcolm (1998), Judah (2000).

land" (metochion = byzantinisch-griechisch für Klosterbesitz). Offiziell wurde die Bezeichnung „Kosovo i Metohija" in den 1970er Jahren zu „Kosovo" verändert. Trotzdem findet „Kosovo i Metohija" und die abgekürzte Form „Kosmet" bis heute Verwendung. Beide Formen sind ideologisch gefärbt. Sie tauchen überwiegend im Diskurs der nationalistisch ausgerichteten serbischen Politiker auf. Die Verwendung dieser Benennung impliziert die politischen Absichten, die Ende des vergangenen Jahrhunderts zu mehreren Kriegen auf dem Balkan geführt haben. Die christlich-orthodoxen Kloster in Kosovo werden von Serbien bekanntlich weiterhin als ein serbisches Kulturgut angesehen, was bei Politikern auch als ein Argument für die serbische Zugehörigkeit Kosovos gilt.[5]

2.2 Demonym: Albaner und Skipetaren

Das Demonym für die Mehrheitsbevölkerung Kosovos stellt ebenfalls einen interessanten Untersuchungsgegenstand dar. Die Albaner nennen sich selbst *shqiptarë (pl.)*, das ist die Grundlage für die auch im Deutschen bekannte Form: *Skipetaren*. Diese Benennung taucht erst im 18. Jh. auf. Davor nannten sich die Albaner *arbënë, arbërë, arbëresh, arbënesh, albëresh*. Aufgrund dieser älteren Formen werden Benennungen auf der Basis der Wurzeln *arb-/alb-* bis heute von den Nachbarn für ihre Bezeichnung der Albaner bzw. Albaniens verwendet (slaw. zuerst Arbanas, Arbanija, später Albanija, Albanac, in den romanischen Sprachen: Albanese, Albania, türk. Arnaut, griech. Arvanit). Das Adverb *shqip* ist ein lateinisches Lehnwort (lat. *excipio*), anfangs wurde es mit der Bedeutung *fol shqip* „sprich deutlich" verwendet. Wegen seiner Homonymie mit dem albanischen Wort „shqiponjë" (Adler) wurde oft die Benennung shqiptar mit „Adlersohn" erklärt, was nach Ismajli (1987: 101) nicht stimmen kann, da die Bezeichnung für die Sprache älter als das Demonym ist (Ismajli 1987: 96–105). Nach dem zweiten Weltkrieg entstand in Jugoslawien die Bezeichnung *Šiptari* für Albaner, abgeleitet von der albanischen Bezeichnung. Diese neue Form wurde benutzt, um angeblich eine Unterscheidung zwischen den Albanern in Albanien und denen in Kosovo vorzunehmen. Die jugoslawische Führung versuchte auf diese Weise eine regionale Identität zu fördern, mit dem Ziel einer Ablösung vom politischen Zentrum außerhalb Jugoslawiens (Schmitt 2008: 234–236). Jedoch hat diese Bezeichnung bis heute überwiegend pejorative Bedeutungskonnotationen, da sie oft als sehr abwertend verwendet wird. In den dt. Medien taucht im Untersuchungszeitraum neben der Form *Albaner* auch *Skipetaren* auf, aber hier vor einem anderen geschichtlichen Hintergrund:

---

5 Vgl. Földes (1999: 313).

(1) [...] So kam es in der vorwiegend von *Albanern* bewohnten *autonomen Region Kosmet* erst in der vorletzten Woche zu Studenten-Unruhen: Ein Demonstrant wurde erschossen, 41 Beteiligte – darunter auch Polizisten – verletzt. Die *Jung-Skipetaren*, von Lehrern und Professoren unterstützt, hatten für eine souveräne albanische Teil-Republik und gegen serbische Abhängigkeit demonstriert. [...] (Der Spiegel, 09.13.1968)

Wir finden in diesem Beleg beide Demonyme: *Albaner* und *Skipetaren*, anfangs die Bezeichnung Albaner, weiter unten als Kontextualisierung in Form von *Skipetaren* (s. auch Beleg (5)). Die Bezeichnung Skipetar ist auch durch Karl Mays Werk „Durch das Land der Skipetaren" (1888) für das deutsche Publikum bekannt geworden, was dazu beitragen kann, dass in analysierten Medien dieser Name oft auftaucht. Aus den untersuchten Belegen aus den 50er und 60er Jahren ergibt sich, dass die Beschreibung „Land der Skipetaren", „Skipetar-Adlerssohn" fast in jedem Bericht über Albanien Verwendung findet und nicht negativ konnotiert ist.

Der direkte Kontakt mit Kosovo und den Kosovo-Albanern hatte eine ganz andere Sichtweise über die dortige Bevölkerung und das Land im Allgemeinen in den deutschsprachigen Medien bewirkt. Ende der 80er und in den 90er Jahren fand jedoch eine Veränderung auch in Bezug auf das Demonym statt. In der dt. Berichterstattung findet die Bezeichnung *Skipetaren* nicht mehr Anwendung, sondern immer häufiger *Kosovo-Albaner*.

(2) In Pristina, Zur, Podujevo und Titova Mitrovica, in allen größeren Orten der jugoslawischen Provinz Kosovo, kämpften die Truppen der "Anti-Terror-Brigaden", einer Sondereinheit der jugoslawischen Bundespolizei, mit jungen *Kosovo-Albanern* über das Oster-Wochenende in offener Straßenschlacht. (Der Spiegel, 03.04.1989)

Ein neues Demonym für die Bewohner Kosovos begann im Jahr 1999 sich zu etablieren, und zwar begann man neben Kosovo-Albaner auch *Kosovaren* zu verwenden, eine Bezeichnung, die sich im Deutschen eingebürgert hat.[6]

(3) [...] Gleichzeitig appellieren wir an die *Kosovo-Albaner*, den Friedensweg, den sie in Paris gewählt haben, entschlossen weiterzugehen. Wir fordern ganz besonders die bewaffneten Kräfte der *Kosovaren* dringend auf, von provokativen Militäraktionen Abstand zu nehmen.[...] (Der Spiegel, 24.03.1999)

---

6 Földes (1999: 307) hat auch die Form *Kosovari* belegt. Jedoch muss betont werden, dass diese Form nur während der NATO-Luftangriffe in ganz wenigen Medien verwendet wurde.

3 Kosovo i Metohija, Kosmet

Die Nachkriegszeit Kosovos innerhalb Jugoslawiens[7] ist in vielerlei Hinsicht durch große Repressionen an der albanischen Mehrheitsbevölkerung gekennzeichnet.[8] In der dt. Berichterstattung dieser Zeit kommen die Bezeichnungen *Kosmet, Landstriche Kosovo und Metohija, Sozialistische Autonome Provinz/Gebiet Kosovo und Metohija (Kosmet)* vor. Hauptsächlich wird die offizielle Benennung von Kosovo verwendet, also die „Sozialistische Autonome Provinz Kosovo und Metohija". Jedoch wurden in mehreren Belegen Bezeichnungen gefunden, die politisch negativ gefärbt verwendet wurden. Exemplarisch sei auf das folgende Beispiel verwiesen, in dem im selben Artikel drei unterschiedliche Formen auftauchen:

(4) JUGOSLAWIEN / *KOSMET*: Kampf *der Skipetaren*
Mohammedanische Bürger Jugoslawiens rüsten zum Kampf gegen Tito: *die Skipetaren.*
Dort, wo 1389 die Türken in der Schlacht auf *dem Amselfeld* die christlich-orthodoxen Serben schlugen, in *den Landstrichen Kosovo und Metohija*, sehnt sich die benachteiligte *skipetarische* Minderheit nach der Vereinigung mit ihren Brüdern in Albanien.
Anders als Slowenen, Kroaten, Mazedonier und Montenegriner, die in Titos Vielvölkerstaat als reichsunmittelbare "Sozialistische Republiken" weitgehende Selbständigkeit genießen, wurde die *"Sozialistische Autonome Provinz Kosovo und Metohija" (Kosmet)* der serbischen Republik unterstellt. [...] (Der Spiegel, 14.04.1969)

Interessant zu beobachten ist, dass die Benennung *Amselfeld* nicht für die Bezeichnung von Kosovo verwendet wurde, sondern lediglich als Raumbezeichnung (alb. *Fushë Kosova/* serb. *Kosovo Polje* heute), wo die bekannte Schlacht aus dem Jahre 1389 stattgefunden hatte. Der folgende Beleg ist auch in Bezug auf Demonyme interessant, weil hier die Albaner in Kosovo – anders als die in Albanien (Albaner) – als Skipetaren bezeichnet werden. Allerdings ist diese Unterscheidung nicht

---

[7] Über die politische Entwicklung dieser Jahre sieh. Malcolm (1998: 289–313).
[8] Bis 1966 herrschte in Jugoslawien der Innenminister Aleksander Rankovic. Eine viertel Million der Bewohner Kosovos sind in dieser Zeit ausgewandert. Die Bildungschancen für die Albaner waren sehr gering, die Bevölkerung hatte eine hohe Analphabetenrate. Wirtschaftlich war die Region im Vergleich zu den anderen Bestandteilen Jugoslawiens unterentwickelt. Mehr bei Malcolm (1998) sowie Schmitt (2008).

immer klar. Immer wieder tauchen Berichte auf, in denen auch die Albaner in Albanien als Skipetaren auftreten:

(5) [...] Chruschtschews Reisebegleitung ließ überdies ahnen, was der sowjetische Regierungschef in der *skipetarischen Volksrepublik* – mit 1,5 Millionen Einwohnern auf 28 800 Quadratkilometern der kleinste Sowjet-Satellit – zu besprechen wünschte. Mit ihm waren gekommen: Verteidigungsminister Marschall Malinowski, zuständig für die Marine- und Luftwaffenstützpunkte der Sowjetmacht in Albanien, sowie der stellvertretende Außenminister Firjubin, bis September 1957 Botschafter in Belgrad und daher nicht nur mit den Interna des russischjugoslawischen Konflikts, sondern auch mit den *albanischjugoslawischen Querelen* vertraut. (Der Spiegel, 10.06.1959)

4 Autonome Provinz Kosovo

Die Zeit 1974–1989 ist durch mehrere politische Ereignisse in der Region gekennzeichnet,[9] die auch zu unterschiedlichen politischen Bezeichnungen von Kosovo führten. Im Jahre 1974 bekam Kosovo durch die neue Verfassung Jugoslawiens den Status einer *autonomen Provinz*.[10] Das führte zu einem besseren Bildungsstand[11] sowie zu einer besseren wirtschaftlichen Entwicklung.[12] Anfang der 80er Jahre[13] fanden in Kosovo mehrere Demonstrationen statt, in denen Albaner eine gleichberechtigte Republik im Rahmen von Jugoslawien anstrebten.[14] Kennzeichnend für diesen Zeitraum sind die ersten Kontakte mit dem Land und den Bürgern,[15] wie hier belegt:

---

9 Mehr zu diesem Zeitabschnitt sieh bei Malcolm (1998: 314–356).
10 d.h. eine erweiterte Autonomie und faktisch dieselben Rechte einer Republik. Mehr dazu siehe Schmitt (2008: 231–233); Malcolm (1998: 334–338)
11 Schmitt (2008) bezeichnet diese Jahre als „die Bildungsoffensive" (238-242). Im Weiteren hat er als einzelnen Kapitel unter dem Titel „Die Bildung einer albanischen Elite" sehr ausführlich diesen Bildungsprozess im Kosovo beschrieben (243–247).
12 Mehr dazu siehe Schmitt (2008: 248–259).
13 Sehr häufig wird das Jahr 1981 nicht nur als „turning-point" von Kosovo, sondern auch von Jugoslawien angesehen. (Vgl. Judah 2000: 42).
14 Mehr zu diesem Zeitabschnitt von Kosovo siehe Schmitt (2008), Malcolm (1998), Judah (2004).
15 In den 70-er Jahre sind die ersten Gastarbeiter nach Deutschland und Europa gegangen. Ende der 80er- und besonders die 90erJahre sind mehrere Kosovo-Albaner nach Deutschland und West-Europa geflüchtet und ersuchten dort politischen Asyl. Im Jahre 1999 hatte Deutschland mehrere Flüchtlinge aus dem Kosovo Krieg aufgenommen. Das ist auch der Grund, warum heute Kosovo

(6) [...] Direkt oder indirekt waren sie mit dem 24jährigen Jugoslawen Ejub Hodzaj aus *der autonomen Region Kosovo* in Kontakt gekommen. Der *Gastarbeiter* aus dem Süden Jugoslawiens hatte die Pocken aus seiner Heimat in die Bundesrepublik eingeschleppt. [...] (Die Zeit, 07.04.1972)

Trotz Kontakten zu Kosovo besteht weiterhin wenig Kenntnis über das Land, wodurch Verwirrungen bei der Bezeichnung von Kosovo entstehen. Folgender Beleg ist ein Sonderfall, weil eigentlich über *Kosovo und Kosovo* (*Kosovo und das Amselfeld*) berichtet wurde, jedoch ist es nicht klar, weil dem Leser zwei Orte angegeben werden:

(7) [...] Nationale Zwistigkeiten wirken fort, territoriale Ansprüche anderer (Bulgariens auf Mazedonien, Albaniens auf *Kosovo und das Amselfeld*, Ungarns auf die Vojvodina) lassen sich beleben. [...] (Die Zeit, 01.09.1978)

Anfang der 1980er Jahren beginnt sich die Benennung *Provinz* im untersuchten Diskurs einzubürgern. Diese Zeit charakterisiert auch den Beginn des Zerfalls Jugoslawiens, worüber in den dt. Medien berichtet wurde:

(8) [...] In *der Provinz Kosovo* droht jetzt der offene Bürgerkrieg: Die Belgrader Zentralregierung hat die Autonomie-Rechte suspendiert, um den Nationalitätenstreit zwischen Serben und Albanern zu beenden. [...] (Der Spiegel 30.06.1986)

5 UN(UNO)-Protektorat, Republik Kosovo

Durch die Aufhebung der Autonomie Kosovos 1989 kam es in den 90er Jahren zu mehreren wichtigen politischen Entwicklungen in der ganzen Region,[16] die in der dt. Berichterstattung einen immer größeren Platz einnahmen. Die politischen Umbrüche hatten als Folge die Entstehung neuer Staaten, was neue Bezeichnungen im politischen und medialen Diskurs mit sich brachte. Landschaftsnamen wurden zu Ländernamen (Fahlbusch & Nübling 2014: 258). In den untersuchten Belegen herrschte vorwiegend die Bezeichnung Kosovo ohne jegliche administrative Benennung:

---

eine sehr große Diaspora, besonders in den deutschsprachigen Ländern hat. Mehr über die kosovoalbanische Diaspora in den deutschsprachigen Ländern siehe Schmitt (2008: 284–291).
16 Über diese Zeit mehr bei Judah (2000: 33–60).

(9) [...] So blieb auch der Kompromiss von Staatsgründer Tito, *dem Kosovo* in der Verfassung von 1974 eine begrenzte Autonomie innerhalb der Teilrepublik Serbien einzuräumen, für die Serben ein "nationaler Verrat". [...] der Zwist um *das Kosovo* zum offenen Kampf zwischen den Nationalitäten. Auf Massendemonstrationen aufgeputschter Serben schürte Milosevic den Völkerhass und machte die Heimkehr *des Kosovo* wie der gleichfalls autonomen Provinz Vojvodina im krisengeschüttelten Jugoslawien zur wichtigsten Frage.[...] (Der Spiegel, 03.04.1989)

Die Ereignisse im Zusammenhang mit dem Zerfall Jugoslawiens zogen größere Aufmerksamkeit in erster Linie seitens internationaler Politik und dadurch auch dt. Medien auf das Land. Das führte zu einer ganz anderen Sichtweise über die dortige Bevölkerung und das Land im Allgemeinen. Während dieser Zeit etabliert sich auch das Demonym Kosovo-Albaner:[17]

(10) SPIEGEL: Die Albaner doch wohl nur auf der türkischen Seite ...
RUGOVA: Nein, auf der Seite des serbischen Fürsten Lazar. Schließlich waren die *Kosovo-Albaner* 1389 noch Christen und kämpften ebenfalls gegen den Islam. Den moslemischen Glauben haben wir erst unter türkischer Herrschaft angenommen. Der chauvinistische *Amselfeld*-Mythos entstand im 19. Jahrhundert nach Gründung des serbischen Staats. [...] (Der Spiegel, 26.06.1989)

Der Beginn des 20. Jh. zeichnet eine neue Epoche für Kosovo. Anders als die Restrepubliken Jugoslawiens führte Kosovos Weg aus dem Krieg nicht direkt zur Unabhängigkeit, sondern zu einem Uno-Protektorat,[18] das sehr oft auch als das „Herrschaftssystem der UNMIK" (Schmitt 2008: 336) bekannt wurde. Diese Situation spiegelt sich auch in der Berichterstattung wieder. In der Mehrzahl der Belege wurde neben dem Namen *Kosovo* die Verwaltungsbenennung UNO- oder UN-Protektorat verwendet:

(11) Schutzengel im Amselfeld[19]
[...] Eigene Todesopfer schließen die Briten, die im künftigen *Uno-Protektorat*

---

17 In diesem Beleg ist ein Interview von dem Gründungsvater von Kosovo, dem Präsidenten Ibrahim Rugova.
18 Mehr über den UNO-Protektorat sieh Elsie (2011: 11–12); Judah (2000: 286–296); Schmitt (2008: 333–338).
19 *Amselfeld* wird hier metaphorisch für *Kosovo* verwendet.

Kosovo mit bis zu 13 000 Mann das größte Kontingent stellen werden, nicht aus [...] (Der Spiegel, 14.06.1999)

Die Unabhängigkeitserklärung Kosovos 2008 brachte Stabilität im medialen Diskurs, was die politische Bezeichnung betrifft. Die offizielle Bezeichnung des Landes ist „Republik Kosovo":

(12) [...] Bisher war das überwiegend von Albanern bewohnte *Kosovo eine Provinz Serbiens* - nun nennt sie sich *Republik Kosovo*. Bei der außerordentlichen Sitzung des Parlaments stimmten die Abgeordneten heute für die Unabhängigkeit. Im weiteren Verlauf des Tages sollen sie auch eine neue Nationalfahne und Nationalhymne beschließen. [...] (Der Spiegel, 17.02. 2008)

6 Der/das Kosovo

Im Deutschen haben nicht nur die oben genannten unterschiedlichen administrativen Bezeichnungen von Kosovo Vielfalt und Schwankungen verursacht, sie erzeugten auch Genusinstabilität und Varietät.[20] Der Ortsname *Kosovo* tritt als hybrides Nomen[21] (Corbett 1991: 183) im Deutschen auf. Diese Genusinstabilität und Varietät wurde mehrmals besonders in den 90er Jahren bis zur Unabhängigkeit 2008 belegt. Nach Fahlbusch & Nübling (2014: 258) entwickeln sich ehemalige Landschaftsnamen zu Ländernamen, (wie in diesem Fall *Kosovo*, das im Jahre 2008 unabhängig wurde), weil sie nach und nach ihren Artikel, sofern sie über ihn verfügen, verlieren und im Neutrum verwendet werden: von *der* zu *das Kosovo* zu *Kosovo*:

(13) Unabhängigkeitserklärung: Deutschland erkennt *Kosovo* an. (Der Spiegel, 20.02.2008)

Die Duden Grammatik (2005, 2009) hat Kosovo zu den Länder- und Landschaftsnamen mit schwankendem Artikel und Genus eingestuft.[22] Solche Fälle sind in der

---

20 Vgl hierzu Földes (1999) und Hamiti (2007).
21 Für Corbett (1991: 183) sind solche Nomen, die "neither simply take the agreements of one consistent agreement pattern nor belong to two or more genders. The agreement form to be used depends in part on the type of target involved."
22 DUDEN (2009: 160) hat als Beispiel *Irak* genommen und dazugeschrieben, dass *Kosovo/Kosova* ähnliche Verwendung im Deutschen findet. *Kosova* ist die albanische Version. Wie auch Földes

deutschen Sprache bekannt. Die Duden Grammatik (1998: 202) führt als Beispiel für die Genusschwankung die Bezeichnung *das Elsass* an, die im 19. Jahrhundert ähnliche Schwankungen hatte. Das Genusproblem lässt sich auch in der dt. Berichterstattung[23] deutlich sehen. Im Deutschen sind die Länder- und Ortsnamen im Allgemeinen Neutrum und stehen ohne Artikel (13), falls kein Adjektivattribut vorhanden ist.

Im Fall Kosovo konnte bei unseren Untersuchungen mehrmals das Neutrum mit Artikel belegt werden:

(14) Die Bundesregierung hat ein Zeichen für *das Kosovo* gesetzt. Die Republik wird als unabhängiger Staat anerkannt. (www.welt.de, 19.02.2008)

Kosovo kommt aber im Deutschen auch mit maskulinem Genus vor:

(15) Dieses Signal hätte Minuten, nicht Stunden oder gar Tage nach der Unabhängigkeitserklärung abgegeben werden müssen, inklusive jener zentralen, die EU einenden Botschaft: *Der Kosovo* ist kein Präzedens, *der Kosovo* ist einmalig. (www.sueddeutsche.de, 17.05.2010)

Es fehlen auch nicht Belege, in denen beide Artikel verwendet wurden:

(16) Die Suche nach dem Königsweg für *das Kosovo* (Titel) [...] Die Befreiungsarmee für *den Kosovo* (UCK), (m) [...] Kosovo-Expertin Calic ist da skeptischer: *Das Kosovo* werde Mühe haben [...] (n)[24]

(1999: 313) hervorhebt, wurde im Gebrauch von *Kosovo* der serbische Anspruch auf die Provinz angesehen, und bei der Verwendung von *Kosova* wurde der eigenständige Staat signalisiert. Jedoch muss hinzugefügt werden, dass im Albanischen *Kosova* ein opaker Ortsname ist, da die Bedeutung in dieser Sprache nicht nachvollziehbar ist.

23 Aus mehreren Gesprächen mit dt. Journalisten kam heraus, dass die Redaktionen selber entschlossen, welche Variante sie verwenden werden. Die Schweizer Zeitungen *Tagesanzeiger* und *NZZ* z.B. verwenden gar keinen Artikel – *Kosovo*. Einige Medien verwenden das Neutrum und zwar mit der Erläuterung, dass Kosovo sich auf das Amselfeld bezieht. Also ist die Verwendung der unterschiedlichen grammatischen Formen willkürlich, aber trotzdem grammatisch korrekt.

24 Beispiel entnommen aus Hamiti (2008: 279).

7 Fazit

Das in unserer Betrachtung untersuchte Materialkorpus belegt die Vielfalt der Bezeichnung für Kosovo im dt. Mediendiskurs, die eng mit den politischen Ereignissen verbunden ist. Das Jahr 2008 ist der politische Wendepunkt des Landes, der auch zu Stabilität in der Bezeichnung führt. Es besteht aber weiterhin grammatikalische Variation. Die bestehende Genusinstabilität des Namens Kosovo ist bis heute Untersuchungsgegenstand der dt. Sprachwissenschaft. Unser Korpus bestätigt die zunehmende Verwendung des Neutrums ohne Artikel, wie es auch Thieroff (2000) und Fahlbusch & Nübling (2014) aufgezeigt haben.

Literatur

Corbett, Greville (1991): *Gender*. Cambridge.
Dieckmann, Walther (1975): *Sprache in der Politik. Einführung in die Pragmatik und Semantik der politischen Sprache* (2. Auflage). Heidelberg: Winter.
DUDEN Band 4 (1998): *Die Grammatik*. 6. neu bearb. Aufl. Mannheim, Wien, Zürich: Dudenverlag.
DUDEN Band 4 (2005): *Die Grammatik*. 7. völlig neu erarb. und erw. Aufl. Mannheim, Wien, Zürich: Dudenverlag.
DUDEN Band 4 (2009): *Die Grammatik*. 8. überarb. Aufl. Mannheim, Wien, Zürich: Dudenverlag.
Elsie, Robert (2011): *Historical Dictionary of Kosovo*. 2nd ed. Historical Dictionaries of Europe, No. 79. Lanham, Toronto, Plymouth: The Scarecroe Press, Inc.
Fahlbusch, Fabian & Nübling, Damaris (2014): Der Schauinsland - die Mobiliar - das Turm. Das referentielle Genus bei Eigennamen und seine Genese. In Rolf Bergmann, Damaris Nübling, Ulrich Obst, Karin Stüber & Heinrich Tiefenbach (Hrsg.), *Beiträge zur Namenforschung 49/3*. Heidelberg: Universitätsverlag. 245–288.
Földes, Csaba (1999): Ortsnamen im Spannungsfeld von Öffentlichkeitssprache und sprachlichem Wandel. In *Muttersprache* 109 (1999) 4. 303–315.
Hamiti, Vjosa (2007): Der Kosovo" apo "das Kosovo" – Problemi i gjinisë së emrit "Kosovë" në gjuhën gjermane. In *Seminari I 26-të Ndërkombëtar për Gjuhën, Letërsinë dhe Kulturën Shqiptare* (Vol. 1). Prishtinë: Fakulteti i Filologjisë. 275–284.
Ismajli, Rexhep (1987): *Artikuj mbi gjuhën shqipe*. Prishtinë: Rilindja
Judah, Tim (2002): *Kosovo. War and Revenge*. New Haven and London: Yale University Press.
Karl May (2002): *Durch das Land der Skipetaren*. Bamberg: Karl-May-Verlag.
Köpcke, Klaus-Michael & David Zubin (1996): Prinzipien für die Genuszuweisung im Deutschen. In Ewald Lang & Gisela Zifonun (Hrsg.): *Deutsch - typologisch*. IdS Jahrbuch 1995. Berlin, New York: Walter de Gruyter. 473–491.
Köpcke, Klaus-Michael & David Zubin (2009): Genus. In Elke Hentschel & Petra Vogel (Hrsg.): *Deutsche Morphologie*. Berlin, New York: Walter de Gruyter. 132–154.
Malcolm, Noel (1998): *Kosovo. A short History*. London: Macmillan.

Nübling, Damaris (2012): Auf dem Wege zu Nicht-Flektierbaren: Die Deflexion der deutschen Eigennamen diachron und synchron. In Björn Rothstein (Hrsg.): *Nicht-flektierende Wortarten*. Berlin, New York: Walter de Gruyter. 224–246.

Nübling, Damaris (2014): Die Kaiser Wilhelm – der Peterle – das Merkel. Genus als Endstadium einer Grammatikalisierung – und als Quelle von Re- und Degrammatikalisierungen. In *Jahrbuch 2013 der Akademie der Wissenschaften und der Literatur Mainz*. Stuttgart, 127–146.

Nübling, Damaris (2014): Der Schauinsland – die Mobiliar – das Turm. Das referentielle Genus bei Eigennamen und seine Genese. In Rolf Bergmann, Damaris Nübling, Ulrich Obst, Karin Stüber & Heinrich Tiefenbach (Hrsg.), *Beiträge zur Namenforschung 49/3*, 245–288.

Schmitt, Oliver Jens (2008): *Kosovo. Kurze Geschichte einer zentralbalkanischen Landschaft*. Wien, Köln, Weimar: Böhlau UTB.

Thieroff, Rolf (2000): **Kein Konflikt um Krim*. Zu Genus und Artikelgebrauch von Ländernamen. In Ernest Hess-Lüttich & Walter Schmitz (Hrsg.): *Botschaften verstehen. Kommunikationstheorie und Zeichenpraxis*. Frankfurt: Peter Lang. 271–284.

Autorenverzeichnis

Ludwig M. Eichinger, Prof. Dr. Dr. h.c. mult.
Institut für Deutsche Sprache
Augustaanlage 32
68165 Mannheim
Deutschland
E-Mail: eichinger@ids-mannheim.de

Pascale Erhart, Dr.
Université de Strasbourg
22, rue René Descartes
67084 Strasbourg Cedex
France
E-Mail: pascale.erhart@unistra.fr

Peter Ernst, Prof. Dr.
Universität Wien
Institut für Germanistik
Universitätsring 1
1010 Wien
Österreich
E-Mail: peter.ernst@univie.ac.at

Hans-Werner Eroms, Prof. Dr.
Universität Passau
Leopoldstr. 4
94032 Passau
Deutschland
E-Mail: Eroms@uni-passau.de

Annamária Fábián, M. A. und **Anja Enzersberger**
Universität Regensburg
Lehrstuhl für Deutsche Sprachwissenschaft
Universitätsstraße 31
93053 Regensburg
Deutschland
E-Mail: annamariafabian@yahoo.de

Csaba Földes, Prof. Dr. Dr.
Universität Erfurt
Philosophische Fakultät
Lehrstuhl für Germanistische Sprachwissenschaft
Nordhäuser Straße 63
99089 Erfurt
Deutschland
E-Mail: csaba.foeldes@uni-erfurt.de

Manfred Michael Glauninger, PD Mag. Dr.
Institut für Germanistik
Universität Wien
Universitätsring 1
1010 Wien
Österreich
E-Mail: manfred.glauninger@oeaw.ac.at

Ralf Thomas Göllner, Dr.
Universität Regensburg
Hungaricum – Ungarisches Institut (HUI)
Landshuter Straße 4
93047 Regensburg
Deutschland
E-Mail: Ralf.Goellner@ur.de

Vjosa Hamiti, Dr., Prof. Asistent
Universiteti i Prishtinës
Fakulteti i Filologjisë
Rr. „Nëna Terezë", p.n.
1000 Prishtinë
Republika e Kosovës
E-Mail: vjosa.hamiti@uni-pr.edu

Rüdiger Harnisch, Prof. Dr.
Universität Passau
Lehrstuhl für Deutsche Sprachwissenschaft
Innstraße 25
94032 Passau
Deutschland
E-Mail: Ruediger.Harnisch@uni-passau.de

Richard Ingham, Prof. Dr.
Birmingham City University
15 Bartholomew Row
B5 5JU Birmingham
United Kingdom

Blertë Ismajli, Dr.
Universiteti i Prishtinës
Fakulteti i Filologjisë
Rr. „Nëna Terezë", p.n.
1000 Prishtinë
Republika e Kosovës
E-Mail: blerte.ismajli@uni-pr.edu

Sandra Issel-Dombert, Dr. und **Marie Serwe,** M. A.
Institut für Romanistik
Universität Kassel
Kurt-Wolters-Str. 5
34125 Kassel
Deutschland
E-Mail: s.issel-dombert@uni-kassel.de

Jörg Kilian, Prof. Dr.
Christian-Albrechts-Universität Kiel
Germanistisches Seminar
Lehrstuhl für Deutsche Philologie / Didaktik der deutschen Sprache
Olshausenstraße 40
24098 Kiel
Deutschland
E-Mail: kilian@germsem.uni-kiel.de

Thomas Niehr, Prof. Dr.
Institut für Sprach- und Kommunikationswissenschaft der RWTH Aachen
Lehr- und Forschungsgebiet Germanistische Sprachwissenschaft
Eilfschornsteinstr. 15
52062 Aachen
Deutschland
E-Mail: t.niehr@isk.rwth-aachen.de

Igor Trost, Prof. Dr.
Universität Passau
Lehrstuhl für Deutsche Sprachwissenschaft
Innstraße 25
94032 Passau
Deutschland
E-Mail: Igor.Trost@uni-passau.de

Stefanie Ullmann, Dr.
Centre for Research in the Arts, Social Sciences and Humanities (CRASSH)
University of Cambridge
Alison Richard Building
7 West Road
CB3 9DT Cambridge
United Kingdom
E-Mail: su272@cam.ac.uk

Martin Wengeler, Prof. Dr. und **Fabian Kreußler**
Universität Trier
FB II Germanistik
Germanistische Linguistik
54286 Trier
Deutschland
E-Mail: wengeler@uni-trier.de

www.ingramcontent.com/pod-product-compliance
Lightning Source LLC
Chambersburg PA
CBHW031421230426
43668CB00007B/388